Федеральный закон О таможенном рег
улировании в Российской Федерации

俄罗斯联邦海关法

哈尔滨海关◎编译

中国海关出版社有限公司
·北京·

图书在版编目（CIP）数据

俄罗斯联邦海关法 / 哈尔滨海关编译 . -- 北京：中国海关出版社有限公司，2022.1

ISBN 978-7-5175-0556-3

Ⅰ. ①俄…　Ⅱ. ①哈…　Ⅲ. ①海关法—俄罗斯　Ⅳ. ①D951.222

中国版本图书馆 CIP 数据核字（2022）第 002922 号

俄罗斯联邦海关法
ELUOSI LIANBANG HAIGUAN FA

编　　译：哈尔滨海关
责任编辑：叶　芳
出版发行：中国海关出版社有限公司
社　　址：北京市朝阳区东四环南路甲 1 号　　邮政编码：100023
网　　址：https://weidian.com/?userid=319526934
编 辑 部：01065194242-7531（电话）
发 行 部：01065194221/4238/4246（电话）
社办书店：01065195616（电话）
印　　刷：北京天恒嘉业印刷有限公司　　经　　销：新华书店
开　　本：710mm × 1000mm　1/16
印　　张：21.25　　字　　数：438 千字
版　　次：2022 年 1 月第 1 版
印　　次：2022 年 1 月第 1 次印刷
书　　号：ISBN 978-7-5175-0556-3
定　　价：139.00 元

《俄罗斯联邦海关法》编译委员会

主　编：卢厚林

副主编：朴明华

编　委：李华庆　高伟娜　马　婷　王文广　梅立峰

译　者

王百海

前　言

为深入推进“智慧海关、智能边境、智享联通”海关国际合作理念与俄罗斯数字化、智能化海关发展战略对接，全面准确地了解俄罗斯海关管理制度，支持中国企业扩大对俄经贸往来，哈尔滨海关发挥海关系统对俄合作“主力军”作用，组织精通业务的俄语人才全文翻译了《俄罗斯联邦海关法》。

俄罗斯作为欧亚经济联盟创始成员国，在开展对外经济活动中以《欧亚经济联盟海关法典》为基本法律依据。同时，对联盟法典中允许成员国自行规定的领域，俄罗斯基于本国国情和海关工作特点进行了细化和补充。2018 年 8 月 3 日，俄罗斯联邦总统普京签署了《关于俄罗斯联邦海关调控和对一些俄罗斯联邦法律文件进行修改》（2018 年第 289 号）的联邦法律，实际上这就是欧亚经济联盟成立后的《俄罗斯联邦海关法》。

《俄罗斯联邦海关法》共 8 编 68 章 398 条，以税费征管为重点，在《欧亚经济联盟海关法典》基础上，进行了全面细化补充。该法中大量条款对操作层面的问题，如完成时限、通知方式、使用文书等做了详细规定，体现出俄罗斯立法操作性强的特点。同时，俄罗斯海关在货物运抵运离、临时存储、交纳税费预付款、延期或分期缴纳税费、管道运输货物临时定期报关、完善信息化建设等方面的制度、规定也值得我们研究、参考、借鉴。

《俄罗斯联邦海关法》自颁布至今，已进行了 10 次修改补充，译本中已全部引入。翻译过程中，坚持尊重原文，在确保与俄语原文语意一致的前提下，兼顾中文表达习惯。对于俄语原文中语法关系复杂的长难句和俄罗斯海关特有管理规定的表述，黑龙江大学俄语学院俄籍外教塔其亚娜（Татьяна Андреевна）和俄罗斯海关、哈尔滨海关同仁给予了宝贵协助，在此一并致谢。

《俄罗斯联邦海关法》涉及诸多领域的知识，虽然在翻译过程中反复斟酌、推敲，但由于能力和水平有限，错误和疏漏之处在所难免，恳请广大读者批评指正。

译者

2022年1月

俄罗斯联邦海关法

（俄罗斯联邦总统 2018 年 8 月 3 日签署，第 289 号）

根据 2018 年 11 月 28 日第 452 号，2019 年 5 月 1 日第 83 号、12 月 27 日第 487 号，2020 年 6 月 8 日第 166 号、7 月 13 日第 194 号、12 月 22 日第 433 号，2021 年 4 月 20 日第 97 号和 7 月 2 日第 302 号、第 343 号、第 352 号联邦法修改补充。

2018 年 7 月 26 日，国家杜马通过
2018 年 7 月 28 日，联邦委员会核准

目 录

第一编
一般规定

第一章　俄罗斯联邦海关调控和海关事务

第 1 条　海关调控目的和调整对象

1. 本联邦法（以下简称“本联邦法”）的立法目的：

1.1 保障俄罗斯联邦缔结的国际条约的履行和构成欧亚经济联盟（以下简称“联盟”）法律文件的执行；

1.2 在对外货物贸易活动中，保障俄罗斯联邦经济安全；

1.3 确保将货物运入运出俄罗斯联邦的人、在海关事务领域实施活动的人，以及其他对运入运出俄罗斯联邦的货物行使占有权、使用权和处置权的人遵守法律，并保障其合法利益；

1.4 为发展对外经济贸易活动、完善海关基础设施提供保障。

2. 本联邦法调整：

2.1 与货物运入运出俄罗斯联邦，货物在海关监管下在俄罗斯联邦境内运输，货物临时存储，货物根据海关制度报关、放行和使用，实施海关监管，以及征收、缴纳海关税费、保障措施关税、反倾销税、反补贴税有关的关系；

2.2 在海关事务领域实施活动的人的权利和义务；

2.3 俄罗斯联邦海关（以下简称“海关”）活动的法律基础和实施依据；

2.4 海关与对运入运出俄罗斯联邦的货物行使占有权、使用权、处置权的人之间的权力关系；

2.5 特定种类的货物在俄罗斯联邦禁止流通的关系。

第 2 条　海关调控的依据和原则

1. 俄罗斯联邦海关依据构成联盟法律的、调节海关法律关系的俄罗斯联邦缔结的国际条约（包括《欧亚经济联盟海关法典》，以下简称《联盟法典》）和法律文件（以下简称“海关调控领域国际条约和法律文件”），以及 2014 年 5 月

29日签署的《欧亚经济联盟条约》（以下简称《联盟条约》）和俄罗斯联邦法律实施调控。

2. 俄罗斯联邦海关调控是制定俄罗斯联邦海关事务的规则和程序。俄罗斯联邦的海关事务是指保障上述规则和程序具体实施的办法和措施，具体包括：货物运入运出俄罗斯联邦的办法和措施，货物在俄罗斯联邦境内外存放使用的办法和措施，海关作业实施程序的办法和措施，海关税费、保障措施关税、反倾销税、反补贴税计征缴纳和担保程序的办法和措施，遵守联盟法律和俄罗斯联邦法律设定的禁限规定的办法和措施，以及海关与对货物行使占有权、使用权和处置权的人之间的权力支配关系的办法和措施。

3. 依据《联盟条约》、海关调控领域国际条约和法律文件规定，俄罗斯联邦采取海关税率调控措施、禁止和限制规定。

4. 按照《联盟条约》、海关调控领域国际条约和法律文件规定的情形和程序，俄罗斯联邦可以根据本国法律单方面采取特定海关税率调节措施和禁限规定。

5. 在俄罗斯联邦单方面设定禁止和限制规定的情况下，由俄罗斯联邦规范性法律文件规定适用禁限规定人的行为规范。

6. 在俄罗斯联邦单方面实行禁止和限制规定的情况下，以及在俄罗斯联邦境内适用不同于在一个或几个联盟成员国适用的海关税率调节措施时，确保禁限规定、海关税率调节措施得到遵守的方法，由俄罗斯联邦缔结的国际条约和本联邦法规定。俄罗斯联邦总统令、俄罗斯联邦政府决定和命令可以确定上述方法，以及对规定措施遵守情况行使监管监督职能的联邦权力执行机构。

第3条　海关事务管理体系

1. 俄罗斯联邦政府总体负责管理俄罗斯联邦海关事务。

2. 行使海关事务领域国家政策制定和法规调控职能的联邦权力执行机关和行使海关事务领域监管监督职能的联邦权力执行机关，在权限范围内保障海关事务领域工作任务的直接实施。

3. 行使海关事务领域监管监督职能的联邦权力执行机关，应保障所有海关在俄罗斯联邦境内适用《联盟条约》、海关调控领域国际条约和法律文件、俄罗斯联邦法律的统一性。

第4条　海关事务领域法律关系的调节

1. 俄罗斯联邦海关事务领域的法律关系由海关调控领域国际条约和法律文件、《联盟条约》、俄罗斯联邦相关海关法律调整。俄罗斯联邦相关海关法律由本联邦法和根据本联邦法通过的其他联邦法构成。货物和运输工具实际通过俄罗斯联邦国家边界的办法由《俄罗斯联邦国家边界法》调整，其中《俄罗斯联邦国家边界法》未做规定的，由本联邦法调整。

2. 对于征收和缴纳属于代征税（进口环节税）的海关税费，在《俄罗斯联邦税费法》未做调整的范围，并且海关调控领域国际条约和法律文件未做其他规定的，适用本联邦法。

3. 现金和支票、汇票、有价证券等货币工具运入俄罗斯联邦和从俄罗斯联邦运出的办法，由海关调控领域国际条约和法律文件、《俄罗斯联邦货币法》和本联邦法调整。

4. 俄罗斯联邦海关事务领域的法律关系还可以由俄罗斯联邦总统令调整。

5. 为执行联邦法律和俄罗斯联邦总统令，俄罗斯联邦政府负责颁布海关调控领域的决定和命令。

6. 只有在本联邦法、其他联邦法、俄罗斯联邦总统令和俄罗斯联邦政府决定和命令直接规定的情形下，联邦权力执行机构方可对本联邦法调节对象制定规范性法律文件。

7. 行使海关事务领域国家政策制定和法规调控职能的联邦权力执行机关，应当就本联邦法适用的有关问题，向海关、申报人和其他人给出书面解释。

第 5 条　基本术语

1. 本联邦法使用的基本术语具有以下意义：

1.1 向俄罗斯联邦运入货物，是指货物实际通过俄罗斯联邦国境线或俄罗斯联邦根据本国法律和国际法准则对其拥有主权或管辖权的人工岛屿、装置和构筑物的边界，使货物从其他联盟成员国或从未列入联盟统一关境（以下简称“联盟关境”）的地区抵达俄罗斯联邦境内和俄罗斯联邦根据本国法律或国际法准则对其拥有主权或管辖权的人工岛屿、装置和构筑物边界以内，以及货物放行（若该放行合法）前的所有行为。

1.2 国内税，是指货物在俄罗斯联邦流通时征收的增值税和消费税。

1.3 从俄罗斯联邦运出货物，是指以任何方式将货物向俄罗斯联邦境外或向俄罗斯联邦根据本国法律和国际法准则对其拥有主权或管辖权的人工岛屿、装置和构筑物边界外、向其他联盟成员国或未列入联盟关境的地区实际移动（运离），以及在货物实际通过俄罗斯联邦国境线或俄罗斯联邦根据本国法律和国际法准则对其拥有主权或管辖权的人工岛屿、装置和构筑物的边界前，由相关人实施以实际移动（运离）货物为目的的行为。

1.4 保证金，是指为担保履行关税、进口环节税缴纳义务，担保履行保障措施关税、反倾销税、反补贴税缴纳义务，担保履行在海关事务领域实施活动的法人的义务，担保履行经认证的经营者的义务而交纳的款项。

1.5 欠款，是指一定资金额，包括未在海关调控领域国际条约、法律文件及俄罗斯联邦法律规定期限内缴纳的海关税费、保障措施关税、反倾销税、反补贴税、滞纳金、利息。

1.6 记名账户，是指包含在海关统一自动化信息系统信息软件内的，反映由相关人交纳并进入联邦国库账户资金流动的，以及被退还或结转的关税、进口环节税和其他由海关负责征收的税费款项流动信息的总和。其中，上述所指被退还或结转的税费款项还包括被退还或结转的多缴纳的和多追征的税费款项。同时，记名账户也是能够实现对资金流动情况进行登记的总和。纳税义务人记名账户的管理，由海关根据行使海关事务领域监管监督职能的联邦权力执行机关规定的办法实施。

1.7 特定种类货物在俄罗斯联邦的流通，是指特定种类货物在俄罗斯联邦境内的运输，货物的存储、卸载、换装、包装、重新包装、标记、拆包、分类、加工，法人和作为个体经营者登记的自然人，为自己的生产和技术需要使用货物，自然人为自用目的购买货物，以及实施符合俄罗斯联邦民事法律规定的货物交易。

1.8 海关税费运营商，是指符合俄罗斯联邦政府规定要求的法人，俄罗斯联邦中央银行注册的支付系统经营者，可保障结算参与人和行使海关事务领域监管监督职能的联邦权力执行机关之间的信息交换，以银行保函或合同担保的方式，向海关保障自身承担的义务得到履行。

1.9 联邦国库账户，是指为联邦国库的区域性机关在俄罗斯联邦中央银行结算网络所属部门开立的单独账户，预先指定用于登记来自对外经济活动的海关税费和其他税费进款，并根据俄罗斯联邦预算法对进款在俄罗斯联邦预算系统预算间的分配进行登记。

1.10 自然人在国际电子商务项下购买的货物，是指根据借助于电子信息交换的自动化程序，在位于俄罗斯联邦境内的自然人和运行在信息通信网络“互联网”（以下简称“互联网”）上的贸易平台（网站，其上发布有销售货物的信息）上的外国法人之间签订的外贸买卖合同，运入联盟关境的货物；以及根据使用其他远程销售方式，在位于俄罗斯联邦境内的自然人和外国自然人或法人之间签订的外贸买卖合同，运入联盟关境的货物。

2. 本联邦法所使用的术语，按照海关调控领域国际条约和法律文件以及本联邦法规定的释义适用。

3. 所有其他术语，在本联邦法中按照《俄罗斯联邦税费法》《俄罗斯联邦民法》《俄罗斯联邦行政违法法》和其他俄罗斯联邦法律规定的意义使用。

第 6 条　俄罗斯联邦海关调控领域法律文件的时间效力

1. 本联邦法、俄罗斯联邦总统令、俄罗斯联邦政府决定和命令，根据本联邦法通过的联邦权力执行机构的规范性法律文件（以下简称“俄罗斯联邦在海关调控领域的法律文件”），适用于自生效之日起发生的法律关系，除本条第 2 款规定的情形外不具有溯及力。

2. 本联邦法和俄罗斯联邦在海关调控领域的其他法律文件中的规定，对管理相对人有利的，在能够预见到的情形下具有溯及力。本联邦法和俄罗斯联邦在海关调控领域的其他法律文件，可在海关调控领域国际条约和法律文件或联邦法律规定的情形下具有溯及力。

3. 本联邦法在其正式公布之日起 30 日后生效。俄罗斯联邦海关调控领域的其他法律文件在其正式公布之日起 30 日后生效，但下列情形除外：

3.1 如果海关调控领域国际条约和法律文件或本联邦法规定了上述其他法律文件生效的特殊期限；

3.2 如果俄罗斯联邦海关调控领域的其他法律文件，在提交单证和信息的要求方面，在由海关和其他国家机构做出决定或其他行政性（程序性）限制的期限方面，规定了比现行办法更为宽松的办法，并对法律文件规定了其他生效期限。

第 7 条　俄罗斯联邦海关调控领域法律文件的空间效力

1. 本联邦法和俄罗斯联邦海关调控领域其他法律文件在俄罗斯联邦全境具有效力，并在俄罗斯联邦根据俄罗斯联邦法律和国际法准则对其拥有主权和管辖权的人工岛屿、装置和构筑物内有效。

2. 对于原产国为俄罗斯联邦的货物或用其加工的产品，从一个联盟成员国境内运出联盟关境以外时，海关调控领域的国际条约和法律文件可以规定本联邦法和俄罗斯联邦在海关调控领域的其他法律文件在联盟成员国境内的适用。

3. 在俄罗斯联邦海关与外国海关开展联合海关监管时，本联邦法和俄罗斯联邦在海关调控领域的其他法律文件在外国境内的适用，或者外国的规范性法律文件在俄罗斯联邦境内的适用，可以由俄罗斯联邦缔结的国际条约规定。

第 7.1 条　俄罗斯联邦海关调控领域法律文件所规定期限的计算方法（根据 2020 年 6 月 8 日第 166 号联邦法补充）

1. 本联邦法和俄罗斯联邦在海关调控领域的其他法律文件规定的期限，以自然日或以年、月、日、小时计算的时间段到期来确定。期限还可以通过指出应当发生的事件或应当实施的行为来确定。

2. 如果为确定以时间段划定期限的开始和结束，本联邦法和俄罗斯联邦在海关调控领域的其他法律文件未规定特殊计算期限的，则在本联邦法和俄罗斯联邦在海关调控领域的其他法律文件中，适用本条第 3 ~ 9 款规定的规则。

3. 以年、月或日计算期间的，自规定期限开始的自然日或事件发生日的次日开始；而对于以小时计算期间的，自规定期限开始的事件发生小时的下一小时开始。

4. 以年计算的期限，按此期限最后一年相应的月、日届满。

5. 以月计算的期限，按此期限最后一月的相应日届满。如果以月计算的期限结束时没有对应日，则此期限在该月最后一天届满。

6. 如果期限的最后一日为法定节假日、非工作日，则此日之后最近的下一个工作日为期限结束日。

7. 如果规定了实施某行为的期限，该行为应在规定期限最后一日 24 点之前完成。如果该行为在工作机构完成，则期限在该工作机构终止工作时间时届满。

8. 如果书面申请书和通知书是在规定期限最后一日 24 点前向邮递公司提交，则仍视为是在规定期限之内。

9. 如果以工作日计算期限，则工作日应被理解为根据俄罗斯联邦法律或俄罗斯联邦总统令未被认定为法定节假日和休息日之日。

10. 如果在货物通过联盟海关边界的地点和其他海关所在地，规定法定休息日不休息，则海关实施海关作业的期限（以工作日计算的）包括法定休息日。

11. 如果期限根据本条第 6 款顺延，而此期限的结束日恰是为做出某决定（实施某行为）计算规定期限的起点，则计算日期也自动顺延。

12. 如果期限以日计算，则日是指自然日。

第 8 条　对俄罗斯联邦海关调控领域法律文件的要求

1. 本联邦法和俄罗斯联邦在海关调控领域的其他法律文件的规定应当以以下方式形成：即应当使每个人都明确地知道，在向俄罗斯联邦运入货物和国际运输交通工具，或从俄罗斯联邦运出货物和国际运输交通工具时，他们有何权利和义务，以及应当在何时按照何办法完成何行为。

2. 俄罗斯联邦在海关调控领域的下列规范性法律文件，是不符合本联邦法的法律文件：

2.1 根据俄罗斯联邦法律由无颁布文件权的机关颁布，或者违反颁布文件的规定办法颁布；

2.2 取消或限制海关调控领域国际条约和法律文件、本联邦法规定的人的权利；

2.3 与海关调控领域国际条约和法律文件相矛盾；

2.4 改变本联邦法规定术语的内容，或以不同于本联邦法适用的意义使用术语。

3. 联邦权力执行机构规范性法律文件和其他法律文件对本联邦法的法律调控对象的规定，不得与海关调控领域国际条约和法律文件、联邦法律、俄罗斯联邦总统令和俄罗斯联邦政府在海关调控领域的决定和命令相矛盾，不得设定海关调控领域国际条约和法律文件、联邦法律、俄罗斯联邦总统和俄罗斯联邦政府在海关调控领域的法令未做规定的要求、条件和限制。

4. 在本联邦法和俄罗斯联邦海关调控领域其他法律文件中，所有难以消除的疑问、矛盾和含糊不清之处，按照对申报人和其他利益相关人有利的原则进行解释。

5. 如果因法律文件中法律标准不清晰，引起违反海关调控领域国际条约和法律文件、本联邦法和俄罗斯联邦在海关调控领域的其他法律文件的情形，则不应追究任何人的责任。

第 9 条　俄罗斯联邦海关调控领域法律文件的公布

1. 海关调控领域国际条约和法律文件、本联邦法和俄罗斯联邦在海关调控领域的其他法律文件的公布，由行使海关事务领域监管监督职能的联邦权力执行机关和其他海关组织实施。法律文件可公布在海关互联网官方网站，并保障可访问；也可通过其他大众可及的信息传播方式公布，包括使用大众传媒。

2. 行使海关事务领域国家政策制定和法规调控职能的联邦权力执行机关，应当保障在自己的官方规范性法律文件出版物上，发布其通过的俄罗斯联邦在海关调控领域的法律文件。

第 10 条　从事对外经济活动的人参与制定和实施海关事务领域国家政策

1. 为实现对外经济活动的人的共同重大利益，行使海关事务领域国家政策制定和法规调控职能的联邦权力执行机关和实施海关事务领域监管监督职能的联邦权力执行机关，负责吸收将从事对外经济活动的人联合起来的非营利组织，参与制定和实施海关事务领域国家政策。

2. 将从事对外经济活动的人联合起来的非营利组织，可以通过下列方式参与海关事务领域国家政策的制定和实施：

2.1 参与起草本联邦法草案和俄罗斯联邦在海关调控领域的其他法律文件的草案；

2.2 参与金融、经济、社会和其他对外经济活动发展指标的分析，包括对各地区经济产业进行对外经济活动发展指标的分析；

2.3 参与评估海关管理措施施行的有效性；

2.4 为俄罗斯联邦国家权力机构准备完善海关事务的建议；

2.5 本联邦法、其他联邦法和根据它们通过的俄罗斯联邦其他规范性法律文件规定的其他参与方式。

3. 根据《联盟法典》第 363 条第 3 款，为建立和保持海关同从事对外经济活动的人（对外经济活动参加者）、经认证的经营者、在海关事务领域实施活动的人及协会、联合会之间的咨询和合作关系，以及为提高海关监管效率，行使海关事务领域国家政策制定和法规调控职能的联邦权力执行机关应设立专门的机构，听取相关意见、建议，并规定其组建办法、任务和职能。

第二章　货物进出俄罗斯联邦的基本规定

第 11 条　货物进出俄罗斯联邦的地点

1. 从非联盟成员国运入俄罗斯联邦的货物，以及从俄罗斯联邦运往非联盟成员国的货物，应当在海关工作时间，经《联盟法典》第 10 条所指的俄罗斯联邦国境口岸（以下简称“口岸”）进出境。

2. 俄罗斯联邦政府有权指定一些口岸，用于某些种类货物运抵俄罗斯联邦或从俄罗斯联邦运离；也有权根据《俄罗斯联邦国家边界法》设定一些情形，货物可以通过《联盟法典》规定口岸以外的地点运抵俄罗斯联邦或从俄罗斯联邦运出，并制定货物运抵俄罗斯联邦或从俄罗斯联邦运离的管理规定。

3. 经联盟成员国境内从非联盟成员国向俄罗斯联邦运入货物，抵达联盟关境时应置于转运海关制度下。此后，承运人可以根据起运地海关规定的俄罗斯境内货物送达地，自行选择运输路线，可经任何地点运入俄罗斯，但根据《联盟法典》第 344 条规定货物运输路线的情形除外。

4. 从联盟成员国境内向俄罗斯联邦运入货物，在未规定货物运输路线的情形下，可以经任何地点运入俄罗斯。

5. 本条第 3、4 款规定的规则，不免除承运人遵守俄罗斯联邦法律为保障道路交通安全、保障适用特殊运输规定货物的运输安全所设定的限制性规定，或者本联邦法以外的法律法规设定的限制性规定。

6. 俄罗斯的货物将从其他联盟成员国境内运往联盟关境外，从俄罗斯联邦向该联盟成员国境内运出时，如果俄罗斯联邦政府未做其他规定，可通过任何地点实施。

7. 根据《联盟法典》，从俄罗斯联邦向联盟成员国运出具有联盟商品地位的货物，如果俄罗斯联邦国际条约和俄罗斯联邦法律未做其他规定，其实施不受海关调控领域的国际条约和法律文件及本联邦法规定的限制。本款规定不免除从俄罗斯联邦运出货物的人，遵守俄罗斯联邦在出口监管领域的法律、《俄罗斯联邦货币法》的要求和俄罗斯联邦法律规定的其他要求。

第 12 条　向海关提交预先信息

1. 经认证的经营者、承运人（包括海关承运人）、运输代理人、报关代理人、申报人和其他利益相关人应当向海关提交拟通过联盟海关边界货物的、运输货物的国际运输工具的、货物抵离联盟关境时间和地点以及抵离联盟关境乘客的预先信息。

2. 按照俄罗斯联邦运输领域国际条约规定，提交预先信息所需要的标准化运输单证上的信息，如果运输单证是用作为形成运输单证的国际标准所规定的英语书写，提交时可不翻译成俄语。

3. 行使海关事务领域监管监督职能的联邦权力执行机关，可以规定：

3.1 不提交预先信息或违反期限提交的情况下应采取的措施；

3.2 在欧亚经济委员会（以下简称“委员会”）未规定以电子文件形式提交的报关单上所申报信息作为预先信息使用的情形和办法前，根据《联盟法典》第 114 条做出规定。

4. 在委员会实施《联盟法典》第 11 条第 17 款规定的一些权限以前，行使海关事务领域国家政策制定和法规调控职能的联邦权力执行机关，有权规定在实施与通知货物运抵联盟关境、将货物置于临时存储下和申报有关的海关作业时，使用以电子文件形式提交预先信息的办法。

第 13 条　向海关提交报告

1. 如果本联邦法未做规定，行使海关事务领域监管监督职能的联邦权力执行机关，负责规定提交报告的方式、报告的样式、报告的结构和格式、报告的填写办法以及提交报告的程序和期限，并由以下人提交：

1.1 获得本联邦法第 90 条第 1 款第 2 ～ 12 项所指的货物临时存储地的临时存储许可证的人；

1.2 将货物置于海关仓库海关制度下，并在非海关仓库地点实施货物存储的人；

1.3 根据本联邦法第 133 条、第 144 条和第 154 条，获得货物加工许可证的人；

1.4 自由仓库的占有人；

1.5 在海关事务领域实施活动的人；

1.6 经认证的经营者；

1.7 占有或使用有条件放行货物的人；

1.8 占有或使用置于自由海关区海关制度下货物的人；

1.9 占有或使用置于自由仓库海关制度下的货物和对货物进行加工的人；

1.10 占有或使用置于暂时进境（准入）海关制度下货物的人，但使用 1961 年 12 月 6 日 ATA 单证册海关公约和 1990 年 6 月 26 日暂时进境公约中货物暂时进境规定进境的货物除外。

2. 行使海关事务领域监管监督职能的联邦权力执行机关可以规定，本条第 1 款所指的人只按照海关的要求提交报告。

第三章　根据《欧亚经济联盟对外经济活动统一商品目录》进行商品归类

第 14 条　《欧亚经济联盟对外经济活动统一商品目录》

1. 为实施关税调节措施、出口关税措施、禁止和限制措施、保护国内市场措施，开展俄罗斯联邦海关统计，需要对商品进行归类时，适用委员会批准的《欧亚经济联盟对外经济活动统一商品目录》（以下简称《对外经济活动商品目录》）。

2. 为对通过联盟海关边界的商品进行征税，适用《对外经济活动商品目录》。

第 15 条　商品归类

1. 在报关单上，按《对外经济活动商品目录》确定的商品编码应当由申报人填写，或由报关代理人按照申报人委托填写。

2. 商品放行前或放行后，海关发现商品归类不准确时，应当进行商品归类并做出商品归类决定。商品归类决定应当以纸质文件形式或加盖了海关工作人员加密电子签名的电子文件形式制作。行使海关事务领域监管监督职能的联邦权力执行机关，负责规定以纸质文件形式制成的商品归类决定的样式和填写办法、做出决定的办法和期限，以及电子文件形式制成商品归类决定的格式和结构。

3. 商品归类决定是对报关单上所申报信息进行修改（补充）的依据。

4. 商品归类决定书应包含：

4.1 做出商品归类决定的海关名称；

4.2 申报人名称；

4.3 商品归类决定书编号和做出该决定书的日期；

4.4 商品名称；

4.5 进行商品归类必需的信息；

4.6《对外经济活动商品目录》中的商品归类 10 位编码；

4.7 商品归类决定的依据，包括其作为依据的理由；

4.8 商品序号，该商品所属报关单或作为报关单使用的其他单证号码（海关依据《对外经济活动商品目录》发现商品归类不准确时）；

4.9 做出商品归类决定的海关工作人员的职务、姓名及其签名；

4.10 海关需要的其他信息。

5. 在发现商品归类决定书中存在错误时，即使不影响商品编码，海关也应做出修改商品归类决定书的决定书。修改商品归类决定书的决定书应当包含：

5.1 做出修改商品归类决定书海关的名称；

5.2 修改商品归类决定书的决定书的编号，以及做出该决定书的日期；

5.3 商品名称；

5.4 申报人名称；

5.5 对其修改的商品归类决定书的信息，以及修改项的号码，并指出被校正的信息；

5.6 做出修改商品归类决定书的决定书的海关工作人员的职务、姓名及其签名；

5.7 海关需要的其他信息。

6. 修改商品归类决定书的决定书，应以纸质文件的形式或以加密电子签名签署电子文件的形式，自做出修改商品归类决定书的决定书之日起生效。行使海关事务领域监管监督职能的联邦权力执行机关负责规定纸质文件形式决定书的样式和填写办法、做出决定书的办法和期限，以及电子文件形式制成该决定书的格式和结构。

7. 如果在货物放行前，发现商品归类可能存在错误时，或者申报信息未按应有方式得到证实，海关应当根据《联盟法典》第 325 条，在货物放行前开展单证和信息审核，并视情况依据本联邦法第五十八章规定进行鉴定。

8. 货物放行后，对单证和信息的审核，应根据《联盟法典》第 326 条和本联邦法第 225 条开展。

9. 货物放行前，海关做出商品归类决定或修改商品归类决定时，海关应当在《联盟法典》第 119 条规定的商品放行期限内通知申报人，一并告知《联盟法典》第 112 条第 2 款规定的对报关单上申报信息进行修改（补充）的要求。货物放行后，海关做出商品归类决定或修改商品归类决定时，海关应当根据《联盟法典》和本联邦法规定，在海关根据商品放行后监管结果做出决定的期限内通知申报人，一并告知《联盟法典》第 112 条第 3 款规定的对报关单上申报信息进行修改（补充）的决定。

10. 如果修改商品归类决定不要求必须对报关单信息进行修改（补充），该决定应在《联盟法典》第 119 条规定的商品放行期限内通知申报人；如果该决定是在商品放行后做出的，应自做出决定之日起，3 个工作日内通知申报人。

第 16 条　对以未组装件或拆散件形式通过联盟海关边界商品的归类

1. 货物以未组装或已拆散形式（包括不完整或未制成状态）分批运入运出联盟海关边界，即使超出《联盟法典》第 101 条规定期限，只要符合《联盟法典》第 117 条规定的要求，则此类货物的归类决定应根据委员会规定的情形，按照置于放行供境内消费海关制度、出口海关制度、海关仓库海关制度、自由海关区海关制度、自由仓库海关制度、复出口海关制度和复进口海关制度下的货物（其清单由委员会和本联邦法规定）做出。

2. 行使海关事务领域监管监督职能的联邦权力执行机关或由其指定的海关（本条以下简称“经授权的海关”），依据做出商品归类决定的申请做出商品归类决定。

3. 商品归类决定申请，以加密电子签名签署的电子文件形式通过网上提交，或以纸质文件形式提交。

4. 符合《联盟法典》第 83 条和本联邦法第 100 条第 4 款规定条件的人，或经其授权的代理人，可以作为申请人。

5. 交换电子文件或电子形式的信息，应以海关信息系统和申请人信息系统合作的方式，通过网上“专属办公账户”实现。

6. 商品归类决定申请书应当包含以下内容：

6.1 申请人信息（名称、纳税人识别号码、国家注册代码、邮寄地址）。如果申请是由代理人提交的，应注明代理人的相关信息；

6.2 货物信息（名称、商品成分清单）；

6.3 货物的供货期限；

6.4 货物适用的海关制度；

6.5 货物预计申报地海关名称；

6.6 商品归类决定书出具形式（以加密电子签名签署的电子文件形式或以纸质文件形式）。

7. 商品归类决定申请书应随附：

7.1 证明履行货物对外经济合同或运入货物（作为收货人固定资本投入的）的单证；

7.2 电子或书面形式的商品组成部分清单（表格形式），应包含：

7.2.1 商品组成部分的名称，包括构成商品独立部分的组成名称；

7.2.2 商品组成部分的序号；

7.2.3《对外经济活动商品目录》中商品组成部分的商品编码；

7.2.4 按照《对外经济活动商品目录》中采用的计量单位，计算的商品组成部分（包括构成商品独立部分的组成部分）的数量和重量；

7.3 含有商品技术性说明的单证，应指明商品的用途、功能、工作原理，包括商品独立组成部分间的关系；

7.4 含有商品独立组成部分说明的单证，应指明用途、功能、工作原理、所使用的制作材料；

7.5 装配（安装）图纸（图表）；

7.6 证明签署做出商品归类决定申请书人员权限的证件，以及该证件的随附单证。

8. 本条第 6 款和第 7 款所指的单证应当标注页码、装订，并由申请人签名（或签署加密电子签名）、加盖印鉴。

9. 下列情形下，海关不予受理商品归类决定申请：

9.1 商品归类决定申请和以纸质载体提交的随附单证，是由未授权的人签署的；

9.2 商品归类决定申请和其随附单证，与本条第 3、4、6、7、8 款规定的要求不符，以及与行使海关事务领域监管监督职能的联邦权力执行机关规定的电子形式申请书格式和结构的要求不符的。

10. 不予受理决定，应由授权的海关自该申请书登记之日起在 20 个自然日内做出，并在此期限内以纸质文件形式发送给申请人，或者以由加密电子签名签署的电子文件形式经“专属办公账户”发送给申请人，并说明理由。

11. 海关做出不予受理决定后，不予受理理由消除后，申请人可以重新提出申请。

12. 如果申请人提交的本条第 6 款和第 7 款所指的单证和信息中，含有互相矛盾的信息或据以做出商品归类决定所必需的信息未完整提交，海关应当自该申请书登记之日起，在 20 个自然日内，以纸质文件形式或以由加密电子签名签署的电子文件形式，经网上“专属办公账户”通知该申请人必须提交补充信息。海关对申请人发出的补充信息通知应当是有依据的，并包含要求补充提供的、对做出商品归类决定有影响的单证或信息清单。

13. 申请人应当在收到通知之日起，在 16 个自然日内，提交补充信息。

14. 提交补充信息通知书的样式、格式和结构，由行使海关事务领域监管监督职能的联邦权力执行机关规定。

15. 下列情况，海关不予做出商品归类决定：

15.1 商品的组成部分，按照商品归类规则不构成本条第 1 款所指的商品；

15.2 海关根据本条第 12 款要求补充信息的情况下，如果根据所得到的补充信息，商品的组成部分，按照商品归类规则不构成本条第 1 款所指的商品；

15.3 海关根据本条第 12 款要求补充信息的情况下，如果补充信息未在规定期限内提供或者提供的不完整；

15.4 商品归类决定申请书及其随附单证中，与海关根据本条第 12 款要求提交的补充信息，存在互相矛盾的内容。

16. 在本条第 15 款第 1 项所指的情况下，海关应自登记收到商品归类决定的申请书之日起，在 20 个自然日内，出具不予做出商品归类决定的决定书，以纸质文件形式发送给申请人，或者通过网上“专属办公账户”，以加密电子签名签署的电子文件形式发送给申请人，并说明理由。

17. 在本条第 15 款第 2、3、4 项规定的情形下，海关应在提交补充信息的期限结束之日起，在 20 个自然日内，做出不予做出商品归类决定的决定书，并在做出该决定书之日的次日发送给申请人，并指明不予做出决定的原因。

18. 商品归类决定书中应包含：

18.1 做出商品归类决定书的海关名称；

18.2 做出商品归类决定书的日期及该决定书的编号；

18.3 申请人信息（名称、纳税人识别号码、国家注册代码、邮寄地址）；

18.4 商品的名称；

18.5《对外经济活动商品目录》中的商品归类 10 位编码；

18.6 商品归类决定的依据；

18.7 商品组成部分清单；

18.7.1 商品组成部分的名称，包括构成商品独立组成部分名称；

18.7.2 用《对外经济活动商品目录》中使用的计量单位表示的商品组成部分的数量和重量，包括构成商品独立组成部分组成部件的数量和重量；

18.8 能够证明合同履行、并将商品组成部分运入运出的单证的关键信息；

18.9 货物预计申报地海关名称；

18.10 商品将适用的海关制度；

18.11 做出商品归类决定的海关工作人员的职务、姓名以及该工作人员的签名。

19. 海关做出商品归类决定书后，以加密电子签名签署的电子文件形式或者纸质文件形式制作。

20. 商品归类决定书自做出之日起生效。

21. 海关应自登记商品归类决定申请书之日起，在 90 个自然日内做出商品归类决定书。在根据本条第 12 款要求提交补充信息的情形下，上述所指期限，自提交此补充信息的查询函发送之日起中止，至海关登记补充信息之日起恢复。

22. 行使海关事务领域监管监督职能的联邦权力执行机关负责规定下列单证纸质载体的样式、填写办法和电子形式的格式、结构：

22.1 商品归类决定申请书；

22.2 修改商品归类决定申请书；

22.3 本条第 7 款第 2 项所指的商品组成部分清单；

22.4 不予审核做出商品归类决定申请书的决定书；

22.5 不予审核修改商品归类决定申请书的决定书；

22.6 不予做出商品归类决定的决定书；

22.7 商品归类决定书；

22.8 修改商品归类的决定书；

22.9 终止商品归类决定书效力的决定书；

第 17 条　对以未组装件或拆散件形式通过联盟海关边界的商品归类决定进行修改和效力的终止

1. 对以未组装或已拆散形式（包括以不完整或未制成形式）通过联盟海关边界，拟以不同批次在规定的时间段内运入或运出商品（本条以下简称“商品”）的归类决定进行修改的决定，以及终止决定书效力的决定，由根据本联邦法第 16 条做出商品归类决定的海关做出。

2. 对商品归类决定书进行修改的决定书，由海关在下列情形下做出：

2.1 委员会或行使海关事务领域监管监督职能的联邦权力执行机关对一些种类的商品做出了强制要求海关执行的归类决定或归类说明，而且归类决定和归类说明影响到对其已经做出商品归类决定的商品的归类；

2.2 对《对外经济活动商品目录》进行相应修改；

2.3 发现做出决定时或申请人起草文本时发生的错误或笔误；

2.4 申请人信息或申报地海关的信息发生变更；

2.5 外贸合同发生修改，修改内容涉及对其已经做出归类决定的商品或该商品的一些组件；

2.6 如果申报人提交停止商品组件供货的申请书，但已被有条件放行或运出的商品组件是按照商品归类决定书中指出的成品编码归类的，在此情形下，对上述已放行或运出的商品组件，应修改商品归类决定。

3. 修改商品归类决定书的申请书应包含：

3.1 申请人信息（名称、纳税人识别号码、国家注册代码、邮寄地址）；

3.2 商品归类决定书编号和做出商品归类决定书的日期；

3.3 必须对商品归类决定书进行修改的原因。

4. 对商品归类决定书进行修改的申请书，应当随附由申请人签名的、证明进行修改必要性的单证（技术说明、组装 / 安装图纸、图表、供货人或生产人函件、对合同的修改文件、包装单、发票、装箱单）。

5. 在申报人不继续进口商品组成部分的情形下，对商品归类决定书进行修改的申请书应当在本联邦法第 103 条规定的提交商品总报关单的总期限届满前，向做出商品归类决定书的海关提交。

6. 在本条第 2 款第 1、2 项所指情形下，对商品归类决定书进行修改的决定书应由授权海关自对《对外经济活动商品目录》的相应决定或修改生效之日起，在 30 个自然日内做出，并和决定同时生效。

7. 在本条第 2 款第 3、4、5、6 项所指的情形下，对商品归类决定书进行修改的决定书，应由授权海关自对该修改申请书进行登记之日起，在 30 个自然日内做出，并自做出之日起生效。

8. 下列情形下，经授权海关不予做出对商品归类决定书进行修改的决定书：

8.1 如果对商品归类决定书进行修改的申请书和随附单证不符合本联邦法第16条第8款和第22款规定的要求；

8.2 如果申请人提交的本条第3款和第4款所指的单证和信息，含有互相矛盾的内容或未按照修改商品归类决定提供所必需的单证和完整信息。

9. 申请人可以在不予修改的原因消除后，重新提出修改申请。

10. 下列情形下，经授权海关应做出终止商品归类决定书效力的决定书：

10.1 海关确定申请人为做出商品归类决定书，提交了含有不真实或不完整信息的单证或虚假单证；

10.2 在本联邦法第103条规定的总期限届满前，申报人未提交不完整或未制成商品的全部商品申报单；

10.3 申请人拒绝供货，包括一些商品组件运入或运出后申请人拒绝继续供货，但本条第2款第6项所指的情形除外。

11. 终止商品归类决定书效力的决定书，自做出该决定书之日起生效。

12. 在申请人遗失纸质载体的商品归类决定书、对商品归类决定书进行修改的决定书、终止商品归类决定书效力的决定书情形下，经授权海关应当自收到出具副本决定书申请之日，在15个自然日内出具决定书的副本。

第18条　商品归类预先决定

1. 行使海关事务领域监管监督职能的联邦权力执行机关或由其规定的海关，根据利益相关人的申请，依据《联盟法典》第23～27条规定和《对外经济活动商品目录》做出商品归类预先决定（以下简称“商品归类预先决定”）。

2. 商品归类预先决定自做出之日起5年内有效。

3. 做出商品归类预先决定的申请书，可以加密电子签名签署的电子文件形式、使用联邦国家信息系统“国家和地方政务服务统一平台”提交，也可以纸质文件形式提交。

4. 符合《联盟法典》第83条和本联邦法第100条第4款规定的人，或该人以适当方式授权的代表，可以作为申请人。

5. 交换电子单证或电子形式的信息，通过使用联邦国家信息系统“国家和地方政务服务统一平台”，以海关信息系统和申请人信息系统协作的方法实施。

6. 商品归类预先决定的申请书，应当包含证实缴纳国税支付单证的信息、完整的商业名称、厂家名称（商标）、商品的主要技术特征和商业特征以及有助于对商品进行归类的其他信息。

7. 必要情况下，应当提供商品的样品、照片、图片、图纸、产品说明书和其他做出商品归类预先决定所必需的单证。

8. 以纸质载体提交的做出商品归类预先决定的申请书，应当随附申请书签署人的职权证明。

9. 下列情形，经授权海关不予受理申请：

9.1 以纸质载体提交的做出商品归类预先决定的申请书及其随附单证是由未经授权的人签署的；

9.2 做出商品归类预先决定的申请书及其随附单证不符合本条第 3、4、6、7 款和第 8 款规定的要求，不符合行使海关事务领域监管监督职能的联邦权力执行机关规定的对纸质文件样式的要求或对电子文件形式申请书格式和结构的要求；

9.3 申请人未缴纳商品归类预先决定书的法定手续费或做出预先决定的申请书中缺少证实缴纳法定手续费支付单证的信息。

10. 经授权海关应在登记归类预先决定申请书之日起 20 个自然日内，做出不予受理商品归类预先决定的决定书，并在规定期限内，以纸质文件形式或以加密电子签名签署的电子文件形式发送给申请人，并说明理由。

11. 在不予受理的原因消除后，申请人可以重新提交申请。

12. 如果申请人提交的单证和信息不能根据《对外经济活动商品目录》确定商品编码，经授权海关应自登记商品归类预先决定的申请书之日起，在 20 个自然日内，以纸质文件形式通知申请人，或使用联邦国家信息系统“国家和地方政务服务统一平台”，以由加密电子签名签署的电子文件形式通知申请人。发给申请人的补充信息查询函应当说明理由，并包含要求补充提交的对根据《对外经济活动商品目录》确定商品编码有关单证和信息的清单。

13. 自海关登记所发出的必须提供补充信息的查询函之日起，申请人应在 60 个自然日内提交补充信息。

14. 必须提交补充信息通知书的样式、格式和结构，由行使海关事务领域监管监督职能的联邦权力执行机关规定。

15. 下列情况下，经授权海关不予做出商品归类预先决定：

15.1 做出预先决定的申请书中所列明（所描述）的商品，此前已经向申请人出具了预先决定书。但此前发放的预先决定书的有效期，自做出预先决定的申请书登记之日起，在 60 个自然日内届满的情形除外。

15.2 海关根据本条第 12 款要求提供的补充信息，申请人未在规定期限内提交或未完整提交。

15.3 在做出商品归类预先决定的申请书、申请书随附单证、海关根据本条第 12 款要求提交的并已提交的补充信息中，包含互相矛盾的信息。

16. 在本条第 15 款第 1 项所指的情形下，不予做出商品归类预先决定的决定书，应自海关登记商品归类预先决定的申请书之日起，在20个自然日内做出，并在规定期限内，以纸质文件形式发送给申请人，也可使用联邦国家信息系统“国家和地方政务服务统一平台”，以加密电子签名签署的电子文件形式发送给申请人，并说明理由。

17. 在本条第15款第2项和第3项规定的情形下，不予做出商品归类预先决定的决定书，应自向海关提交补充信息的期限结束之日的次日起，在20个自然日内做出，并在做出该决定之日的次日内发送给申请人，并说明理由。

18. 经授权海关应自登记商品归类预先决定申请书之日起，在60个自然日内做出商品归类预先决定书。在依据本条第12款必须提交补充信息的情形下期限暂停，并从补充信息由海关登记之日起恢复。

19. 商品归类预先决定书的样式、填写办法和修改的办法由委员会规定。

20. 商品归类预先决定书、对商品归类预先决定书进行修改的决定书电子形式的格式和结构，由行使海关事务领域监管监督职能的联邦权力执行机关规定。

21. 行使海关事务领域监管监督职能的联邦权力执行机关负责规定下列单证纸质载体形式的样式和填写办法、电子形式的格式和结构：

21.1 做出商品归类预先决定书的申请书；

21.2 不予审核做出商品归类预先决定申请书的决定书；

21.3 不予做出商品归类预先决定书的决定书；

21.4 终止商品归类预先决定书效力的决定书；

21.5 撤回商品归类预先决定书的决定书。

22. 在《联盟法典》第26条第6款第4项规定的情形下，撤回商品归类预先决定书的决定书可由授权海关做出，并自做出该决定之日起生效。

23. 做出商品归类预先决定书的办法，由行使海关事务领域国家政策制定和法规调控职能的联邦权力执行机关规定。

第19条　商品归类预先决定的公开

1. 为保障海关统一适用《对外经济活动商品目录》，行使海关事务领域监管监督职能的联邦执行权力机关负责颁布个别种类商品的归类说明。

2. 行使海关事务领域监管监督职能的联邦执行权力机关，负责保障俄罗斯联邦境内任何利害相关人，免费自由访问海关根据《联盟法典》第21条做出的商品归类预先决定和说明的信息。

第四章　货物原产地

第20条　货物原产地的一般规定

1. 申报人根据《联盟法典》第 28 条，确定向俄罗斯联邦运入和从俄罗斯联邦运出货物的原产地。

2. 货物原产地由申报人在货物报关时向海关申报，并应当根据《联盟法典》第 29 条通过单证进行证实。

第 21 条 货物原产地的确定

1. 在适用海关税率、非税率调节措施和其他措施取决于货物原产地的情形下，为保障遵守措施，海关应当根据《联盟法典》第 314 条规定，在货物放行前或放行后，确定货物原产地。

2. 在货物报关时，如果申报人向海关申报的原产地未被证实，在货物放行前，海关应当向申报人发送对报关单上申报的信息进行修改的通知书，或者在货物放行后，向申报人发送对报关单上申报的信息进行修改的海关决定书。

3. 如果在向俄罗斯联邦运入货物时查明，货物原产地不明，或者根据《联盟法典》第 314 条第 5 项规定，货物原产地为未被证实的，则对货物适用 2006 年 12 月 30 日第 281 号联邦法《特殊经济措施和强制措施》所规定的特殊经济措施或强制措施。（根据 2019 年 5 月 1 日第 83 号联邦法修改，自 2019 年 6 月 1 日起生效）

第 22 条 货物原产地预先决定

1. 行使海关事务领域监管监督职能的联邦权力执行机关，根据《联盟法典》第 32 ~ 36 条规定，依照利益相关人申请做出货物原产地预先决定。

2. 做出货物原产地预先决定的申请书，可使用联邦国家信息系统“国家和地方政务服务统一平台”，以加盖了利益相关人加密电子签名的电子文件提交，也可以用纸质文件提交。

3. 电子单证或电子形式信息的交换，使用联邦国家信息系统“国家和地方政务服务统一平台”，以海关信息系统和申请人信息系统协作的方法实施。

4. 申请书应用俄语书写，应含有供做出货物原产地预先决定所有必需的信息，并以纸质文件或电子文件发送给授权海关。

5. 符合《联盟法典》第 83 条和本联邦法第 100 条第 4 款规定的人，或者这样的人以适当方式授权的代表，可以作为申请人。

6. 行使海关事务领域国家政策制定和法规调控的联邦权力执行机关，可以规定对本条第 5 款所指人的补充要求（符合其方可作为申请人的）。

7. 货物原产地预先决定，自做出货物原产地预先决定的申请书登记之日起，在 60 个自然日内，对从具体国家运入联盟关境的每项货物做出。

8. 对使用纸质载体提交的做出货物原产地预先决定的申请书，应随附证明申请书签署人职权的证件，以及该申请书的随附单证。

9. 下列情形下，经授权海关不予审核做出货物原产地预先决定的申请书：

9.1 如果以纸质载体提交的，做出货物原产地预先决定的申请书及其随附单证是由未授权人签署的；

9.2 如果做出货物原产地预先决定的申请书及其随附单证，不符合本条第 2 款和第 4 ~ 8 款规定的要求，以及行使海关事务领域监管监督职能的联邦权力执行机关规定的电子形式申请书格式和结构的要求。

10. 不予审核做出货物原产地预先决定申请书的决定书，应自原产地预先决定申请书由经授权海关登记之日起，在 20 个自然日内做出，并在所指期限内以纸质文件发送给申请人，或使用联邦国家信息系统“国家和地方政务服务统一平台”，以由加密电子签名签署的电子文件发送给申请人，并说明理由。

11. 做出不予审核货物原产地预先决定申请书的，在作为不予审核所指申请书理由的原因消除后，申请人可以重新提交申请。

12. 如果申请人提交的单证和信息不能确定货物的原产地，经授权海关应自上述所指申请书由海关登记之日起，在 20 个自然日内，以纸质文件或使用联邦国家信息系统“国家和地方政务服务统一平台”，以加密电子签名签署的电子文件形式向申请人发送必须提交补充信息的通知书。

13. 本条第 12 款所指的必须提交补充信息通知书的样式、格式和结构，由行使海关事务领域监管监督职能的联邦权力执行机关规定。

14. 自海关登记发送必须提交补充信息通知书之日起，申请人应在 60 个自然日内提交补充信息。

15. 下列情形下，经授权海关不予做出货物原产地预先决定：

15.1 做出货物原产地预先决定的申请书中所指出（所描述）的货物，此前对其已向申请人出具过货物原产地预先决定书，但自原产地预先决定申请书登记之日起，此前已出具的原产地预先决定书在 60 个自然日内有效期届满的情形除外；

15.2 根据本条第 12 款，经授权海关要求提供的补充信息，在规定期限内未提交或未完整提交；

15.3 在做出货物原产地预先决定申请书及其随附单证中，经授权海关根据本条第 12 款要求提交且已提交的补充信息中，包含互相矛盾的信息；

15.4 货物原产地证明作为证明货物原产地的文件提交，但其填写时违反了以确定货物原产国相应规则的要求，或依据《联盟法典》第 34 条第 5 款规定对货物原产地证明的核查过程中查明，该原产地证明是假证或含有不实信息；

15.5 出具货物原产地证明的国家机关或经授权的组织，在联盟法律规定的期限内，未对根据《联盟法典》第 34 条第 5 项所发送的查询函进行答复。

16. 在本条第 15 款第 1 项规定的情形下，不予做出货物原产地预先决定的决定书，自原产地预先决定申请书由经授权海关登记之日起，在20个自然日内做出，并在该期限内以纸质文件发送给申请人，或使用联邦国家信息系统“国家和地方政务服务统一平台”，以加密电子签名签署的电子文件发送给申请人，并说明理由。

17. 在本条第15款第2项和第3项规定的情形下，不予做出货物原产地预先决定的决定书应自补充信息向海关提交期限结束之日起，在20个自然日内做出，并在该决定做出之日的次日发送给申请人，同时说明理由。

18. 在本条第15款第4项规定的情形下，不予做出货物原产地预先决定的决定书，应自海关收到根据《联盟法典》第34条第5款向国家机关或经授权组织查询的信息之日起，在20个自然日内做出，并在该决定做出之日的次日发送给申请人，同时说明理由。

19. 在本条第15款第5项规定的情形下，不予做出货物原产地预先决定的决定书应自向经授权海关提交补充信息期限结束之日的次日起，在20个自然日内做出，并在该决定做出之日的次日发送给申请人，并说明理由。

20. 在根据本条第12款和第13款必须提交补充信息的情形下，本条第7款所指的期限，自发送提交补充信息通知书之日起暂停，自补充信息由经授权海关登记收到之日起恢复。

21. 如果在做出货物原产地预先决定时，根据《联盟法典》第34条第5款，向出具原产地证明的国家机关或经授权组织发送了查询函，本条第20款所指的期限，自发送查询函之日起暂停，自经授权海关登记收到补充信息之日起恢复。

22. 根据本条第15款第4项核查货物原产地证明时，要求根据本联邦法第五十八章开展海关鉴定，则本条第20款所指的期限暂停，并自经授权海关收到海关鉴定结果之日起恢复。

23. 货物原产地预先决定书的样式、填写办法和对决定书进行修改的办法，由委员会规定。

24. 货物原产地预先决定书、对货物原产地预先决定书进行修改决定书的电子形式格式和结构，由行使海关事务领域监管监督职能的联邦权力执行机关规定。

25. 行使海关事务领域监管监督职能的联邦权力执行机关，负责规定下列单证纸质载体形式的样式和填写办法、电子形式的格式和结构：

25.1 做出货物原产地预先决定的申请书；

25.2 不予审核做出货物原产地预先决定申请书的决定书；

25.3 不予做出货物原产地预先决定的决定书；

25.4 终止货物原产地预先决定书效力的决定书；

25.5 撤回货物原产地预先决定书的决定书。

26. 做出货物原产地预先决定书的办法，由行使海关事务领域国家政策制定和法规调控职能的联邦权力执行机关规定。

第五章　货物的完税价格

第 23 条　货物完税价格的确定

1. 确定向俄罗斯联邦运入货物的完税价格，根据《联盟法典》第五章实施。

2. 俄罗斯联邦政府负责规定从俄罗斯联邦运出货物完税价格的确定办法。

3. 向俄罗斯联邦运入货物或从俄罗斯联邦运出货物的完税价格，由申报人在货物申报时确定。但根据《联盟法典》，完税价格由海关确定的情形除外。

4. 向俄罗斯联邦运入货物的完税价格，由申报人在货物申报时按照委员会规定的办法申报。

5. 对运入俄罗斯联邦时同时通过联盟海关边界的货物，其完税价格的海关监管根据《联盟法典》第五章实施，并适用《联盟法典》规定的海关监管样式和保障海关监管实施的措施。

6. 行使海关事务领域国家政策制定和法规调控职能的联邦权力执行机关，负责规定：

6.1 海关审定从俄罗斯联邦运出货物完税价格的办法。

6.2 延期确定从俄罗斯联邦运出货物完税价格的办法，其中应包括：延期确定货物完税价格的情形；适用出口成交价格估价方法确定货物完税价格的具体要求；申报货物完税初步价格的要求；申报货物完税准确价格的程序和期限；货物完税价格海关审定的要求。

6.3 在委员会规定的情形下，延期确定货物完税价格的办法，其中应包括：延期确定货物完税价格的情形；适用进口成交价格估价方法确定货物完税价格的具体要求；申报货物完税初步价格的要求；申报货物完税准确价格的程序和期限；货物完税价格海关审定的要求。

6.4 在预先报关和定期报关情形下，以及在带有《联盟法典》第 104 条第 8 款规定特点报关的情形下，货物完税价格海关审定的要求。

6.5 海关价格管理部门审定完税价格的情形。

7. 因完税价格变更需修改报关单信息的，按照委员会根据《联盟法典》第 112 条规定的情形、办法和形式办理。在货物放行前，依据海关对报关单上所申报的信息进行修改的通知书实施；或在货物放行后，依据海关对报关单上所申报信息进行修改的决定书实施。

8. 行使海关事务领域监管监督职能的联邦权力执行机关，负责规定运入运出俄罗斯联邦货物价格审定时海关工作人员的操作规程，包括因海关价格变更需修改报关单信息时海关工作人员的操作规程。

第 24 条　货物完税价格磋商

根据《联盟法典》第 38 条第 15 款，为有根据地选择用于确定向俄罗斯联邦运入货物的完税价格（符合《联盟法典》第 41 条和第 42 条的），行使海关事务领域国家政策制定和法规调控职能的联邦权力执行机关，负责规定在海关与申报人之间开展磋商的办法。

第 25 条　货物完税价格预先决定

1. 行使海关事务领域监管监督职能的联邦权力执行机关，按照利益相关人的申请，负责根据《联盟法典》第五章，做出运入俄罗斯联邦货物完税价格的预先决定书（本条以下简称“预先决定书”）。

2. 符合《联盟法典》第 83 条和本联邦法第 100 条第 4 款规定条件的人，或其以适当方式授权的代表，可以作为申请人。

3. 预先决定书应自登记预先决定申请书之日起，在 30 个自然日内做出。

4. 行使海关事务领域国家政策制定和法规调控职能的联邦权力执行机关，负责规定做出和出具预先决定书的办法（其中包括出具预先决定书的条件和情形、预先决定书的有效期），以及做出终止预先决定书效力决定书的办法。

第二编
海关税费、保障措施关税、反倾销税和反补贴税

第六章　海关税费、保障措施关税、反倾销税和反补贴税缴纳的一般规定

第 26 条　关税、进口环节税、保障措施关税、反倾销税、反补贴税的纳税义务人

1.《联盟法典》第 50 条中所指的人，是关税和进口环节税的纳税义务人。

2.《联盟法典》第 71 条第 2 款中所指的人，是保障措施关税、反倾销税、反补贴税的纳税义务人。

3. 在本联邦法适用中，“纳税义务人”的概念意指本条中所指的人。

第 27 条　关税、进口环节税、保障措施关税、反倾销税、反补贴税的缴纳期限

1. 关税、进口环节税、保障措施关税、反倾销税、反补贴税的缴纳期限，根据《联盟法典》、本联邦法和俄罗斯联邦法律规定。

2.《联盟法典》第 104 条第 8 款所指的可由联盟成员国自行确定报关办法的货物，应在本联邦法和俄罗斯联邦法律规定的期限内缴纳关税、进口环节税、保障措施关税、反倾销税、反补贴税。

第 28 条　交纳预付款，缴纳关税、进口环节税和其他由海关负责征收的税费

1. 预付款应以非现金方式经银行等金融机构向国库账户存入。纳税义务人存入预付款的指令应按照俄罗斯联邦法律规定的办法告知银行等金融机构，包括使用支付系统（海关税费运营商是其运营商的）框架下的软硬件设备（以下简称“海关税费运营商自助缴费设备”）的方式。

2. 缴纳关税、进口环节税、保障措施关税、反倾销税、反补贴税、利息和滞纳金，由纳税义务人根据本联邦法第 35 条第 3 款第 1、2、4 项和第 5 项，以处置预付款的方法办理。

3. 个人自用货物关税、进口环节税可以使用海关税费运营商自助缴费设备缴纳。在实施海关作业地点没有银行等金融机构或不具备使用自助缴费设备缴纳货物关税、进口环节税可能性的情形下，也可使用现金向海关现场收款处缴纳。

4. 在位于俄罗斯联邦国境口岸的海关作业地点没有海关收款处、银行等金融机构，或不具备使用海关税费运营商自助缴费设备缴纳个人自用货物关税、进口环节税可能性的情形下，自用货物的关税、进口环节税可使用现金直接向经授权的工作人员缴纳。

5. 采用国际邮件寄递的个人自用物品，且在国际邮件交换场所对其办理海关作业的，货物的关税、进口环节税可以使用海关税费运营商自助缴费设备缴纳，也可以在遵守本联邦法第 203 条第 8 款规定的条件下，使用现金向联邦邮政通信组织的收款处缴纳。

6. 由承运人（运输代理公司和快递部门）向自然人收货人送达的个人自用物品，其关税、进口环节税以非现金方式缴纳，包括使用海关税费运营商自助缴费设备缴纳。

7. 在使用海关税费运营商自助缴费设备交纳预付款，缴纳关税、进口环节税和其他由海关负责征收的税费时，由海关税费运营商实施结算参加方之间的信息交换。

8. 俄罗斯联邦政府负责规定：对海关税费运营商的要求；在海关税费运营商、预付款支付人、海关税费缴纳人、行使海关事务领域监管监督职能的联邦权力执行机关之间开展合作的办法；保障海关税费运营商以应有方式履行所承担义务的办法，以及在未履行义务情形下对其追征款项的办法。

9. 海关税费运营商有义务为在俄罗斯联邦中央银行与行使海关事务领域国家政策制定和法规调控职能的联邦权力执行机关商定的期限内，使用支付卡等本国支付工具存入预付款、关税、进口环节税和其他由海关负责征收的税费提供保障。

10. 使用海关税费运营商运营的支付设备实施预付款、关税、进口环节税缴纳业务的办法，由行使海关事务领域国家政策制定和法规调控职能的联邦权力执行机关与俄罗斯联邦中央银行商定。

第 29 条　海关税款缴纳凭证

1. 计算和缴纳个人自用物品海关税费，应使用海关税款缴纳凭证。

2 计算个人自用物品海关税费时，填制海关税款缴纳凭证的办法和对税款缴纳凭证进行修改的办法，由委员会规定。

3. 行使海关事务领域国家政策制定和法规调控职能的联邦权力执行机关，可以根据对个人自用物品征收的海关税费的种类，规定海关税款缴纳凭证上个别项的填制要求，以及对税款缴纳凭证进行修改和使用的规定。

4. 计算和缴纳非个人自用物品的货物的关税、进口环节税、保障措施关税、反倾销税、反补贴税和海关规费时，在无法按照上述所指货物的报关单证或其他单证（为计算上述税费以及由海关负责征收的其他税费所规定的）办理计算时，也应使用海关税款缴纳凭证。

5. 在本条第 4 款所指情形下，使用海关税款缴纳凭证时，根据税费（其缴纳情况应在专用缴款书上反映的）的种类填制税款缴纳凭证的办法，对税款缴纳凭证进行修改、使用的办法，由行使海关事务领域国家政策制定和法规调控职能的联邦权力执行机关规定。

6. 海关税款缴纳凭证可以电子单证形式形成，无须打印纸质表格。

7. 对于根据《联盟法典》第三十七章实施报关的货物，按照统一税率征收的关税和进口环节税，或者以汇总征税形式征收的关税和进口环节税，可以由自然人依据其他海关单证（由委员会根据《联盟法典》第 266 条第 24 款所确定的）缴纳。

第 30 条　履行缴纳关税、进口环节税和由海关负责征收的其他税费的义务

1. 缴纳关税、进口环节税、保障措施关税、反倾销税、反补贴税、利息和滞纳金的义务，由纳税义务人和在缴纳关税、进口环节税方面与纳税义务人承担连带责任的人履行。

2. 在按照本联邦法第十二章规定的办法追征关税、进口环节税和其他由海关负责征收的税费时，在本条第 1 款所指的人未履行或未完全履行缴纳关税、进口环节税和其他由海关负责征收税费义务情形下，允许由其他人履行相应税费缴纳义务。

3. 第 2 款所指的其他人无权要求退还其为纳税义务人、与纳税义务人承担连带责任的人缴纳的关税、进口环节税和其他由海关负责征收的税费税额。

4. 在本条第 5 款和第 6 款规定的情形下，缴纳关税、进口环节税、保障措施关税、反倾销税、反补贴税、利息和滞纳金的义务视为已被履行。

5. 如果截至缴纳关税、进口环节税和其他由海关负责征收的税费的期限到期时，本条第 1 款所指的人已根据本联邦法第 35 条第 3 款第 1、2、4、5 项向海关提交使用预付款的指令，并且额度不低于被计算应予缴纳的关税、进口环节税、保障措施关税、反倾销税、反补贴税、利息和滞纳金数额，则上述税费缴纳义务视为已履行。上述税费缴纳义务不允许部分履行。

6. 如果下列情况所指的资金额度不少于应予缴纳的关税、进口环节税和其他由海关负责征收的税费的数额，则缴纳关税、进口环节税和其他由海关负责征收税费的义务视为已履行：

6.1 一般情况下，自保证金结转时起，而对于交纳人主动提出办理结转的情况，自海关收到对于具体货物、具体税款种类和数额的结转指令时起。

6.2 使用海关税费运营商运营的支付设备进行资金转账缴税时，自确认向国库账户进行资金转账的指令及已实际完成资金转账的信息时起。

6.3 自依据海关不经起诉追征的委托，从纳税义务人银行账户划转资金时起。

6.4 自用于缴纳关税、进口环节税和其他由海关负责征收税费的资金，在划转情形下进入联邦国库账户时起。

6.4.1 由银行、“俄罗斯联邦外贸经济银行”国有开发集团公司（以下简称“俄罗斯联邦外贸经济银行”）、欧亚发展银行根据银行保函划转的；

6.4.2 由担保人根据担保合同划转的；

6.4.3 由实施保障法庭活动规定秩序，执行司法文件、其他机构和工作人员的执法文件职能的，以及实施规定活动领域的法律适用职能和监管监督职能的联邦权力执行机关的地区机关划转的；

6.4.4 在本联邦法第 76 条规定情形下，由担保联合会（协会）划转的；

6.4.5 在执行海关划转电子资金的委托时由银行划转的。

6.5 在以海关接受的财产抵押作为履行缴纳海关税费、进口环节税义务担保，履行缴纳保障措施关税、反倾销税、反补贴税义务担保，履行在海关事务领域实施活动法人义务担保，履行经认证经营者义务担保来出资抵缴海关税费、进口环节税和其他由海关负责征收税费的情形下，自资金进入联邦国库账户时起；在以未缴纳或未全部缴纳海关税费、保障措施关税、反倾销税、反补贴税的货物出资追征海关税费、保障措施关税、反倾销税、反补贴税、利息和滞纳金的情形下，自变卖货物所得的全部资金进入联邦国库账户时起。

6.6 向海关收款处缴纳的，或在海关根据俄罗斯联邦法律与工作人员签订由其个人承担全部经济责任协议条件下，直接缴纳给此工作人员的，或在遵守本联邦法第 203 条第 15 款规定条件下，向联邦邮政通信组织收款处缴纳的，自缴纳现金时起。

6.7 在本联邦法第 76 条第 10 款和第 11 款规定情形下，自海关对保证金提起追征时起；或自海关做出本联邦法第 76 条第 21 款和第 80 条第 3 款规定的决定书时起。

7. 在使用海关税费运营商运营的支付设备缴纳关税、进口环节税和其他由海关负责征收的税费时，为办理货物放行，使用海关税费运营商运营的支付设备向国库账户实施资金转账作业的电子单证，是纳税义务人履行上述所指税费缴纳义务的证明文件。

8. 自上述所指电子单证生成时起，为缴纳关税、进口环节税和其他由海关负责征收的税费所实施的资金划转不可撤销。

9. 在按非现金办法缴纳海关税费时，为办理随身携带个人自用物品的放行，由银行或其他金融机构形成的证明纳税义务人交纳了资金的单证，或证明划转资金用于缴纳海关税费的指令被银行执行的单证，是纳税义务人履行缴纳关税、进口环节税义务的证明书。

10. 在向海关收款处或者直接向海关工作人员缴纳海关税费时，为办理个人自用物品的放行，海关收款处或者海关工作人员出具的证明纳税义务人交纳资金用于缴纳海关税费的单证，是纳税义务人履行缴纳关税、进口环节税义务的证明书。

11. 海关无权要求纳税义务人提供资金进入联邦国库账户的证明书。依纳税义务人申请，自收到申请书次日起的 20 个自然日内，海关有义务出具纸质文件或电子文件形式的缴纳关税、进口环节税和其他税费证明书，但不能超过提交申请书之日前 3 个自然年。缴纳关税、进口环节税证明书的样式、格式和结构，由行使海关事务领域监管监督职能的联邦权力执行机关规定。

12. 如果因存在未缴纳的关税、进口环节税、保障措施关税、反倾销税、反补贴税、利息和滞纳金给国库造成损失，自符合俄罗斯联邦法律规定额度的、用于损失补偿的资金进入联邦国库账户之时起，缴纳关费、进口环节税、保障措施关税、反倾销税、反补贴税、利息和滞纳金的义务视为已履行。

13. 如果根据本联邦法，海关是关税、进口环节税、保障措施关税、反倾销税、反补贴税、利息和滞纳金的纳税义务人，则缴纳关税、进口环节税、保障措施关税、反倾销税、反补贴税、利息和滞纳金的义务按照俄罗斯联邦预算法规定的办法履行。

第 31 条　组织注销后缴纳关税、进口环节税和其他由海关负责征收税费义务的履行

1. 在组织注销的情况下，缴纳关税、进口环节税和其他由海关负责征收税费的义务由清算委员会以上述所指组织的资金，包括变卖其财产所得资金抵缴。

2. 在组织注销的情况下，在与该组织其他债权人进行结算中履行缴纳关税、进口环节税和其他由海关负责征收税费义务的次序，由《俄罗斯联邦民法》规定。

第 32 条　法人重组后缴纳关税、进口环节税和其他由海关负责征收税费义务的履行

1. 在法人重组的情况下，缴纳关税、进口环节税和其他由海关负责征收税费的义务由其权利继承人（或多个权利继承人）履行。

2. 在法人重组的情况下，履行缴纳关税、进口环节税和其他由海关负责征收税费的义务应被赋予其权利继承人（或多个权利继承人），且不取决于法人重组结束前权利继承人（或多个权利继承人）是否知晓被重组法人未履行或未完全履行所指义务的事实和状况。同时，权利继承人（或多个权利继承人）应当缴纳加算的滞纳金。

3. 被重组法人的权利继承人（或多个权利继承人）在履行本条赋予他的缴纳关税、进口环节税和其他由海关负责征收税费义务的情况下，按《联盟法典》和本联邦法为纳税义务人所规定的办法，享有一切权利，履行所有义务。

4. 法人重组不改变该法人履行缴纳关税、进口环节税和其他由海关负责征收税费义务的期限，由该法人的权利继承人（或多个权利继承人）按期限履行义务。

5. 在数个法人合并的情况下，根据合并结果产生的法人视为在履行缴纳关税、进口环节税和其他由海关负责征收税费义务方面的权利继承人。

6. 在一个法人并入另一个法人的情况下，并入法人视为被并入法人在履行缴纳关税、进口环节税和其他由海关负责征收税费义务方面的权利继承人。

7. 在法人拆分的情况下，根据拆分结果产生的多个法人视为被重组法人在履行缴纳关税、进口环节税和其他由海关负责征收税费义务方面的权利继承人。

8. 在存在数个权利继承人的情况下，其中每个权利继承人参与履行缴纳关税、进口环节税和其他由海关负责征收税费义务的份额，按照《俄罗斯联邦民法》规定的办法确定。

9. 如果交接文件在俄罗斯联邦法律规定的情形下，不能确定被重组法人权利继承人的份额，或者排除了某一个权利继承人全部履行缴纳关税、进口环节税和其他由海关负责征收税费义务的可能性，或者重组原本就是为了不履行缴纳关税、进口环节税和其他由海关负责征收税费的义务，由根据法院决定重新产生的多个法人承担被重组法人在缴纳关税、进口环节税和其他由海关负责征收税费方面的连带义务。

10. 在一个或数个法人从法人集体中分离出时，不需继承被重组法人履行缴纳关税、进口环节税和其他由海关负责征收税费的义务。如果根据一个或数个法人从法人集体中分离出的结果，被赋予缴纳关税、进口环节税和其他由海关负责征收税费义务的法人没有能力充分履行缴纳税费的义务，或者查明避税就是重组意图的，根据法院决定，分离出的法人应承担被重组法人在缴纳关税、进口环节税和其他由海关负责征收税费方面的连带义务。

11. 在一种企业组织形式的法人转换为另一种企业组织形式的法人的情况下，被重组法人缴纳关税、进口环节税和其他由海关负责征收税费的义务由重新产生的法人承担。

第 33 条　汇率的适用

为计算关税、进口环节税、保障措施关税、反倾销税、反补贴税、利息和滞纳金，包括为了确定货物的完税价格，需进行外国货币对俄罗斯联邦货币的换算，在《联盟法典》或本联邦法未做其他规定的情形下，按照俄罗斯联邦中央银行规定的海关登记报关单之日实行的外国货币对俄罗斯联邦卢布的官方汇率办理。

第 34 条　缴纳利息

1. 下列情形下，应缴纳利息：

1.1 因延期或分期缴纳进口关税、进口环节税，但《联盟法典》第 59 条第 2 款规定的情形除外；

1.2 在将《联盟法典》第 134 条第 3 款第 1 项所指货物置于放行供境内消费海关制度之下时；

1.3 根据《联盟法典》第 174 条第 5 款、第 175 条第 1 款、第 208 条第 8 款、第 216 条第 5 款，追征进口关税、进口环节税、保障措施关税、反倾销税、反补贴税款项时；

1.4 根据《联盟法典》第 226 条第 3 款，追征进口关税、进口环节税、保障措施关税、反倾销税、反补贴税款项时；

1.5 根据《联盟法典》第 198 条第 7 款，追征进口关税款项时；

1.6 根据《联盟法典》第 225 条第 8 款第 5 项，追征进口关税、进口环节税款项；以及在对货物部分缴纳进口关税、进口环节税时；

1.7 根据《联盟法典》第 225 条第 14 款，追征保障措施关税、反倾销税、反

补贴税款项时;

1.8 在《联盟法典》第 241 条第 7 项、第 247 条第 6 项所规定的情形下;

1.9 在本联邦法第 145 条和第 172 条第 3 ~ 5 款所规定的情形下。

2. 本条第 3 款所指期间的利息，应当每日按照俄罗斯联邦中央银行基准利率的三百六十分之一计征。为计算利息，适用在实际使用税费延期缴纳相应时间段实行的俄罗斯联邦中央银行基准利率。

3. 以下情形，为《联盟法典》所规定的加计利息期间:

3.1 在本联邦法第 145 条第 5 款所规定的情形下，自将货物置于关境外加工海关制度下之日起至履行缴纳关税、进口环节税义务之日（含）;

3.2 在本联邦法第 145 条第 6 款所规定的情形下，自将货物置于关境外加工海关制度下之日起至将货物置于出口海关制度下之日（含）;

3.3 在本联邦法第 172 条第 3 款所规定的情形下，自为将货物置于暂时出境海关制度下提交的报关单被海关登记之日起至履行缴纳出口关税义务之日（含）;

3.4 在本联邦法第 172 条第 4 款和第 5 款所规定的情形下，自将货物置于暂时出境海关制度下提交的报关单被海关登记之日起至将货物置于出口海关制度下之日（含）。

4. 利息应不晚于履行缴纳关税、进口环节税义务之日的次日缴纳。

5. 利息的缴纳、追征和退还（结转）按照《联盟法典》和本联邦法规定的适用于关税、进口环节税缴纳、追征和退还（结转）的办法办理。第 34 条第 6 款自规定对《联盟条约》附件 5 和附件 8 进行修改的俄罗斯联邦国际条约生效之日起适用（见本联邦法第 398 条第 8 项）。

6. 在本联邦法第 36 条第 17 款，第 67 条第 11、18 款，第 68 条第 7 款，第 69 条第 12 款和第 77 条第 24 款所规定的情形下，利息的支付根据上述所指各条办理。

第七章　预付款

第 35 条　交纳和使用预付款

1.《联盟法典》第 48 条规定存入的预付款，可用于缴纳关税、进口环节税、保障措施关税、反倾销税、反补贴税、海关规费、保证金，对个人自用货物征收的关税和进口环节税，以及缴纳由海关负责征收的其他税费。

2. 作为预付款存入联邦国库账户的资金信息，应自银行水单到达联邦预算收入总管理员单位（指根据法律和预算方面决定确定的、包括国家和地方权力机关和金融机构在内的对预算收入作业担负审核职责的单位）时起，4 个小时内，进入纳税义务人个人记名账户上。

3. 以下行为视为存入预付款的人的处置决定：

3.1 存入预付款的人或其受托人提交货物报关单（包括修改后的报关单）；

3.2 存入预付款的人提交《联盟法典》第 277 条第 4 项第 2 自然段所指的申请书；

3.3 提交退还预付款申请书，或提交将预付款结转至保证金账户的申请；

3.4 收到规定期限内未缴纳的海关税费、保障措施关税、反倾销税、反补贴税、利息和滞纳金数额的通知书（修订后通知书）后，提交使用预付款的申请；

3.5 提交结转预付款用于履行本联邦法第 204 条规定的关税、进口环节税、保障措施关税、反倾销税、反补贴税缴纳义务的申请书。

4. 本条第 3 款第 3 ~ 5 项所指申请书，应以纸质文件形式提交，或以经网上“专属办公账户”向经授权受理所指申请书的海关发送的方法以电子文件形式提交。

5. 本条第 3 款第 3 ~ 5 项所指申请书的样式、格式、结构和由存入预付款的人提交的办法，由行使海关事务领域监管监督职能的联邦权力执行机关规定。

6. 按照存入预付款的人以纸质文件形式或电子文件形式提交的申请书，行使海关事务领域监管监督职能的联邦权力执行机关授权受理申请书的海关，自收到申请书之日的次日起，在 20 个自然日内，有义务向申请人提供三年内的预付款的支出情况报告。

7. 本条第 6 项所指申请书的样式、格式、结构和向海关提交的办法，由行使海关事务领域监管监督职能的联邦权力执行机关规定。

8. 依照存入预付款的人的意愿，资金支出报告可由海关以纸质文件提供，或以加密电子签名签署、经网上“专属办公账户”发送的电子文件形式提交。

9. 预付款存入资金支出情况报告，应包含：

9.1 在申请书中所指期间内进入的预付款款项（包括此前纳税义务人以保证金形式交纳的，或多缴纳、多追征的关税、保障措施关税、反倾销税、反补贴税和由海关负责征收的其他税费，获得了预付款地位的款项）的信息；

9.2 已支出用于缴纳关税、保障措施关税、反倾销税、反补贴税、其他由海关负责征收税费的预付款款项信息，并标注依据其实施支出的单证信息；

9.3 退还给纳税义务人的预付款款项信息，并指出退还申请书和退还决定书的信息；

9.4 未支出用于缴纳关税、进口环节税、由海关负责征收的其他税费，未用于交纳保证金和截至申请书上所指日期未退还给纳税义务人的预付款余额信息。

10. 资金支出报告的样式、格式、结构和由海关提交资金支出报告的办法，由行使海关事务领域监管监督职能的联邦权力执行机关规定。

11. 在存入预付款的人对海关出具的资金支出报告提出异议时，应开展该人资金支出情况的联合核对，核对结果应当形成记录。

12. 开展核对的办法，核对记录的样式、格式、结构和提交办法，由行使海关事务领域监管监督职能的联邦权力执行机关规定。

第 36 条　退还预付款

1. 预付款退还申请书应自最后一次使用预付款的处置之日的次日起，三年内提交，预付款的退还依照本联邦法第 30 条第 1 款所指人提交申请书实施。如果未办理过预付款使用处置，所指提交预付款退还申请书的期限，自预付款在纳税义务人记名账户上最后一次记账之日起计算，或者自将获得了预付款地位的保证金款项、获得了预付款地位的多缴纳或多追征的海关税费款项向预付款账户结转之日起计算。

2. 预付款退还由行使海关事务领域监管监督职能的联邦权力执行机关确定的海关实施，一般根据纳税义务人（承担连带义务的人）税务登记的原则确定实施海关。

3. 在预付款交纳人将要求退还预付款的权利让渡给其他人的情形下，不予办理预付款退还。

4. 退还预付款的申请书可以以电子形式（经网上“专属办公账户”发送）提交，或根据本条第 5 款、第 10 ~ 13 款以书面形式提交。

5. 书面形式的预付款退还申请书应由交纳预付款的人签署。提交书面形式的预付款退还申请书，应向海关提交经公证的证明预付款退还申请书签署人权限的证件，以及经公证的预付款退还申请书签署人的签名样例。如果上述所指的证件此前已向海关提交，在告知海关证件已提交且对其无修改后，可以不重复提交。

6. 电子形式的预付款退还申请书应以本联邦法第 30 条第 1 款所指人的加密电子签名签署。

7. 预付款退还申请书的样式、格式、结构和提交办法，由行使海关事务领域监管监督职能的联邦权力执行机关规定。

8. 预付款退还申请书应当包含以下信息：

8.1 对于法人和作为个体经营者登记的自然人，提交纳税人识别号码，纳税人登记代码，法人（作为个体经营者登记的自然人）的名称和地址；

8.2 对依据俄罗斯联邦法律创立、且是预付款交纳人的权利继承人的法人，提交权利继承证件的信息，包括在俄罗斯联邦法律规定情形下交接文件的信息；

8.3 自然人的姓名、纳税人识别号码（若有）、出生日期、居住地址、个人记名账户保险号码（若有）、身份证件组号和号码（俄罗斯联邦公民护照、在俄罗斯联邦境外证明俄罗斯联邦公民身份的俄罗斯联邦公民护照、证明外国公民或无国籍人身份的证件和根据俄罗斯联邦国际条约为俄罗斯联邦所承认的身份证件）；

8.4 申请人在信贷组织以俄罗斯联邦货币开立的银行账户信息；

8.5 申请退还的资金数额。

9. 本条第 1 款所指的期限届满后，无人领取的预付款款项应计入联邦预算其他非税收入，不予退还、结转和做出用于缴纳由海关负责征收的海关税费和其他税费的其他处置。

10. 对书面形式的预付款退还申请书，应根据纳税义务人的地位随附本条第 11 ~ 13 款所指的单证。

11. 除根据俄罗斯联邦法律设立的法人外，其他法人在提交书面形式的预付款退还申请书时，应提供：

11.1 从相应国家外国法人登记名录中做的摘录，或其他具有相当法律效力的外国法人法律地位的证明；

11.2 带有俄语译文的、预付款退还申请书签署人权限证件的、经公证程序确认无讹的复印件。

12. 作为个体经营者登记的自然人，在提交书面形式的预付款退还申请书时，应提交经公证程序确认无讹的俄罗斯联邦公民护照复印件。

13. 自然人在提交书面形式的预付款退还申请书时，应提交：

13.1 支付（结算）单证复印件；

13.2 俄罗斯联邦公民护照复印件或俄罗斯联邦法律规定的证明公民身份的其他证件的复印件，上述复印件需经公证程序确认；

13.3 在预付款交纳人的继承人提交预付款退还申请书的情形下，应提交预付款权利证件的复印件。该复印件需经公证程序确认。

14. 如果此前已向对其提交书面形式的预付款退还申请书的海关提交了本条第 11 ~ 13 款所指的单证，在告知提交单证的信息以及所指单证无修改后，可以不重复提交。

15. 带有随附单证（其清单由本条规定的）的书面形式的预付款退还申请书，应向行使海关事务领域监管监督职能的联邦权力执行机关授权受理预付款退还申请书的海关提交。

16. 预付款退还用俄罗斯联邦货币办理。

17. 在退还预付款的情况下，不对其支付利息，其数额不实行指数化。在违反本条第 22 款规定的预付款退还期限的情形下，应当每日按照俄罗斯联邦中央银行基准利率的三百六十分之一计征。为违反预付款退还期限的每一天（自本条第 22 款规定的退还日次日起至预付款实际退还日）支付利息。所指利息的支付按照本联邦法第 67 条第 14 款和第 16 款规定的办法实施。

18. 下列情形下，不予退还预付款：

18.1 预付款退还申请书是由未经授权的人（与本条第 1 款所指的人不同的人，包括在转让要求退还预付款权利的情形下）提交的；

18.2 预付款退还申请书不含本条第 8 款规定的信息；

18.3 申请退还的预付款数额超过纳税义务人预付款的实际余额；

18.4 未提交本条所列的单证；

18.5 预付款退还申请书上指出的在信贷组织开立的银行账户，是非俄罗斯联邦货币账户；

18.6 联邦国库机关在确定预付款退还申请书上所指的信贷组织或其地位的信息不实时，不予接受预付款退还申请书；

18.7 银行及其他金融机构在确定收款人（预付款交纳人或其权利继承人）的信息不实时，不予计入预先指定用作退还预付款的资金；

18.8 预付款交纳人（或其权利继承人）截至海关做出预付款退还决定书之日仍有额度为其欠款的、规定期限内未履行（全部或部分）的缴纳关税、进口环节税和其他由海关负责征收的税费义务；

18.9 违反本条第 1 款所指的提交预付款退还申请书的期限；

18.10 预付款退还申请书与本条规定的要求不符。

19. 如果不能办理预付款退还，应在本条第 22 款所指的期限内告知申请人不能办理的原因。

20. 不予退还预付款通知书可以电子形式经网上“专属办公账户”发送，或以书面形式发送。不予退还预付款通知书的样式、格式和结构，由行使海关事务领域监管监督职能的联邦权力执行机关规定。

21. 当申请退还的预付款数额超过纳税义务人预付款实际余额时，海关在向提交了预付款退还申请书的人发送不予退还预付款通知书的同时，应向该人发送退还预付款申请书提交之日以前 6 个月的资金支出报告。在提交退还预付款申请书的人对资金支出报告有异议的情形下，应根据本联邦法第 35 条第 11 款和第 12 款，对该人的资金支出情况开展联合核对。

22. 预付款的退还依据海关决定书办理。海关决定书的样式、格式和结构由行使海关事务领域监管监督职能的联邦权力执行机关规定。审核退还预付款申请书、做出退还预付款决定书的总期限和实际退还预付款，不能超过自海关收到退还预付款申请书之日起 10 个工作日。

第八章 海关规费

第 37 条 海关规费的种类

1. 因实施与货物放行、运输工具海关押运、货物存储有关的海关作业，海关征收的强制性收费是海关规费。

2. 属于海关规费的有：

2.1 因实施与货物放行有关的海关作业而收取的海关规费（以下简称“海关作业类海关规费”）；

2.2 因海关押运而收取的海关规费（以下简称“海关押运类海关规费”）；

2.3 因存储而收取的海关规费（以下简称“存储类海关规费”）。

第 38 条 海关规费的缴纳义务人

1. 根据本联邦法第 41 条发生缴纳海关作业类海关规费和海关押运类海关规费义务的人，是这两类海关规费的缴纳义务人。

2. 将货物置于海关临时存储仓库的人，是存储类海关规费的缴纳义务人。

第 39 条 海关作业类海关规费的计算

1. 海关作业类海关规费由此类规费的缴纳义务人计算。

2. 海关押运类海关规费、存储类海关规费由海关计算。

3. 海关规费按俄罗斯联邦货币计算。如果为计算海关规费数额要求进行外国货币的换算，适用俄罗斯联邦中央银行规定的、海关登记报关单之日执行的外国货币对俄罗斯联邦卢布官方汇率。

第 40 条 海关规费费率的适用

1. 为计算海关作业类海关规费数额，适用海关登记报关单之日执行的费率。

2. 为计算海关押运类海关规费数额，适用海关登记报关单之日执行的费率或在《联盟法典》第 343 条第 4 项第 2 目所指的情形下，海关做出适用海关押运决定书之日执行的费率。

3. 为计算存储类海关规费数额，适用货物在海关临时存储仓库存储期间执行的费率。

第 41 条 海关规费缴纳义务的产生和终止

1. 以下情况，发生海关作业类海关规费缴纳义务：

1.1 自海关登记货物报关单、旅客申报单或其他在报关时使用的、依据其作出货物放行决定的海关单证之日起，申报人产生该义务；

1.2 对于申请货物申报前放行的情形，在货物放行后提交货物报关单时的申报人，自海关根据《联盟法典》第 120 条登记货物申报前放行申请书之日起，产生该义务。

2. 自海关做出海关押运决定书之日起，转运海关制度的申报人产生缴纳海关押运类海关规费的义务。

3. 在运输处于海关监管下的外国货物时，根据《联盟法典》货物在联盟境内运输且未置于转运海关制度之下，自海关做出海关押运决定书之日起，承运人产生缴纳海关押运类海关规费的义务。

4. 将货物置于海关临时存储仓库的人，自将货物放置在仓库之日起，产生缴纳存储类海关规费的义务。

5. 发生以下情况时，缴纳海关规费的义务终止：

5.1 缴纳海关规费的义务按照根据本联邦法计算和应予缴纳的额度被履行；

5.2 按照本联邦法规定的办法，认定海关规费款项追征无望。

6. 海关将货物置于海关临时存储仓库时，不发生缴纳存储类海关规费的义务。

第 42 条的适用日为对《联盟条约》附件 5 和附件 8 进行修改的俄罗斯联邦国际条约生效之日（见本联邦法第 398 条第 8 项）。

第 42 条　海关规费缴纳义务的履行

按照本联邦法第 30 条规定的办法，履行缴纳关税、进口环节税和其他由海关负责征收税费的义务，视为缴纳海关规费的义务已履行。

第 43 条　海关规费的缴纳期限

1. 海关作业类海关规费应于货物放行前缴纳，但本条第 2 款规定的情形除外。

2. 因根据《联盟法典》第 120 条实施的海关作业而收取的海关规费，应在《联盟法典》第 137 条为缴纳关税、进口环节税规定的期限内缴纳。

3. 海关押运类海关规费应在实际实施海关押运之前缴纳。

4. 存储类海关规费应在货物从海关仓库实际提取之前缴纳。

第 44 条　海关规费的缴纳

海关规费的缴纳按照本联邦法第 28 条对缴纳关税、进口环节税规定的办法办理。

第 45 条自规定对《联盟条约》附件 5 和附件 8 进行修改的俄罗斯联邦国际条约生效之日起适用（见本联邦法第 398 条第 8 项）。

第 45 条　海关规费的追征和退还

1. 海关规费的追征和退还，按照本联邦法为追征和退还关税、进口环节税规定的情形和办法办理，但本条第 2 款和第 3 款规定的情形除外。

2. 货物放行后，根据海关监管的结果，包括根据货物放行前开始的对海关单证或信息、其他单证或信息的核查结果，对报关单上所指明的、对应缴纳的海关作业类海关规费额度有影响的信息进行了修正，海关作业类海关规费的数额也不予重新计算，同时不予办理补充追征和退还。

3. 在货物根据所申报的海关制度做出不予放行决定的情形下，或在海关认定货物放行失效的情形下，不予办理海关作业类海关规费款项的退还，但海关不予放行决定被认定为非法的情形除外。

第 46 条　海关规费计算的费率和费基

1. 计算海关规费的费率和费基由俄罗斯联邦政府规定。

2. 海关作业类海关规费的额度，应以与实施该作业所需费用大体相当为限。

3. 从俄罗斯联邦运出未规定出口关税税率或适用专门出口关税税率的货物时，海关作业类海关规费的费率不能取决于货物的价格。

4. 办理暂时货物放行有关的海关作业而收取的海关规费，其费率不能取决于货物的价格。

5. 在对适用临时定期报关的货物提交临时报关单时，海关作业类海关规费应按照本条第 1 款规定的费率缴纳。在此后就货物向海关提交完整报关单时，收取海关作业类海关规费，不能超过根据本条第 2 款规定的额度。

第 47 条　海关规费的免除

1. 对于下列情形，免于征收海关作业类海关规费：

1.1 向俄罗斯联邦运入和从俄罗斯联邦运出根据俄罗斯联邦法律属于无偿援助（支持）的货物；

1.2 外交代表机关、领事机构、其他外国官方代表机关、国际组织及代表机关、机构和组织的人员向俄罗斯联邦运入和从俄罗斯联邦运出的货物；

1.3 根据俄罗斯联邦缔结的国际条约，享有优先权、特惠权或豁免权的外国人的、预先指定以个人自用为目的的货物；

1.4 为了展出被国有、非国有和地方博物馆，国有和非国有档案馆、阅览室，其他国有和地方文物储藏库置于暂时进境（准入）海关制度或暂时出境海关制度下时，和以将货物相应置于复出口和复进口海关制度下来结束上述所指制度效力时，以及被置于放行供境内消费海关制度下的文物；

1.5 在非法向俄罗斯联邦运入或非法从俄罗斯联邦运出情形下被退回的文物；

1.6 联盟成员国货币，外国货币（用于钱币学目的的除外），以及发行的有价证券；

1.7 置于转运海关制度下的货物；

1.8 在俄罗斯国际汽车承运人协会和国际公路运输联盟间转运的国际公路运输手册表格，以及预先指定用于在联盟关境内发放的 ATA 单证册表格及其部分；

1.9 向俄罗斯联邦运入和从俄罗斯联邦运出的消费税标识；

1.10 自然人携运的、无须缴纳或免于缴纳关税和进口环节税的个人自用货物；

1.11 采用国际邮件寄递的货物，但货物以提交单独报关单方法实施申报的情形除外；

1.12 作为备用品（运输工具用油料、技术维护等物品和旅客、司乘人员旅途必需物品）向俄罗斯联邦运入或从俄罗斯联邦运出的货物；

1.13 被置于特殊海关制度下的货物，以及为结束特殊海关制度被置于必要的海关制度下的货物；

1.14 根据海关销毁制度，因销毁产生的不予征税的废料（残渣）；

1.15 因事故、不可抗力损毁的或在正常运输或存储条件下自然损耗的货物；

1.16 已抵达俄罗斯联邦境内，处于抵达地或位于不直接临近抵达地的其他海关监管区，此前未置于任何海关制度之下，现置于复出口海关制度下并从俄罗斯联邦境内运离的货物；

1.17 遵守适用 ATA 单证册条件，使用其暂时运入俄罗斯联邦的货物，和反向从俄罗斯联邦运出的货物，以及遵守适用 ATA 单证册的条件，使用其从俄罗斯联邦暂时运出的货物，和反向运入俄罗斯联邦的货物；

1.18 从事国际运输的运输工具，包括根据暂时进境（准入）海关制度或自由海关区海关制度被放行到俄罗斯联邦境内的，将作为从事国际运输的运输工具使用的；

1.19 依照俄罗斯联邦政府规定的清单，用于大众传媒的生产和发行的专业设备，在将货物置于暂时出境海关制度下时，以及以将货物置于复进口海关制度下来结束暂时出境海关制度时；

1.20 预先指定用于开展电影拍摄、演出、戏剧和类似活动的货物（剧用服装、马戏服装、电影服装、舞台设备、总乐谱、乐器和其他剧用道具、马戏道具、电影道具），如果该货物可不缴纳关税、进口环节税被置于暂时进境（准入）海关制度下，在将它们置于暂时进境（准入）海关制度下或暂时出境海关制度下，以及在其反向出境（复出口）或反向进境（复进口）时；

1.21 预先指定用于体育比赛、示范性体育活动或训练的货物，在将它们置于暂时进境（准入）海关制度下或暂时出境海关制度下时，和以相应将货物置于复出口和复进口海关制度下来结束上述所指海关制度时，如果该货物可不缴纳关税、进口环节税被置于暂时进境（准入）海关制度下；

1.22 在举办有外国参加的会展活动、航空航天展会和根据俄罗斯联邦政府决定举办其他类似活动时，为展示目的向俄罗斯联邦运入和从俄罗斯联邦运出的货物；

1.23 根据《联盟法典》第三十八章，与运输工具同时运入俄罗斯联邦和从俄罗斯联邦运出的备用件和设备；

1.24 根据自由海关区海关制度运入加里宁格勒州境内的货物，和用货物加工的、被置于放行供内部消费海关制度下的产品；

1.25 预先指定用于开展试验、检验、实验或属性、特性展示的，根据暂时进境（准入）海关制度无须缴纳关税、进口环节税运入俄罗斯联邦的，或根据暂时出境海关制度从俄罗斯联邦运出的货物；

1.26 置于出口海关制度下的货物，但应征收出口关税的货物除外；

1.27 按照俄罗斯联邦政府规定的其他情形。

2. 不予征收存储类海关规费的情形：

2.1 海关将货物置于海关临时存储仓库时；

2.2 俄罗斯联邦政府规定的其他情形。

3. 俄罗斯联邦政府有权规定免于缴纳海关押运类海关规费的情形。

4. 对于由同一发货人按照一份运单发给同一收货人，向俄罗斯联邦运入的货物或从俄罗斯联邦运出的货物（个人自用货物除外），如果按照海关登记报关单时执行的由俄罗斯联邦中央银行确定的外国货币对俄罗斯联邦卢布官方汇率，货物总价不超过等值 200 欧元的额度，则不发生缴纳海关作业类海关规费的义务。在计算此类货物价格时，运入联盟关境货物运抵抵达地前的运输费、装卸费或换装费、保险费，不计入海关价格。

第九章 关税、进口环节税缴纳期限的变更

第 48 条 进口关税缴纳期限的变更

1. 进口关税缴纳期限的变更以延期或分期的形式实施。

2. 提供进口关税缴纳延期或分期的条件和在提供延期或分期情形下进口关税的缴纳期限，由《联盟法典》第 58 条规定。

3. 提供进口关税缴纳延期或分期的期限和理由，由《联盟法典》第 59 条规定。

4. 俄罗斯联邦政府负责按照俄罗斯联邦政府依据联邦权力执行机关结论（按照俄罗斯联邦政府规定的办法和样式形成的）规定的办法对存在《联盟法典》第 59 条第 2、3 项所指的进口关税缴纳延期或分期的理由进行确认。

第 49 条 进口环节税缴纳期限的变更

1. 符合本联邦法第 50 条第 1 款规定时，进口环节税缴纳期限的变更以延期或分期的形式办理。

2. 进口环节税缴纳的延期或分期，适用于置于放行供境内消费海关制度下的货物，但根据《联盟法典》第 120 条规定，在提交货物报关单之前放行的货物除外。

3. 进口环节税缴纳的延期或分期是进口环节税缴纳期限的变更，即由纳税义

务人相应地一次性或分阶段缴纳延期或分期款项。

4. 进口环节税缴纳的延期或分期，按应予缴纳的全部款项或部分款项的一个或几个进口环节税种类办理。

5. 进口环节税缴纳的延期或分期，自货物根据放行供境内消费海关制度放行之日次日起，以 1 ~ 6 个月为限。

6. 在货物放行后，进口环节税缴纳延期的，缴纳延期的进口环节税款项，应不晚于延期期限的最后一日缴纳。

7. 在货物放行后，进口环节税缴纳分期的，提供缴纳分期的进口环节税款项，应根据进口环节税款项分阶段缴纳计划表缴纳。同时，分阶段缴纳的每一笔款项，应在相应阶段缴纳期限的最后一日前缴纳。

8. 在担保履行缴纳进口环节税义务的条件下，允许进口环节税缴纳的延期或分期。

9. 履行缴纳进口环节税义务的担保，按照《联盟法典》第九章规定的办法办理。

第 50 条　允许延期或分期缴纳进口关税、进口环节税的条件（根据 2020 年 12 月 22 日第 433 号联邦法规定，自 2021 年 1 月 22 日起生效）

1. 符合以下条件之一时，允许关税、进口环节税纳税义务人延期或分期缴纳进口环节税：

1.1 因自然灾害、技术事故或其他不可抗力的结果给纳税义务人造成损失；

1.2 联邦预算对纳税人的拨款被延迟，或纳税人完成的国家供货被推迟付款；

1.3 按照俄罗斯联邦国际条约向纳税义务人实施的供货；

1.4 向俄罗斯联邦运入的是列入《俄罗斯联邦政府进口航空器及其配件延期或分期缴纳进口环节税目录》的货物。

2. 本条第 1 款所指理由的存在，由俄罗斯联邦政府按照俄罗斯联邦政府依据联邦权力执行机关结论（按照俄罗斯联邦政府规定的办法和形式形成的）规定的办法证实。

3. 经授权证明存在本条第 1 款所指的、提供进口环节税缴纳延期或分期的理由的联邦权力执行机关的清单，以及出具证明的办法，由俄罗斯联邦政府规定。

第 51 条　不允许延期或分期缴纳进口关税、进口环节税的情形

下列情形下，进口关税、进口环节税缴纳不予延期或分期：

1. 不存在《联盟法典》第 59 条第 2 项或第 3 项对进口关税或本联邦法第 50 条第 1 款对进口环节税规定的提供进口关税、进口环节税缴纳延期或分期的理由。

2. 在提交本联邦法第 52 条第 1 款规定的申请书时，未提交俄罗斯联邦政府存在允许延期或分期缴纳进口关税、进口环节税理由的证明（《联盟法典》第 59 条第 2 项或第 3 项对进口关税所规定的、本联邦法第 50 条第 1 款对进口环节税所规定的）。

3. 截至提交本联邦法第 52 条第 1 款规定的申请书时，希望延期或分期缴纳进口关税、进口环节税的纳税义务人，存在超期未缴纳的关税、进口环节税、保障措施关税、反倾销税、反补贴税、利息和滞纳金的。

4. 纳税义务人在提交进口关税、进口环节税缴纳延期申请前 1 年内，因违反海关管理规定，受到两次及以上行政处罚的。

5. 纳税义务人未按要求提交额度不低于应纳税额（对其要求允许延期或分期缴纳的）履行纳税义务担保的（具有二类或三类证明书的经认证经营者未提交担保的情形除外）。

6. 根据《俄罗斯联邦刑事诉讼法》规定，申请延期或分期纳税义务人的单位法人是海关负责开展预先调查的刑事案件诉讼对象。

7. 申请允许延期或分期纳税的纳税义务人正处于破产程序中。

8. 对已申请申报前放行的同一批货物，根据《联盟法典》第 120 条，重复提交申报前放行货物申请书的。

第 52 条　延期和分期缴纳进口关税、进口环节税的决定

1. 允许延期和分期缴纳进口关税、进口环节税决定书，由纳税义务人以纸质文件或电子文件形式提交的申请书，由行使海关事务领域监管监督职能的联邦权力执行机关或其规定的海关做出。

2. 进口关税、进口环节税缴纳延期或分期申请书应向本条第 1 款所指的或根据本条第 1 款规定的海关提交，可通过纸质文件提交，也可通过加密电子签名签署的、经网上“专属办公账户”发送电子文件提交。

3. 进口关税、进口环节税缴纳延期或分期申请书的格式和结构，其填写办法，以及应在申请书中指明信息的清单和对申请书进行审核的办法，由行使海关事务领域监管监督职能的联邦权力执行机关规定。

4 . 提交进口关税、进口环节税缴纳延期或分期申请书，应提供证明存在《联盟法典》第 59 条第 2 项或第 3 项或本联邦法第 50 条第 1 款规定的进口关税、进口环节税缴纳延期或分期理由的单证。

5. 海关不允许延期或分期缴纳进口关税、进口环节税的情形：

5.1 在本联邦法第 51 条规定的情形下；

5.2 在进口关税、进口环节税缴纳延期或分期申请书中缺少必要信息的情形下。

6. 允许和不允许延期或分期缴纳进口关税、进口环节税的决定书，由海关自收到进口关税、进口环节税缴纳延期或分期申请书之日起，在 10 个工作日内做出。

7. 海关应当在本条第 6 款规定的期限内，以纸质文件或以由工作人员加密电子签名签署的、通过网上“专属办公账户”发送的电子文件形式将做出决定书的情况通知申请进口关税、进口环节税缴纳延期或分期的纳税义务人。

8. 在允许决定书中应指明提供进口关税、进口环节税缴纳延期或分期的期限；在做出不允许延期或分期缴纳进口关税、进口环节税决定书的情形下，应说明理由。

9. 在海关做出提供进口关税、进口环节税缴纳分期决定时，还应当确定进口关税、进口环节税款项分阶段缴纳计划表。

10. 允许延期或分期缴纳进口关税、进口环节税决定书的样式、格式和结构，进口关税、进口环节税款项分阶段缴纳计划表的样式、格式和结构，以及不允许延期或分期缴纳进口关税、进口环节税决定书的样式、格式和结构，由行使海关事务领域监管监督职能的联邦权力执行机关规定。

11. 海关发现本联邦法第 51 条所指情况时，或在提交进口关税、进口环节税缴纳延期或分期申请书时提供了不实信息的事实时，可以取消已做出的允许延期或分期缴纳进口关税、进口环节税决定书。

12. 如果对已做出的允许延期或分期缴纳进口关税、进口环节税决定书，决定予以取消，则应当自查出取消原因之日起，在 3 个工作日内，将取消决定书发送给延期或分期缴税申请人。

13. 如果对已做出的允许延期或分期缴纳进口关税、进口环节税决定书予以取消，取消决定书的样式、格式和结构，以及其做出的办法，由行使海关事务领域监管监督职能的联邦权力执行机关规定。

14. 在通过邮局以带回执的挂号信发送取消决定书时，自发送挂号信次日起 6 个自然日届满后，视为收到。

15. 在以电子文件形式传输废止已做出的进口关税、进口环节税缴纳延期或分期决定书的决定书时，该决定书在本联邦法第 282 条第 3 款所规定的期限内视为收到。

第 53 条　延期或分期缴纳进口关税、进口环节税产生的利息

延期或分期缴纳进口关税、进口环节税，应当按照本联邦法第 34 条规定的比例和办法缴纳利息。计算利息的时间段依照《联盟法典》相关规定确定。

第十章　海关事务领域担保

第 54 条　海关事务领域担保的一般规定

1. 在《联盟法典》和本联邦法规定的情形下，履行关税、进口环节税缴纳义务，履行保障措施关税、反倾销税、反补贴税缴纳义务，履行行使海关事务领域活动法人义务，履行经认证经营者义务（本章以下简称“义务”）应提供担保。

2. 如果《联盟法典》和本章未做其他规定，可通过保证金、银行保函、担保合同、财产抵押等形式提供担保。

3. 作为接受履行义务担保，接受履行缴纳关税、进口环节税、保障措施关税、反倾销税、反补贴税义务总担保（以下简称“总担保”）的证明，海关应当出具凭证。

4. 自以电子文件（由海关工作人员加密电子签名签署的）形式出具海关凭证之日起，视为海关接受履行义务的担保、总担保。

5. 海关应经网上“专属办公账户”向纳税义务人或提交了履行义务担保的其他人发送凭证。以纸质载体形成的海关凭证复印件，可以在签收条件下交付组织的负责人（其合法或经授权的代表）或自然人本人（其合法或经授权的代表）；也可以依据相应人的申请通过邮局以挂号信的形式发送。

6. 被接受的履行关税、进口环节税、保障措施关税、反倾销税、反补贴税缴纳义务的担保，除总担保外，限于担保一份海关单证履行缴纳关税、进口环节税、保障措施关税、反倾销税、反补贴税的义务。

7. 如果在缴纳关税、进口环节税、海关规费、保障措施关税、反倾销税、反补贴税的期限到期前，海关认定上述税费将不能由纳税义务人按期缴纳，则海关根据本联邦法第十二章对履行义务的担保提起追征。

8. 海关凭证的样式、格式和结构，其填写办法，由行使海关事务领域监管监督职能的联邦权力执行机关规定，经网上“专属办公账户”向纳税义务人或提供了履行义务担保的其他人、提供了总担保的人发送。

9. 在联盟成员国办理海关转运的情况下，接受履行缴纳关税、进口环节税义务担保证明文件（《联盟法典》第 147 条第 1 项第 2 自然段所指的）的样式、格式和结构，该文件填写和使用的办法，可以由行使海关事务领域监管监督职能的联邦权力执行机关规定。

第 55 条　履行关税、进口环节税缴纳义务的担保

1. 依据《联盟法典》第 62 条第 1 项规定，以及在下列情形下，应以提交担保的方式保障履行缴纳关税、进口环节税义务：

1.1 根据《联盟法典》第 126 条第 1 项第 1 目，有条件放行的货物；

1.2 将货物置于暂时进境（准入）、暂时出境海关制度下；

1.3 将由于尺寸过大或装卸、存储条件特殊不可能放置在海关仓库内的货物置于海关仓库海关制度下，存储在海关仓库以外；

1.4 货物临时存储：

1.4.1 在货物收货人的房舍、仓库、露天场地和其他区域临时存储货物，应提交担保；

1.4.2 在俄罗斯联邦政府文件规定的其他地点临时存储货物，应提交担保；

1.4.3 按照行使海关事务领域国家政策制定和法规调控职能的联邦权力执行机关规定的情形，在位于海港（河港）区域内的货物的卸货、换装地点临时存储货物，应提交担保。

1.5 申请进口环节税缴纳延期或分期。

1.6 纳税义务人申请暂停执行海关做出的追征海关税费决定书（对此决定书已根据本联邦法第五十一章规定进行投诉）。

1.7 在联邦法律、俄罗斯联邦政府文件规定的情形下。

2. 除了第 1 款规定的情形外，发生缴纳关税、进口环节税的义务时，不要求提供担保。

3. 除本条第 8 款所指的情形外，在海关调控领域国际条约和法律文件、俄罗斯联邦总统和俄罗斯联邦政府命令性文件规定的情形下，以及对于下列情形下的货物，不需提交履行缴纳关税、进口环节税义务的担保：

3.1 由相应的组织为实施经营活动、提供运输服务，根据暂时进境（准入）海关制度运入的航空器和海运船舶，或作为外国投资企业的固定（合股）资本运入的航空器和海运船舶，或根据放行供境内消费海关制度被运入的航空器，在其适用《联盟法典》第 126 条第 1 项第 1 目，有条件放行时。

3.2 由相应的组织为开展航空器维修、技术服务，根据暂时进境（准入）海关制度运入的对于正常使用航空器和保障飞行安全所必需的航空发动机、备件和设备，或在上述货物根据对《联盟法典》第 126 条第 1 项第 1 目的适用，有条件放行时。

3.3 由科研单位暂时运入（准入）或暂时运出的科研样品。

3.4 其进境根据《俄罗斯联邦税费法》不应征收增值税的技术设备（包括成套设备及其备件）。

3.5 以管道运输方式运往位于俄罗斯联邦境外的地下储存库进行存储的天然气，或为保障运输技术流程根据暂时出境海关制度被置于天然气输送系统的天然气。

3.6 申报人同时符合下列条件的货物：

3.6.1 提交货物报关单之前的 3 个自然年内，申报人缴纳的联邦税和海关税费、保障措施关税、反倾销税、反补贴税的总额达到 70 亿卢布及以上；

3.6.2 此前 1 个自然年内，按会计（财务）报告数据，申报人资产总值超过履行缴纳关税、进口环节税、保障措施关税、反倾销税、反补贴税义务担保额度的 10 倍及以上；

3.6.3 根据所申报的海关制度做出货物放行决定时，申报人不存在已生效的和规定期限内未履行的海关事务领域行政违法案件决定；

3.6.4 截至根据所申报的海关制度做出货物放行决定时，申报人没有在本联邦法第 73 条第 19 款规定期限内未履行的缴纳关税、进口环节税、保障措施关税、反倾销税、反补贴税的义务。

3.7 运入联盟关境并置于放行供内部消费海关制度下，适用产品分配协议项下进口关税、进口环节税缴纳优惠的外国货物。

3.8 按照货物报关单登记日（如果货物报关单可不提交的，按做出可不提交担保决定书之日）执行的、俄罗斯联邦中央银行规定的外国货币对俄罗斯联邦卢布官方汇率，对其履行缴纳关税、进口环节税义务的担保额不超过等值 500 欧元的货物。

4. 为适用本条第 3 款第 6 项，行使海关事务领域监管监督职能的联邦权力执行机关应不晚于每年 4 月 30 日，将前 3 个自然年内履行缴纳联邦税、海关税费、保障措施关税、反倾销税、反补贴税义务总额不少于 70 亿卢布的申报人的信息，以及该人的资产总值的信息通知海关。

5. 行使海关事务领域监管监督职能的联邦权力执行机关，从申报人年度会计（财务）报告获取申报人的资产额信息。该年度财务报告包含在 2011 年 12 月 6 日第 402 号联邦法《关于会计核算》所规定的“国家会计（财务）报告信息资源”内。如果申报人被免除提交年度会计（财务）报告的义务，为形成上述所指国家信息资源，该申报人应按照行使海关事务领域监管监督职能的联邦权力执行机关规定的办法向该机关提交资产额信息。（本款根据 2021 年 7 月 2 日第 352 号联邦法修改，自 2022 年 1 月 1 日起生效）

6. 申报人此前 3 个自然年内履行的缴纳联邦税义务总金额的信息，应不晚于每年 4 月 15 日，在本联邦法第 222 条规定的海关与税务机构开展互助合作的框架下，由实施税费领域监管监督职能的联邦权力执行机关向行使海关事务领域监管监督职能的联邦权力执行机关提供。

7. 在提交货物报关单时，为适用本条第 3 款第 6 项，自 1 月 1 日至 4 月 30 日，使用资产额及前 3 个自然年内履行缴纳联邦税和海关税费、保障措施关税、反倾销税、反补贴税义务总额信息更新之年前一年截至 12 月 31 日的数据；自 5 月 1 日至 12 月 31 日，使用提交申报单之年前一年截至 12 月 31 日的数据。

8. 下列情形下，对本条第 3 款第 1 ~ 3 项所列货物，海关做出必须提交履行缴纳关税、进口环节税义务担保的决定：

8.1 纳税义务人实施对外经济活动不满一年；

8.2 纳税义务人未在本联邦法第 73 条第 19 款规定的期限内履行缴纳关税、

进口环节税和其他由海关负责征收税费的义务；

8.3 纳税义务人存在未履行的、已生效行政违法案件（《俄罗斯联邦行政违法法》第十六章规定了相应责任）决定所指定的缴纳行政罚款的义务，但执行处以行政罚款决定的期限未届满的情形除外。

9. 对于《联盟法典》第 120 条第 14 项第 1 ~ 4 目所指的货物，由组织以开展航空器维修和技术服务为目的运入的、对于正常使用航空器和保障飞行安全所必需的航空发动机、备件和设备，以及对于海关作业由报关代理人（根据《联盟法典》第 405 条与申报人承担缴纳关税、进口环节税连带义务的）以申报人名义或受其委托实施的货物，如果已履行本条第 13 款规定的条件，或申报人符合本条第 3 款第 6 项规定的条件，则根据《联盟法典》第 120 条，在提交货物报关单前放行货物时，不需提交履行缴纳关税、进口环节税义务的担保。

10. 根据《联盟法典》第 121 条，在结束海关审核前放行货物时；或根据《联盟法典》第 122 条做出开展海关鉴定的处置时，在《联盟法典》上述所指各条规定的情形下，以及下列情形下，不需提供履行缴纳关税、进口环节税义务的担保：

10.1 由报关代理人（根据《联盟法典》第 405 条与申报人承担缴纳关税、进口环节税连带义务的）以申报人名义或受其委托实施对进出境货物的海关作业，符合本条第 13 款的规定；

10.2 进出境货物的申报人符合本条第 3 款第 6 项规定的条件。

11. 在将货物置于关境外加工海关制度之下时，如果获得货物加工许可证的符合本条第 3 款第 6 项规定条件的人作为货物申报人，不需提交履行缴纳出口关税义务的担保。

12. 在将原本处于海关仓库海关制度下和作为备用品放行的外国货物，为向船港运输而置于转运海关制度下时，在海关仓库占有人是货物申报人和适用转运海关制度时，遵守行使海关事务领域国家政策制定和法规调控职能的联邦权力执行机关规定，根据本联邦法第 116 条第 2 款，不需提供履行缴纳进口关税、进口环节税义务的担保。

13. 在本条第 10 款第 1 项所指的情形下，根据报关代理人的申请，履行缴纳关税、进口环节税、保障措施关税、反倾销税、反补贴税义务可不向海关提交担保，但需同时遵守下列条件：

13.1 报关代理人所代理报关的货物应缴纳关税、进口环节税、海关规费、保障措施关税、反倾销税、反补贴税的义务的额度，符合以下条件时，本条第 10 款规定的情形，可不提交担保：

13.1.1 在 2018 年，不超过为遵守将法人列入报关代理人名录条件，由海关所接受的履行在海关事务领域实施活动法人义务担保金额的 20%；

13.1.2 在 2019 年，不超过为遵守将法人列入报关代理人名录条件，由海关所接受的履行在海关事务领域实施活动法人义务担保金额的 35%；

13.1.3 在 2020 年及以后年份，不超过为遵守将法人列入报关代理人名录条件，由海关所接受的履行在海关事务领域实施活动法人义务担保金额的 50%。

13.2 履行在海关事务领域实施活动法人义务担保的有效期，应比履行缴纳关税、进口环节税、海关规费、保障措施关税、反倾销税、反补贴税义务规定期限长 3 个月以上。

13.3 如果行使海关事务领域国家政策制定和法规调控职能的联邦权力执行机关规定了其他条件，则应予遵守。

14. 海关和报关代理人为实施本条目的开展合作的办法，包括开展合作的期限，报关代理人不提交履行缴纳关税、进口环节税义务担保申请书的样式和填写办法，海关按照审核上述所指报关代理人申请书结果形成的海关单证的样式和填写办法，由行使海关事务领域国家政策制定和法规调控职能的联邦权力执行机关规定。

15. 本条第 14 款所指的文件的格式和结构，由行使海关事务领域监管监督职能的联邦权力执行机关规定。

16. 本条第 8 款所指的在提交货物报关单前申报或放行货物时做出的、海关做出的必须提供履行缴纳关税、进口环节税义务担保的决定书，应按照根据《联盟法典》和海关调控领域法律文件规定的在提交货物报关单前申报或放行时实施海关作业的办法，在货物放行期限内发送给申报人。

17. 在本条第 1 款第 4 项规定的情形下，本条第 8 款所指的海关必须提交履行缴纳关税、进口环节税义务担保的决定书，应当发送给按照行使海关事务领域监管监督职能的联邦权力执行机关规定的办法和本联邦法第 91 条第 7 款规定将货物置于临时存储制度的人。

18. 履行缴纳关税、进口环节税义务担保应当由《联盟法典》第 62 条第 3 项所指的人用俄罗斯联邦卢布提交。

19. 缴纳关税、进口环节税义务的履行，如果本条第 20 款、本联邦法第 78 条第 41 款或第 292 条第 2 款未做其他规定，按照本联邦法第 60 ~ 63 条规定的办法，以《联盟法典》第 63 条第 1 项第 1 ~ 4 目规定的方式担保。

20. 以下情况履行缴纳关税、进口环节税义务担保时，应以保证金、银行保函或担保合同的形式提交：

20.1 在提供进口关税缴纳延期或分期的情形下；

20.2 在担保对个人自用货物履行缴纳关税、进口环节税义务的情形下；

20.3 在放行具有《联盟法典》第 120 ~ 122 条所规定特点货物的情形下；

20.4 在本条第 1 款第 1 ～ 5 项和第 7 项所指的情形下。

21. 履行缴纳关税、进口环节税义务担保的额度，根据《联盟法典》第 65 条、第 146 条第 2 项、第 271 条第 6 项和第 287 条第 4 项确定。

22. 应将应予缴纳的海关作业类海关规费的数额计入履行缴纳关税、进口环节税义务担保的额度，但规费已缴纳或免除的情形除外。

23. 如果根据本条第 1 款第 4 项要求提供履行缴纳关税、进口环节税义务的担保，则担保的额度，应根据包含在利益相关人为获得货物临时存储许可而提交的申请书和与申请书同时提交单证上的信息，并参考《联盟法典》第 65 条第 1 项和第 3 项规定确定。关税、进口环节税的税率，俄罗斯联邦中央银行规定的外国货币对俄罗斯联邦卢布的官方汇率，应以海关收到利益相关人为获得货物临时存储许可而提交的申请书之日为准。

24. 履行缴纳关税、进口环节税义务担保的退还，在《联盟法典》第 67 条第 9 项所规定的情形下，按照本联邦法第 61 ～ 63 条和第 69 条所规定的办法实施。

25. 行使海关事务领域国家政策制定和法规调控职能的联邦权力执行机关，有权规定履行缴纳关税、进口环节税义务担保的金额：对一些种类的货物，需参考《联盟法典》第 65 条第 1 ～ 3 项规定；对置于转运海关制度下的货物，需参考《联盟法典》第 146 条第 2 项规定。

第 56 条　履行保障措施关税、反倾销税、反补贴税缴纳义务的担保

1. 对于《联盟法典》第 75 条第 1 项规定的情形，履行缴纳保障措施关税、反倾销税、反补贴税义务应当提供担保。

2. 在发生保障措施关税、反倾销税、反补贴税缴纳义务的其他情形下，无须提供履行义务担保。

3. 根据《联盟法典》第 120 条，在提交货物报关单前放行货物的情况下，除《联盟法典》第 120 条第 14 项第 1 ～ 4 目所指的货物外，对由报关代理人（根据《联盟法典》第 405 条和申报人在缴纳关税、进口环节税方面承担连带义务的）以申报人名义或受申报人委托实施海关作业的货物，如果已履行本联邦法第 55 条第 13 款规定，或者货物申报人符合本联邦法第 55 条第 3 款第 6 项规定的条件，则可不提交履行缴纳保障措施关税、反倾销税、反补贴税义务的担保。

4. 根据《联盟法典》第 121 条，在结束海关单证或信息、其他单证或信息核查前放行货物时，或根据《联盟法典》第 122 条，在指定开展货物鉴定时，履行缴纳保障措施关税、反倾销税、反补贴税义务的担保，除《联盟法典》所指各条规定的情形外，符合本联邦法第 55 条第 10 款第 1 ～ 2 项规定的情形，也可不提供担保。

5. 在本联邦法第 55 条第 10 款第 1 项所指的情形下，履行缴纳保障措施关税、反倾销税、反补贴税义务的担保，按照本联邦法第55条第13款的规定，可不提供。

6. 在货物申报或在提交货物报关单前放行货物时，海关应当按照货物申报时或在提交货物报关单前放行货物时实施海关作业的办法（根据《联盟法典》和海关调控领域法律文件所规定的），在货物放行期限内，将提供履行缴纳保障措施关税、反倾销税、反补贴税义务担保的决定书发送给申报人。

7. 履行缴纳保障措施关税、反倾销税、反补贴税义务的担保，由《联盟法典》第62条第3项所指的人以俄罗斯联邦货币提供。

8. 缴纳保障措施关税、反倾销税、反补贴税义务的履行，按照本联邦法第60～62条规定的办法，以《联盟法典》第63条第1项第1～3目规定的方式担保。

9. 履行缴纳保障措施关税、反倾销税、反补贴税义务担保的额度，根据《联盟法典》第75条第4～7项确定。

10. 履行缴纳保障措施关税、反倾销税、反补贴税义务担保的退还，在《联盟法典》第76条第9项规定的情形下，按照本联邦法第61条、第62条和第69条规定的办法实施。

第57条　履行在海关事务领域实施活动法人义务的担保

1. 对于《联盟法典》第402条和第407条规定的情形，以及作为临时存储仓库占有人、海关仓库占有人、自由仓库占有人和免税商店占有人在海关事务领域实施活动的情形，应当提供履行在海关事务领域实施活动法人义务的担保。

2. 履行在海关事务领域实施活动的法人义务的担保，由申请在海关事务领域实施活动的法人和已在海关事务领域实施活动的法人用俄罗斯联邦货币提交。

3. 在列入在海关事务领域实施活动的人名录时，如果为提交银行保函或保证金形式的、履行在海关事务领域实施活动的法人义务的担保，要求办理按其规定了该担保额度外国货币对俄罗斯联邦货币的换算，换算按照俄罗斯联邦中央银行规定的、申请在海关事务领域实施活动法人列入相应名录申请书被海关受理之日所执行的外国货币对俄罗斯联邦卢布官方汇率办理。

4. 在海关事务领域实施活动法人义务的履行，按照本联邦法第60～62条规定的办法，以《联盟法典》第63条第1项第1～3目规定的方式担保。

5. 履行在海关事务领域实施活动法人义务担保的额度，根据《联盟法典》第402条第1项第2目、第407条第1项第2目；本联邦法第347条第3款，第360、366、371条，第377条第3款第1项，并参考《联盟法典》第399条第9项规定确定。

6. 履行在海关事务领域实施活动法人义务担保的退还，在《联盟法典》第399条第13项规定的情形和条件下，按照本联邦法第61、62条和第69条规定的办法实施。

7. 如果对作为报关代理人实施活动的法人应当以海关稽查、核查海关单证和信息、其他单证和信息的形式开展海关监管，则履行作为报关代理人实施活动法人义务担保的退还，应在稽查、核查结束后办理；而在必须根据稽查、核查结果做出海关事务领域决定的情况下，则根据海关调控领域国际条约和法律文件、本联邦法，按照稽查、核查结果，在应当做出海关事务领域所有决定后办理。

第 58 条　履行经认证的经营者义务的担保

1. 为将法人列入第一类经认证经营者名录，应当提交履行经认证经营者义务的担保。在本联邦法第 383 条第 12 款所指情形下，为将法人列入第二类经认证经营者名录，应当提交履行经认证经营者义务的担保。

2. 履行经认证经营者义务的担保，由申请将自己列入第一类经认证经营者名录的法人用俄罗斯联邦货币提交；在本联邦法第 383 条第 12 款所指的情形下，由已列入第二类经认证经营者名录的法人用俄罗斯联邦货币提交。在本联邦法第 383 条第 12 款规定的情形下，履行经认证经营者义务的担保还可以由申请列入第二类经认证经营者名录的法人用俄罗斯联邦货币提交。

3. 经认证经营者义务的履行，应按照本联邦法第 60 ～ 62 条规定的办法，以《联盟法典》第 63 条第 1 项第 1 ～ 3 目规定的方式担保。

4. 履行经认证经营者义务担保的额度，按照《联盟法典》第 436 条第 12 ～ 21 项，并参考《联盟法典》第 399 条第 16 项规定确定。

5. 经认证经营者所提交的履行经认证经营者义务担保的额度，按照《联盟法典》第 436 条第 13 ～ 21 项规定确定，并可以根据《联盟法典》第 399 条第 16 项规定进行变更。

6. 在《联盟法典》第 436 条第 13 ～ 16 项规定的情形下，履行经认证经营者义务担保新额度，依据经认证经营者的变更履行经认证经营者义务担保额度申请书确定。

7. 本条第 6 款所指的申请书，应以纸质文件形式向行使海关事务领域监管监督职能的联邦权力执行机关提交，或以由加密电子签名签署的电子文件的形式，使用联邦国家信息系统“国家和地方政务服务统一平台”，经网上“专属办公账户”提交。

8. 行使海关事务领域监管监督职能的联邦权力执行机关，应自收到本条第 6 款所指的申请书之日起，在不超过 15 个工作日内审核申请书，并做出变更履行经认证经营者义务担保额度的决定书或不予变更该额度的决定书。

9. 下列情形下，应当做出不予变更履行经认证经营者义务担保额度的决定书：

9.1 未遵守《联盟法典》第 436 条第 13 ～ 16 项和第 18 ～ 21 项所规定的条件；

9.2 履行经认证经营者义务担保的新额度将低于《联盟法典》第 402 条第 1

项第 2 目和第 407 条第 1 项第 2 目所规定的其中一项担保的最大数额，如果经认证的经营者同时作为报关代理人和海关承运人实施活动。

10. 行使海关事务领域监管监督职能的联邦权力执行机关，应当自做出本条第 9 款所指决定书之日起，在 5 个工作日内，以纸质文件形式，通知经认证的经营者不予变更履行经认证经营者义务担保额度及不予变更的理由，或以加盖了经认证经营者加密电子签名的电子文件形式，经网上“专属办公账户”或使用联邦国家信息系统“国家和地方政务服务统一平台”通知。

11. 在做出变更履行经认证经营者义务担保额度决定书时，行使海关事务领域监管监督职能的联邦权力执行机关应按照《联盟法典》第 436 条第 13 ~ 16 项规定的条件和额度变更。但如果经认证的经营者同时被列入报关代理人名录和海关承运人名录（作为报关代理人和海关承运人实施活动），还应当参考《联盟法典》第 399 条第 16 项规定。

12. 行使海关事务领域监管监督职能的联邦权力执行机关，应自做出本条第 11 款决定书之日起，在 5 个工作日内，以纸质文件通知经认证的经营者履行经认证经营者义务担保额度变更的信息，或以加盖了工作人员的加密电子签名的电子文件，经网上“专属办公账户”或使用联邦国家信息系统“国家和地方政务服务统一平台”通知。

13. 在《联盟法典》第 436 条第 17 项规定的情形下，履行经认证经营者义务担保额度的确定，由具有第二类或第三类证书经认证经营者的法人，在提交列入发放第一类证书的经认证经营者名录申请书时办理。

14. 履行经认证经营者义务担保额度的变更，由行使海关事务领域监管监督职能的联邦权力执行机关根据《联盟法典》第 436 条第 13 ~ 16 项规定的数额，并参考上述所指各项规定的条件确定，但如果经认证的经营者同时被列入报关代理人名录和海关承运人名录的，需参考《联盟法典》第 399 条第 16 项规定确定。

15. 如果向第二类或第三类经认证的经营者发送《联盟法典》第 434 条第 11 项规定的通知书，应指明履行经认证经营者义务担保额度的信息。

16. 履行经认证经营者义务担保的退还，在符合《联盟法典》第 436 条第 23 项规定的情形和条件下，按照本联邦法第 61 条、第 62 条和第 69 条规定的办法办理。

第 59 条　总担保

1. 符合《联盟法典》第 64 条第 2 项所指情形的，可适用总担保。

2. 在一定时间段实施数个海关作业的人可以提供总担保。总担保的额度由上述所指人自行确定。

3. 本条第 2 款所指的情形，总担保可以保证金、担保合同或银行保函的形式提供。

4. 按照本联邦法第 60 ~ 62 条规定，向海关提供并由海关接受保证金、银行保函和担保合同。

5. 海关接受的总担保，可以在俄罗斯联邦任何一个海关在总担保未做预留的（自由的）余额范围内使用。适用《联盟法典》第 64 条第 4 项时，关税、进口环节税总额超过总担保金额的情形和条件，以及超过的限度，由俄罗斯联邦政府规定。

6. 总担保的登记和使用通过海关信息系统实施。海关工作人员通过海关信息系统登记总担保和监管其使用情况的办法，由行使海关事务领域监管监督职能的联邦权力执行机关规定。

7. 实施海关作业的海关，应通过海关信息系统从未做预留的总担保款项或部分款项中预留实施海关作业时用于履行缴纳关税、进口环节税、保障措施关税、反倾销税、反补贴税义务所必须担保的数额，且应满足银行保函、担保合同的有效期比履行缴纳关税、进口环节税、保障措施关税、反倾销税、反补贴税义务的规定期限长 3 个月以上。

8. 在全部履行所担保的缴纳关税、进口环节税、保障措施关税、反倾销税、反补贴税义务的情形下，自所担保的义务得到履行的信息进入海关信息系统之日起，在 5 个工作日的期限内，总担保预留款项应当解除预留。

9. 在以总担保所担保的缴纳关税、进口环节税、保障措施关税、反倾销税、反补贴税义务未得到全部履行的情形下，海关应根据本联邦法第十二章对总担保提出追征。

10. 在对以保证金形式提交的总担保提出追征的情形下，实施追征的海关应当根据本联邦法第 76 条，将此情况通知提交总担保的人。

11. 按照提交总担保的人以纸质文件或电子文件提交的申请书，接受总担保的海关应以书面形式提供总担保使用情况报告，或经网上“专属办公账户”以电子形式提供总担保三年内使用情况报告。

12. 以电子文件形式提交总担保使用情况报告申请书的样式、格式和结构，在申请书中应当指明信息的清单，申请书填写办法和向海关提交的办法，由行使海关事务领域监管监督职能的联邦权力执行机关规定。

13. 总担保使用情况的样式、格式和结构，其以纸质文件形式或以经网上“专属办公账户”发送电子文件形式向提供总担保的人发送的办法和期限，由行使海关事务领域监管监督职能的联邦权力执行机关规定。

第 60 条　保证金

1. 在《联盟法典》和本联邦法规定的情形下，履行担保义务可使用保证金。

2. 交纳保证金可以通过使用预付款来保障履行义务。

3. 当位于俄罗斯联邦国境口岸的实施海关作业的地点未设立海关收款处、银行等金融机构时，或不具备使用海关税费运营商运营的支付设备交纳保证金可能性的情形下，个人自用物品的保证金可以使用现金直接向经授权的工作人员交纳，条件是海关根据俄罗斯联邦法律，与该工作人员签订了由其个人承担全部经济责任的协议。

4. 对保证金不计利息，但本联邦法第 69 条第 12 款规定的情形除外。

5. 在接受保证金的情形下，海关自接受保证金之日起，在不超过 2 个工作日的期限内，应当按照所接受的保证金金额向交纳保证金的人发送海关凭证。

6. 在未履行或未完全履行，由保证金担保的缴纳关税、进口环节税、海关规费、保障措施关税、反倾销税、反补贴税义务的情形下，应予缴纳的关税、进口环节税、海关规费、保障措施关税、反倾销税、反补贴税、滞纳金、利息款项，由海关按照本联邦法规定的办法，结合《联盟法典》第十一章和第 77 条规定，从保证金中扣除。

7. 保证金根据所担保的义务向下列海关提交：

7.1 向《联盟法典》第 62 条第 4 项、第 146 条第 7 项、第 271 条第 4 项、第 399 条第 3 项和第 436 条第 3 项或本联邦法第 292 条第 2 款所规定的海关；

7.2 向按照法人税务登记地原则确定的海关（对于作为总担保提交的保证金）。

8. 保证金的退还按照《联盟法典》第 67 条第 9 项、第 76 条第 9 项、第 399 条第 13 项、第 436 条第 23 项，以及本联邦法第 69 条和第 70 条所规定的情形与办法实施。

9. 海关接受的保证金，除作为总担保提交的保证金以外，可以用作对以该保证金担保履行义务的货物，履行缴纳关税、进口环节税、保障措施关税、反倾销税、反补贴税和海关规费的义务。

10. 根据交纳保证金的人的指令，保证金可以用于履行缴纳关税、进口环节税、保障措施关税、反倾销税、反补贴税和海关规费的义务。交纳保证金的人或以其名义提交货物报关单、修改后货物报关单、或其他根据规定办法载有海关已收取保证金信息的单证，视为上述所指的指令。

11. 剩余保证金应根据本联邦法第 69 条结转至预付款账户。

第 61 条　银行保函

1. 在《联盟法典》和本联邦法规定的情形下，可使用银行保函担保履行义务。

2. 根据银行保函，银行（指列入拥有出具银行保函权利的银行名录的银行）、俄罗斯联邦外贸经济银行、欧亚发展银行（以下简称“保函担保人”）有义务向海关（受益人）全部履行纳税义务人（委托人）的义务；而在《联盟法典》和本联邦法规定的情形下，如果保函担保人（上述银行）向海关出具了为其他人（委托人）缴纳税费的保证书，则纳税义务人（其他人）在规定期限内不缴纳税费时，保函担保人（上述银行）有义务向海关（受益人）全部履行缴纳义务。

3. 对于接受银行保函作为履行义务担保方式时发生的法律关系，适用《俄罗斯联邦民法》《电子签名法》和本联邦法规定。

4. 为保障履行义务，海关接受列入拥有出具银行保函权利的银行名录（本章以下简称“名录”）的银行出具的银行保函，以及俄罗斯联邦外贸经济银行或欧亚发展银行出具的银行保函。名录由行使海关事务领域监管监督职能的联邦权力执行机关管理。

5. 在遵守本条规定的条件时，如果俄罗斯联邦外贸经济银行或欧亚发展银行的单个银行保函和所有同时在用的银行保函均未超过俄罗斯联邦政府规定的最大金额，并且不存在本条第 18 款第 3 ~ 7 项和第 19 款规定的情况，海关应当接受俄罗斯联邦外贸经济银行或欧亚发展银行出具的银行保函。

6. 银行保函以纸质文件形式向海关提交，或以由加密电子签名（有权以担保人名义签署银行保函的人的）签署的电子文件形式提交。

7. 在银行保函中应当载明下列信息：

7.1 适用条件的信息，依照该条件，资金实际进入联邦国库账户是保函担保人对银行保函义务的履行。

7.2 保函担保人按银行保函承担义务的额度，减少保函担保人已按银行保函所支付的数额的信息。保函担保人因超期履行银行保函义务而缴纳的违约金，不计入保函额度随其减少的已支付金额。

7.3 保函担保人为每个履行银行保函义务超期的自然日，以应缴纳数额 0.1% 的比例向海关缴纳违约金的义务。

7.4 当保函担保人在规定期限内未履行根据银行保函缴纳款项的通知书（在银行保函有效期结束之前发送的）要求时，按照本联邦法第 75 条和第 80 条规定的办法和期限，由海关向保函担保人发送适用款项（其缴纳义务由银行保函担保的）追征的措施。

7.5 银行保函不允许被保函担保人撤回或更改的要求。

8. 当银行保函作为总担保提交时，海关应当是银行保函的受益人。

9. 如果本条第 10 款未做其他规定，银行保函在其向海关提交之日应是已生效的保函。

10. 为保障连续履行《联盟法典》第 63 条第 4 项、第 399 条第 9 项和第 436 条第 9 项规定的义务，可以向海关提交并被海关接受未生效的保函，但需满足以下条件：银行保函应在其向海关提交后 90 日内生效，且前一份担保不得早于该银行保函生效日失效。

11. 根据所担保的义务，银行保函应向下列海关提交：

11.1 向《联盟法典》第 62 条第 4 项、第 146 条第 7 项、第 271 条第 4 项、第 399 条第 3 项、第 436 条第 3 项或本联邦法第 292 条第 2 款规定的海关提交；

11.2 对于作为总担保被提交的银行保函，向行使海关事务领域监管监督职能的联邦权力执行机关提交。

12. 以加密电子签名签署的电子文件形式出具的银行保函，由保函担保人根据本条第 32 款规定的办法向海关提交。

13. 以纸质文件形式出具的银行保函，由委托人与随附函件一起向海关提交。证明签署银行保函人员相应权限的证件原件或以公证程序证实的复印件、按照规定办法确认过的带有上述人员签名样例和出具银行保函的保函担保人印模（存在印模时）的卡片、或按照公证程序证实了的卡片复印件，由委托人与银行保函正本一起提交。如果上述所指证件和卡片此前已向海关提交过，则不要求提交。

14. 海关在以下期限内，应做出是否接受银行保函的决定：

14.1 对于以纸质文件形式形成的银行保函，自收到银行保函之日起 5 个工作日；

14.2 对于以加密电子签名签署的电子文件形式形成的银行保函，自收到银行保函之日的下一个工作日。

15. 如果在海关收到银行保函之日，其出具银行已被列入名录，且银行保函未超过单份最大限额和名录里该银行所有同时在用银行保函的最大限额，同时也不存在本条第 18 款和第 19 款规定的理由，则在遵守本条规定条件的情况下，海关应接受该银行保函。

16. 在接受银行保函的情形下，海关应自接受银行保函之日起，在 2 个工作日内，按银行保函上所指数额向担保人发送海关凭证。

17. 如果银行保函是以加密电子签名签署的电子文件形式提交，海关应以向出具银行保函的担保人发送信息的方式告知接受保函的情况。

18. 当出现下列情况之一时，海关不予接受以加密电子签名签署的电子文件形式的银行保函：

18.1 俄罗斯联邦中央银行撤回办理该保函银行的银行从业许可证，指定临时管理机构管理银行，或为满足银行债权人要求启动延期付款措施；

18.2 截至海关收到银行保函之日，在名录里不存在出具该银行保函的银行；

18.3 银行保函里缺少本条第 7 款规定的内容；

18.4 银行保函里存在错误的（不对的、不真实的）担保人、委托人或受益人、所保障义务的信息，如果该错误的（不对的、不真实的）信息足以导致保函担保人不予按银行保函进行支付；

18.5 未遵守名录里为出具银行保函的银行一份银行保函最大额度的限制或所有同时在用银行保函最大额度的限制，或未遵守俄罗斯联邦政府规定的对俄罗斯联邦外贸经济银行或欧亚发展银行一份银行保函最大额度抑或所有同时在用银行保函最大额度的限制；

18.6 在银行保函中存在标注，要求海关向银行保函担保人提供本条规定以外的单证；

18.7 银行保函在以其担保的履行缴纳关税、进口环节税、海关规费、保障措施关税、反倾销税、反补贴税义务规定期限到期后不足 3 个月失效，或者在履行缴纳关税、进口环节税、海关规费、保障措施关税、反倾销税、反补贴税义务与事件有关的情况下，在该事件发生之日起不足 3 个月失效。

19. 存在本条第 18 款规定的理由之一或下列理由之一时，海关不予接受纸质文件形式的银行保函，并将其退还委托银行出具保函的人：

19.1 出具银行保函的信息未根据本条第 32 款规定的办法，以电子形式发送至行使海关事务领域监管监督职能的联邦权力执行机关；

19.2 银行保函是由无相应权限的人或签署权限未被证实的人签署的；

19.3 银行保函上的担保人印模，与印鉴卡［带有签署银行保函人员签名样例和出具银行保函的担保人印样（若有）的］上的担保人印模不符；

19.4 签署银行保函人员的签名与带有签署银行保函人员签名样例和出具银行保函的担保人印模（存在印章时）的卡片上所指明的银行保函上人员签名样例不符；

19.5 未遵守本条规定的其他条件。

20. 本条第 18 款第 7 项规定，对担保履行在海关事务领域实施活动法人义务的银行保函或担保履行经认证经营者义务的银行保函，以及作为总担保适用的银行保函不适用；对于缴纳关税、进口环节税、海关规费、保障措施关税、反倾销税、反补贴税义务未发生的情形也不适用。

21. 在不予接受银行保函的情形下，海关在本条第 14 款规定的期限内，应当以纸质文件形式或以加密电子签名签署的电子文件形式通知委托银行出具保函的人和出具保函的银行不予接受的情况，并说明理由。同时，将以纸质文件形式形成的银行保函退还委托银行出具保函的人。

22. 如果银行保函在缴纳关税、进口环节税、海关规费的义务和缴纳保障措施关税、反倾销税、反补贴税的义务发生之前被海关接受，但银行保函的有效期不比履行上述所指义务规定期限长 3 个月及以上，或在履行缴纳关税、进口环节税、海关规费、保障措施关税、反倾销税、反补贴税义务与事件有关的情况下，不比事件到来规定期限长 3 个月及以上，则该银行保函不能用于担保履行上述所指义务。

23. 在《联盟法典》第 399 条第 13 项和第 436 条第 23 项规定的情形下，以及在以该保函担保履行的缴纳关税、进口环节税、海关规费、保障措施关税、反倾销税、反补贴税义务被全部履行、终止、未发生过或替代银行保函提交其他履行义务担保被海关接受的情形下，如果该银行保函的效力未终止，接受银行保函的海关，应当向保函担保人发送放弃对该银行保函权利的文书。

24. 海关放弃对银行保函权利的文书以加密电子签名签署的电子文件形式形成。如果当时银行保函是以纸质文件形式办理的，不予退还。

25. 在俄罗斯联邦中央银行从出具银行保函的银行撤回办理银行保函业务的许可证、向银行指定临时管理机构，或为满足银行债权人要求启动延期支付的情形下，委托人有义务自许可证撤回之日起，在 1 个月内向海关提供新的履行义务担保。

26. 在规定俄罗斯联邦外贸经济银行注销办法和期限的联邦法律生效的情形下，委托人有义务自该联邦法生效之日起，在 1 个月内向海关提供新的履行义务担保。

27. 如果规定欧亚发展银行注销办法和期限的俄罗斯联邦国际条约生效，在欧亚发展银行即将按规定注销的情形下，委托人有义务自该国际条约生效之日起，在 1 个月内向海关提供新的履行义务担保。

28. 本条第 25 ~ 27 款所指期限届满后，银行保函的效力终止。

29. 列入名录的一家银行出具的一份银行保函的最大额度和其所出具的所有同时在用的银行保函的最大额度，由行使海关事务领域国家政策制定和法规调控职能的联邦权力执行机关，根据 2002 年 7 月 10 日第 86 号联邦法《俄罗斯联邦中央银行（俄罗斯银行）》规定的自有资金（资本）值、强制性定额值和其他标准规定。

30. 由俄罗斯联邦外贸经济银行或欧亚发展银行出具的单份银行保函的最高额度和所有同时在用银行保函的最高额度，由俄罗斯联邦政府规定。

31. 在出具纸质文件形式的银行保函之日的下一个工作日内，保函担保人应向行使海关事务领域监管监督职能的联邦权力执行机关发送电子形式的出具银行保函的信息。上述所指信息应以有权以银行名义签署相应信息的人的加密电子签名签署并发送。

32. 银行和海关之间相互传输本条规定的、以加密电子签名签署的电子单证和电子形式的信息，按照俄罗斯联邦中央银行与行使海关事务领域监管监督职能的联邦权力执行机关协商一致后规定的办法实施。俄罗斯联邦外贸经济银行或欧亚发展银行与海关之间相互传输本条规定的、以加密电子签名签署的电子单证和电子形式的信息，按照行使海关事务领域监管监督职能的联邦权力执行机关与俄罗斯联邦外贸经济银行或欧亚发展银行间协议规定的办法实施。

33. 银行和海关之间相互发送的、本条规定的电子形式信息的组成和结构，由俄罗斯联邦中央银行与行使海关事务领域监管监督职能的联邦权力执行机关协商一致后规定。俄罗斯联邦外贸经济银行、欧亚发展银行与海关间相互发送的本条规定的电子形式信息的组成和结构，由行使海关事务领域监管监督职能的联邦权力执行机关与俄罗斯联邦外贸经济银行或欧亚发展银行间协议规定。

34. 银行保函可以用作担保履行《联盟法典》第 399 条第 16 项所指的义务，如果该银行保函的适用条件对此进行了规定。

第 62 条　合同担保

1. 在《联盟法典》和本联邦法规定的情形下，可以合同担保方式履行义务。

2. 在《联盟法典》和本联邦法规定的情形下，如果纳税义务人、其他人（以下简称“债务人”）在规定期限内将不缴纳应予缴纳的关税、进口环节税、海关规费、保障措施关税、反倾销税、反补贴税款项，根据合同担保，担保人有义务向海关全部履行上述所指人缴纳关税、进口环节税、海关规费、保障措施关税、反倾销税、反补贴税的义务。

3. 对于接受合同担保作为履行义务担保方式时发生的法律关系，适用《俄罗斯联邦民法》《电子签名法》和本联邦法规定。

4. 合同担保根据《俄罗斯联邦民法》，以海关和合同担保人之间的合同办理。根据俄罗斯联邦法律设立的法人可以作为合同担保人。

5. 俄罗斯联邦海关是担保合同的债权人。

6. 担保合同及对其进行修改或补充，可以由双方（双方经授权代表）以纸质文件形式或以加密电子签名签署的电子文件形式签订。担保合同框架下具有法律意义的通知书可以由双方以纸质文件形式或以一方（一方经授权代表）加密电子签名签署的电子文件形式发送。

7. 为担保数人履行缴纳关税、进口环节税、保障措施关税、反倾销税、反补贴税的义务，行使海关事务领域监管监督职能的联邦权力执行机关可以签订担保履行义务的合同。

8. 在债务人未履行合同担保保障的义务时，合同担保人和债务人承担连带责任。

9. 在选择合同担保作为履行义务的担保方式时，愿意成为合同担保人的主体，应当向海关发送签订担保合同的申请，并随附担保合同草拟稿和法人代表签订合同权限的证明。

10. 担保合同草拟稿根据所担保的义务向以下机关提交：

10.1 向《联盟法典》第 62 条第 4 项、第 146 条第 7 项、第 271 条第 4 项、第 399 条第 3 项或第 436 条第 3 项规定的海关；

10.2 对于作为总担保适用的担保合同，以及在以担保合同来保障数人履行缴纳关税、进口环节税、保障措施关税、反倾销税、反补贴税义务的情形下，向行使海关事务领域监管监督职能的联邦权力执行机关。

11. 海关接受符合下列条件之一的合同担保：

11.1 有意愿成为合同担保人的主体，符合俄罗斯联邦政府规定的标准；

11.2 如果愿意成为合同担保人的主体，以列入名录的银行、俄罗斯联邦外贸经济银行或欧亚发展银行出具的，以签订担保合同的海关为受益人的银行保函的形式，以不低于合同担保人按照担保合同所承担义务的额度，向海关履行义务。同时，担保合同应自上述所指银行保函提交之日起生效。

11.2 愿意成为合同担保人的人，以列入名录的银行、俄罗斯联邦外贸经济银行或欧亚发展银行出具的、以签订担保合同的海关为受益人的银行保函的形式，以不低于被合同担保人按照担保合同所接受的义务的额度，接受担保向海关以应有方式履行义务的义务。同时，担保合同应自上述所指银行保函提交之日起生效。

12. 在本条第 11 款第 2 项所指情形下，担保合同应包含下列条款：

12.1 合同担保人应当以列入名录的银行、俄罗斯联邦外贸经济银行或欧亚发展银行出具的、以签订担保合同的海关为受益人的银行保函的形式，以不低于合同担保人按照担保合同所约定义务的额度，向海关履行义务；

12.2 在无法对依据本款第 1 项提交的银行保函进行资金追征的情形下，合同担保人应当向海关提供从合同担保人银行账户划转资金的权利。

13. 下列情形下，海关不接受用于担保履行缴纳关税、进口环节税、保障措施关税、反倾销税、反补贴税义务的合同担保：

13.1 未按规定向指定海关提交签订的担保合同；

13.2 在本条第 11 款第 2 项所指情形下，申请签订的担保合同，不含本条第 12 款所做出的规定；

13.3 申请签订担保合同的有效期，不比履行合同担保义务规定的期限长 2 个月及以上，或在履行缴纳关税、进口环节税、海关规费、保障措施关税、反倾销税、反补贴税义务与事件有关的情况下，不比事件到来规定期限长 2 个月及以上；

13.4 如果向海关提供的证明，不能证实签署担保合同的人具有签订该合同的权限。

14. 本条第 13 款第 3 项不适用于担保履行数人的关税、进口环节税、保障措施关税、反倾销税、反补贴税缴纳义务的担保合同，或者担保履行在海关事务领域实施活动的法人义务、经认证经营者义务的担保合同，以及作为总担保被接受的担保合同。

15. 海关应自收到签订担保合同的申请及其随附单证之日起，在15个工作日内审核。

16. 在签订担保合同的情形下，海关应自合同签订之日起，在5个工作日内，按担保合同上所指金额向合同担保人发送海关凭证。

17. 在不予签订担保合同的情形下，海关应在本条第15款规定的期限内，将此情况通知申请签订担保合同的人，并指明不予签订的理由。

18. 在《联盟法典》第399条第13项和第436条第23项规定的情形下，以及在关税、进口环节税、海关规费、保障措施关税、反倾销税、反补贴税缴纳义务（其履行由担保合同担保的）被全部履行、终止或未发生过，或代替担保合同提交其他履行义务担保并被海关接受的情形下，担保合同可以根据海关与合同担保人的协商提前解除。

19. 海关不承担与签订担保合同有关的费用。

20. 担保合同的标准样式和主要条件，由行使海关事务领域国家政策制定和法规调控职能的联邦权力执行机关规定。

21. 合同担保由海关以电子文件形式接受，合同担保以本条规定的以加密电子签名签署的电子文件形式在海关和合同担保人之间的传输，按照行使海关事务领域监管监督职能的联邦权力执行机关规定的办法实施。

22. 本条规定的由合同担保人和海关互相发送的以加密电子签名签署的电子文件的格式、组成和结构，由行使海关事务领域监管监督职能的联邦权力执行机关规定。

23. 合同担保可用作担保履行《联盟法典》第399条第16项所指的义务，如果担保合同的适用条件对此做出了规定。

第63条　财产抵押

1. 在《联盟法典》、本联邦法或俄罗斯联邦政府所规定的情形下，可以用财产抵押的方式履行义务。

2. 财产抵押以海关和《联盟法典》第62条第3项所指人之间的合同（以下简称“抵押合同”）办理。

3. 对于适用财产抵押作为履行义务担保方式情况下发生的法律关系，适用《俄罗斯联邦民法》和本联邦法规定。

4. 根据《俄罗斯联邦民法》，允许设定抵押的财产可以作为抵押物。

5. 海关（抵押权人）与抵押财产所有人（抵押人）之间合同规定的抵押物，不能是其他合同的抵押物，也不能是：

5.1 位于俄罗斯联邦境外的财产；

5.2 担负着有利于第三方的其他以前义务的财产；

5.3 易损坏（腐烂）货物、动物；

5.4 电能、热能和其他种类的能源；

5.5 企业；

5.6 财产权（财产主张）；

5.7 有价证券；

5.8 航天器及基础设施；

5.9 流通中的货物；

5.10 俄罗斯联邦法律禁止自由销售的产品及废品；

5.11 根据俄罗斯联邦法律，非依据法院决定不能对其提起追征的财产；

5.12 抵押人将来拥有的财产；

5.13 动产；

5.14 买方属于特定人群或需长时间方可销售的专用设备（是否属于此类设备由行使海关事务领域国家政策制定和法规调控职能的联邦权力执行机关规定）；

5.15 不具有联盟货物地位的货物。

6. 抵押物在整个抵押合同有效期内应位于俄罗斯联邦境内。

7. 为确定抵押物的市场价格，根据调节俄罗斯联邦估价活动的法律开展抵押物价格评估。

8. 抵押物价格评估应当不早于向海关提出签订抵押合同申请之日前 30 个自然日开展。

9. 抵押财产的所有人在选择财产抵押作为履行义务担保方式时，应向办理货物放行的海关发送签订抵押合同的提议（对于按照一份转运申报单运输的货物，向启运地海关或指运地海关发送）。与提议应一并提交由抵押财产所有人（或此人的全权代表）按照《俄罗斯联邦民法》规定的办法签署和证明无误的抵押合同草拟稿（一式两份）。同时，应提交证明此全权代表签订抵押合同权限的文件、证明抵押物所有权及其市场价格的文件，证明文件可以原件或经公证程序确认无误的复印件形式提交。

10. 抵押合同草拟稿应当含有下列内容：

10.1 已用于缴纳关税、进口环节税、保障措施关税、反倾销税、反补贴税担保的财产抵押，在抵押合同有效期内不允许再进行抵押；

10.2 未经抵押权人同意，抵押人无权将被抵押的财产转给其他人暂时占有或使用；

10.3 抵押人有义务自费为被抵押财产办理保险，不论抵押物处于抵押人控制下或已转给抵押权人；

10.4 抵押人应自费办理抵押物估价；

10.5 经抵押权人书面同意，允许以其他等价财产替换抵押物，并应以签订抵押合同补充协议的方式办理；

10.6 在以财产抵押担保的缴纳关税、进口环节税、海关规费、保障措施关税、反倾销税、反补贴税义务，在规定期限内未履行的情形下，抵押人和抵押权人可按诉讼以外的程序对抵押财产提起追征达成和解；

10.7 抵押物的变卖由实施联邦财产管理职能的联邦权力执行机关实施。

10.8 变卖抵押物的费用以变卖所得资金出资，不足情况下由抵押人出资。

10.9 抵押合同的有效期不得超过 1 年。

11. 如果抵押物的市场价格比履行义务所必需的担保额度多 20%，抵押合同可以签订。

12. 既可以签订将抵押物留在抵押人控制下的抵押合同，也可以签订将被抵押财产转交给抵押权人的抵押合同。如果抵押权人没有理由认为抵押人不会遵守抵押物的使用、处置和保存条件，则应签订将抵押物留在抵押人处的抵押合同。

13. 自签订抵押合同申请及其随附单证提交海关之日起，在 15 个工作日内，海关应予以审核。

14. 为确定变卖抵押物的可能性，海关应当向实施联邦财产管理职能的联邦权力执行机关发送查询函。查询函应当随附被抵押财产所有人向海关提交单证的复印件。

15. 实施联邦财产管理职能的联邦权力执行机关，应自收到本条第 14 款所指查询函之日起，在 15 个工作日内，通知发送查询函的海关是否可以按照与抵押合同中所指的抵押物价格或更高金额变卖抵押物。

16. 为证实包含在提交单证中的信息，或提交的单证不符合俄罗斯联邦法律单证的形成和发放要求、含有矛盾或不清楚信息的情形下，海关有权向第三人以及国家机构发送查询函。上述所指人和国家机构有义务自收到查询函之日起，在 10 个工作日内，提供要求提供的单证和信息。

17. 在本条第 14 ~ 16 款规定情形下，审核签订抵押合同申请的期限，自海关向被查询人发送提交必需的单证和信息查询函之日起，至收到回复之日或收到回复的期限届满之日暂停。在此情形下，审核签订抵押合同申请的总期限不得超过 45 个工作日。

18. 下列情形下，海关拒绝签订抵押合同：

18.1 不符合本条第 4 ~ 10 款所规定的条件；

18.2 如果申请签订的抵押合同的有效期不比履行财产抵押所担保义务的规定

期限长 3 个月及以上，或者在履行缴纳关税、进口环节税、海关规费、保障措施关税、反倾销税、反补贴税义务与事件有关的情况下，不比事件发生的规定期限长 3 个月及以上；

18.3 如果抵押物属于本条第 5 款所列举的财产的；

18.4 如果申请用抵押担保履行本联邦法第 55 条第 20 款所指的关税、进口环节税缴纳义务；

18.5 如果收到实施联邦财产管理职能的联邦权力执行机关不可能按照等于抵押合同上所指的抵押物价格或更高价格变卖抵押物的结论。

19. 在拒绝签订抵押合同情形下，海关在本条第 13 款规定期限内（而在本条第 14 ~ 16 款规定情形下，在本条第 17 款规定期限内），应当通知签订抵押合同申请人拒绝签订的情况，并说明理由。

20. 在签订抵押合同的情形下，海关应自合同签订之日起，在不超过 2 个工作日的期限内，向抵押人发送抵押合同上所指款项的海关凭证。

21. 在财产抵押所担保的义务未履行时，应当缴纳的关税、进口环节税、海关规费、保障措施关税、反倾销税、反补贴税、滞纳金、利息款项，应当以实施联邦财产管理职能的联邦权力执行机关变卖被抵押财产所得资金出资向联邦国库账户划拨。

22. 与签订抵押合同、抵押物估价及其鉴定、对被抵押财产提起追征有关的一切费用，均由抵押人承担。

23. 对被抵押财产实施任何交易，只有在抵押权人和实施联邦财产管理职能的联邦权力执行机关协商一致的情况下才能实施。

24. 抵押人和抵押权人可以根据协议提前解除抵押合同。

25. 抵押合同的标准样式和主要条件，由行使海关事务领域国家政策制定和法规调控职能的联邦权力执行机关和实施联邦财产管理职能的联邦权力执行机关协商一致后规定。

第 64 条　出具银行保函的银行名录

1. 将银行列入有权出具银行保函的银行名录（以下简称“名录”），在遵守本条规定条件时生效。

2. 提供管理有权出具银行保函的银行名录的国家服务不收费。

3. 为列入名录，银行应当满足以下要求：

3.1 具有俄罗斯联邦中央银行发放的开展银行业务的（经营）许可证；

3.2 开展银行业务不少于 5 年；

3.3 具有额度不少于 10 亿卢布的自有资金（资本）；

3.4 遵守俄罗斯联邦银行和银行活动法对近 6 个月内所有报告日规定的强制

性定额；

3.5 未按照俄罗斯联邦中央银行要求实施银行财务改善措施；

3.6 未被指定临时信贷组织管理机构；

3.7 银行不存在为偿还信贷组织债权人债权正在执行的延期支付；

3.8 不存在未履行的银行保函（担保义务履行的）义务；

3.9 如果银行因未履行银行保函义务而被从名录中注销，其在清偿海关税费、滞纳金和利息欠款之后满一年及以上（方可列入名录）。

4. 为列入名录，银行应当向行使海关事务领域监管监督职能的联邦权力执行机关提出申请，并提交列入名录的申请书。

5. 在提交列入名录的申请书时，银行有权以原件或经公证程序认证的复印件形式提交证明自己符合本条第 3 款所指要求的单证，以及证明自己的法人登记列入国家统一法人名录的单证。

6. 完成对列入名录申请书的审核后，行使海关事务领域监管监督职能的联邦权力执行机关应当按照申请人要求向其退还所提交的证件原件。

7. 如果银行自身未提交证明其法人登记列入国家统一法人名录的单证，行使海关事务领域监管监督职能的联邦权力执行机关可以使用统一的跨部门电子互助系统查询含有在实施国家法人、作为个体经营者的自然人备案职能的联邦权力执行机关的国家统一法人名录中申请人的信息。

8. 行使海关事务领域监管监督职能的联邦权力执行机关，应自收到列入名录的申请书之日起，在 15 个工作日内，审核列入名录的申请书，并做出将银行列入名录或不予列入名录的决定。

9. 下列情形下，不予列入名录：

9.1 银行不符合本条第 3 款的要求；

9.2 由银行所申报并在名录中指明的信息，与含有在国家统一法人名录中的该银行信息存在差异；

9.3 本联邦法第 66 条第 7 款规定的期限未届满；

9.4 未遵守本联邦法第 66 条第 8 款规定的条件；

9.5 列入名录的申请书是按照不同于本条第 25 款和第 26 款规定样式形成和填写，申请书是由未经授权人员签署的。

10. 在列入名录时，应当按照根据本联邦法第 61 条第 29 款颁布的法律文件，为银行确定单份银行保函的最高额度和所有同时在用银行保函的最高额度。

11. 为对名录进行修改，银行应当向行使海关事务领域监管监督职能的联邦权力执行机关提出申请，并提交对名录进行修改的申请书。上述所指申请书可用纸质文件以任意样式（对样式不做硬性规定）制成。

12. 行使海关事务领域监管监督职能的联邦权力执行机关，应自收到申请书之日起，在 10 个工作日内，审核对名录进行修改的申请书，并做出对申请书进行修改或不予修改的决定。

13. 如果银行的信息修改后，与国家统一法人名录中含有的此银行信息有差异，或未在名录中指明的信息被修改，以及修改申请书是由未经授权人员签署的情形下，不予修改。

14. 为从名录注销，银行应向行使海关事务领域监管监督职能的联邦权力执行机关提出申请，并提交从名录注销申请书。

15. 行使海关事务领域监管监督职能的联邦权力执行机关，应自收到从名录注销的申请书之日起，在 10 个工作日内，完成申请书审核、名录更新或做出不予从名录注销的决定。

16. 在从名录注销的申请书是由未经授权人员签署的情形下，不予从名录注销。

17. 本条第 4 款、第 11 款和第 14 款所指的申请书，可以使用纸质文件形式提交，也可以使用以加密电子签名签署的电子文件形式提交。使用电子形式提交申请书，需经联邦国家信息系统“国家和地方政务服务统一平台”，或网上“专属办公账户”提交。上述所指申请书，可由有权不经委托即能以申请人名义办理的人或其他有权以申请人名义办理的人签署。

18. 在审核本条第 4 款、第 11 款和第 14 款所指申请书的规定期限内，银行应被以纸质文件或电子文件告知上述所指申请书的审核结果。使用电子文件告知时，应以行使海关事务领域监管监督职能的联邦权力执行机关工作人员的加密电子签名签署。在不予将银行列入名录或不予对名录进行修改的情况下，应补充指明不予列入或不予修改的原因。

19. 俄罗斯联邦中央银行应每月向行使海关事务领域监管监督职能的联邦权力执行机关发送（包括使用跨部门电子互助统一系统）符合本条第 3 款所要求的银行信息，以及为银行规定单份银行保函最高额度和所有同时在用银行保函最高额度所必需的信息。

20. 在发现证实列入名录银行与规定要求不符的状况下，俄罗斯联邦中央银行应向行使海关事务领域监管监督职能的联邦权力执行机关发送（包括使用跨部门电子互助统一系统）该信息。

21. 在管理名录时，行使海关事务领域监管监督职能的联邦权力执行机关可以使用从俄罗斯联邦中央银行获取的信息。

22. 行使海关事务领域监管监督职能的联邦权力执行机关，以名录管理办法所规定的周期性，依照根据本联邦法第 61 条第 29 款颁布的法律文件，为列入名录的银行规定单份银行保函的最高额度和所有同时在用银行保函的最高额度。

23. 对列入名录银行单份银行保函最高额度和所有同时在用银行保函最高额度的修改，自做出修改决定之月次月 1 日起生效。

24. 在为银行修改单份银行保函的最高额度和所有同时在用银行保函的最高额度的情形下，行使海关事务领域监管监督职能的联邦权力执行机关，应自进行修改之日起，在 3 个工作日内，以纸质文件或以加密电子签名签署的电子文件将此情况通知上述银行。

25. 名录样式和列入名录的申请书的样式，名录管理办法，包括为列入名录银行确定单份银行保函最高额度和所有同时在用银行保函最高额度的周期性，监管银行遵守列入名录条件和对其规定义务的办法，由行使海关事务领域国家政策制定和法规调控职能的联邦权力执行机关规定。

26. 名录和本条所指申请书的格式和结构，由行使海关事务领域监管监督职能的联邦权力执行机关规定。

27. 俄罗斯联邦中央银行向行使海关事务领域监管监督职能的联邦权力执行机关发送（包括使用跨部门电子互助统一系统）的信息以及本条所规定的信息，其组成和结构，由行使海关事务领域国家政策制定和法规调控职能的联邦权力执行机关与俄罗斯联邦中央银行协商确定。

28. 行使海关事务领域监管监督职能的联邦权力执行机关，应当保障定期（每月不少于 1 次）在其互联网官方网站上发布名录。

29. 如果俄罗斯联邦中央银行理事会根据 2002 年 10 月 26 日第 127 号联邦法《无支付能力（破产）》，批准了俄罗斯联邦中央银行参与实施预防银行破产措施的计划（针对已被列入名录的银行的），并且俄罗斯联邦中央银行理事会做出保障该银行活动连续性的决定，则不论该银行是否符合本条规定的将银行列入名录的条件，以该计划批准日为准，义务的履行仍可以由该银行出具的银行保函担保。在此情形下，为使海关在上述所指计划实施期间接受银行保函，银行出具单份银行保函的最高额度和所有同时在用银行保函的最高额度，依照本联邦法第 61 条第 29 款颁布的法律文件，以上述所指计划被俄罗斯联邦中央银行理事会批准之日前最后一个季度报告日为准。

30. 已被列入名录的银行，俄罗斯联邦中央银行参与实施预防其破产措施的计划被俄罗斯联邦中央银行理事会根据 2002 年 10 月 26 日第 127 号联邦法《无支付能力（破产）》批准，且俄罗斯联邦中央银行理事会做出保障该银行活动连续性的决定，则以批准之日为准，在该计划实施期限内，不予从名录中注销。

31. 俄罗斯联邦中央银行参与实施预防列入名录银行破产措施的计划批准事实和日期的信息，以及俄罗斯联邦中央银行理事会做出在上述所指计划实施期限内保障该银行活动连续性决定事实和日期的信息，由俄罗斯联邦中央银行在做出上述决定之日后5个工作日内，发送给行使海关事务领域监管监督职能的联邦权力执行机关。

32. 如果截至俄罗斯联邦中央银行参与实施针对该银行预防破产措施的计划批准日，列入名录内的银行，在俄罗斯联邦中央银行理事会做出保障该银行活动连续性决定之日之前，已被从名录注销，则在执行上述计划期间，该银行应被行使海关事务领域监管监督职能的联邦权力执行机关从俄罗斯联邦中央银行收到本条第31款所指信息之日后5个工作日内列入名录。在此情形下，为使海关在上述计划实施期间接受银行保函，由银行出具的单份银行保函的最高额度和所有同时在用银行保函的最高额度，依照根据本联邦法第61条第29款颁布的法律文件，以上述所指计划被俄罗斯联邦中央银行理事会批准之日前最后一个季度报告日为准确定。

第65条　列入出具银行保函银行名录银行的义务

1. 列入名录的银行，有义务：

1.1 为担保履行本联邦法第54条规定的义务，自海关接受银行保函，遵守对由一个银行出具的单份银行保函的最高额度和所有同时在用银行保函的最高额度的限制；

1.2 履行银行保函条件及对应的义务；

1.3 在规定期限内，以电子文件形式或纸质文件形式，向行使海关事务领域监管监督职能的联邦权力执行机关发送所出具的银行保函信息；

1.4 自引起相应信息变更的事件发生之日起或自银行获知事件发生之日起，在5个工作日内，以纸质文件形式，或以加密电子签名签署的电子文件形式（使用联邦国家信息系统“国家和地方政务服务统一平台”，经网上“专属办公账户”发送），通知行使海关事务领域监管监督职能的联邦权力执行机关名录中对该银行信息的变更情况。

2. 俄罗斯联邦外贸经济银行和欧亚发展银行有义务：

2.1 为担保履行本联邦法第54条规定的义务，并使海关接受银行保函，遵守俄罗斯联邦政府规定的，俄罗斯联邦外贸经济银行或欧亚发展银行出具的单份银行保函的最大额度和所有同时在用银行保函的最大额度限制；

2.2 履行银行保函条件及其义务；

2.3 在规定期限内，以电子文件形式或纸质文件形式，向行使海关事务领域监管监督职能的联邦权力执行机关发送所出具的银行保函信息。

第66条　银行从出具银行保函银行名录注销、海关暂停接受俄罗斯联邦外贸经济银行和欧亚发展银行出具的银行保函

1. 在下列情形下，银行应从名录中注销：

1.1 银行注销；

1.2 银行以并入其他银行的重组方式终止业务；

1.3 银行实施银行作业的（经营）许可证被俄罗斯联邦中央银行撤回；

1.4 银行不符合本联邦法第 64 条第 3 款规定的要求；

1.5 银行未履行本联邦法第 65 条第 1 款第 1 项和第 2 项规定的义务，但因根据本联邦法第 64 条第 24 款，降低后的所有同时在用银行保函最大额度低于已批准的银行保函最大额度的情形除外，以及银行存在两次及以上未履行本联邦法第 65 条第 1 款第 3 项规定的义务；

1.6 银行提交从名录注销的申请书。

2. 在俄罗斯联邦外贸经济银行或欧亚发展银行未履行银行保函条件、银行保函义务或未遵守本联邦法第 54 条规定的义务，海关接受银行保函所设限制的情形下，以及在规定俄罗斯联邦外贸经济银行重组办法和期限的联邦法律或规定欧亚发展银行重组办法和期限的国际条约生效的情形下，行使海关事务领域监管监督职能的联邦权力执行机关应暂停海关接受俄罗斯联邦外贸经济银行或欧亚发展银行所出具的银行保函。

3. 行使海关事务领域监管监督职能的联邦权力执行机关，应自银行根据本条第 1 款第 2 ~ 5 项从名录注销之日起，在 3 个工作日内，以纸质文件形式，或以加密电子签名签署的电子文件形式（使用联邦国家信息系统“国家和地方政务服务统一平台”，经网上“专属办公账户”发送），将此情况通知银行（其权利继承人），并说明理由。

4. 行使海关事务领域监管监督职能的联邦权力执行机关，应自本条第 2 款所指的暂停之日起，在 3 个工作日内，将此情况通知俄罗斯联邦外贸经济银行和欧亚发展银行，并说明理由。

5. 自本条第 2 款所指暂停理由的原因消除之日起，10 个工作日后，海关应当恢复接受俄罗斯联邦外贸经济银行和欧亚发展银行出具的银行保函。行使海关事务领域监管监督职能的联邦权力执行机关，自海关恢复接受俄罗斯联邦外贸经济银行和欧亚发展银行出具的银行保函之日起，在 3 个工作日内，应将此情况通知俄罗斯联邦外贸经济银行和欧亚发展银行。

6. 如果本联邦法未做其他规定，银行从名录注销、海关暂停接受俄罗斯联邦外贸经济银行和欧亚发展银行出具的银行保函，不终止保函担保人所出具、海关所接受的银行保函的效力，不免除保函担保人因未履行或未完全履行银行保函的条件而应承担的责任。

7. 因未履行银行保函义务从名录注销的银行，在按照该银行保函履行义务后满 1 年的，可被重新列入名录。

8. 因未遵守名录中对此银行规定的对单份银行保函的最高额度或所有同时在用银行保函的最高额度的限制而被从名录注销的银行，在从名录注销的原因消除条件下，可被重新列入名录。

第十一章　关税、进口环节税和其他资金的退还

第 67 条　多缴纳或多征收的关税、进口环节税和其他由海关负责征收税费的退还

1. 根据货物放行后海关监管的结果，确定多缴纳或多追征关税、进口环节税和其他由海关负责征收税费款项，海关工作人员在以下单证上予以记录：

1.1 修改后的货物报关单；

1.2 修改后的行邮税税款缴纳凭证；

1.3 根据海关调控领域的国际条约和法律文件以及俄罗斯联邦法律，其他能够证明实际作为关税、进口环节税和其他由海关负责征收的税费所缴纳（被追征）的资金额度超过计算的应缴纳的关税、进口环节税和其他由海关负责征收税费额度的海关单证。

2. 海关登记本条第一款所指单证之日，是发现多缴纳或多追征关税、进口环节税和其他由海关负责征收税费款项事实之日。

3. 退还（结转）多缴纳或多追征关税、进口环节税和其他由海关负责征收的税费款项，由行使海关事务领域监管监督职能的联邦权力执行机关规定的、包括根据纳税义务人（承担连带责任人）税务登记所在地确定的海关，自发现多缴纳或多追征事实之日起，在 3 个工作日内，以结转到下列人预付款账户的形式办理：

3.1 如果关税、进口环节税和其他由海关负责征收的税费是纳税义务人或报关代理人在货物申报时缴纳的，结转到纳税义务人的预付款账户；

3.2 如果关税、进口环节税和其他由海关负责征收的税费是根据本联邦法第十二章向纳税义务人或报关代理人征收的，结转到纳税义务人的预付款账户；

3.3 如果征收款项是用于履行在规定期限内未缴纳的关税、进口环节税和其他由海关负责征收税费义务的，按照本联邦法第十二章，结转到向其征收关税、进口环节税和其他由海关负责征收税费的人的预付款账户。

4. 办理多缴纳或多追征关税、进口环节税和其他由海关负责征收税费款项的退还（结转）的海关，应在将多缴纳或多追征的关税、进口环节税和其他由海关负责征收税费款项退还（结转）到预付款账户之日一个工作日内，以加密电子签名签署的电子文件的形式，经网上“专属办公账户”，告知办理了预付款结转的人。

5. 如果关税、进口环节税和其他由海关负责征收的税费是根据本联邦法第

30条第2款缴纳的，且是以书面形式报关的，则对缴纳税费人的通知也以书面形式，自将多缴纳或多追征的关税、进口环节税和其他由海关负责征收的税费款项结转至预付款账户之日起5个工作日内办理。

6. 退还（结转）通知书的样式、格式、结构以及发送办法，由行使海关事务领域监管监督职能的联邦权力执行机关规定。

7. 退还（结转）通知书应含有确认办理退还（结转）的信息和如何办理退还（结转）的信息。

8. 退还（结转）通知书可经邮局以带回执的挂号信向自然人地址发送。

9. 在经邮局以带回执的挂号信发送退还（结转）通知书的情形下，自发送挂号信之日起6个自然日届满后，视为收到该通知书。

10. 如果办理了预付款退还（结转）的人不是关税、进口环节税和其他由海关负责征收税费的纳税义务人，则应同时向纳税义务人发送退还（结转）通知书。

11. 对于多追征的关税、进口环节税和其他由海关负责征收的税费款项，应当为多追征的税费款项支付利息。利息按俄罗斯联邦中央银行基准利率的三百六十分之一的比例，自征收本条第12款所指税费之日起至实际退还（结转）之日加征。为计算利息，适用加计利息时间段执行的俄罗斯联邦中央银行基准利率。

12. 根据本联邦法第十二章规定追征的关税、进口环节税和其他由海关负责征收的税费款项，如果被认为是多追征的，则按照此条办理。

13. 发现多追征税费的海关，应自实际退还（结转）多追征的关税、进口环节税和其他由海关负责征收的税费款项之日起，在10个工作日内，以书面形式告知关税、进口环节税纳税义务人应支付利息的数额。

14. 向本条第3款所指的人支付利息，依照以纸质文件形式或电子文件形式向实施资金管理的海关提交的申请书办理。

15. 支付利息申请书的样式、格式、结构以及提交办法，由行使海关事务领域监管监督职能的联邦权力执行机关规定。

16. 按照提交支付利息申请书的人的选择，利息的支付可以自海关收到申请书之日起，在5个工作日内，向预付款账户结转的形式办理，或者在本联邦法第36条第22款规定的期限内，以向该人银行账户转入资金的方法办理。

17. 如果关税、进口环节税、保障措施关税、反倾销税、反补贴税是按照《联盟法典》第69条第3项、第77条第5项、第270条第12项征收的，在退还（结转）多追征的款项时不加计利息。

18. 如果至纳税义务人根据本联邦法第35条第3款或第36条第1款向海关提交预付款使用处置书之日，海关在本条第3款规定期限内未办理多缴纳海关税费向预付款账户的退还（结转），应加计利息。利息自纳税义务人根据本联邦法第 35 条第 3 款或第 36 条第 1 款向海关提交使用预付款处置书之日起至实际结转之日、按俄罗斯联邦中央银行基准利率的三百六十分之一加计。为计算利息，适用加计利息时间段俄罗斯联邦中央银行执行的基准利率。所指利息的赔付按照本条第 14 款和第 16 款规定的办法办理。

19. 其他由海关负责征收税费的退还，在本联邦法和其他俄罗斯联邦法律文件规定的情形下办理。

20. 滞纳金和利息款项的退还按照本条规定的规则办理。

第 68 条　关税、进口环节税和其他资金退还的其他情形

1. 在《联盟法典》第 67 条第 1 项第 2、3、5 ~ 7、9 目和第 76 条第 3 项第 2、4 ~ 6、8 目规定的情形下，以及适用本联邦法第 102 条和第 204 条规定的货物临时定期报关的情况下，应当办理关税、进口环节税和其他资金（金钱）的退还（结转）。

2. 在《联盟法典》第 67 条第 1 项第 2、3、9 目和第 76 条第 3 项第 2、8 目规定的情形下，关税、进口环节税和其他资金（金钱）的退还（结转）按照本联邦法第 36 条规定的办法，在收到保证书（据其关税、进口环节税和其他资金（金钱）应当退还）的情况下办理。

3. 在《联盟法典》第 67 条第 1 项第 5 ~ 7 目和第 76 条第 3 项第 4 ~ 6 目规定的情形下，以及适用本联邦法第 102 条和第 204 条规定货物临时定期报关的情况下，关税、进口环节税和其他资金（金钱）的退还（结转），按照《联盟法典》第 67 条规定的办法，在收到保证书（据其关税、进口环节税和其他资金（金钱）应当退还）的情况下，并参考本条第 4 款和第 6 款规定办理。

4. 在《联盟法典》第 67 条第 1 项第 5 ~ 7 目、第 76 条第 3 项第 4 ~ 6 目规定的情形下，关税、进口环节税和其他资金（金钱）的退还（结转），应自以下日期次日起 3 个工作日内办理：

4.1 在《联盟法典》第 67 条第 1 项第 5 目和第 76 条第 3 项第 4 目规定的情形下，海关做出不予放行货物决定书之日；

4.2 在《联盟法典》第 67 条第 1 项第 6 目和第 76 条第 3 项第 5 目规定的情形下，海关做出撤回报关单决定书或取消货物放行之日；

4.3 在《联盟法典》第 67 条第 1 项第 7 目和第 76 条第 3 项第 6 目规定的情形下，根据委员会规定的办法，对货物报关单进行修改之日。

5. 如果委员会未规定其他期限，在本条第 4 款第 3 项规定的情形下，对货物报关单进行修改的决定书（许可），由海关自申报人在货物按照复进口海关制度或复出口海关制度放行后，以适当的方式提交按照委员会规定办法填写的修改后货物报关单之日起，在15个工作日内做出。

6. 在适用本联邦法第102条和第204条规定的货物临时定期报关的情况下，关税、进口环节税、保障措施关税、反倾销税、反补贴税的退还（结转），自依照本联邦法第102条第15、19款和第20款在完整货物报关单上申报的货物放行之日起，在3个工作日内办理；而对于以管道运输的货物，自依照本联邦法第204条第7款或第22款，在完整货物报关单上申报的货物放行之日次日起，或自海关登记本联邦法第204条第8款规定的通知书之日起，在3个工作日内办理。

7. 如果截至纳税义务人根据本联邦法第35条第3款向海关提交预付款使用处置书之日，海关未办理根据本条第1款应当退还的关税、进口环节税和其他资金（金钱）款项向预付款的退还（结转），应当加计利息。利息按照本联邦法第67条第18款规定的办法，自纳税义务人根据本联邦法第35条第3款向海关提交预付款使用处置书之日至实际结转之日加计和支付。

第69条　保证金的退还

1. 保证金的退还，除作为总担保交纳的保证金外，在《联盟法典》第67条第9项、第76条第9项、第399条第13项、第436条第23项和本联邦法第292条第11款规定的情形下办理。

2. 作为总担保交纳的保证金的退还，按本联邦法第70条规定的情形和办法办理。

3. 保证金及其余额的退还，按结转至交纳保证金的人的预付款账户的形式办理。如果本条第9款未规定其他期限，则办理时限为自《联盟法典》第67条第9项、第76条第9项、第399条第13项、第436条第23项，以及本联邦法第292条第11款所指的状况之一发生之日起5个工作日内。

4. 办理保证金结转，交纳保证金的人无须提交结转申请书，但本条第5款所指情形下的结转除外。

5. 如果缴纳关税、进口环节税、海关规费、保障措施关税、反倾销税、反补贴税的义务没有发生，结转保证金根据交纳保证金的人提交结转保证金申请书办理。

6. 保证金结转申请书可使用纸质文件提交，也可使用以加密电子签名签署的电子文件经网上“专属办公账户”提交。纸质文件形式的申请书可以任意样式（对样式不做硬性规定）形成。

7. 如果结转保证金的申请书自接受保证金之日起，在不超过3年的期限内向接受保证金的海关提交，则保证金结转应予办理。

8. 保证金结转申请书属于下列情形的，不予办理结转：

8.1 由与交纳保证金的人不同的人或无相应权限的人提交；

8.2 在本条第 7 款所指期限届满后提交；

8.3 不符合规定的样式（对于电子文件形式的申请书）；

8.4 未含申请书中必须填写的信息（对于电子文件形式的申请书）。

9. 海关审核保证金结转申请书的总期限不能超过受理申请书之日起 5 个工作日。

10. 如果不予向预付款账户结转保证金，海关应在本条第 9 款规定的期限内，以纸质文件形式或以加密电子签名签署的电子文件形式（经网上“专属办公账户”）通知申请人，并说明理由。

11. 保证金结转以俄罗斯联邦货币办理。不需对被结转的款项支付利息，被结转的款项不随物价变化进行指数化调整，但本条第 12 款规定的情形除外。

12. 如果截至纳税义务人根据本联邦法第 35 条第 3 款向海关提交使用预付款处置书之日，海关未办理向预付款退还（结转）的，应予退还的保证金款项应当加计利息。利息按照本联邦法第 67 条第 18 款规定的办法加计和支付。

13. 本条第 7 款所指的期限届满后，无人领取的保证金款项纳入联邦预算其他非税收入，不应退还（结转）和做出用于缴纳关税、进口环节税和其他由海关负责征收税费的其他处置。

14. 电子文件形式的保证金结转申请书的样式、格式和结构，申请书中应当指明的信息的清单，以及其填写办法和向海关提交的办法，审核申请书的办法和通知申请人不予结转保证金的办法，由行使海关事务领域监管监督职能的联邦权力执行机关规定。

第 70 条　作为总担保交纳的保证金的退还

1. 作为总担保交纳的保证金的退还，在以下情形下办理：

1.1 在交纳保证金的人终止使用总担保的情况下；

1.2 代替作为总担保交纳的保证金，履行缴纳关税、进口环节税、保障措施关税、反倾销税、反补贴税义务的担保以其他方式提交。

2. 在本条第 1 款第 1 项规定的情形下，退还作为总担保交纳的保证金，在海关信息系统内没有从该总担保款项中保留实施海关作业时履行缴纳关税、进口环节税、保障措施关税、反倾销税、反补贴税义务所必需的担保款项信息的条件下办理。

3. 退还作为总担保交纳的保证金，依据保证金交纳人终止使用以保证金形式交纳的总担保的申请书，以向交纳保证金的人的预付款账户结转的形式办理。

4. 本条第 3 款所指的申请书，以纸质文件提交，或以加密电子签名签署的电子文件，经网上“专属办公账户”提交。

5. 如果终止使用以保证金形式交纳的总担保的申请书，自实施最后一次总担保解除保留作业之日次日起，在不超过3年的期限内，向接受总担保的海关提交，则在没有被保留总担保款项的条件下，办理保证金结转。

6. 如果从未办理过总担保预留，则提交终止使用总担保（以保证金形式交纳的）申请书的期限，自接受保证金作为总担保的次日起计算。

7. 在未遵守本条第1款规定条件的情形下，以及下列情形下，不予办理作为总担保交纳的保证金向预付款账户的结转：

7.1 终止使用以保证金形式交纳的总担保申请书，由与交纳保证金的人不同的人或无相应权限的人提交；

7.2 终止使用以保证金形式交纳的总担保申请书，在本条第5款规定期限届满后提交；

7.3 终止使用以保证金形式交纳的总担保申请书，不符合规定的样式（对于电子文件形式的申请书）；

7.4 终止使用以保证金形式交纳的总担保申请书，不含在申请书中应当载明的信息（对于电子文件形式的申请书）。

8. 海关审核终止使用以保证金形式交纳的总担保的申请书的总期限，不能超过海关收到申请书之日起5个工作日。

9. 在不予将作为总担保交纳的保证金向预付款账户结转的情形下，海关应在本条第7款规定的期限内，以纸质文件形式或以加密电子签名签署的电子文件形式（经网上“专属办公账户”）将此情况通知申请人，并说明理由。

10. 作为总担保交纳的保证金的结转，以俄罗斯联邦货币实施。对被结转的款项不支付利息，被结转的款项不参照物价水平进行指数化调整。

11. 在本条第5款所指期限届满后，无人领取的作为总担保交纳的保证金款项，纳入联邦预算其他非税收入，不应退还（结转）或做出用于缴纳关税、进口环节税和其他由海关负责征收税费的其他处置。

12. 终止使用以保证金形式交纳的总担保的电子文件形式的申请书的样式、格式和结构，申请书中应当指明的信息的清单，申请书的填写办法和向海关提交的办法，申请书的审核办法，不予结转保证金通知书的格式和结构，由行使海关事务领域监管监督职能的联邦权力执行机关规定。

第十二章　海关税费和其他由海关负责征收的税费的追征

第71条　追征海关税费和其他由海关负责征收税费的一般规定

1. 海关税费、保障措施关税、反倾销税、反补贴税、利息和滞纳金的追征，由纳税义务人和在缴纳关税、进口环节税、保障措施关税、反倾销税、反补贴税方面与纳税义务人承担连带责任的人（以下简称“承担连带责任人”）承担，或以未缴纳或未完全缴纳海关税费、保障措施关税、反倾销税、反补贴税的货物作为追征对象。

2. 海关税费、保障措施关税、反倾销税、反补贴税、利息和滞纳金的追征，由行使海关事务领域监管监督职能的联邦权力执行机关规定的海关办理。

3. 海关税费、保障措施关税、反倾销税、反补贴税、利息和滞纳金的追征对象：

3.1 纳税义务人（承担连带责任人）银行账户上的资金（贵金属）；

3.2 纳税义务人（承担连带责任人）的电子资金；

3.3 纳税义务人（承担连带责任人）预付款；

3.4 根据《联盟法典》第 67 条和第 76 条应当退还的海关税费、保障措施关税、反倾销税、反补贴税、利息和滞纳金；

3.5 履行缴纳关税、进口环节税义务的担保；

3.6 履行缴纳保障措施关税、反倾销税、反补贴税义务的担保；

3.7 履行在海关事务领域实施活动的法人义务的担保；

3.8 履行经认证的经营者义务的担保；

3.9 未缴纳或未完全缴纳海关税费、保障措施关税、反倾销税、反补贴税的货物；

3.10 纳税义务人（承担连带责任人）的其他财产。

4. 如果海关适用本联邦法规定的追征措施，未能完成向法人和个体经营者追征海关税费、保障措施关税、反倾销税、反补贴税、利息和滞纳金，则按司法程序办理。

5. 向除个体经营者外的自然人追征海关税费、保障措施关税、反倾销税、反补贴税、利息和滞纳金，按司法程序办理，但本联邦法第 76 条第 10 款和第 11 款规定的情形除外。

6. 海关关于缴纳海关税费、保障措施关税、反倾销税、反补贴税、利息和滞纳金款项的通知书期限届满后，可采取追征海关税费、保障措施关税、反倾销税、反补贴税、利息和滞纳金的措施。但如果根据《联盟法典》第 55 条第 4 项、本联邦法第 76 条第 10 款和第 11 款、第 79 条第 2 款，无须发送通知书时，以及海关是纳税义务人的情形除外。

7. 如果根据本联邦法，海关是海关税费、保障措施关税、反倾销税、反补贴税、利息和滞纳金的纳税义务人，则不办理对海关税费、保障措施关税、反倾销税、反补贴税、利息和滞纳金的追征。

8. 下列情形，不适用海关税费、保障措施关税、反倾销税、反补贴税、利息和滞纳金追征措施：

8.1 如果本联邦法第 73 条规定的、规定期限内未缴纳海关税费、保障措施关税、反倾销税、反补贴税、利息和滞纳金款项的通知书（作准通知书），在从规定时间节点起算的三年内未发送（自缴纳上述税费、利息和滞纳金期限届满之日起三年内；或在对《联盟法典》第 126 条第 1 项第 1 目所指的有条件放行货物开展放行后监管时发现未缴纳上述税费、利息和滞纳金的事实之日起三年内；再或自法人应当根据海关调控领域的国际条约和法律文件、俄罗斯联邦法律履行缴纳上述税费、利息和滞纳金义务的情形发生之日起三年内）；

8.2 《联盟法典》第 68 条第 4 项第 2 ～ 5 目规定情形；

8.3 俄罗斯联邦政府规定的出口关税追征措施适用暂停期间。

9. 除保障措施关税、反倾销税、反补贴税外，其他由海关负责征收的税费的追征，在俄罗斯联邦法律、俄罗斯联邦政府规范性法律文件规定的情形下，按照俄罗斯联邦政府规定的办法办理。

10. 出口关税追征措施可以根据海关暂停追征出口关税的决定书暂停，期限为自本联邦法第 73 条第 19 款规定的期限届满之日起不超过 6 个月。

11. 暂停追征出口关税决定书的样式、格式和结构，以及做出暂停追征出口关税决定书的办法和条件，由行使海关事务领域国家政策制定和法规调控职能的联邦权力执行机关规定。

12. 在做出暂停追征出口关税措施的决定书之前，纳税义务人（承担连带责任人）有义务提交履行缴纳出口关税义务的担保，但本联邦法第 55 条第 3 款第 6 项规定的情形除外。

13. 本条第 12 款所指的履行缴纳出口关税义务担保的有效期，应当不早于暂停追征出口关税的期限。

14. 如果货物报关由经认证的经营者办理，且履行经认证经营者义务担保的有效期在暂停追征出口关税有效期内届满，则在上述所指有效期届满之前，应当提交履行缴纳出口关税义务的担保。

15. 暂停追征出口关税期间，根据本联邦法第 72 条加计滞纳金。

第 72 条　滞纳金

1. 纳税义务人（承担连带责任人）在《联盟法典》、海关调控领域法律文件和本联邦法规定期限内未履行或未完全履行缴纳海关税费、保障措施关税、反倾销税、反补贴税义务的情形下，有义务缴纳的本条规定的资金款项，被认为是滞纳金。

2. 履行缴纳滞纳金义务按照本联邦法第 30 条办理，追征滞纳金按照本章实施，退还滞纳金按照本联邦法第十一章实施。

3. 缴纳滞纳金的义务，自海关调控领域国际条约、法律文件和本联邦法规定的缴纳海关税费、保障措施关税、反倾销税、反补贴税义务履行期限届满之日次日起产生。

4. 缴纳滞纳金的义务在下列情形下终止：

4.1 已履行缴纳滞纳金义务；

4.2 符合《联盟法典》第 57 条第 4 项第 3 自然段、第 74 条第 6 项第 3 自然段和第 270 条第 3 项第 3 自然段所指的情形；

4.3 符合海关调控领域的国际条约和法律文件和本联邦法规定的终止缴纳海关税费、保障措施关税、反倾销税、反补贴税、利息义务的情形，但义务因被履行而终止的情形除外；

4.4 按照本联邦法规定的办法，认定海关税费、保障措施关税、反倾销税、反补贴税和利息追征无望。

5. 缴纳滞纳金的义务应与缴纳海关税费、保障措施关税、反倾销税、反补贴税和利息同时、足额履行。

6. 缴纳滞纳金义务独立于因违反海关调控领域国际条约、法律文件和俄罗斯联邦法律而适用的其他制裁措施。

7. 如果本联邦法第 76 条第 28 款未做其他规定，则自履行缴纳海关税费、保障措施关税、反倾销税、反补贴税期限届满之日的次日起，按超期的每个自然日加计滞纳金。

8. 滞纳金额度以适用滞纳金率和滞纳金计算基数（等于缴纳义务未被履行的海关税费、保障措施关税、反倾销税、反补贴税数额）的方法确定。滞纳金的额度不能超过因未履行或未完全履行缴纳义务而被加计滞纳金的海关税费、保障措施关税、反倾销税、反补贴税的额度。

9. 不允许减征、延期或分期缴纳滞纳金。

10. 如果本条第 11 款未做其他规定，滞纳金征收比率按照等于适用该比率之日执行的俄罗斯联邦中央银行基准利率的三百六十分之一适用。

11. 在本条第 13 款第 4、5、6 项和第 14 款规定加计滞纳金的情况下，滞纳金征收比率按照适用该率之日执行的俄罗斯联邦中央银行基准利率的百分之一的比例适用，自形成在规定期限内未被缴纳的海关税费、保障措施关税、反倾销税、反补贴税、利息和滞纳金款项的通知书（作准通知书）之日的次日起开始计算。

12. 滞纳金以俄罗斯联邦货币计算。

13. 海关对超过缴纳义务履行期限的海关税费、保障措施关税、反倾销税、反补贴税款项加计滞纳金：

13.1 按照《联盟法典》和海关调控领域的法律文件，海关依据以下单证征收滞纳金：由委员会根据《联盟法典》第 52 条第 4 项规定的关税、进口环节税、保障措施关税、反倾销税、反补贴税计算书；按本联邦法第 74 条规定的按照统一税率征收的关税、进口环节税的计算书，或按以总海关税费形式征收的关税、进口环节税的计算书（本章中以下简称“按统一税率征收的关税、进口环节税的计算书”）；按修改的行邮税税款缴纳凭证；按《联盟法典》第 227 条第 4 项规定的申请书；或按委员会根据《联盟法典》第 266 条第 24 项规定的其他海关单证。

13.2 在对货物报关单进行修改时，按修正的货物报关单征收滞纳金。

13.3 在形成未缴纳关税、进口环节税、保障措施关税、反倾销税、反补贴税、利息和滞纳金款项通知书时，按通知书征收滞纳金。

13.4 在根据本联邦法第 75、76、79 条和第 80 条做出追征海关税费、保障措施关税、反倾销税、反补贴税决定书时，按决定书征收滞纳金。

13.5 在形成按照银行保函或担保合同缴纳资金要求书时，按要求书征收滞纳金。

13.6 在形成由担保联合会（协会）缴纳资金的要求书时，按要求书征收滞纳金。

14. 按照司法程序追征海关税费、保障措施关税、反倾销税、反补贴税的情况下，在海关向法院或仲裁法院提交起诉书或申请书时应加计滞纳金。在做出司法决定书之前，海关为准确提出起诉要求，可开展滞纳金加计，按截至做出司法决定书之日（含）计算。

15. 海关应当在海关调控领域国际条约和法律文件、俄罗斯联邦法律规定的其他情形下加计滞纳金。

16. 海关按下列时间段加计滞纳金：

16.1 如果至开展滞纳金加计工作之日，缴纳海关税费、保障措施关税、反倾销税、反补贴税的义务未被履行，加计时间段为自上述税费、利息缴纳期限届满之日次日起至开展滞纳金加计工作之日（含）止；

16.2 如果至开展滞纳金加计之日，缴纳海关税费、保障措施关税、反倾销税、反补贴税的义务已被履行，加计时间段为自上述税费、利息缴纳期限届满之日次日起至履行缴纳义务之日止。

17. 纳税义务人（承担连带责任人）应当对超期未履行缴纳义务的海关税费、保障措施关税、反倾销税、反补贴税款项缴纳滞纳金：

17.1 在适用货物报关单进行货物报关的情况下，按货物报关单；

17.2 在对货物报关单进行修改时，按修正的货物报关单。

18. 纳税义务人（承担连带责任人）应当为自履行缴纳海关税费、保障措施关税、反倾销税、反补贴税义务期限届满之日的次日起，截至提交货物报关单或修正的货物报关单之日（含）的时间段缴纳滞纳金。

19. 以下情况不征收滞纳金：

19.1 海关未确定纳税义务人；

19.2 海关税费、保障措施关税、反倾销税、反补贴税应当在其他联盟成员国境内缴纳；

19.3 符合俄罗斯联邦法《无支付能力（破产）》规定的情形；

19.4 根据《联盟法典》第 121 条放行的货物，以保证金（金额为该保证金金额）担保履行缴纳海关税费、保障措施关税、反倾销税、反补贴税的义务时；

19.5 在关税、进口环节税缴纳延期或分期的期限内；

19.6 自形成通知书（作准通知书）之日的次日起至履行缴纳海关税费、保障措施关税、反倾销税、反补贴税义务之日止的期间内，如果缴税义务在本联邦法第 73 条第 19 款所指期限届满之前已全部履行；

19.7 对自根据本联邦法第 75、76、79 条和第 80 条形成海关适用海关税费、保障措施关税、反倾销税、反补贴税追征措施决定书之日的次日起，至履行缴纳海关税费、保障措施关税、反倾销税、反补贴税义务之日的期间内，如果因适用追征措施，缴纳上述所指税费的义务已完全履行；

19.8 发送在规定期限内未缴纳的关税、进口环节税、保障措施关税、反倾销税、反补贴税、利息和滞纳金款项（按照货物放行后做出的对货物报关单上所申报的涉及海关价格的信息进行修改的决定书的结果所补充加计的）通知书（作准通知书）的情况下，如果存在对外经济活动参加者的预付款，且海关被赋予对上述所指预付款的处置权（包括无须纳税义务人签认的转账权）；

19.9 在已发送规定期限内，未缴纳关税、进口环节税、保障措施关税、反倾销税、反补贴税、利息和滞纳金款项（因货物放行后修改报关单价格信息而补征的）通知书（作准通知书）的情况下，如果海关做出强制适用的法律解释规定不应加计；

19.10 在已发送规定期限内，未缴纳关税、进口环节税、保障措施关税、反倾销税、反补贴税、利息和滞纳金款项（因货物放行后修改报关单价格信息而补征的）通知书（作准通知书）的情况下，对因出错导致从纳税义务人账户未足额划转资金，但纳税义务人能够证明划转时其账户资金足够的情形，不应加计滞纳金；

19.11 在已发送在规定期限内，未缴纳关税、进口环节税、保障措施关税、反倾销税、反补贴税、利息和滞纳金款项（因货物放行后修改报关单信息补征的）通知书（作准通知书）的情况下，如果引发改单的原因是货物编码申报错误，但该错误不构成俄罗斯联邦《行政违法法典》第 16.2 条第 2 款规定的行政违法行为和《俄罗斯联邦刑法》第 226.1 条规定的犯罪行为，则不应加计滞纳金；

19.12 在已发送在规定期限内，未缴纳关税、进口环节税、保障措施关税、反倾销税、反补贴税、利息和滞纳金款项（因货物放行后修改报关单信息补征的）通知书（作准通知书）的情况下，如果在货物报关单上所申报的信息已在执行书面法律适用解释（就本联邦法适用问题向申报人、报关代理人或行使海关事务领域国家政策制定和法规调控职能的联邦权力执行机关未规定范围的人提供的）时申报过，则不应加计滞纳金；

19.13 对自发送缴纳海关税费、保障措施关税、反倾销税、反补贴税、利息和滞纳金通知书（作准通知书）期限结束之日的次日起（如果通知书（作准通知书）在本联邦法第 73 条第 15 款和第 17 款规定的期限结束后被发送），截至履行缴纳海关税费、保障措施关税、反倾销税、反补贴税义务之日的期间内，该义务在本联邦法第 73 条第 19 款所指的期限到来之前全部履行；

19.14 如果银行保函或担保合同缴纳资金的通知书是在本联邦法第 76 条第 3 款规定的期限结束后发送，且该通知书在其自身规定的履行期限内完全履行，则对自发送通知书期限结束之日的次日起至其要求履行之日的期间，不应加计滞纳金；

19.15 在本联邦法规定的其他情形下。

20. 如果本条第 19 款第 9 项和第 12 项所指的书面解释是依据申报人或申报代理人提交的不完整或不真实的信息做出的，则本条第 19 款第 9 项和第 12 项规定不适用。

第 73 条　规定期限内未缴纳海关税费、保障措施关税、反倾销税、反补贴税、利息和滞纳金款项通知书

1. 规定期限内未缴纳海关税费、保障措施关税、反倾销税、反补贴税、利息和滞纳金款项通知书（作准通知书）[本章以下简称通知书（作准通知书）]，是指告知纳税义务人和承担连带责任人，在海关调控领域国际条约和法律文件、本联邦法规定期限内，未缴纳的海关税费、保障措施关税、反倾销税、反补贴税、利息和滞纳金款项的通知书。

2. 通知书（作准通知书）应含有以下信息：

2.1 通知书（作准通知书）登记编号和形成日期；

2.2 修正后的货物报关单，关税、进口环节税、保障措施关税、反倾销税、反补贴税计算单，按统一税率征收的关税、进口环节税计算单，行邮税税款缴纳凭证，《联盟法典》第 277 条第 4 项规定的申请书，或委员会根据《联盟法典》第 266 条第 24 项规定其他海关单证的登记编号和日期；

2.3 形成通知书（作准通知书）的海关；

2.4 纳税义务人或承担连带责任人；

2.5 应缴纳的海关税费、保障措施关税、反倾销税、反补贴税款项；

2.6 履行缴纳海关税费、保障措施关税、反倾销税、反补贴税、利息义务的期限;

2.7 在本联邦法第 72 条第 19 款第 13 项规定情形下，截至形成通知书（作准通知书）之日或截至发送通知书（作准通知书）的期限结束之日（含）加计的滞纳金和（或）利息的金额;

2.8 为按非现金办法办理缴纳所需的联邦国库账户的要项。

3. 通知书（作准通知书）的样式、格式和结构由行使海关事务领域监管监督职能的联邦权力执行机关规定。应以电子文件形式经网上“专属办公账户”向纳税义务人或承担连带义务人发送通知书（作准通知书）。

4. 通知书（作准通知书）发送后，若修改通知书（作准通知书）上计算出的、应缴纳的海关税费、保障措施关税、反倾销税、反补贴税、利息和滞纳金金额，海关有义务发送作准通知书。

5. 在发送作准通知书时，海关应当通知纳税义务人或承担连带责任人撤回此前的通知书（作准通知书）。

6. 如果截至发送作准通知书时，此前发送的通知书（作准通知书）已被履行，则已缴纳的海关税费、保障措施关税、反倾销税、反补贴税、利息和滞纳金款项应被计入缴纳海关税费、保障措施关税、反倾销税、反补贴税、利息和滞纳金账户，且不应列入作准通知书金额。

7. 如果截至海关发送作准通知书时，追征行为已依据此前根据本联邦法第 75 ~ 77 条作出的海关适用海关税费、保障措施关税、反倾销税、反补贴税和利息追征措施的决定书开始，则在发送作准通知书的同时，海关应当在本条第 19 款所指期限到来之前暂停追征行为。

8. 本条第 19 款所指的期限届满以后，海关依据此前根据本联邦法第 75 ~ 77 条作出的适用海关税费、保障措施关税、反倾销税、反补贴税和利息追征措施的决定书，适用恢复追征行为的措施，但以反映在作准通知书上的海关税费、保障措施关税、反倾销税、反补贴税和利息的金额为限。

9. 按照本联邦法第五十一章、部门监督的办法或按照司法程序，认定发送通知书（作准通知书）的行为不符合联盟法律或俄罗斯联邦法律要求，但未认定发送通知书（作准通知书）的理由不符合联盟法律或俄罗斯联邦法律要求的，不应剥夺海关发送作准通知书的权利，但海关没有发送作准通知书理由的情形除外。

10. 在已发送通知书（作准通知书）的海关确定发送没有理由的情形下，如果尚未按照通知书（作准通知书）缴纳和追征关税、保障措施关税、反倾销税、反补贴税、利息和滞纳金款项，海关应当将通知撤回。

11. 本条第 10 款所指通知应不晚于确定上述所指事实之日的下一个工作日办理；在其他情况下，如果被告知的人保证可经网上“专属办公账户”以电子形式接收海关单证，允许在 5 个工作日内办理。

12. 存在缴纳海关税费、保障措施关税、反倾销税、反补贴税、利息连带责任的情况下，通知书（作准通知书）应被同时发送给纳税义务人和承担连带责任人，并在通知书（作准通知书）上指明。

13. 如果无法向本条第 12 款所指的数个人发送通知书（作准通知书），海关应当向其中之一发送通知书（作准通知书）。

14. 在海关根据本联邦法第 218 条，按照海关监管结果做出认定参与经联盟海关边界非法运入运出货物的人、对非法运入货物具有所有权和控制权的人，与经联盟海关边界非法运入运出货物的人，在缴纳海关税费、保障措施关税、反倾销税、反补贴税、利息和滞纳金方面是连带责任人的决定书情况下，海关应在做出决定书后之日起 10 个工作日内发送作准通知书。

15. 通知书应自发现纳税义务人在海关调控领域国际条约和法律文件或本联邦法规定期限内未履行或未完全履行缴纳海关税费、保障措施关税、反倾销税、反补贴税、利息和滞纳金义务的事实之日起，在 10 个工作日内发送给纳税义务人（承担连带责任人）。

16. 在本条规定的期限届满后发送通知书（作准通知书），不影响通知书（作准通知书）的效力。

17. 作准通知书应自本条第 4 款规定的情形发生之日起，在 10 个工作日内发送。

18. 通知书（作准通知书）应发送给纳税义务人（承担连带责任人），不论其是否被追究刑事责任或行政责任。

19. 通知书的履行期限为自纳税义务人（承担连带责任人）收到之日起 15 个工作日，作准通知书的履行期限为自纳税义务人（承担连带责任人）收到之日起 10 个工作日，但不早于对应通知书履行期限届满。

20. 如果在本条第 19 款所指期限内通知书（作准通知书）未履行，海关应当根据本章采取追征海关税费、保障措施关税、反倾销税、反补贴税、利息和滞纳金的措施。

21. 通知书（作准通知书）应以电子文件或纸质文件形式发送。

22. 纸质文件形式的通知书（作准通知书）可以由海关交付接收人或其代表，并由接收人或其代表直接签收；或通过邮局以挂号信发送。

23. 如果海关通过邮局以挂号信发送通知书（作准通知书），则发送挂号信之日以后的第 6 日视为挂号信被收到之日。

24. 如果通知书（作准通知书）是海关以电子文件形式发送的，则本联邦法第 282 条第 3 款规定之日视为通知书（作准通知书）被收到之日。

25. 如果通知书（作准通知书）通过邮局以挂号信形式发送，则文件应被海关发送给：

25.1 按其在国家法人统一名录中的地址，发送给俄罗斯法人；

25.2 按照海关单证的地址，发送给外国法人；

25.3 按照俄罗斯联邦的居住地址，发送给个体经营者；

25.4 按照海关单证上所指的地址，发送给自然人。

第 74 条　查发未履行或未完全履行海关税费、保障措施关税、反倾销税、反补贴税、利息和滞纳金缴纳义务的事实

1. 查发在《联盟法典》、海关调控领域法律文件或本联邦法规定期限内未履行或未完全履行缴纳海关税费、保障措施关税、反倾销税、反补贴税、利息和滞纳金义务的事实，由海关以下列方式固定证据：

1.1 在使用货物报关单办理报关时，以对货物报关单上所指信息进行修改的方式（形成修正货物报关单的方式）；

1.2 在货物未办理报关或使用其他海关单证办理了报关时，以填写海关税费计算单，修正的行邮税税款缴纳凭证，修正的《联盟法典》第 277 条第 4 项规定的申请书，或其他海关单证（委员会根据《联盟法典》第 266 条第 24 项规定的）的方式固定证据，而在《联盟法典》第 266 条第 26 项所指情形下，以填写按统一税率征收的关税、进口环节税计算单的方式固定证据。

2. 海关登记下列单证或行为之日，被认定为在海关调控领域国际条约和法律文件或本联邦法规定期限内，未履行或未完全履行缴纳海关税费、保障措施关税、反倾销税、反补贴税、利息和滞纳金义务事实被发现之日：

2.1 修正后的货物报关单；

2.2 修正后的行邮税税款缴纳凭证；

2.3 关税、进口环节税、保障措施关税、反倾销税、反补贴税计算单；

2.4 按照统一税率征收的关税、进口环节税的计算单；

2.5 对《联盟法典》第 277 条第 4 项规定的申请书进行的修改；

2.6 委员会根据《联盟法典》第 266 条第 24 项规定的其他海关单证。

3. 违反海关调控领域国际条约和法律文件或本联邦法规定，引起履行缴纳海关税费、保障措施关税、反倾销税、反补贴税、利息或滞纳金义务期限发生的事实，应按照海关根据海关监管结果做出的决定书记录确定。

4. 关税、进口环节税、保障措施关税、反倾销税、反补贴税的计算单，按照统一税率征收的关税、进口环节税的计算单，应当自海关根据海关监管结果做出决定书或做出其他的海关事务领域决定书（记录和确定违反海关调控领域国际条约和法律文件、本联邦法规定并引起缴纳海关税费、保障措施关税、反倾销税、反补贴税、利息和滞纳金期限发生的事实的）之日起，不晚于10个工作日填写。

5. 按照统一税率征收的关税、进口环节税的计算单的样式、格式和结构，以及形成上述计算单和对其进行修改的办法，由行使海关事务领域监管监督职能的联邦权力执行机关规定。

第75条　对纳税义务人（承担连带责任人）银行账户上的资金（贵金属）及其电子资金追征海关税费、保障措施关税、反倾销税、反补贴税、利息和滞纳金

1. 在本联邦法第73条第19款所指期限届满后，纳税义务人（承担连带责任人）未履行或未完全履行缴纳海关税费、保障措施关税、反倾销税、反补贴税、利息和滞纳金义务，且预付款数额不足或不存在的，海关向纳税义务人（承担连带责任人）银行账户资金和其电子资金提起追征。海关按不经向法院起诉直接从银行账户追征资金的决定书办理（本条以下简称“海关不经起诉追征决定书”）。

2. 海关不经起诉追征决定书由海关在本联邦法第73条第19款所指的期限届满后，在15个工作日内做出。

3. 在本条第2款所指期限届满后，海关做出的不经起诉追征决定书，视为无效决定书。在此情形下，海关可以向法院提交申请书，申请对纳税义务人（承担连带责任人）追征已计算且应缴纳的海关税费、保障措施关税、反倾销税、反补贴税、利息和滞纳金。申请书可以在本联邦法第73条第19款所指的期限届满后6个月内向法院提交。

4. 海关不经起诉追征决定书应当载有下列信息：

4.1 登记编号和做出海关不经起诉追征决定书的日期；

4.2 做出海关不经起诉追征决定书的海关；

4.3 纳税义务人或承担连带义务人；

4.4 因在海关调控领域国际条约和法律文件、本联邦法规定期限内未履行或未完全履行缴纳海关税费、保障措施关税、反倾销税、反补贴税义务，而应予追征的税费数额；

4.5 按形成不经起诉追征决定书之日（含）加计的、应当追征的滞纳金和利息的数额；

4.6 通知书（作准通知书）日期和编号；

4.7 修改货物报关单，重新计算关税、进口环节税、保障措施关税、反倾销税、反补贴税时，按照统一税率征收的关税、进口环节税计算单的登记编号和日期；修改行邮税税款缴纳凭证的，《联盟法典》第277条第4项规定申请书的，或委员会根据《联盟法典》第266条第24项规定的其他海关单证的登记编号和日期。

5. 因在海关调控领域国际条约和法律文件、本联邦法规定的期限内，未履行或未完全履行缴纳海关税费、保障措施关税、反倾销税、反补贴税、利息和滞纳金义务而应追征的上述税费数额信息，应在不经起诉追征决定书中按税费种类予以列明。

6. 不经起诉追征决定书应以纸质文件形式或电子文件形式形成。

7. 不经起诉追征决定书的样式、格式和结构，由行使海关事务领域监管监督职能的联邦权力执行机关规定。

8. 海关税费、保障措施关税、反倾销税、反补贴税、利息和滞纳金的追征，根据不经起诉追征决定书，由海关向下列银行发送相应文件的方式办理：

8.1 向开立纳税义务人（承担连带责任人）银行账户、贵金属账户的银行，发送海关不经起诉追征委托书；

8.2 向存在纳税义务人（承担连带责任人）电子资金的银行，发送电子资金向纳税义务人（承担连带责任人）银行账户转账委托书。

9. 海关可以对下列账户和资金，追征海关税费、保障措施关税、反倾销税、反补贴税、利息和滞纳金：

9.1 存在账户要项信息的情况下，对卢布结算（活期）账户；

9.2 在卢布账户金额不足或无资金，或在无卢布结算（活期）账户要项信息的情况下，对外币账户；

9.3 在卢布结算（活期）账户或外币账户金额不足或无资金，或无账户要项信息的情况下，对卢布电子资金余额；

9.4 在卢布电子资金数额不足或无资金的情况下，对外币电子资金余额；

9.5 在无电子资金或电子资金数额不足的情况下，对贵金属账户。

10. 如果存款合同的有效期未届满，不对纳税义务人（承担连带责任人）存款账户办理追征海关税费、保障措施关税、反倾销税、反补贴税、利息和滞纳金。存在上述所指合同的情况下，海关有权委托银行在存款合同有效期届满后从纳税义务人（承担连带责任人）存款账户向结算（活期）账户划拨资金，在此之前将不执行已发往该银行的海关不经起诉追征委托书。

11. 存在贵金属银行存款合同时，海关有权委托银行在上述合同有效期届满后，按照履行海关不经起诉追征委托书必需的额度出售贵金属，并将按照履行海关不经起诉追征委托书必需的额度出售贵金属所得资金，划拨到纳税义务人（承担连带责任人）结算（活期）账户，在此之前将不执行已被发往该银行的海关不经起诉追征的委托书。

12. 从纳税义务人（承担连带责任人）存款账户向其结算（活期）账户划拨资金委托书、出售贵金属委托书、向纳税义务人（承担连带责任人）结算（活期）账户划拨出售贵金属所得资金委托书，以电子文件形式形成。

13. 从纳税义务人（承担连带责任人）存款账户向其结算（活期）账户划拨资金委托书、出售贵金属委托书、向纳税义务人（承担连带责任人）结算（活期）账户划拨出售贵金属所得资金委托书的格式和结构，由行使海关事务领域监管监督职能的联邦权力执行机关与俄罗斯联邦中央银行协商确定。

14. 银行应：

14.1 按《俄罗斯联邦民法》规定的顺序，执行海关不经起诉追征委托书：

14.1.1 在对卢布账户追征资金的情况下，在收到委托书之日后的 1 个业务办理日内；

14.1.2 在对外币账户或贵金属账户追征资金的情况下，在收到委托书之日后的 2 个业务办理日内；

14.2 无条件执行海关电子资金转账委托书：

14.2.1 在按俄罗斯联邦货币以电子资金余额出资追征的情况下，在收到海关委托书之日后 1 个业务办理日内；

14.2.2 在按外币以电子资金余额出资追征的情况下，在收到海关委托书之日后 2 个业务办理日内。

15. 银行执行海关不经起诉追征委托书、海关电子资金转账委托书，可以使用被银行根据海关要求暂停业务办理的资金（贵金属）、电子资金。

16. 对贵金属账户的追征，按照等于按卢布支付金额的贵金属的价值办理。在此情形下，贵金属价值依据俄罗斯联邦中央银行在贵金属交易日规定的贵金属登记价格确定。在对贵金属账户追征海关税费、保障措施关税、反倾销税、反补贴税、利息和滞纳金的情况下，海关在向银行发送不经起诉追征委托书的同时，应不迟于次日，向银行发送按照履行不经起诉追征委托书必需的数额出售纳税义务人（承担连带责任人）贵金属的委托书，以及将出售贵金属所得资金向纳税义务人（承担连带责任人）结算（活期）账户划转的委托书。

17. 在银行收到海关不经起诉追征委托书之日，但纳税义务人（承担连带责任人）账户上资金（贵金属）不足或没有资金的情况下，以及在银行收到海关划转电子资金委托书之日，纳税义务人（承担连带责任人）电子资金余额不足或没有资金的情况下，银行根据下列进款履行委托书：

17.1 资金（贵金属）：

17.1.1 在不违反《俄罗斯联邦民法》规定的支付次序的前提下，在每笔进款进入卢布账户或贵金属账户之日后 1 个业务办理日内；

17.1.2 在不违反《俄罗斯联邦民法》规定的支付次序的前提下，在每笔进款进入外币账户或来自贵金属账户的资金进入之日后 2 个业务办理日内；

17.2 电子资金：

17.2.1 在每笔俄罗斯联邦货币电子资金进款进入之日后 1 个业务办理日内；

17.2.2 在每笔外币电子资金进款进入之日后 2 个业务办理日内。

18. 对纳税义务人（承担连带责任人）外币账户追征海关税费、保障措施关税、反倾销税、反补贴税、利息和滞纳金，按照俄罗斯联邦中央银行在外汇交易日确定的外币对俄罗斯联邦卢布汇率以与用卢布支付等值的数额办理。在追征处于外币账户上的资金时，海关向银行发送海关不经起诉追征委托书，同时发送出售纳税义务人（承担连带责任人）外币和将出售外币所得资金向纳税义务人（承担连带责任人）结算（活期）账户划拨的委托书。银行应不晚于收到售卖委托书之日的次日销售并将资金划转到结算账户。

19. 在使用外币电子抵偿追征海关税费、保障措施关税、反倾销税、反补贴税、利息和滞纳金时，海关电子资金转账委托书上应指出：

19.1 在指出纳税义务人（承担连带责任人）外币账户的情况下，银行应向此账户实施电子资金划转；

19.2 在指出纳税义务人（承担连带责任人）卢布账户，并在发送海关不经起诉追征委托书的同时，在发送委托书之日的次日向银行发送出售纳税义务人（承担连带责任人）外币委托书的情况下，银行按照俄罗斯联邦中央银行在电子资金转账之日确定的外币对俄罗斯联邦卢布官方汇率，按与用卢布支付等值的数额向纳税义务人（承担连带责任人）卢布账户实施电子资金转账。

20. 在追征海关税费、保障措施关税、反倾销税、反补贴税、利息和滞纳金时，与出售外币和贵金属有关的费用，由纳税义务人（承担连带责任人）支付。

21. 海关不经起诉追征委托书、海关电子资金转账委托书、海关出售外币委托书、撤回海关不经起诉追征委托书的决定书、托收委托书（海关电子资金转账委托书）的样式、格式和结构，由行使海关事务领域监管监督职能的联邦权力执行机关与俄罗斯联邦中央银行协商规定。

22. 海关发送本条所指的文件，按银行选择的电子文件形式办理，按照俄罗斯联邦中央银行与行使海关事务领域监管监督职能的联邦权力执行机关协商规定的办法，或通过信息运营商或网上“专属办公账户”发送。银行有义务将所选择的信息互助方式和该方式的变更情况在开始互助前通知海关。

第 76 条　对担保义务人追征应缴纳的海关税费、保障措施关税、反倾销税、反补贴税、利息和滞纳金

1. 海关有权要求出具银行保函的担保人、与海关签订担保合同的担保人，按照应缴海关税费、保障措施关税、反倾销税、反补贴税、利息和滞纳金的额度缴纳资金款项；或对抵押物或保证金进行追征。

2. 即使在银行保函、担保合同或财产抵押合同里指定了其他海关作为债权人

（受益人），实施海关税费、保障措施关税、反倾销税、反补贴税、利息和滞纳金追征的海关，也有权作为具有全部债权人（受益人）权利的债权人（受益人）。

3. 在本联邦法第 73 条第 19 款规定的期限内，未履行或未完全履行缴纳海关税费、保障措施关税、反倾销税、反补贴税、利息和滞纳金义务的情形下，以及在纳税义务人（承担连带责任人）的预付款不足或未缴纳的情形下，海关应当向保函担保人、合同担保人发送根据银行保函或担保合同缴纳资金的要求书，该要求书应由海关自本联邦法第 73 条第 19 款规定期限届满之日起，在 15 个工作日内发送，且应以纸质文件形式或电子文件形式形成，并应含有以下信息：

3.1 缴纳资金要求书的编号和日期；

3.2 形成此缴纳资金要求书的海关；

3.3 银行保函委托人或担保合同债务人；

3.4 按照此要求书应当缴纳资金的数额；

3.5 银行保函、担保合同的编号和日期；

3.6 发送此要求书的理由（依据）；

3.7 为按非现金办法缴纳所需的联邦国库账户要项信息。

4. 按照依银行保函或担保合同缴纳资金要求书应予缴纳资金的数额，应包括按截至形成要求书之日（含）或在本联邦法第 72 条第 19 款第 14 项规定的情形下，发送要求书期限结束之日（含）加计的滞纳金。

5. 资金缴纳要求书的格式和结构由行使海关事务领域监管监督职能的联邦权力执行机关规定。上述所指的电子文件形式的要求书应经网上“专属办公账户”发送给保函担保人和合同担保人。

6. 在以数种方式担保履行缴纳关税、进口环节税、保障措施关税、反倾销税、反补贴税义务的情形下，海关应向每位保函担保人、合同担保人发送缴纳资金要求书，数额为缴纳义务未履行或部分履行的海关税费、保障措施关税、反倾销税、反补贴税、利息和滞纳金的全额，但不高于银行保函、担保合同上所指的数额。

7. 保函担保人、合同担保人无权拒绝海关关于依银行保函或担保合同缴纳资金的要求，但该要求是在银行保函担保期限结束后或担保合同有效期结束后向保函担保人、合同担保人提出的情形除外。

8. 保函担保人、合同担保人应无条件执行依银行保函或担保合同缴纳资金的要求书，即使是在根据海关调控领域国际条约和法律文件上述所指资金应在其他联盟成员国缴纳的情形下。

9. 保函担保人、合同担保人应自收到依银行保函、担保合同缴纳资金要求书之日起，在 5 个工作日内，履行对银行保函和担保合同的义务。

10. 如果海关没有纳税义务人（承担连带责任人）或外国纳税义务人（承担

连带责任人）的所在地（居住地）信息，海关可以不发送通知书（作准通知书）即实施本条第 1 款所指的行为。

11. 如果履行缴纳关税、进口环节税、保障措施关税、反倾销税、反补贴税义务是以保证金形式向俄罗斯联邦海关交纳的，那么海关不需发送通知书（作准通知书）即可对保证金进行追征。

12. 在本条第 11 款规定情形下，自发现纳税义务人（承担连带责任人）在海关调控领域国际条约和法律文件或本联邦法规定期限内，未履行或未完全履行缴纳海关税费、保障措施关税、反倾销税、反补贴税、利息和滞纳金义务的事实之日起，在 5 个工作日内，对保证金进行追征。

13. 海关自对保证金提起追征之日起，应在 3 个工作日内，将所进行的追征通知纳税义务人（承担连带责任人）或交纳钱款作为保证金的人。

14. 对保证金追征海关税费、保障措施关税、反倾销税、反补贴税、利息和滞纳金通知书的样式、格式和结构，由行使海关事务领域监管监督职能的联邦权力执行机关规定。上述所指的电子文件形式的通知书应经网上“专属办公账户”发送。

15. 如果提起对保证金的追征后，缴纳海关税费、保障措施关税、反倾销税、反补贴税、利息和滞纳金的义务仍然未履行，则海关应向纳税义务人（承担连带责任人）发送通知书（作准通知书），并按照本章规定的办法采取海关税费、保障措施关税、反倾销税、反补贴税、利息和滞纳金追征措施。

16. 缴纳海关税费、保障措施关税、反倾销税、反补贴税、利息和滞纳金义务，在本联邦法第 73 条第 19 款所指的期限届满后，未履行或未完全履行的情况下，海关自该期限届满后 5 个工作日内，应向为担保履行经认证经营者义务或在海关事务领域实施活动法人义务交纳的保证金提起追征。

17. 海关自向保证金提起追征之日起，应在 3 个工作日内，将所进行的追征通知纳税义务人（承担连带责任人）以及交纳钱款作为保证金的人。通知使用本条第 14 款规定的通知书的形式办理。

18. 在本条第 16 款所指情形下，海关应做出向保证金提起追征的决定书，该决定书以纸质文件形式或电子文件形式形成。向保证金提起追征决定书应含有下列信息：

18.1 向保证金提起追征决定书的编号和日期；

18.2 做出向保证金提起追征决定书的海关；

18.3 纳税义务人和（或）承担连带责任人；

18.4 应当追征的海关税费、保障措施关税、反倾销税、反补贴税数额；

18.5 应当追征的、按截至形成向保证金提起追征决定书之日（含）加计的滞纳金和利息的数额；

18.6 下列单证的编号和日期：包括修改后的货物报关单，关税、进口环节税、保障措施关税、反倾销税、反补贴税计算单，按统一税率征收的关税、进口环节税计算单，修改后的行邮税税款缴纳凭证，《联盟法典》第 277 条第 4 项规定的申请书，或委员会根据《联盟法典》第 266 条第 24 项规定的其他海关单证；

18.7 通知书（作准通知书）的日期和编号，如果追征应在通知书（作准通知书）发送之后办理。

19. 向本条第 16 款所指人的保证金提起追征的决定书的样式、格式和结构，由行使海关事务领域监管监督职能的联邦权力执行机关规定。

20. 在至本联邦法第 73 条第 19 款所指期限届满后，海关税费、保障措施关税、反倾销税、反补贴税、利息和滞纳金缴纳义务未履行或未完全履行的情况下，海关自该期限届满之日起，应在 5 个工作日内，按照《俄罗斯联邦民法》的规定向抵押物提起追征。

21. 向抵押物提起的追征，应通过以纸质文件形式或电子文件形式形成的海关决定书办理。向抵押物提起追征决定书应当含有下列信息：

21.1 向抵押物提起追征决定书的编号和日期；

21.2 做出向抵押物提起追征决定书的海关；

21.3 纳税义务人和（或）承担连带责任人；

21.4 应当追征的海关税费、保障措施关税、反倾销税、反补贴税数额；

21.5 应当追征的、按截至形成向抵押物提起追征决定书之日（含）加计的滞纳金和（或）利息的数额；

21.6 通知书（作准通知书）的日期和编号，如果追征应在发送通知书（作准通知书）之后办理；

21.7 抵押物；

21.8 下列单证的编号和日期：包括修改后的货物报关单，关税、进口环节税、保障措施关税、反倾销税、反补贴税计算单，按统一税率征收的关税、进口环节税计算单，修改后的行邮税税款缴纳凭证，《联盟法典》第 277 条第 4 项规定的申请书，或委员会根据《联盟法典》第 266 条第 24 项规定的其他海关单证。

22. 向抵押物提起追征决定书的样式、格式和结构，由行使海关事务领域监管监督职能的联邦权力执行机关规定。

23. 在联盟成员国海关单证按照《联盟法典》附件 1 规定办法被收到的情形下，海关按照本条第 1 ~ 22 款规定的办法和期限，对下列担保实施海关税费、保障措施关税、反倾销税、反补贴税的追征：

23.1 履行关税、进口环节税缴纳义务的担保，或根据转运海关制度运输货物的情况下，履行保障措施关税、反倾销税、反补贴税缴纳义务的担保；

23.2 履行在海关事务领域实施活动的法人（作为置于转运海关制度之下货物的申报人的）义务的担保；

23.3 履行经认证经营者（作为置于转运海关制度之下货物申报人的）义务的担保；

23.4 对外国自然人暂时运入联盟关境的自用运输工具履行缴纳关税、进口环节税义务的担保。

24. 在《联盟法典》第 55 条第 3 项、第 73 条第 3 项第 3 自然段和第 270 条第 4 项第 3 自然段规定情形下，海关应按照《联盟法典》附件 1 的规定，发送对于追征海关税费、保障措施关税、反倾销税、反补贴税必要的单证。

25. 如果根据与非联盟成员国（多个）签订的俄罗斯联邦国际条约，履行缴纳海关税费、保障措施关税、反倾销税、反补贴税、利息和滞纳金义务是由担保联合会（协会）担保的，纳税义务人在海关调控领域国际条约和法律文件、本联邦法规定期限内，未履行或未完全履行缴纳海关税费、保障措施关税、反倾销税、反补贴税、利息和滞纳金义务的情况下，海关应按照未缴纳的海关税费、保障措施关税、反倾销税、反补贴税、利息和滞纳金的额度，依据该国际条约，向担保联合会（协会）发送缴纳资金的要求书。

26. 向担保联合会（协会）缴纳资金要求书，应以纸质文件形式或电子文件形式形成，应含有下列信息：

26.1 向担保联合会（协会）缴纳资金要求书的编号和日期；

26.2 向担保联合会（协会）缴纳资金要求书的海关；

26.3 纳税义务人；

26.4 按要求书应当缴纳资金的数额；

26.5 向担保联合会（协会）缴纳资金要求书的理由；

26.6 按非现金形式缴纳所需的联邦国库账户要项信息。

27. 由担保联合会（协会）按缴纳资金要求书应当缴纳资金的数额，包括截至形成要求书之日（含）加计的滞纳金。

28. 在凭 ATA 单证册暂时运入联盟关境的货物未履行暂时进境海关制度或转运海关制度条件的情形下，根据 1961 年 12 月 6 日为暂时运入货物签订的 ATA 单证册海关公约，以及 1990 年 6 月 26 日签订的暂时进境公约，应由担保联合会（协会）缴纳的资金数额，应包括根据本联邦法第 72 条确定额度的滞纳金，但该额度不能超过海关税费、保障措施关税、反倾销税、反补贴税总额的 10%。

29. 缴纳资金要求书的样式、格式和结构，由行使海关事务领域监管监督职能的联邦权力执行机关规定。上述所指的要求书应经网上“专属办公账户”以电子文件形式发送给担保联合会（协会）。

30. 在依银行保函或担保合同缴纳资金要求书或由担保联合会（协会）缴纳资金要求书未履行的情形下，海关有权按照本联邦法第80条规定的办法，对未履行要求书的人的预付款提起追征。

第77条　暂停纳税义务人（承担连带责任人）银行账户和电子资金转账业务

1. 暂停纳税义务人（承担连带责任人）银行账户业务和其电子资金转账被应用于保障海关不经起诉追征决定书的执行，如果本条第4款未做其他规定。

2. 如果纳税义务人（承担连带责任人）是除个体经营者以外的自然人，则不适用暂停银行账户业务和电子资金转账。

3. 暂停纳税义务人（承担连带责任人）银行账户业务不推及根据《俄罗斯联邦民法》那些履行次序先于履行缴纳海关税费、保障措施关税、反倾销税、反补贴税、利息和滞纳金义务的支付。

4. 下列情形下，海关有权做出暂停纳税义务人银行账户业务和其电子资金转账的决定书：

4.1 纳税义务人未在海关要求的期限内，提交履行缴纳海关税费、保障措施关税、反倾销税、反补贴税义务的担保；

4.2 申报前放行货物的申报人未在《联盟法典》第120条规定的期限内，履行缴纳关税、进口环节税、保障措施关税、反倾销税、反补贴税义务；

4.3 纳税义务人未在《联盟法典》第225条第4项和第7项第2～3目规定的期限内缴纳或未全部缴纳应周期性缴纳的进口关税、进口环节税款项；

4.4 履行经认证经营者义务担保的额度少于按照1个或多个在规定期限内未提交的货物报关单应当缴纳的海关税费、保障措施关税、反倾销税、反补贴税和利息款项；

4.5 合同担保人未在本联邦法第76条第9款规定期限内，履行缴纳资金要求书。

5. 按照海关决定书暂停纳税义务人（承担连带责任人）银行账户业务是指：

5.1 对于卢布账户，在暂停银行账户业务决定书中所指的金额以内，银行中止银行账户支出业务，如果本条第3款未做其他规定；

5.2 对于外币账户，银行中止在外币金额内银行账户的支出业务（与决定书中用卢布所列的数额等值的，按照暂停上述所指人外币账户业务效力开始之日的俄罗斯联邦中央银行规定的外币对俄罗斯联邦卢布官方汇率计算）；

5.3 对于银行贵金属账户，银行中止贵金属价值以内（与海关决定书中所指的用卢布支付的金额等值的）该账户的支出业务。在此情形下，贵金属的价格依据暂停贵金属账户业务效力开始之日，俄罗斯联邦中央银行规定的贵金属登记价格。

6. 按照海关决定书暂停纳税义务人（承担连带责任人）电子资金转账是指：

6.1 对于卢布电子资金，银行中止决定书中所指数额以内，所有引起电子资金余额减少的业务；

6.2 对于外币电子资金，银行中止外币金额（与决定书中所指的卢布金额等值的，按照暂停上述所指人的外币电子资金转账效力开始之日，俄罗斯联邦中央银行规定的外币对俄罗斯联邦卢布官方汇率计算）以内，引起外汇电子资金余额减少的业务。

7. 在海关收到证实海关税费、保障措施关税、反倾销税、反补贴税、利息和滞纳金缴纳和追征事实的单证（它们的复印件）之日后 1 个作业日内，按照海关取消纳税义务人（承担连带责任人）银行账户业务和其电子资金转账暂停的决定书，恢复纳税义务人（承担连带责任人）银行账户业务和其电子资金转账。

8. 根据本条第 4 款做出的海关暂停纳税义务人（承担连带责任人）银行账户业务和其电子资金转账的决定书，在做出暂停决定书的原因消除后，由该海关做出取消暂停决定书。

9. 海关暂停纳税义务人（承担连带责任人）银行账户业务和其电子资金转账的决定书和海关取消暂停纳税义务人（承担连带责任人）银行账户业务和其电子资金转账的决定书，以纸质文件形式或电子文件形式形成。

10. 海关暂停纳税义务人（承担连带责任人）银行账户业务和其电子资金转账的决定书、海关取消暂停纳税义务人（承担连带责任人）银行账户业务和其电子资金转账决定书的样式、格式和结构，由行使海关事务领域监管监督职能的联邦权力执行机关与俄罗斯联邦中央银行协商规定。上述所指决定书，由海关按银行选择的方式发送，可按照俄罗斯联邦中央银行与行使海关事务领域监管监督职能的联邦权力执行机关协商规定的办法，以电子文件形式发送；或者经信息运营商、网上“专属办公账户”，按行使海关事务领域监管监督职能的联邦权力执行机关规定的办法发送。选择的信息合作方式和对该方式的变更，银行应当在合作开始前通知海关。

11. 根据本条第 1 ~ 4 款做出决定书后，海关应当在下一个工作日内，经网上“专属办公账户”发送决定书的复印件。

12. 银行在收到海关暂停账户业务和其电子资金转账决定书之后，该银行账户上有资金（贵金属）余额的，银行有义务在收到该海关决定书之日后 3 个工作日内，将该银行账户资金（贵金属）余额及其电子资金余额通知海关。

13. 纳税义务人（承担连带责任人）银行账户资金（贵金属）余额、电子资金余额信息银行通知书的样式和结构，由行使海关事务领域监管监督职能的联邦权力执行机关与俄罗斯联邦中央银行协商规定。上述所指的通知书，可按银行选择，按照俄罗斯联邦中央银行与行使海关事务领域国家政策制定和法规调控职能的联邦权力执行机关协商规定的办法发送，或者经信息运营商、网上“专属办公账户”，按行使海关事务领域监管监督职能的联邦权力执行机关规定的办法发送。选择信息合作方式和对该方式的变更，银行应当在合作开始之前通知海关。

14. 银行应当无条件执行海关暂停纳税义务人（承担连带责任人）银行账户业务和其电子资金转账决定书。

15. 银行应自收到海关暂停转账决定书时起，至银行收到海关取消暂停纳税义务人（承担连带责任人）银行账户业务和其电子资金转账决定书之日，暂停纳税义务人（承担连带责任人）银行账户业务和其电子资金转账。

16. 银行收到以纸质载体发送的海关暂停纳税义务人（承担连带责任人）银行账户和其电子资金转账决定书和取消暂停决定书的日期，应在回执或凭证上指明。

17. 在以电子形式发送海关暂停纳税义务人（承担连带责任人）银行账户和其电子资金转账决定书和取消暂停决定书的情况下，如果海关和银行间的信息交换是经信息运营商或网上“专属办公账户”实施的，则根据本联邦法第五十章确定的日期视为上述所指决定书被银行收到的日期；如果海关和银行间的信息交换是应用俄罗斯联邦中央银行信息系统实施的，则俄罗斯联邦中央银行与行使海关事务领域监管监督职能的联邦权力执行机关协商规定的日期视为上述所指决定书被银行收到的日期。

18. 海关做出暂停纳税义务人（承担连带责任人）银行账户业务和其电子资金转账决定书以后，上述纳税义务人名称或其被暂停业务的银行账户要项发生变更，则银行仍应对已变更名称的纳税义务人（承担连带责任人）、变更要项的账户，执行上述所指决定书。

19. 海关做出暂停纳税义务人（承担连带责任人）银行账户业务和其电子资金转账决定书以后，纳税义务人名称或其企业客户电子支付工具（指使用它进行的电子资金转账按决定书被暂停的）要项发生变更，则银行仍应对变更了名称的纳税义务人（承担连带责任人）、使用变更了要项的企业客户电子支付工具进行的电子资金转账，执行上述所指决定书。

20. 如果纳税义务人（承担连带责任人）的，处于依据海关决定书被暂停业务的所有账户上的资金总额超过该决定书上所指的数额，则该人有权向海关提交取消暂停自己银行账户业务的申请书，同时指明资金足以履行海关不经起诉追征决定书的那些账户。

21. 海关应当自收到上述所指纳税义务人（承担连带责任人）申请书之日起，在 3 个工作日内，做出取消暂停该账户业务（对超过海关暂停纳税义务人银行账户业务决定书上所指资金数额的部分）和其电子资金转账的决定书。

22. 如果上述所指纳税义务人（承担连带责任人）的申请书，未随附证明此申请书中所指账户上存在资金的证明，海关在做出取消暂停账户业务的决定书之前，在收到上述所指申请书之日后的下一个工作日内，应当向在其处开立上述所指账户的银行发送查询函，询问账户上的资金余额。银行在收到海关查询函之日后的下一个工作日内，应发送纳税义务人（承担连带责任人）银行账户上资金余额的通知。

23. 在收到银行纳税义务人（承担连带责任人）银行账户上存在履行海关不经起诉追征决定书足够数额资金的信息后，海关应当在 2 个工作日内，做出取消暂停纳税义务人（承担连带责任人）银行账户业务和其电子资金转账（指超过海关暂停纳税义务人银行账户业务和其电子资金转账决定书上所指资金数额的部分）的决定书。

24. 在海关违反取消海关暂停纳税义务人（承担连带责任人）银行账户业务决定书的期限或向银行发送海关取消暂停银行账户业务和其电子资金转账决定书的期限，对其执行了暂停制度的资金款项，按照每个违反期限的自然日应当加计利息赔付给纳税义务人（承担连带责任人）。利率采用在以上所指两个期限（取消暂停决定书的期限和发送取消决定书的期限）期间执行的俄罗斯联邦中央银行基准利率。

25. 本条第 24 款规定在暂停纳税义务人（承担连带责任人）贵金属账户业务或电子资金转账情形下也适用。

26. 对纳税义务人（承担连带责任人）按照海关决定书暂停银行账户业务和其电子资金转账而遭受的损失，银行不承担责任。

27. 存在暂停纳税义务人（承担连带责任人）银行账户业务和其电子资金转账决定书的情况下，银行无权为此纳税义务人开立账户、办理抵押贷款，不得向其提供使用新的企业客户电子支付工具（能够进行电子资金转账的）的权利。

28. 海关应当通过信息运营商或网上“专属办公账户”将对其执行了暂停纳税义务人（承担连带责任人）银行账户业务和其电子资金转账决定书的人通知银行。

第 78 条　扣押纳税义务人财产和未缴纳或未完全缴纳海关税费、保障措施关税、反倾销税、反补贴税、利息、滞纳金的货物

1. 海关为保障追征海关税费及其他税费，所采取的限制所有人对其财产权利的行为，是对财产的扣押和对未缴纳或未完全缴纳海关税费、保障措施关税、反倾销税、反补贴税、利息和滞纳金的货物的扣押。

2. 扣押财产可以是完全的或部分的。

3. 所有人无权处置被扣押的财产，而占有和使用财产需得到海关许可并在其监管下实施，是对财产的完全扣押。

4. 所有人对其财产占有、使用和处置财产需得到海关许可并在其监管下实施，是对财产的部分扣押。

5. 本条第 4 款所指的许可，由做出财产扣押决定书的海关依据财产所有人的申请书出具。

6. 海关允许使用和处置被扣押财产的许可证书，应包含下列信息：

6.1 做出许可证书的海关；

6.2 其财产被扣押的申请人；

6.3 申请书的编号和日期；

6.4 财产名称；

6.5 财产数量；

6.6 财产的个性特征；

6.7 海关允许使用和处置财产的行为；

6.8 实施使用和处置财产行为的期限。

7. 海关允许使用和处置财产许可证书以纸质文件形式或电子文件形式形成。

8. 海关使用和处置财产许可证书的样式、格式和结构，由行使海关事务领域监管监督职能的联邦权力执行机关规定。上述所指许可证书以电子文件形式经网上“专属办公账户”发送给申请人。

9. 纳税义务人（承担连带责任人）在海关调控领域国际条约、法律文件、本联邦法规定期限内，未履行或未完全履行缴纳海关税费、保障措施关税、反倾销税、反补贴税、利息和滞纳金义务的，经检察院批准，根据海关决定书，对其办理财产扣押。

10. 不予办理自然人的财产扣押。

11. 可以对纳税义务人的所有财产施以财产扣押。

12. 财产扣押应施以对履行缴纳海关税费和其他税费义务必须且足够的财产。

13. 对于不通过常设代表处在俄罗斯联邦境内实施活动的外国人，如果其在俄罗斯联邦境内没有其他财产可供追征，则可以对该外国人价值超过应予追征海关税费和其他税费总额的不动产施以扣押。

14. 海关税费、保障措施关税、反倾销税、反补贴税、利息和滞纳金未缴纳或未完全缴纳货物的扣押（以下简称“货物的扣押”），应不早于海关根据本联邦法第 79 条做出向海关税费、保障措施关税、反倾销税、反补贴税、利息和滞纳金未缴纳或未完全缴纳的货物提起追征决定书。

15. 提交货物报关单前已放行货物的扣押，在海关根据监管结果做出决定书（其中记录确定了在提交货物报关单前放行货物申请书的人违反海关调控领域国际条约和法律文件或本联邦法规定的，引起缴纳海关税费、保障措施关税、反倾销税、反补贴税期限到来的事实）之后办理。

16. 可对海关税费、保障措施关税、反倾销税、反补贴税、利息和滞纳金未缴纳或未完全缴纳的全部货物施以扣押。

17. 海关对财产施以扣押决定书应当含有下列信息：

17.1 海关对财产施以扣押决定书的编号和日期；

17.2 做出扣押决定书的海关；

17.3 对其财产施以扣押的人；

17.4 因在海关调控领域国际条约、法律文件、本联邦法规定期限内未履行或未完全履行海关税费、保障措施关税、反倾销税、反补贴税、利息和滞纳金缴纳义务，应予追征的海关税费、保障措施关税、反倾销税、反补贴税、利息和滞纳金数额；

17.5 履行缴纳海关税费、保障措施关税、反倾销税、反补贴税、利息和滞纳金义务的期限；

17.6 通知书（作准通知书）的日期和编号；

17.7 被扣押财产的情况。

18. 海关对货物施以扣押决定书应包含下列信息：

18.1 海关对货物施以扣押决定书的编号和日期；

18.2 做出扣押决定书的海关；

18.3 对其货物施以扣押的人；

18.4 因在《联盟法典》或本联邦法规定期限内未履行或未完全履行缴纳海关税费、保障措施关税、反倾销税、反补贴税、利息和滞纳金的义务而应予追征的海关税费、保障措施关税、反倾销税、反补贴税、利息和滞纳金的数额；

18.5 履行缴纳海关税费、保障措施关税、反倾销税、反补贴税、利息和滞纳金义务的期限；

18.6 对海关税费、保障措施关税、反倾销税、反补贴税、利息和滞纳金未缴纳或未完全缴纳货物提起追征的决定书的编号和日期；

18.7 被扣押货物的情况。

19. 海关对财产施以扣押的决定书和海关对货物施以扣押的决定书，以纸质文件形式或电子文件形式形成。

20. 海关对财产施以扣押决定书和海关对货物施以扣押决定书的样式、格式和结构，由行使海关事务领域监管监督职能的联邦权力执行机关规定。上述所指的电子文件形式的决定书经网上“专属办公账户”发送给其财产或货物被施以扣押的人。

21. 为履行海关对财产施以扣押的决定书，决定书应向下列机构发送，用以对已被扣押的财产暂停实施登记行为：

21.1 国家不动产权利及其交易登记、国家不动产地籍登记、国家不动产登记簿管理领域的联邦权力执行机关；

21.2 俄罗斯联邦内务部国家道路交通安全检查局所属机构和俄罗斯联邦自行机械和其他装备技术状态国家监督机关。

22. 财产扣押、货物扣押应在见证人在场情况下办理，并进行视频录证。办理扣押的海关无权拒绝财产所有人或经授权代表扣押时在场。

23. 应向作为见证人、专业人士、财产所有人及其代表参加财产、货物扣押办理的人说明他们的权利和义务。

24. 除非紧急特殊情况，不得在夜间办理财产、货物扣押。

25. 扣押财产前，办理扣押的海关工作人员有义务向对其财产施以扣押的人或其代表出示海关对财产施以扣押的决定书、检察院批准件和证明此工作人员职权的证件。

26. 扣押海关税费和其他税费未缴纳或未完全缴纳的货物前，办理扣押的海关工作人员有义务向对其货物施以扣押的人或其代表出示海关施以扣押的决定书和证明此工作人员职权的证件。

27. 办理财产或货物扣押时，应当形成对财产或货物施以扣押的记录。

28. 在对财产或货物施以扣押的记录或作为其附件的登记表中，应列举和描述应予扣押的财产或货物，并准确指明物品的名称、数量和个性特征，可能条件下指明价值。

29. 所有应予扣押的实物，均应向见证人和对其财产或货物施以扣押的人或其代表出示。

30. 对财产或货物施以扣押的记录，应由海关工作人员、见证人、海关工作人员向其转交上述所指财产以进行保管和存储的人以及扣押时在场的其他人签字。上述所指人员中有人拒绝签字的情形下，应在记录中做出相应记载。

31. 对财产或货物施以扣押记录的复印件，应不晚于形成记录之日后的下一个工作日，发送给对其财产或货物施以扣押的人。

32. 对财产或货物施以扣押记录的样式、格式和结构，由行使海关事务领域监管监督职能的联邦权力执行机关规定。

33. 做出对财产或货物施以扣押决定书的海关，负责规定被施以扣押的财产或货物的放置地点。

34. 不允许出让（在运用扣押的海关监管下或经此海关允许被办理的除外）、盗用或藏匿被施以扣押的财产或货物。不遵守规定占有、使用和处置被施以扣押的财产或货物，可依据俄罗斯联邦法律向过错人追究责任。

35. 依财产被扣押人的申请，海关可以根据本联邦法第 60 条，用作为履行缴纳海关税费、保障措施关税、反倾销税、反补贴税、利息和滞纳金义务担保的保证金替换财产扣押。

36. 用保证金替换财产扣押的申请书，以使用纸质载体的书面形式或以加密电子签名签署的电子文件形式，经网上“专属办公账户”提交。

37. 海关审核用保证金替换财产扣押的申请书，做出用保证金替换财产扣押决定书的总期限，不能超过自海关收到申请书之日起 5 个工作日。

38. 在海关拒绝用保证金替换财产扣押的情形下，通知书应以书面形式发送给申请人，或以电子形式经网上“专属办公账户”发送给申请人。

39. 用保证金替换财产扣押的申请书，海关用保证金替换财产扣押的决定书，拒绝用保证金替换财产扣押的通知书的样式、格式和结构，以及申请书的审核办法，由行使海关事务领域监管监督职能的联邦权力执行机关规定。

40. 海关对财产施以扣押的决定书和海关对货物施以扣押的决定书，在做出决定的海关取消之前，或在上述所指决定书被上级海关或法院取消之前有效。

41. 海关对财产施以扣押的决定书、海关对货物施以扣押的决定书，在下列情形下应予取消：

41.1 缴纳海关税费、保障措施关税、反倾销税、反补贴税、利息和滞纳金义务终止；

41.2 接受根据本联邦法第 60 条作为履行缴纳海关税费、保障措施关税、反倾销税、反补贴税、利息和滞纳金义务担保的保证金；

41.3 在履行以财产出资追征海关税费、保障措施关税、反倾销税、反补贴税、利息和滞纳金的司法决定书或海关以财产出资追征海关税费、保障措施关税、反倾销税、反补贴税、利息和滞纳金的决定的情形下，由法警按照 2007 年 10 月 2 日第 229 号联邦法《执行的办理》规定的办法对财产施以扣押。

42. 海关取消财产扣押的决定书、海关取消货物扣押的决定书，以纸质文件形式或电子文件形式办理，并自做出上述决定书之日后 5 个工作日内，发送给对其财产或货物做出决定书的人。

43. 海关取消财产扣押的决定书和海关取消货物扣押的决定书的样式、格式和结构，由行使海关事务领域监管监督职能的联邦权力执行机关规定。

44. 在做出取消财产扣押的决定书之后 5 个工作日内，海关应当将此决定通知国家不动产权利及其交易登记、国家不动产地籍登记、国家不动产登记簿管理领域经授权的联邦权力执行机关，俄罗斯联邦内务部国家道路交通安全检查局所属机构，以及俄罗斯联邦自行机械和其他装备技术状态国家监督机关。

第 79 条　对未缴纳或未完全缴纳海关税费、保障措施关税、反倾销税、反补贴税、利息和滞纳金的货物追征海关税费、保障措施关税、反倾销税、反补贴税、利息和滞纳金

1. 在纳税义务人（承担连带责任人）银行账户上没有资金（贵金属），没有纳税义务人（承担连带责任人）电子资金，或没有纳税义务人（承担连带责任人）账户或电子资金信息的情形下，海关可以对海关调控领域国际条约和法律文件或本联邦法规定期限内，未缴纳或未完全缴纳海关税费、保障措施关税、反倾销税、反补贴税、利息和滞纳金的货物，追征应缴纳的海关税费、保障措施关税、反倾销税、反补贴税、利息和滞纳金款项。

2. 在货物存储的最高期限已届满和海关未确定纳税义务人的情形下，对货物提起的追征不需发送通知书（作准通知书）即可办理。

3. 办理追征海关税费、保障措施关税、反倾销税、反补贴税、利息和滞纳金的海关，应在本联邦法第 73 条第 19 款规定期限届满后 10 个工作日内，或本条第 2 款规定情形下，货物存储最高期限届满后 10 个工作日内，做出追征决定书。

4. 追征决定书应含有下列信息：

4.1 追征决定书的编号和日期；

4.2 做出追征决定书的海关；

4.3 纳税义务人（如果此人已被海关确定）；

4.4 因在海关调控领域国际条约和法律文件、本联邦法规定期限内未履行或未完全履行缴纳海关税费、保障措施关税、反倾销税、反补贴税的义务，应予追征的上述税费的金额；

4.5 按照形成追征决定书之日（含）加计的应予追征的滞纳金和利息的金额；

4.6 如果追征是在未向纳税义务人发送过缴纳海关税费、保障措施关税、反倾销税、反补贴税、利息和滞纳金义务通知书的情形下办理的，追征决定书上应指出原本应履行上述税费、利息、滞纳金缴纳义务的期限；

4.7 如果追征是在未向纳税义务人发送过缴纳海关税费、保障措施关税、反倾销税、反补贴税、利息和滞纳金通知书的情形下办理的，追征决定书上应指出做出对货物提起追征决定书的理由；

4.8 通知书（作准通知书）的日期和编号；

4.9 提起追征的货物；

4.10 修改后的货物报关单，关税、进口环节税、保障措施关税、反倾销税、反补贴税计算单，按统一税率征收的关税、进口环节税计算单，行邮税税款缴纳凭证，《联盟法典》第 277 条第 4 项规定的申请书，或委员会根据《联盟法典》

第 266 条第 24 项规定其他海关单证的登记编号和日期。

5. 对货物提起追征决定书以纸质文件形式或电子文件形式办理，并应在做出决定书之日的下一个工作日发送给纳税义务人（承担连带义务人）。

6. 除货物根据本联邦法第 63 条作为抵押物转交给海关的情形外，在对货物提起追征决定书做出之日后 10 个工作日内，海关应向法院或仲裁法院提交追征申请书。

7. 对货物提起追征决定书的样式、格式和结构，由行使海关事务领域监管监督职能的联邦权力执行机关规定。上述所指电子文件形式的决定书应经网上“专属办公账户”发送给纳税义务人。

8. 如果纳税义务人不是货物所有人，则所有人有权对属于他的货物缴纳海关税费、保障措施关税、反倾销税、反补贴税、利息和滞纳金。自缴纳海关税费、保障措施关税、反倾销税、反补贴税、利息和滞纳金时起，对货物提起追征的程序终止。缴纳海关税费、保障措施关税、反倾销税、反补贴税、利息和滞纳金的办法由行使海关事务领域国家政策制定和法规调控职能的联邦权力执行机关规定。

9. 为担保履行对货物提起追征的决定书，海关可以根据本联邦法第 78 条做出扣押货物的决定书。

10. 如果货物根据本联邦法第 63 条作为抵押物被转交给海关，对货物提起追征应依据法院或海关的决定书办理。

11. 变卖货物所得的款项，按照本联邦法第 321 条对被扣留货物规定的办法处置。

第 80 条　对应退还纳税义务人的关税、进口环节税、保障措施关税、反倾销税、反补贴税款项、纳税义务人的预付款以及其他财产追征海关税费、保障措施关税、反倾销税、反补贴税、利息和滞纳金

1. 自本联邦法第 73 条第 19 款所指的期限届满后，在未履行或未完全履行缴纳海关税费、保障措施关税、反倾销税、反补贴税、利息和滞纳金义务的情况下，海关可以根据《联盟法典》第 67 条和第 76 条，对应退还纳税义务人（承担连带责任人）的关税、进口环节税、保障措施关税、反倾销税、反补贴税款项或纳税义务人（承担连带责任人）的预付款款项（以下为本章目的简称“预付款”）提起追征。

2. 对预付款款项、多缴纳（多追征）的海关税费、保障措施关税、反倾销税、反补贴税、利息和滞纳金款项提起追征，在资金在联邦国库账户或俄罗斯联邦国际条约规定账户上的存放期限内，按海关决定书办理。

3. 海关以预付款抵缴海关税费、保障措施关税、反倾销税、反补贴税、利息和滞纳金决定书应包含下列信息：

3.1 决定书的登记编号和做出该决定书的日期;

3.2 做出决定书的海关;

3.3 纳税义务人或承担连带义务人;

3.4 应追征的海关税费、保障措施关税、反倾销税、反补贴税数额;

3.5 按形成追征决定书之日（含）加计的应予追征的滞纳金和利息数额;

3.6 修改后的货物报关单，关税、进口环节税、保障措施关税、反倾销税、反补贴税计算单，按统一税率征收的关税、进口环节税计算单，行邮税税款缴纳凭证，《联盟法典》第 277 条第 4 项规定的申请书，或委员会根据《联盟法典》第 266 条第 24 项规定其他海关单证的登记编号和日期。

4. 海关以预付款抵缴海关税费、保障措施关税、反倾销税、反补贴税、利息和滞纳金决定书以纸质文件形式或电子文件形式形成。

5. 海关以预付款抵缴海关税费、保障措施关税、反倾销税、反补贴税、利息和滞纳金决定书的样式、格式和结构，由行使海关事务领域监管监督职能的联邦权力执行机关规定。

6. 海关以预付款抵缴海关税费、保障措施关税、反倾销税、反补贴税、利息和滞纳金的决定书，应自本联邦法第 73 条第 19 款所指的期限届满之日起 10 个工作日内做出。

7. 以预付款抵缴海关税费、保障措施关税、反倾销税、反补贴税、利息和滞纳金，海关应当在追征后 3 个工作日内通知纳税义务人（承担连带责任人）。

8. 以预付款抵缴海关税费、保障措施关税、反倾销税、反补贴税、利息和滞纳金通知书的样式、格式和结构，由行使海关事务领域监管监督职能的联邦权力执行机关规定。上述所指通知书应以电子文件形式经网上“专属办公账户”发送给纳税义务人（承担连带责任人）。

9. 纳税义务人（承担连带责任人）在本联邦法第 73 条第 19 款所指的期限届满后才交纳预付款的，海关以预付款抵缴海关税费、保障措施关税、反倾销税、反补贴税、利息和滞纳金的决定书，应自预付款交纳之日起 5 个工作日内做出。

10. 下列情形下，海关有权以纳税义务人（承担连带责任人）其他财产（包括现金）抵缴应予缴纳的海关税费、保障措施关税、反倾销税、反补贴税、利息和滞纳金:

10.1 在本联邦法第 73 条第 19 款所指期限届满后，缴纳海关税费、保障措施关税、反倾销税、反补贴税、利息和滞纳金义务未履行或未完全履行的;

10.2 纳税义务人（承担连带责任人）账户资金或其电子资金不足或不存在的;

10.3 无纳税义务人（承担连带责任人）账户信息或无纳税义务人（承担连带责任人）用于电子资金转账的企业客户电子支付工具要项信息。

11. 以财产抵缴海关税费、保障措施关税、反倾销税、反补贴税、利息和滞纳金，依照海关决定书办理。自做出该决定书之日起，应在 3 个工作日内向法警发送相应指令，由法警按照 2007 年 10 月 2 日第 229 号联邦法《关于执行的办理》规定的办法并参考本条规定执行。

12. 海关以其他财产抵缴海关税费、保障措施关税、反倾销税、反补贴税、利息和滞纳金决定书应包含下列信息：

12.1 决定书的登记编号和做出该决定书的日期；

12.2 做出海关以其他财产抵缴海关税费、保障措施关税、反倾销税、反补贴税、利息和滞纳金决定书的海关；

12.3 应予追征海关税费、保障措施关税、反倾销税、反补贴税的数额；

12.4 按做出以其他财产抵缴海关税费、保障措施关税、反倾销税、反补贴税、利息和滞纳金决定书之日加计的滞纳金和利息的数额；

12.5 通知书（作准通知书）的日期和编号；

12.6 修改后的货物报关单，关税、进口环节税、保障措施关税、反倾销税、反补贴税计算单，按统一税率征收的关税、进口环节税计算单，行邮税税款缴纳凭证，《联盟法典》第 277 条第 4 项规定的申请书，或委员会根据《联盟法典》第 266 条第 24 项规定其他海关单证的登记编号和日期。

13. 海关以其他财产抵缴海关税费、保障措施关税、反倾销税、反补贴税、利息和滞纳金决定书，海关以其他财产出资追征海关税费、保障措施关税、反倾销税、反补贴税、利息和滞纳金指令书以纸质文件形式或电子文件形式形成。

14. 海关以其他财产抵缴海关税费、保障措施关税、反倾销税、反补贴税、利息和滞纳金决定书，海关以其他财产出资追征海关税费、保障措施关税、反倾销税、反补贴税、利息和滞纳金指令书的样式、格式和结构，由行使海关事务领域监管监督职能的联邦权力执行机关规定。

15. 海关以纳税义务人（承担连带责任人）财产抵缴海关税费、保障措施关税、反倾销税、反补贴税、利息和滞纳金决定书，应在本联邦法第 73 条第 19 款所指期限届满后一年内做出。上述所指期限届满后，海关可以在 6 个月内向法院提交申请书，申请对纳税义务人（承担连带责任人）追征（加计了缴纳款项的）海关税费、保障措施关税、反倾销税、反补贴税、利息和滞纳金。

16. 因正当原因错过提交申请书期限的，法院可以恢复。

第 81 条　银行和其他金融机构履行海关不经起诉追征海关税费、保障措施关税、反倾销税、反补贴税、利息和滞纳金决定书的义务

1. 银行、俄罗斯联邦外贸经济银行和欧亚发展银行有义务履行本章规定的要求。

2. 在执行本章规定的要求时，银行、俄罗斯联邦外贸经济银行和欧亚发展银行有义务以电子形式从海关获得和向海关发送本章规定的单证。

3. 在执行本章规定的要求时，银行可以从本联邦法第 75 条第 22 款和第 77 条第 10 款、第 13 款规定的与海关互助合作方式中选择。

4. 由俄罗斯联邦外贸经济银行、欧亚发展银行向海关以及由海关向俄罗斯联邦外贸经济银行、欧亚发展银行传输以加密电子签名签署的电子单证和本章规定的电子形式的信息，按照行使海关事务领域监管监督职能的联邦权力执行机关与俄罗斯联邦外贸经济银行、欧亚发展银行之间协议规定的办法实施。

5. 银行未履行或未完全履行本条规定的义务的，应按照俄罗斯联邦法律承担责任。

6. 本条规定对银行履行海关不经起诉追征委托书、海关对利息和滞纳金款项电子资金转账委托书方面的义务也适用。

7. 自对银行撤回从事银行业务许可证之日起，以此银行账户资金出资追征海关税费和其他税费，参照 1990 年 12 月 2 日第 395–1 号联邦法《银行和银行活动》和 2002 年 10 月 26 日第 127 号联邦法《无支付能力（破产）》办理。

第 82 条　认定海关税费、保障措施关税、反倾销税、反补贴税、利息和滞纳金款项无法追征

1. 在下列情形下，纳税义务人（承担连带责任人）未缴纳的海关税费、保障措施关税、反倾销税、反补贴税、利息和滞纳金方面的欠款，被认为无法追征（如果采取海关调控领域国际条约和法律文件、俄罗斯联邦法律规定的所有追征措施后也不可能追回上述所指税费）：

1.1 纳税义务人（法人、不是法人的组织）根据俄罗斯联邦法律或本国法律注销。

1.2 根据俄罗斯联邦法律或个体经营者本国法律，认定个体经营者为破产人。

1.3 根据 2002 年 10 月 26 日第 127 号联邦法《无支付能力（破产）》认定公民为破产人。

1.4 自然人（个体经营者）死亡的，或按照俄罗斯联邦法律或该自然人（个体经营者）本国法律规定，宣布自然人（个体经营者）死亡的。

1.5 根据法院做出的决定书，海关因追征的规定期限届满而丧失追征海关税费和其他税费款项的权利，包括法院做出的拒绝恢复错过的向法院提交追征海关税费和其他税费申请书期限的决定书。

1.6 如果自未履行或未完全履行关税、进口环节税、保障措施关税、反倾销税、反补贴税、滞纳金、利息缴纳义务事实确定之日起 5 年以上，且同时具有下列情形，则法警根据 2007 年 10 月 2 日第 229 号联邦法《执行的办理》第 46 条第 1 款第

3 项和第 4 项规定的理由，做出结束执行办理、向追征人退回执行文件的指令：

1.6.1 上述所指款项的额度不超过俄罗斯联邦法《无支付能力（破产）》为立案办理破产案件所规定的、对债务人所要求的额度；

1.6.2 认定债务人破产的申请书被法院退回，或破产案件办理因缺少足够资金补偿法院为办理该案件所需的费用被法院终止。

1.7 自确定外国纳税义务人未履行或未完全履行缴纳关税、进口环节税、保障措施关税、反倾销税、反补贴税、滞纳金、利息义务的事实之日起 3 年届满，且海关没有俄罗斯联邦境内存在可以对其提起追征的资金或其他财产的信息。

2. 认定对承担连带义务人之一无法追征海关税费、保障措施关税、反倾销税、反补贴税、利息和滞纳金款项的，不引起认定对其他承担连带义务人无法追征和划转海关税费、保障措施关税、反倾销税、反补贴税、利息和滞纳金款项。

3. 认定无法追征的海关税费、保障措施关税、反倾销税、反补贴税、利息和滞纳金款项销账的办法，海关在对海关税费、保障措施关税、反倾销税、反补贴税、利息和滞纳金款项进行销账时形成的文件的样式，以及证明本条第 1 款规定状况的单证的清单，由行使海关事务领域监管监督职能的联邦权力执行机关规定。

4. 为有效实施风险管理，海关按照行使海关事务领域监管监督职能的联邦权力执行机关规定的办法管理其海关税费、保障措施关税、反倾销税、反补贴税、利息和滞纳金款项被认定无法追征的人（创办人或参加人）的名录。

第三编

海关作业和实施海关作业的人

第十三章　实施海关作业的一般规定

第 83 条　实施海关作业的办法

1. 海关作业和实施海关作业的人的一般规定，由《联盟法典》第十三章规定。

2. 对于《联盟法典》、其他海关调控领域的国际条约和法律文件未做规定的方面，或在海关调控领域国际条约和法律文件规定的情形下，行使海关事务领域国家政策制定和法规调控职能的联邦权力执行机关，根据《联盟法典》第 78 条，有权按照通过联盟海关边界的货物种类、货物运输方式、携运货物的人、货物报关和放行的特点、将货物置于的海关制度来规定海关作业和实施作业的办法。

3. 行使海关事务领域监管监督职能的联邦权力执行机关，有权按照通过联盟海关边界的货物种类、以其实施货物运输的运输方式、携运货物的人、货物报关和放行的特点、将货物置于其下的海关制度来规定实施海关作业的操作规程，包括在实施“单一窗口”机制（以与跨部门电子合作项下相关的联邦权力执行机构交换单证和信息的方法）框架下的操作规程。

4. 实施海关作业的操作规程，是指海关根据海关调控领域国际条约、法律文件和本联邦法，使用或利用海关信息系统，实施与货物通过俄罗斯联邦关境、货物的申报和放行以及货物的临时存储有关的行为的总和。

第 84 条　海关实施海关作业的地点和时间

1. 海关的工作时间由海关负责人根据俄罗斯联邦法律规定。

2. 海关在货物运入俄罗斯联邦和从俄罗斯联邦运出地点的工作时间，应与此地国家监管机构和部门的工作时间相符；海关在其他实施海关作业的地点的工作时间，应参考运输组织、对外经济活动参加者、指定的邮政通信运营商的需求规定；所在地与邻国口岸在一起的海关，在货物运入俄罗斯联邦和从俄罗斯联邦运出地的工作时间，应当尽可能与邻国海关的工作时间一致。

3. 在海关所在地或工作时间无法实施海关作业的情形下，根据利益相关人合理请求，可以在海关所在地和其工作时间以外实施作业。

第 85 条　货物从非联盟成员国境内抵达俄罗斯联邦时和货物从俄罗斯联邦境内运出时的海关作业

1. 在货物从非联盟成员国境内抵达俄罗斯联邦的情况下，应实施《联盟法典》第 88 条规定的海关作业。

2. 通过公路运输的货物运入（抵达）俄罗斯联邦境内的时间，是指运输工具及其所载人员、货物和动物完成边境检查的时间。

3. 在下列时限内，承运人有义务通知海关货物抵达俄罗斯联邦境内：

3.1 对于航空运输的货物，自航空器停靠抵达机场的停机坪时起 1 小时内；在海关工作时间以外抵达的情形下，自海关工作开始时起 1 小时内；

3.2 对于水运货物，自水运船舶停靠到抵达港口的码头或锚地时起 3 小时内；在海关工作时间以外抵达的情形下，自海关工作开始时起 1 小时内；

3.3 对于铁路运输的货物，自列车在口岸海关监管区停靠时起 4 小时内；在海关工作时间以外抵达的情形下，自海关工作开始时起 4 小时内。

4. 在铁路运输货物的运入地（抵达地）实施与改变列车运行轨距有关的换装

作业时，承运人通知海关货物抵达俄罗斯联邦境内，应参考车站工作操作流程规定的期限，和与在货物抵达地实施海关监管的海关协商的期限办理。

5. 承运人应当以提交《联盟法典》第 89 条规定的单证和信息的方式，并按照以之实现货物运输的运输方式，通知海关货物抵达联盟关境。

6. 在预先信息含有实施与货物抵达有关海关作业所必需信息的情况下，承运人可以以提交含有预先信息（以电子文件形式提交的）登记编号信息单证的方法通知海关货物抵达联盟关境。

7. 报关代理人或者受承运人委托开展活动的其他人可以以承运人的名义，按照货物的运输方式，提供《联盟法典》第 89 条所指的单证和信息；或者以承运人的名义提供含有预先信息（以电子文件形式提交的）登记编号的单证。

8. 海关自收到以汽车和铁路运输方式运抵俄罗斯联邦境内货物的运抵通知书起 10 分钟内，自收到以空运方式运抵俄罗斯联邦境内货物的运抵通知起 20 分钟内，自收到以水运方式运抵俄罗斯联邦境内货物的运抵通知书起 30 分钟内，使用业务系统在货物抵达通知书登记簿上记录通知书的日期和时间。

9. 应在下列时限内，实施《联盟法典》第 88 条第 5 项规定的海关作业：

9.1 自收到以汽车运输方式运抵货物的运抵通知书时起，在海关工作时间 3 小时内；

9.2 自收到以航空运输方式和铁路运输方式运抵的货物的运抵通知书时起，在海关工作时间 12 小时内。

10. 在以铁路运输货物的运入地（抵达地）实施与改变列车运行轨距有关的换装作业情形下，运入地（抵达地）海关作业（通关作业）应参考车站工作操作流程规定的对于换装作业必需的期限，和与在货物抵达地实施海关监管海关协商确定的期限。

11. 当实施无须进行货物卸货的海关作业时，在货物运入地（抵达地）的海关作业应自收到以水运方式运抵货物的运抵通知书时起，在海关工作时间 12 个小时内实施；当货物在海港（河港）进行卸货（换装）时，自货物卸货时起 12 个小时内实施。

12. 运抵货物的临时存储应在位于运入地（抵达地）的临时存储仓库和本联邦法第 90 条规定的其他临时存储地点实施。

13. 如果货物不在运入地（抵达地）就地暂存，而是在不将货物置于转运海关制度的情况下，运往另外的地点实施临时存储，则此地点应位于该运抵地海关辖区内，且运输应按照行使海关事务领域国家政策制定和法规调控职能的联邦权力执行机关规定的办法办理。

14. 货物的卸货、换装和其他货运作业，以及以其他运输工具对实施货物国际运输、将货物送达俄罗斯联邦境内的运输工具进行更换，凭应利益相关人请求出具的海关许可证，在海关工作时间，在为实现目的专门预先指定的地点实施。

15. 在从俄罗斯联邦运出货物的情况下，《联盟法典》第 92 条规定的海关作业，应在运出地（运离地）实施。

16.《联盟法典》第 92 条第 1 项和第 2 项所指的单证和信息，可由报关代理人或者其他根据承运人的委托开展活动的人以承运人的名义提交。

17. 在货物以水运运输工具运输的情况下，《联盟法典》第 92 条第 2 项所指的单证和信息，可由申报人或货运代理人提交。

第 86 条　从国家机构（组织）获得实施海关作业所必要的信息

1. 实施海关作业必需的信息，可由海关在与其他国家机构（组织）的信息合作框架下获得。信息的组成由俄罗斯联邦政府规定，未规定的情形下，由行使海关事务领域国家政策制定和法规调控职能的联邦权力执行机关规定。

2. 海关能够通过海关信息系统及通过信息合作框架从其他国家机构（组织）获得的海关作业所需单证信息、单证上的内容等，应通过在行使海关事务领域监管监督的联邦权力执行机关互联网官方网站上发布的方法或以俄罗斯联邦政府规定的其他方式发布。

3. 海关与国家机构（组织）的信息合作按照俄罗斯联邦法律规定的办法实施。

第 87 条　优先办理海关作业的货物类别清单

在委员会规定易腐易烂货物类别清单和优先办理海关作业的货物类别清单前，俄罗斯联邦政府负责规定该清单。

第 88 条　海关实施海关作业

1. 在委员会做出规定之前，行使海关事务领域国家政策制定和法规调控职能的联邦权力执行机关有权规定海关利用海关信息系统，在没有海关工作人员参加的情况下实施海关作业的办法。

2. 海关对因事故或不可抗力行为造成货物损毁或不可挽回损失事实的认定办法，或者对因货物在正常运输、存储条件下的自然损失带来的不可挽回损失事实的认定办法，由行使海关事务领域监管监督职能的联邦权力执行机关规定。

第十四章　货物临时存储和与将货物置于临时存储之下有关的海关作业

第 89 条　货物临时存储的一般规定

1. 货物临时存储的内容、货物临时存储的期限、对置于临时存储下货物拥有权限的人及其代表的权利和义务，根据《联盟法典》第 98 条、第 100 条和第

101 条规定。

2. 对处于临时存储下货物拥有权限的人，为保障货物不改变状态下的完整性，有权对货物实施必要的作业。

3.《联盟法典》第 102 条第 2 项所指的、对处于临时存储下货物的作业，应凭海关许可实施。

4. 出具（拒绝出具）上述所指海关许可的办法，由行使海关事务领域监管监督职能的联邦权力执行机关规定。

第 90 条　货物临时存储的地点

1. 根据《联盟法典》第 99 条，以下可以作为货物临时存储地点：

1.1 海关临时存储仓库；

1.2《联盟法典》第 437 条第 3 项规定的经认证经营者的房舍、露天场地和其他区域；

1.3 货物收货人的房舍、仓库、露天场地和其他区域；

1.4 根据《联盟法典》第 286 条第 4 项，位于国际邮件互换地的单独房舍，或其他预先指定用于对采用国际邮件寄递的货物实施海关作业的地点；

1.5 存放通过航空运输或铁路运输待领取和无人认领行李的地点；

1.6 海港（河港）区域范围内货物的卸货和换装地点；

1.7 位于航空口岸管制区域范围内、在航空器停靠或养护地内，预先指定用于航空器（其大尺寸配件）临时存储的场地，或预先指定用于对运入俄罗斯联邦地点与从俄罗斯联邦运出地点一致的外国货物进行卸货和换装的场地；

1.8 位于铁路车站范围内与海关商定地点的、预先指定用于无须从运输工具上卸货的临时存储铁路道线和集装箱堆场；

1.9 自由仓库区域；

1.10 海港（河港）的水域（位于俄罗斯联邦国境口岸范围内或货物送达地）；

1.11 外国自然人申报的常住地或暂时居住（停留）地，指实施货物运入的外国自然人和有意愿根据俄罗斯联邦法律取得难民或受迫移民地位，迁往俄罗斯联邦长期居留的外国自然人；

1.12 免税商店的仓库，指用于申报置于免税贸易海关制度下货物的，包括为对此类货物在其放行前，以及在《联盟法典》第 124 条规定的情形下开展海关监管；

1.13 联邦法律或俄罗斯联邦政府法律文件规定的其他地方。

2. 临时存储仓库（包括海关临时存储仓库）的设立和运营办法，由行使海关事务领域监管监督职能的联邦权力执行机关规定。

3. 在本条第 1 款第 3 ~ 12 项规定情形下，货物在其他货物临时存储地进行的临时存储，凭应利益相关人申请出具的海关书面许可实施。在其他地方临时存储货物许可可以是单次的（用于一定货物批次的临时存储）或多次的（用于外国货物在一定时期的周期性临时存储）。

4. 出具货物在其他地方进行临时存储许可的条件和办法，包括提交履行缴纳关税、进口环节税、保障措施关税、反倾销税、反补贴税义务担保的办法（如果这样的提交被本联邦法第 55 条第 1 款第 4 项所规定），以及取消上述所指许可的办法，由行使海关事务领域监管监督职能的联邦权力执行机关规定。

5. 对于获得货物在其他临时存储地临时存储许可的人，产生本联邦法第 92 条第 4 款和第 5 款对货物收货人在收货人仓库实施货物临时存储时规定的义务。

6. 海关不予为申请人出具货物在其他临时存储地进行临时存储的许可，如果自向海关提出申请前的 1 年内，此人在该海关辖区内，因与货物存储有关的、《俄罗斯联邦行政违法法》第 16.9 条第 1 款规定的海关事务领域的行政违法行为被追究行政责任；或两次及以上因与货物存储有关的、《俄罗斯联邦行政违法法》第 16.5、16.14、16.15 条和第 16.23 条第 2、3 款规定的海关事务领域行政违法行为被追究行政责任，且满足根据上述各条处以的和未履行的行政罚款总额达到 50 万卢布及以上的条件。但在海港（河港）区域范围内的货物卸货地和换装地以及铁路车站的共用地存储货物的情况下，本条第 1 款第 6 项和第 8 项所指的出具货物在其他临时存储地临时存储许可的情形除外。

7. 货物临时存储地是根据本联邦法第 217 条设立的常设或暂时海关监管区。

8. 在临时存储仓库占有人从临时存储仓库占有人名录注销、临时存储仓库运营终止、货物在其他临时存储地进行临时存储许可证被取消的情形下，或在不具备货物所要求的存储条件（温度、湿度）和货件拆包地（用于检查货物标识、是否更换货物等次、检查包装完整性、监管重量的）的情形下，按照货物经授权人的有根据的申请，可以变更货物临时存储地。

9. 本条第 8 款规定情形下的货物变更临时存储地时，如果新存储地与此前的存储地位于同一海关辖区，或国际邮件在本条第 1 款第 4 项规定的临时存储地之间按照行使海关事务领域监管监督职能的联邦权力执行机关规定的办法运输，则货物无须置于转运海关制度之下。

第 91 条　将货物置于临时存储下的海关作业

1. 在将货物置于临时存储仓库或其他临时存储地（在那里根据本联邦法第 90 条可以实施货物临时存储的）的情况下，承运人、其他对货物拥有权限的人及其代表，应向海关提交《联盟法典》第 100 条第 1 项规定的单证。

2. 在预先信息含有对实施与将货物置于临时存储下有关海关作业所必需信息的条件下，在将货物置于临时存储下时，承运人或其他对货物拥有权限的人，可以向海关提交含有预先信息（以电子文件形式提交的）登记编号的单证。

3. 向海关提交单证可以以电子形式办理。

4. 海关自收到单证时起在一小时内，应将货物登记为置于临时存储下，向本条第 1 款所指的人出具登记证明书。

5. 行使海关事务领域监管监督职能的联邦权力执行机关，负责规定为将货物置于临时存储下所提交单证的登记办法和出具单证登记证明书的办法。

6. 自海关登记将货物置于临时存储下所提交单证之日起，货物视为处于临时存储中。

7. 行使海关事务领域监管监督职能的联邦权力执行机关，负责规定将货物置于临时存储仓库和其他临时存储地情况下以及货物存储和交付情况下实施海关作业的办法。

第 92 条　货物在收货人仓库的临时存储

1. 货物在收货人仓库的临时存储，可在下列情形下实施：

1.1 货物存储要求特殊的条件，如果货物收货地附近没有适宜存储货物的临时存储仓库；

1.2 国家机关或机构是货物收货人；

1.3 如果根据《联盟法典》第 121 条，行使海关事务领域国家政策制定和法规调控职能的联邦权力执行机关规定种类的货物，因海关发现有迹象表明可能适用限制措施，不予放行，且应根据《联盟法典》第 119 条第 7 项延长货物放行期限时，货物可在收货人仓库临时存储。

2. 在出具货物在收货人仓库临时存储许可证时，海关有权要求提供履行关税、进口环节税、保障措施关税、反倾销税、反补贴税缴纳义务担保，但国家机关或机构是货物收货人的情形除外。

3. 属于第三人的外国货物，不允许在货物收货人仓库临时存储。

4. 货物收货人有义务保障货物的完整性，未经海关允许，不得对货物实施作业。为预防偷换货物，或对货物实施未经允许的作业，海关有权向货物包装或货物存储的房舍施加铅封、封印。

5. 根据本联邦法第 13 条，货物收货人有义务向海关提交处于临时存储中货物的报告。在货物损失、未经海关允许向第三人转交、移作他用的情形下，货物收货人有义务根据《联盟法典》第 103 条，缴纳进口关税、进口环节税、保障措施关税、反倾销税、反补贴税。

第 93 条　货物在海关临时存储仓库存储

1. 若海关临时存储仓库是开放型仓库，应符合本联邦法第 357 条第 1 款规定的要求。

2. 在海关临时存储仓库存储货物时，海关与将货物置于仓库存储的人的相互关系，根据本联邦法和《俄罗斯联邦民法》调整。

3. 海关与将货物置于海关临时存储仓库的人签订的合同，属于公开合同。

4. 海关接受临时存储货物，以向将货物置于海关临时存储仓库的人出具由行使海关事务领域监管监督职能的联邦权力执行机关规定样式的凭证确认。

5. 海关根据《俄罗斯联邦民法》对存储的一般性规定，并参考本联邦法规定，享有与实施货物临时存储有关的权利，并承担相应的义务和责任。

6. 对在海关临时存储仓库存储货物，根据本联邦法第八章征收海关规费。

第 94 条　海关将货物置于临时存储下

1. 按照本联邦法第 233 条、第 317 条和第 318 条规定，海关可以将货物置于临时存储仓库、海关临时存储仓库。

2. 因存储货物给予临时存储仓库占有人的费用，由本联邦法第 233 条规定的人支付。

3. 向临时存储仓库占有人补偿货物存储方面的费用，由本联邦法第 233 条第 14 款、第 317 条第 10 款和第 318 条第 12 款规定的人承担。

4. 货物存储费用依据存储期间执行的、公开报价单上发布的价目表或签订要求类似存储条件的货物存储合同时使用的价目表确定，在没有上述所指价目表的情形下，依据临时存储仓库占有人在存储货物时产生的有凭据证明的费用范围确定。

5. 如果货物被海关置于临时存储仓库，且从仓库取回货物时已交付存储费，海关应当按照本条第 3 款和第 4 款确定的金额范围补偿费用。

第十五章　报关

第 95 条　报关的一般规定

1. 货物置于海关制度之下时、变更海关制度时或在《联盟法典》规定情形下进行不需置于海关制度下的报关时，应当根据《联盟法典》第十七章和本章规定报关。

2. 在俄罗斯联邦国际条约规定的情形下，也应实施货物报关。

3. 货物报关应以电子形式办理。

4. 在《联盟法典》第 104 条第 4 项第 1 ～ 5 目规定的情形下，以及在俄罗斯联邦政府根据《联盟法典》第 104 条第 5 项设定的情形下，货物可以以书面形式报关。

5. 在委员会根据《联盟法典》第 105 条第 6 项规定的情形下，运输单证、商业单证和其他含有用于放行货物（其海关总价值不超过等值 1 000 欧元的金额）所必需信息的单证，可视为货物报关单。

6. 在委员会规定的情形下，运输单证、商业单证或其他单证作为货物报关单和转运申报单使用的情形和办法，以及申报形式，由行使海关事务领域国家政策制定和法规调控职能的联邦权力执行机关规定。

7. 提交纸质载体报关单，应当向海关同步提交电子形式报关单，但《联盟法典》第 109 条第 6 项所指的情形除外。

8. 在委员会根据《联盟法典》第 109 条第 5 项规定的情况下，行使海关事务领域国家政策制定和法规调控职能的联邦权力执行机关可以规定，提交纸质载体报关单可不必同步提交电子形式的报关单。

9. 在《联盟法典》第 104 条第 5 项规定的情形下，申报可以提交纸质文件形式的报关单，并同步提交作为纸质报关单填制依据的单证。

10. 以电子文件形式提交的预先信息，可以按照委员会规定的办法用作转运申报单。

11. 在委员会制定《联盟法典》第 105 条第 7 项规定的办法前，行使海关事务领域国家政策制定和法规调控职能的联邦权力执行机关可以制定相关规定。

第 96 条　货物报关时提交的单证

1. 根据《联盟法典》第 109 条，提交电子文件形式的货物报关单，不需随附向海关提交证明货物报关单上所申报信息的单证，但本条第 2 款规定的情形除外。

2. 申报人有权在提交货物报关单之前，或者在提交货物报关单之后、货物放行之前，提交证明货物原产地、遵守禁止和限制规定信息的单证，如果关于单证的信息或单证中含有的信息海关不能根据《联盟法典》第 80 条第 2 项获取。

3. 行使海关事务领域国家政策制定和法规调控职能的联邦权力执行机关，有权规定提交本条第 2 款所指单证的办法。

第 97 条　货物报关单的提交期限

1. 货物报关单的提交期限由《联盟法典》第 110 条规定。

2. 在本联邦法第 101 ~ 104 条、第 204 条规定的情形下，适用提交货物报关单的特殊期限。

第 98 条　实施与提交报关单有关的海关作业

1. 报关单应当向有权对其进行登记的海关提交。

2. 行使海关事务领域国家政策制定和法规调控职能的联邦权力执行机关负责规定海关登记报关单的权限。

第 99 条　实施与货物报关单登记有关的海关作业

1. 在登记和不予登记货物报关单时，实施海关作业的办法，由《联盟法典》

第 111 条规定。

2. 与货物报关单登记和不予登记有关的海关作业，在以电子形式报关时，利用或使用海关信息系统实施，但信息系统出现故障的情形除外。

3. 对于委员会未做调节的方面，行使海关事务领域国家政策制定和法规调控职能的联邦权力执行机关，负责规定海关利用信息系统、以形成无海关工作人员参与的电子单证的方法，实施与货物报关单登记或不予登记有关的海关作业办法。

4. 如果按照利用海关信息系统、根据行使海关事务领域国家政策制定和法规调控职能的联邦权力执行机关规定的办法，对登记以电子文件形式提交的货物报关单的条件开展检查的结果，登记的决定书不能利用海关信息系统、按照委员会规定的办法或本条第 3 项规定的办法做出，接下来与登记货物报关单有关的海关作业，由经授权的海关工作人员根据《联盟法典》第 111 条实施。

5. 行使海关事务领域国家政策制定和法规调控职能的联邦权力执行机关，负责规定在海关使用信息系统出现故障的情况下，实施与货物报关单登记或不予登记海关作业的办法。

6. 在根据《联盟法典》第 111 条第 9 项登记货物报关单的情况下，货物放行期限自海关登记书面报关单时起计算。

7. 不予登记货物报关单决定书由海关工作人员形成，并应说明理由。

第 100 条　申报人

1. 符合《联盟法典》第 83 条规定的人，可以作为货物申报人。

2. 作为合同（在适用本联邦法第 102 条和第 204 条规定报关特点的情形下、在俄罗斯人之间或在俄罗斯人和另外的联盟成员国人之间签订的、货物据其从联盟关境运出的）一方的俄罗斯人可以作为货物申报人。

3. 符合《联盟法典》第 2 条第 1 项第 17 目要求的人是俄罗斯人。

4. 在俄罗斯联邦拥有已注册分支机构的外国人，在其根据《联盟法典》第 83 条第 1 项第 2 目第 2 自然段全权作为申报人的情形下，可以作为货物申报人；此类外国人经联盟海关边界运入运出与联盟成员国人签订合同以外的货物时，在其对货物具有占有权、使用权和处置权时，可以作为货物申报人。

第 101 条　货物预先报关

1. 货物的预先报关按照《联盟法典》第 114 条规定的办法实施，包括利用不需海关工作人员参与的海关信息系统办理。

2. 行使海关事务领域国家政策制定和法规调控职能的联邦权力执行机关，有权做出规定，在此情形之下，已实施预先报关的货物，可以置于位于非报关单登记海关辖区内的海关监管区。

3. 行使海关事务领域国家政策制定和法规调控职能的联邦权力执行机关，有权规定一些情形，在这些情形下，将货物置于海关制度（转运海关制度除外）之下时，必须进行货物预先报关。

第 102 条 货物临时定期报关

1. 在从联盟关境运出对其不能提交数量或海关价值准确信息的联盟货物时，准许以提交临时报关单的方法进行临时定期报关。

2. 对于使用管道运输的货物，临时定期报关应参考本联邦法第 204 条规定的特点适用。

3. 在联盟货物报关时，本联邦法第 95 条第 2 款规定的情形下，本条规定也适用。

4. 适用临时定期报关，不免除申报人在足额和及时缴纳海关税费方面、遵守禁止和限制规定方面以及遵守海关制度条件和开展海关监管方面遵守联盟法律和本联邦法规定的要求和条件。

5. 在运出的联盟货物进行临时定期报关时，按海关登记临时报关单之日适用禁止和限制规定。

6. 以下情形，不适用货物临时定期报关：

6.1 如果截至提交暂时货物报关单之日，申报人有已生效但未履行的海关事务领域行政违法案件方面的决定（指令）；

6.2 如果截至提交暂时货物报关单之日，申报人开展对外经济活动不足一年，且在此期间，申报人实施向俄罗斯联邦运入货物（从俄罗斯联邦运出货物）不足 12 次；

6.3 俄罗斯联邦政府规定的其他情形。

7. 本条第 6 款规定不适用于使用管道运输的货物，且对在提交临时报关单之日之前的一年内，缴纳关税、进口环节税额度超过一亿卢布的人作为申报人的货物也不适用。

8. 对由同一人，适用同一海关制度，为履行数个外贸合同（包括根据不同的供货、价格形成和支付条件）运出联盟的货物，允许提交一份临时报关单。

9. 本条第 8 款应用的条件是，委员会规定的货物报关单样式填制办法允许填写多个外贸合同。

10. 在临时报关单上允许申报拟运出商品的大致数量和据此数量估计的有条件货物总价，该有条件货物总价根据拟经联盟海关边界运出货物的数量、对外经济合同条件规定的货物的消费性质，以及提交临时货物报关单之日确定货物价格的办法确定。

11. 在提交临时报关单时，适用海关登记临时报关单之日执行的出口关税税率和俄罗斯联邦中央银行规定的外币对俄罗斯联邦卢布官方汇率。

12. 超过临时报关单上申报的货物总量的货物不得运出，但《联盟法典》第94条第3项第1目规定的运输工具上存在无法倾倒出的剩余物的情形除外。

13. 在临时报关单上，按申报人意愿，对于俄罗斯联邦政府规定名单内的出口商品，申报多项商品且商品编码不同的，可以按照对应税率最高的商品编码合并申报。

14. 在根据本条第13款申报货物的情况下，货物名称、《对外经济活动商品目录》商品编码、同一货物批次包含的所有货物的数量信息，由申报人以提交货物清单的方式申报，装箱单、包装说明、详细装箱单等类似单证可以作为货物清单使用。如果申报单上的某项商品在申报货物总量范围内超量，则此种超量不影响该项商品从联盟关境或俄罗斯联邦关境离开。

15. 货物从联盟关境或俄罗斯联邦关境实际运出以后，申报人应当对运出联盟关境或俄罗斯联邦关境的货物提交一份或数份完整报关单。

16. 完整报关单应含有被运出货物数量、完税价格以及《对外经济活动商品目录》商品编码的准确信息。

17. 如果临时报关单上申报的《对外经济活动商品目录》商品编码发生变更，下列情形下，允许按变更后信息申报完整报关单：

17.1 在按照本条第13款和第14款规定的办法申报货物时，如果货物清单中所指出的《对外经济活动商品目录》商品编码发生变更，允许按变更后编码进行完整申报；

17.2 在本条第28款规定的情形下；

17.3 在俄罗斯联邦政府规定的其他情形下。

18. 在根据本条第13款对在临时报关单上申报的货物提交完整申报单（完整报关单）的情况下，所提交的完整报关单上的商品项数量应符合实际从联盟关境或俄罗斯联邦关境运出商品项的数量。

19. 提交一份或数份完整报关单，应在海关规定申报人提交书面申请的期限内办理。

20. 在确定本条第19款规定的期限时，应当参考货物从联盟关境或俄罗斯联邦关境实际运出所必需的时间，以及为提交完整报关单获取足够信息的时间。依照申报人的书面申请，海关可延长提交完整报关单的期限。对不予征收出口关税或对其不适用限制规定的货物，提交完整申报单（完整报关单）的最高期限，自临时报关单登记之日起不得超过8个月；对应予征收出口关税或对其适用限制规定的货物，上述所指期限不得超过6个月。

20.1 本条第20款所指的最高期限，如果期间有以俄罗斯联邦总统令确定为非工作日的，则该最高期限按相同天数延长。（根据2020年6月8日第166号

联邦法补充）

21. 在提交完整报关单的情况下，按照货物从联盟关境或俄罗斯联邦关境实际运出之日适用出口关税税率。货物从联盟关境或俄罗斯联邦关境离境地的海关，在运输单证或其他允许货物离境的单证上按操作流程做出标记之日，视为货物实际运出之日。

22. 根据本条所申报的货物，其申报人缴纳出口关税的义务，自海关登记临时报关单和完整报关单时产生。

23. 在违反完整报关单提交期限或未提交完整报关单的情形下，适用本条第20款规定的最高期限结束之日，俄罗斯联邦中央银行规定的外国货币对俄罗斯联邦卢布官方汇率。

24. 根据本条所申报的货物，其申报人缴纳出口关税的义务，在《联盟法典》第54条规定情形下终止。

25. 出口关税应按下列要求缴纳：

25.1 在提交临时报关单的情况下，货物放行前，根据所申报的海关制度，按照临时报关单上所申报的货物数量和初步完税价格计算的金额缴纳；

25.2 在提交完整报关单的情况下，按照货物实际运出数量和实际运出货物海关价格计算，并参考在提交临时报关单时已缴纳的出口关税数额。

26. 如果由于对本条规定信息的修改，或根据本条第21款应予适用的关税税率提高，或登记完整报关单之日俄罗斯联邦中央银行规定的外国货币对俄罗斯联邦卢布官方汇率变更，而导致应予缴纳的出口关税款项增加的，则出口关税款项的补缴，在提交完整报关单时办理。如果完整报关单在本条第20款规定期限内提交，则不加计滞纳金。

27. 如果由于对本条规定的完整报关单上信息进行修改、或根据本条第21款应当适用的关税税率降低、或完整报关单登记之日俄罗斯联邦中央银行规定的外国货币对俄罗斯联邦卢布官方汇率变更，导致应予缴纳的出口关税款项减少，对按照临时报关单计算比按照完整报关单计算多出的款项的退还，根据本联邦法第十一章办理。

28. 如果在适用货物临时定期报关的情况下，在临时报关单上申报的货物收货人或合同信息以及包括《对外经济活动商品目录》商品编码在内的其他信息发生变更，但不导致出口关税税率变更、适用禁限规定，则申报人按照变更后信息提交完整报关单。

29. 在本条第28款规定的情形下，提交的完整报关单的数量，应当不少于实际供货的外贸合同的数量。

30. 如果在实施与货物（暂时货物报关单上申报的信息）放行有关的海关作

业过程中，海关做出了对暂时申报货物进行海关查看或海关查验的决定，或指定开展海关鉴定，则海关查看、海关查验或取样送检，应在货物根据临时报关单放行后，在实际运出货物时开展。

31. 如果在本条第 20 款规定的提交完整报关单的最高期限结束前，货物实际未从俄罗斯联邦境内运出，临时报关单应当由申报人依其按照本联邦法第 106 条规定的办法、以纸质文件形式或电子文件形式提交撤回申请书。申报人在上述所指期限内未实施撤回临时报关单行为的，海关应按照本联邦法第 106 条规定的办法取消货物放行。

32. 本条中的规定，除第 13 款和第 14 款规定外，在遵守 2006 年 12 月 30 日第 281 号联邦法《特殊经济措施和强制措施》规定的特殊经济措施和强制措施的条件下，适用于可以提供货物的数量、收货人或指运国的预先或不完整信息（应在临时报关单上申报的）的外国货物加工产品。完整货物报关单应当含有货物数量、收货人或指运国的准确信息。不允许运出超出临时报关单上所申报的外国货物加工产品总数量的外国货物加工产品，但《联盟法典》第 94 条第 3 项第 1 目规定的在交通工具上存在无法倾倒出的剩余物的情形除外。（根据 2019 年 5 月 1 日第 83 号联邦法修改，自 2019 年 6 月 1 日起生效）

第 102.1 条　不适用不完整报关和定期报关的商品

不适用《联盟法典》所规定的不完整报关和定期报关的商品种类，由俄罗斯联邦政府规定。（根据 2021 年 4 月 20 日第 97 号联邦法补充，自 2021 年 5 月 21 日起生效）

第 103 条　以未组装件或者已拆散件形式进出境货物的申报

1. 未组装件或者已拆散件形式（包括不完整品或者未制成品形式）的货物，预计以多货物批次在本条所规定的时间段内进出境的，可以按照一个《对外经济活动商品目录》商品编码申报（包括由不是经认证经营者的人进行申报）。

2. 在开始申报将以未组装或已拆散形式运入或运出（包括以不完整或未制成形式）的货物之前，申报人应向货物报关地海关发送计划供货告知书（本条以下简称“告知书”），可以电子形式或书面形式发送，并随附由申报人确认的归类决定书复印件。

3. 告知书上应指明下列信息：

3.1 申报人的信息；

3.2 归类决定书编号和其出具日期；

3.3 货物运入或运出的预计期限；

3.4 货物将实施存储、安装或组装的俄罗斯联邦境内的所在地（对于被运入货物）。

4. 申报人可以在告知书上指出其他有助于海关监管的信息。

5. 行使海关事务领域监管监督职能的联邦权力执行机关，负责规定纸质载体告知书的样式和填写办法，以及电子形式告知书的格式和结构。

6. 以未组装或已拆散形式（包括以不完整或未制成形式）运入运出的每一单独货物批次，均应向将在其处实施报关的海关交验。（根据 2020 年 12 月 22 日第 433 号联邦法规定，自 2021 年 1 月 22 日起失效）

7. 如果本款未做其他规定，货物的组件应当在一个对外经济合同框架下运入俄罗斯联邦境内。在货物报关单上应指明提供给一个收货人的货物组件的信息(在此人签订的对外经济合同框架下或作为对收货人的固定资本投入运入该货物的情况下）。在运出货物的情况下，货物组件的供货应由一个发货人在其签署的对外经济合同框架下实施。按照俄罗斯联邦政府规定的情形和办法，货物组件可以在数个对外经济合同框架下运入俄罗斯联邦境内。

8. 以完整（成套）或制成（完工）的形式对货物的最后一个组件提交货物报关单的期限，由《联盟法典》第 117 条第 8 项规定，并依申报人（自对货物的第一个组件的货物报关单登记之日起两年届满前）提交的书面的、有根据的申请书，可以延长一年。

9. 如果确有进一步延期的必要，本条第 8 款所指的期限，可以依照申报人在上一次延期届满前提交的书面的、有根据的申请书，逐年办理。

10. 在本条第 9 款所指情形下，以完整（成套）或制成（完工）的形式对货物的最后一个组件提交货物报关单的最高期限，自对货物的第一个组件申报单登记之日起，不得超过 6 年。

10.1 本条第 10 款所指的最高期限，如果其间有以俄罗斯联邦总统令认定为不工作日的，则此最高期限可按相等的天数延长。（根据 2020 年 6 月 8 日第 166 号联邦法补充）

11. 对以完整（成套）或制成（完工）的形式对货物的最后一个组件提交货物报关单期限的延期办法，由行使海关事务领域监管监督职能的联邦权力执行机关规定。

12. 变更货物归类决定书根据本联邦法第 17 条第 6 款和第 7 款生效后，填制货物报关单应参考对货物归类决定书的变更情况。

13. 根据本联邦法第 17 条第 10 款终止货物归类决定书效力的情形下，对超期缴纳（按照每份对货物组件的申报单加计的）关税、进口环节税、保障措施关税、反倾销税、反补贴税款项的，自履行缴纳关税、进口环节税、保障措施关税、反倾销税、反补贴税义务届满之日次日起，应加计和征收滞纳金。

14. 按照本条实施申报的货物，对其开展海关监管的要求，由行使海关事务领域国家政策制定和法规调控职能的联邦权力执行机关规定。（根据 2020 年 12 月 22 日第 433 号联邦法规定，自 2021 年 1 月 22 日起失效）

第 104 条　对非法通过联盟海关边界的货物或未办理放行货物的报关和海关作业

对非法通过联盟海关边界的货物、未由海关根据《联盟法典》办理放行的货物进行报关和实施其他海关作业，应根据构成联盟法律的法律文件实施（指因非法运入或未依法办理放行手续运入，从而未缴纳相关税费、未遵守禁限规定和国内市场保护措施，最终被海关在联盟关境内货物获得人那里查获的货物）。

第十六章　货物放行和与货物放行有关的海关作业

第 105 条　货物放行的一般规定

1. 货物的放行由海关根据《联盟法典》第十八章实施。

2. 在委员会规定相应办法之前和在委员会规定的情形下，行使海关事务领域国家政策制定和法规调控职能的联邦权力执行机关，负责规定海关利用本机构信息系统，以形成无海关工作人员参与的电子文件的方式，实施与货物放行有关的海关作业的办法。

3. 如果根据利用海关信息系统、按照行使海关事务领域国家政策制定和法规调控职能的联邦权力执行机关规定的办法，对以电子文件形式提交的货物报关单上所申报货物的放行条件进行检查的结果，不能使用海关信息系统做出放行决定书，与货物放行有关的海关作业，由经授权的海关工作人员根据《联盟法典》第 119 条实施。

4. 如果本联邦法未做其他规定，与货物放行有关的海关作业，由海关在《联盟法典》第 119 条第 1 项所指的时间内实施；或者发生《联盟法典》第 119 条第 3 项所指的情形时，在报关单登记日的下一个工作日内实施；而在提交预先报关单的情形下，在符合《联盟法典》第 119 条第 2 项条件的情况下，在下一个工作日内实施。

5. 在一份货物报关单申报了两项及以上货物的情形下，海关应对符合放行条件的货物实施放行。在对包含在该货物批次中的剩余货物做出放行决定书之前，申报人可以不从临时存储地运出已放行的货物。

6. 海关应以电子形式向实施货物临时存储的人通知货物放行信息。行使海关事务领域国家政策制定和法规调控职能的联邦权力执行机关，负责根据《联盟法典》第 118 条第 6 项，规定向其他利益相关人通知货物放行信息的情形和期限。

7. 在商业单证、运输单证上做出货物放行标注的办法和情形，或对已经做出货物放行标注的商业单证、运输单证做出注销货物放行标注的办法和情形，由行使海关事务领域监管监督职能的联邦权力执行机关规定。

8. 提交货物报关单之前的海关作业和货物放行，由海关根据《联盟法典》第120条实施。

9. 实施与提交货物报关单之前货物放行有关海关作业的其他规定，在委员会规定之前，可由行使海关事务领域国家政策制定和法规调控职能的联邦权力执行机关规定。

10. 在委员会实施《联盟法典》第120条第1项第3目规定的权限之前，俄罗斯联邦政府有权规定可以在提交货物报关单之前放行的货物种类清单，以及规定运入货物的承运人应当符合的条件。

11. 自在提交货物报关单之前放行货物的申请书提交时起，海关应按照委员会规定的办法，在工作时间一小时内，对申请书予以登记或不予登记；对于委员会未做调节的方面，按照行使海关事务领域监管监督职能的联邦权力执行机关规定的办法办理。

12. 提交货物报关单之前放行货物申请书登记簿的样式和管理办法，由行使海关事务领域监管监督职能的联邦权力执行机关规定。

13. 货物可以根据关境内加工海关制度、自由海关区海关制度、自由仓库海关制度、暂时进境（准入）海关制度，在未缴纳关税（进口环节税）的情况下，申请在提交货物报关单之前放行。货物种类的清单由行使海关事务领域国家政策制定和法规调控职能的联邦权力执行机关规定。

14. 在提出由申报人交验货物的要求时，海关应参考货物实际所处的位置，货物申报和通过联盟海关边界的地点。

第106条　撤销报关单和取消货物放行

1. 撤销报关单的情形和条件由《联盟法典》第113条规定。

2. 在申报人提交撤销报关单申请书的情况下，海关应自申请书提交时起一小时内，实施与登记申请书有关的海关作业，不得拒绝对申请书进行登记。

3. 申报人在货物放行前，提交撤销报关单申请书，海关应出具撤销报关单许可或拒绝撤销。

4. 在申报人提交货物放行后撤销报关单申请书的情况下，海关应在申请书登记日的下一个工作日内，出具撤销报关单的许可证或拒绝撤销。在拒绝撤销报关单的情况下，海关应依据《联盟法典》第113条第7项规定通知申报人拒绝撤销的原因。

5. 如果《联盟法典》第113条第7项第2、3自然段规定的撤销条件未履行，海关应拒绝撤销报关单。

6. 在撤销临时货物报关单（在根据本联邦法第 102 条和第 204 条适用货物临时定期报关情况下提交）的情况下，本条第 5 款规定不适用。

7. 临时货物报关单可以在满足以下条件的情况下撤销：货物未实际运入运出俄罗斯联邦，且在收到申报人撤销申报单申请书之前，海关确定不存在违反海关调控领域国际条约、法律文件、联盟成员国海关法或联盟成员国法律（由海关对其遵守情况进行监管的）导致应承担行政和刑事责任的行为。

8. 在《联盟法典》第 113 条第 4 ~ 6 项、第 116 条第 9 项，以及在《联盟法典》第 116 条第 10 项规定的情形下，撤销报关单时，海关应当取消货物放行。

9. 在委员会规定的情形下，货物放行可由海关依照申报人有根据的申请书取消的情形和条件，由行使海关事务领域国家政策制定和法规调控职能的联邦权力执行机关规定。

10. 实施与取消货物放行有关的海关作业的办法，对于委员会未做规定的，由行使海关事务领域国家政策制定和法规调控职能的联邦权力执行机关规定。

第 107 条　货物放行后提交单证

1. 在《联盟法典》第 126 条第 1 项第 2 目所指的情形下，如果在货物放行时不能向海关提交（企业经营）许可证、（质量和检验检疫等）合格证书、（人员从业资质等）许可证以及其他能够证明遵守了禁止和限制规定的单证，依据申报人以书面或电子形式提交的有理由的申请书，海关应以书面或电子形式允许在货物放行后 45 个自然日内的期限内提交单证。申报人提交在规定期限内补交相关单证的承诺书后海关可以放行货物。

1.1 在 2020 年，本条第 1 款所指期限可以在货物放行后 90 个自然日内。（根据 2020 年 6 月 8 日第 166 号联邦法补充）

2. 海关有权要求申报人提交遵守本条第 1 款规定限制措施的保证书，也有权在收到相关单证以前向货物包装、存放货物的房舍施加铅封和印戳，以及采取其他保障遵守上述所指限制要求的措施。

3. 如果申报人在向海关提交申请书前的一年内，因《俄罗斯联邦行政违法法》第 16.20 条规定的海关事务领域行政违法行为而被追究行政责任，则海关不予出具在货物放行后提交本条第 1 款规定单证的许可证。

4. 如果不予出具在货物放行后提交本条第 1 款规定单证的许可证，海关应以书面或电子形式，在提交申请书之日的次日通知申报人，并说明理由。

第 108 条　货物放行后修改（补充）报关单信息

1. 在货物放行后，货物报关单上的信息，应当按照委员会规定的情形和办法修改。

2. 在货物放行后，申报人主张对报关单进行修改的，如果向海关提交对货物报关单上信息进行修改的申请书的，依申报人申请对货物报关单上信息进行修改（补充）；如果未提交申请书，可以根据海关调控领域国际条约和法律文件规定修改报关单。

3. 对货物报关单上信息进行修改（补充）的申请书或单证，应向登记申报单的海关提交。如果委员会未做其他规定，行使海关事务领域国家政策制定和法规调控职能的联邦权力执行机关，有权规定可以向申报单登记海关以外的海关提交申请书或单证的情形。自申报人在货物放行后，对货物报关单上信息进行修改（补充）的申请书或申报人在货物放行后为对货物报关单上信息进行修改（补充）提交单证时起，海关应在工作时间一小时内登记申请书。

4. 如果委员会未做其他规定，海关审核申报人在货物放行后对货物报关单上信息进行修改（补充）申请书的期限和做出是否对货物报关单上信息进行修改（补充）决定书的期限，不得超过登记申请书之日起 30 个自然日。

5. 海关自登记货物放行后对货物报关单上信息进行修改（补充）单证之日起，应当在 3 个工作日的期限内审核。

6. 对不存在委员会规定的拒绝对货物报关单上信息进行修改（补充）理由的情况下，海关应按海关调控领域国际条约和法律文件规定的办法，做出对货物报关单上信息进行修改（补充）的决定书。

7. 在委员会规定的情形下，海关不予对货物报关单上申报信息进行修改（补充）。

8. 自做出对货物报关单上信息进行修改（补充）决定书之日起，或根据对申报人在货物放行后，对货物报关单上信息进行修改（补充）申请书的审核结果，自发现应拒绝对货物报关单上信息进行修改（补充）的理由之日起，在下一个工作日内，海关应以加密电子签名签署的电子文件的形式，通过互联网通知申报人做出决定书的情况。在不能使用互联网通知的情形下，以使用纸质载体的书面形式通知。根据申报人在货物放行后对货物报关单上信息进行修改（补充）申请书的审核结果，发现应拒绝对货物报关单上信息进行修改（补充）理由的情况下，海关在通知申报人时应说明理由。

第 109 条　货物放行的期限

1. 如果委员会、本联邦法或本联邦法未规定更短的货物放行期限，则货物的放行根据《联盟法典》第 119 条第 1 项和第 3 项规定的期限实施。

2. 根据本条第 1 款确定更短的货物放行期限的办法，由俄罗斯联邦政府规定。（根据 2020 年 12 月 22 日第 433 号联邦法规定，自 2021 年 1 月 22 日起失效）

3. 下列情形下，凭海关负责人（关长）、其授权的海关副职负责人（副关长）

或其替代人员的许可，可以延长货物放行期限：

3.1 在根据《联盟法典》第 325 条第 4 项规定的理由，必须在货物放行前开展对补充单证和信息的检查时，可以延长货物放行期限，并应延长至检查结束，但不得超过在货物临时存储期限届满前实施货物放行足够的期限（包括对单证和信息开展海关鉴定时）。

3.2 货物没有按照种类或名称分装，或包装和标识的信息未在货物的商业单证或运输单证上指明。在此种情形下延长放行期限，需在满足上述情况导致海关无法开展确定单货是否相符条件下实施。此种情形下，放行期限可按照对货物拥有权限人员分装货物所必需的时间，或开展海关查验所必需的时间延长，但货物放行应自货物登记之日的次日起，在 10 个工作日内完成。在提交预先报关单的情形下，货物放行应自符合《联盟法典》第 119 条第 2 项条件之日的次日起，在 10 个工作日内完成。

3.3 如果申报人因为必须缴纳根据海关的决定书补充计算的关税、进口环节税提交书面延长货物放行期限申请书，可以延期至缴纳关税、进口环节税，但不超过海关登记报关单之日的次日起（在提交预先报关单的情形下，为自符合《联盟法典》第 119 条第 2 项条件之日的次日起）10 个工作日内，完成货物放行。

3.4 如果申报人未履行海关关于修改申报单上所申报信息的要求，延期至完成信息修改，但不超过海关登记报关单之日的次日起（在提交预先报关单的情形下，为自符合《联盟法典》第 119 条第 2 项条件之日的次日起）10 个工作日内，完成货物放行。

3.5 如果根据《联盟法典》和本联邦法规定，货物放行可以在申报人提供履行缴纳关税、进口环节税、保障措施关税、反倾销税、反补贴税义务担保的条件下实施，可以延期至提交上述担保时。

4. 在延长货物放行期限时，海关应指出据以延长货物放行期限的原因。

第 110 条　不予放行货物

1. 海关根据《联盟法典》第 125 条第 1 项规定的理由，不予放行货物。

2. 不予放行货物，使用海关信息系统，以形成电子文件的方式办理；或以在纸质报关单上做相应标注的方式办理；再或在以纸质载体提交的、在提交货物报关单之前放行货物的申请书上做出相应标注的方式办理。

3. 在办理不予放行货物时，应指出理由。

4. 与不予放行货物有关的海关作业，应由海关按照委员会规定的办法，在货物放行期限届满前实施。对于委员会未做规定的方面，按照行使海关事务领域国家政策制定和法规调控职能的联邦权力执行机关规定的办法实施。

5. 如果不予放行货物的决定书被认定是非法的，那么重新报关时，按照申报人的申请书，可适用最初的货物报关单登记之日执行关税、进口环节税税率，俄罗斯联邦中央银行规定的外币对俄罗斯联邦卢布官方汇率，以及限制性规定。当不予放行货物的决定书被认定非法是在重新提交货物报关单登记之后、或货物依据申报单放行之后，则上述所指申请书，应与申报人对货物报关单上重新申报信息进行修改而提交的申请书一并提交。

第 111 条　有条件放行货物

1. 符合《联盟法典》第 126 条第 1 项规定的货物，是有条件放行货物，还包括下列货物：

1.1 根据《联盟法典》第 117 条和本联邦法第 103 条，以单独的货物批次，以未组装件、已拆散件形式（包括以不完整品或未制成品形式）运入的，置于放行供境内消费海关制度之下的货物组件；

1.2 俄罗斯联邦政府规定情形下的其他货物。

2. 本条第 1 款第 1 项所指的货物组件，禁止以销售和以其他方式转交第三人（但转交是为了组配、安装或存储目的的情形除外），直到海关根据所申报的海关制度做出放行货物最后一个组件的决定书之时，或直到根据《联盟法典》第 117 条第 9 项，对包含货物组件的申报单信息进行修改之时，视为是有条件被放行。

3. 证实对根据《联盟法典》第 126 条第 1 项第 2 目有条件放行的货物遵守了禁止和限制规定的单证和信息，由货物申报人根据本联邦法第 107 条向货物有条件放行的海关提交。海关依据申报人以书面形式形成的声明书接受单证和信息。声明书中应指明海关据以实施了货物有条件放行的货物报关单号码。应申报人请求，海关有义务出具书面的接受单证和信息的证明。

第 112 条　暂停含有列入联盟成员国知识产权客体统一海关名录或本国知识产权客体海关名录的知识产权客体货物的放行

1. 海关暂停含有列入联盟成员国知识产权客体统一海关名录或国家知识产权客体海关名录（以下简称“本国知识产权客体海关名录”）的知识产权客体货物的放行，根据《联盟法典》第十八章和第 384 条实施。

2. 海关应权利人或代表其利益或数个权利人利益的人的要求（以下简称“代表”），可以延长货物放行暂停期限，但在《联盟法典》第 124 条第 2 项规定情形下，以及权利人（其代表）要求补充时间来进行放行期限暂停货物的调查、鉴定的情形下，延长期限不得超过 10 个工作日。

3. 在《联盟法典》第 124 条第 9 项规定的情形下，以及申报人对放行期限暂停的货物将申报销毁海关制度，在权利人（其代表）出具对将货物置于销毁海关制度之下书面同意书的情况下，暂停货物放行期限的决定书应在暂停期限届满前取消。

第 113 条　暂停含有未列入联盟成员国知识产权客体统一海关名录或本国知识产权客体海关名录的知识产权客体货物的放行

1. 对于未列入联盟成员国知识产权客体统一海关名录和本国知识产权客体海关名录、但在俄罗斯联邦境内享受法律保护的知识产权客体，在海关发现该知识产权客体权利人的权利受到侵犯时，在俄罗斯联邦境内存在权利人（或其代表）信息的情况下，海关有权暂停放行含有知识产权客体的货物。

2. 海关有权要求权利人（其代表）提供行使本条规定职权所必需的信息。

3. 货物放行期限可暂停 7 个工作日。如果权利人（其代表）以书面或电子形式向海关发送延长的申请书，并根据本联邦法第 328 条向行使海关事务领域监管监督职能的联邦权力执行机关提交了将相应知识产权客体列入本国知识产权客体海关名录的申请书，海关有权延长上述所指期限，但不得超过 10 个工作日。

4. 暂停货物放行期限的决定书和延长暂停货物放行期限的期限的决定书，由海关负责人（关长）或其授权的人员做出。

5. 海关应不晚于做出暂停含有知识产权客体货物放行期限决定书之日的下一个工作日，通知申报人和权利人（其代表）暂停放行的原因和期限，向申报人通知权利人（其代表）的名称和所在地，向权利人（其代表）通知申报人的名称和所在地。

6. 申报人、权利人（其代表）有权按照海关调控领域国际条约和法律文件规定的办法，从海关获取对其做出暂停货物放行决定书的信息。

7. 经海关许可，申报人、权利人（其代表）有权选取对其做出暂停放行期限决定书的货物样品，包括用于开展研究，进行观察、拍照或以其他方式确定和记录货物。

8. 在下列情形下，暂停货物放行期限的决定书应当在暂停期限届满前取消：

8.1 权利人（其代表）未向海关提交申请书；

8.2 如果申报人将对放行期限被暂停的货物申报销毁海关制度，且存在权利人（其代表）对销毁货物的书面同意书。

9. 本条规定的措施，对此前根据本条或《联盟法典》第 124 条适用了措施的、含有知识产权客体的货物不适用。

第四编

海关制度

第十七章 放行供境内消费海关制度

第 114 条 放行供境内消费海关制度的内容和适用范围

1. 放行供境内消费海关制度的内容和适用，将货物置于该海关制度之下的条件，缴纳进口关税、进口环节税、保障措施关税、反倾销税、反补贴税义务的产生和终止，上述税的缴纳期限和计算，由《联盟法典》第二十章调整。

2. 如果货物被联盟成员国海关置于放行供境内消费海关制度之下，则在其运入俄罗斯联邦时，不要求将货物重新置于放行供境内消费海关制度之下。

第十八章 出口海关制度

第 115 条 出口海关制度的内容和适用范围

1. 出口海关制度的内容和适用，将货物置于该海关制度下的条件，缴纳出口关税义务的产生和终止，缴纳出口关税的期限和计算，由《联盟法典》第二十一章调整。

2. 根据《联盟法典》第 139 条第 5 项，俄罗斯联邦政府可以设定置于出口海关制度下货物应当从联盟关境运出的更短期限。

第十九章 转运海关制度

第 116 条 转运海关制度的内容和适用范围

1. 转运海关制度的内容和适用，将货物置于该海关制度下的条件及货物根据该制度使用的条件，该海关制度的有效期，缴纳进口关税、进口环节税、保障措施关税、反倾销税、反补贴税义务的产生和终止，上述税的缴纳期限和计算，由

《联盟法典》第二十二章和本章调整。

2. 在俄罗斯联邦境内运输的货物、包括在位于俄罗斯联邦境内的海关间运输的外国货物，其适用转运海关制度的条件，以及不需提交履行缴纳关税、进口环节税义务担保和履行缴纳保障措施关税、反倾销税、反补贴税义务担保的情形，由行使海关事务领域国家政策制定和法规调控职能的联邦权力执行机关规定。

第 117 条　货物的指运地

1. 货物的指运地根据《联盟法典》第 145 条规定。

2. 下列情形下，货物在俄罗斯联邦境内运输的情况下，起运地海关可以不受运输单证上所指信息限制规定指运地：

2.1 根据本联邦法需向专门的海关申报的；

2.2 被确定作为指运地的海关辖区内，设定了紧急状况制度，或根据俄罗斯联邦法律对运入特定种类的货物实行了其他限制措施的；

2.3 在俄罗斯联邦政府规定的其他情形下。

3. 按照行使海关事务领域国家政策制定和法规调控职能的联邦权力执行机关规定的办法，允许在不结束转运海关制度效力的情况下变更货物指运地，如果该指运地与起运地海关最初确定的指运地位于同一个海关辖区内。

第 118 条　货物运抵指运地

1. 货物运抵指运地后，承运人或置于转运海关制度下货物的申报人有义务向指运地海关提交转运申报单，以及其所具有的其他单证，如果按转运海关制度进行的报关是以书面形式实施的；或者向指运地海关提交电子转运申报单登记编号信息，如果按转运海关制度进行的报关是以电子形式实施的。

2. 本条第 1 款所指的单证，应按下列要求提交：

2.1 对以公路运输或航空运输方式运输的货物，自其运抵货物指运地时起，3 小时内提交；货物在海关工作时间以外运抵的情形下，自该海关工作开始时起，3 小时内提交；

2.2 对于通过水运或铁路运输方式运输的货物，自货物运抵指运地时起，12 个小时内提交。

3. 本条第 1 款所指的单证可以由报关代理人以申报人的名义提供。

4. 本条第 1 款所指的单证，可以由依照承运人委托从事活动的人以承运人的名义提交。

5. 自本条第 1 款所指单证由承运人或置于转运海关制度下货物的申报人提交时起，在 1 小时内，指运地海关应当对提交上述所指单证进行登记。

6. 登记提交本条第 1 款所指单证，应随附承运人出具的运输工具抵达证明书，或在存在和上述所指人信息合作的情况下，随附向承运人和转运海关制度申报人以电子形式发送的运输工具抵达证明书。

7. 在运输工具抵达证明书中应指明下列信息：

7.1 运输工具抵达证明书的登记编号；

7.2 向指运地海关提交转运申报单和其他单证的日期和时间；

7.3 指运地海关登记运输工具抵达指运地的日期和时间；

7.4 出具运输工具抵达证明书的日期和时间；

7.5 承运人的名称和地址；

7.6 从事国际运输的运输工具号码；

7.7 转运申报单的编号，所提交单证的编号、日期和数量；

7.8 对运输工具进行海关查看的结果；

7.9 是否可以拆除识别工具（封志）和卸载货物；

7.10 是否可以将货物从指运地海关所在地向临时存储仓库转运；

7.11 临时存储仓库的名称、地址和证明该仓库列入临时存储仓库占有人名录的单证编号；

7.12 货物置于临时存储仓库的日期和时间。

8. 本条第 7 款第 10 ～ 12 项所列举的信息，在货物从指运地海关所在地向临时存储仓库转运的情形下，应在运输工具抵达证明书上指明。

第 119 条　结束转运海关制度

1. 在指运地海关登记本联邦法第 118 条第 1 款所指的单证后，《联盟法典》第 83 条第 1 项第 1 ～ 3 目所指的申报人，应当按以下要求实施与将货物置于临时存储下或与报关有关的海关作业：

1.1 对于通过公路运输的货物，自指运地海关登记单证后，在海关工作时间 8 小时内；

1.2 对于使用航空器运输的货物，自指运地海关登记单证后，在海关工作时间 12 小时内；

1.3 对使用水运船舶和铁路运输方式运输的货物，自指运地海关登记单证后，在海关工作时间 12 小时内；实施货物卸货（换装）的情形下，在结束与货物卸货（换装）有关的作业后，在海关工作时间 12 小时内。

2. 对于使用水运船舶运输的货物，《联盟法典》第 83 条第 1 项第 1 目第 6 自然段和第 4 目所指的人，有义务实施与将货物置于临时存储下有关的海关作业。

3. 结束转运海关制度应在《联盟法典》第 151 条第 7 项规定的期限内办理。在海关做出开展海关查验决定书的情形下，经指运地海关负责人、被其授权的指运地海关副职负责人或他们的替代人书面许可，结束转运海关制度的期限可以按照开展海关查验所必需的时间延长。开展海关查验的期限为自登记本联邦法第

118 条第 1 款所指单证提交之日次日起 1 个工作日，该期限按行使海关事务领域国家政策制定和法规调控职能的联邦权力执行机关规定的情形、办法可以延长。

4. 实施本条第 1 款所指的海关作业的期限，自结束海关转运时起计算。

5. 使用公路运输、水运、航空运输和铁路运输的货物，在结束转运海关制度时，应同时办理将货物置于临时存储下或按一定海关制度办理报关的手续。如果《联盟法典》第 83 条第 1 项第 1 ~ 3 目所指的人，未按上述规定办理，海关将此情况告知承运人的办法，由行使海关事务领域国家政策制定和法规调控职能的联邦权力执行机关规定。

6. 对于列入出具第二类或第三类证书相应名录的经认证的经营者，结束转运海关制度效力应按照《联盟法典》第 440 条的规定实施。在此情形下，不需办理运输工具抵达证明书。

第二十章　海关仓库海关制度

第 120 条　海关仓库海关制度的内容和适用范围

1. 海关仓库海关制度的内容和适用，将货物置于该海关制度下和货物根据该海关制度使用的条件，该海关制度的有效期，缴纳进口关税、进口环节税、保障措施关税、反倾销税、反补贴税义务的产生和终止，上述税的缴纳期限和计算，由《联盟法典》第二十三章和本章调节。

2. 对于因大尺寸或特殊的装货、卸货或存储条件不能置于海关仓库的货物，在具备海关出具的在非海关仓库地存储货物许可证和按本联邦法第十章规定办法提交的履行缴纳关税、进口环节税、保障措施关税、反倾销税、反补贴税义务担保的情况下，允许适用海关仓库海关制度。

3. 为获取许可证，申报人应向在货物置于海关仓库海关制度下之后预计在其辖区内实施存储的海关提交申请书。申报人应在申请书中指明货物的名称、特征、将货物置于海关仓库海关制度下但不置于海关仓库内的原因、货物存储的准确地点，以及申报人为保障货物完整性采取的措施。

4. 自申报人向海关提出申请之日起，在 3 个工作日之内，海关应出具将货物置于海关仓库海关制度下的许可证或拒绝出具这样的许可证。在许可证上应指明货物存储地、必须提交履行缴纳关税、进口环节税、保障措施关税、反倾销税、反补贴税义务担保的信息。

5. 在下列情形下，海关有权拒绝出具在非海关仓库地存储货物许可证：

5.1 存在缴纳关税、进口环节税、保障措施关税、反倾销税、反补贴税欠款；

5.2 此人在向海关提出申请日之前一年内被 2 次及以上因俄罗斯联邦《行政

违法法典》第 16.9 条第 1 款、第 16.13、16.14 条和第 16.23 条第 2、3 款所规定的海关事务领域行政违法行为被追究行政责任。

6. 将货物置于海关仓库海关制度下并在非海关仓库地实施货物存储的人，有义务根据本联邦法第 13 条，向海关提交处于存储中货物的报告。

7. 行使海关事务领域监管监督职能的联邦权力执行机关，负责规定在非海关仓库地存储货物的申请书、海关根据上述所指申请书的审核结果做出的决定书的样式、格式和结构。

第 121 条　对置于海关仓库海关制度下货物实施的作业

1. 置于海关仓库海关制度下货物实施的作业清单，由《联盟法典》第 158 条规定。

2. 如果根据《联盟法典》第 158 条第 2 项，对置于海关仓库海关制度下货物实施作业，利益相关人应以电子文件形式或纸质文件形式提交申请书，海关在申请之日出具许可证书。

3. 许可证书应以电子文件形式或纸质文件形式出具。对置于海关仓库海关制度下货物实施作业，除改变货物商品编码的作业外，都应允许进行。

4. 行使海关事务领域监管监督职能的联邦权力执行机关，负责规定对置于海关仓库海关制度下货物实施作业的申请书、海关根据上述所指申请书审核结果做出的决定书的样式、格式和结构。

第 122 条　海关仓库海关制度效力的结束

1. 在《联盟法典》第 157 条规定的海关仓库海关制度有效期届满前，在《联盟法典》第 161 条第 1 项规定的状况发生时，以及在俄罗斯联邦政府规定的状况发生时，海关仓库海关制度的效力结束。

2. 根据《联盟法典》第 83 条，任何可以作为申报人的人，有权根据海关调控领域国际条约和法律文件，实施对于结束海关仓库海关制度效力所必需的海关作业。

3. 对于在海关仓库存储的货物，转为销毁海关制度时，可由海关仓库占有人申报。

第二十一章　关境内加工海关制度

第 123 条　关境内加工海关制度的内容和适用范围

1. 关境内加工海关制度的内容和适用，将货物置于该海关制度下和货物根据该海关制度的适用，该海关制度的有效期，缴纳进口关税、进口环节税、保障措施关税、反倾销税、反补贴税义务的产生和终止，上述税的缴纳期限和计算，由

《联盟法典》第二十四章和本章调节。

2. 为将货物置于关境内加工海关制度下，报关单应由获得本联邦法第 127 条规定的货物在关境内加工许可证的人、或直接实施货物加工作业的人和根据《联盟法典》第 83 条能作为货物申报人的人提交。

3. 为适用本章的目的，“俄罗斯利益相关人”是指法人或个体经营者。

第 124 条　在外国货物的加工产品中识别外国货物

1. 为在外国货物的加工产品中识别外国货物，适用《联盟法典》第 167 条所指的方法。

2. 所申报识别方式的可接受性，由海关在出具货物关境内加工许可证时，根据货物的特征和性质，以及所实施的货物加工作业确定。

3. 如果申报人提出的外国货物在用其加工产品中的识别方法，海关不接受，海关有权自行规定外国货物在用其加工产品中的识别方法。

4. 根据《联盟法典》第 167 条第 6 自然段，为在外国货物加工的产品中识别外国货物，生产、会计和税务登记单证可以由申报人向实施关境内加工海关制度监管的海关提供，条件是在单证中含有在实施加工产品生产作业的技术流程中使用置于关境内加工海关制度下外国货物的信息。

5. 如果为在用外国货物加工的产品中识别外国货物，适用了《联盟法典》第 167 条第 6 自然段规定的方法，而且名称、《对外经济活动商品目录》商品编码、质量和技术特征都相符的外国货物是以数个批次置于关境内加工海关制度之下，外国货物在用外国货物加工的产品中的识别可以依据推定实施，即在更早时期内被置于上述所指海关制度下的外国货物，也会先期被加工使用。

第 125 条　关境内加工海关制度的有效期

1. 货物关境内加工许可证上所指货物加工的期限，是关境内加工海关制度的有效期。

2. 货物的加工期限由获得货物关境内加工许可证的人申报，并在审核货物关境内加工申请书时，经海关批准。

3. 货物加工期限在《联盟法典》第 168 条第 3 项规定的期限范围内确定。

4. 在本条第 3 款所指期限范围内，依照获得关境内加工许可证的人的有根据的申请书，货物的加工期限可以延长。申请书应在货物关境内加工许可证上所指明的货物加工期限届满前，不晚于 10 个工作日，以书面形式或以加密电子签名签署的电子文件形式，向对将货物置于关境内加工海关制度下条件、货物根据该海关制度使用条件的遵守情况实施海关监管的海关提交。

5. 海关应在 10 个工作日内审核延长货物关境内加工期限申请书，并以书面形式或以海关工作人员加密电子签名签署的电子文件形式，通知延长货物加工期限或不予延长的情况。

6. 如果货物关境内加工许可证获得者未遵守《联盟法典》第二十四章、本联邦法规定的将货物置于关境内加工海关制度下的条件和货物依此海关制度的使用条件，以及如果延长货物关境内加工期限申请书在货物加工期限届满后被提交，海关有权不予延长加工期限。

7. 海关延长货物加工期限拒绝书中，应说明拒绝原因。

8. 在延长货物加工期限的情况下，关境内加工海关制度的有效期应予以延长。

第 126 条　加工产品产出率

1. 加工产品产出率，由获得货物关境内加工许可证的人，依据《联盟法典》第 166 条规定的实施加工作业的实际技术流程确定，并应在审核为获得货物关境内加工许可证而提交的申请书时或在对货物关境内加工许可证进行修改时与海关协商一致。

2. 在协商加工产品产出率时，应参考实施货物加工作业实际技术流程的专家组织以及被俄罗斯联邦政府授权的联邦权力执行机构的结论。

3. 在符合《联盟法典》第 169 条第 2 项规定条件的情况下，加工产品标准产出率可由俄罗斯联邦政府授权的联邦权力执行机构规定。

第 127 条　货物关境内加工许可证

1. 货物关境内加工许可证是《联盟法典》第 168 条规定的货物在关境内加工条件的单证。

2. 在没有外国货物、加工产品、剩余料件和废碎料价格信息的情形下，在货物关境内加工许可证上应指明相应的价格区间。

3. 如果截至申请人提交为获得货物关境内加工许可证的申请书之日，此申请人没有证明货物占有权、使用权或处置权的单证信息，信息应在外国货物根据关境内加工海关制度报关前 1 个工作日内，按照本联邦法第 129 条规定，在货物关境内加工许可证上指明。

4. 货物关境内加工许可证的样式、其填写办法、在本联邦法未做调节的方面出具货物加工许可证的办法，由行使海关事务领域国家政策制定和法规调控职能的联邦权力执行机关规定。

5. 行使海关事务领域监管监督职能的联邦权力执行机关，负责规定货物关境内加工许可证的格式和结构。

第 128 条　出具货物关境内加工许可证

1. 按照《联盟法典》第 83 条，可对货物加工许可证上所指的外国货物作为申报人的俄罗斯利益相关人，包括不直接实施货物加工业务的人；以及在俄罗斯联邦具有登记分支机构的外国人（包括不直接实施货物加工业务的人，如果此人将货物置于特殊海关制度下且货物维修是其加工业务的），可以获得货物关境内加工许可证。

2. 为获得货物关境内加工许可证，利益相关人应以纸质文件形式或以加密电子签名签署的电子文件形式，向自己根据《俄罗斯联邦税费法》在其辖区内作为纳税人登记的海关，提交货物关境内加工申请书。

3. 允许向利益相关人根据俄罗斯联邦法律创建的分支机构位于其辖区的海关提交货物关境内加工申请书，如果上述所指人或直接实施货物加工业务的人的生产场所也位于该区域内。

4. 在货物关境内加工申请书上应当指明下列信息：

4.1 申请人（申报人）；

4.2 将直接实施货物加工业务的人；

4.3 预先指定用于加工的外国货物、用外国货物加工的产品以及废碎料和剩余料件情况（名称，《对外经济活动商品目录》商品编码，按照《对外经济活动商品目录》规定的主要计量单位和补充计量单位计算的数量、价格或其区间）；

4.4 为保障外国货物加工，而使用的联盟货物（根据联盟成员国法律规定了其出口关税税率）的名称、《对外经济活动商品目录》商品编码、数量；

4.5 外国货物加工流程，包括实施的方式和期限；

4.6 实施货物加工作业的生产场所；

4.7 加工产品的产出率（多个产出率）；

4.8 外国货物在用其加工的产品中的识别方法；

4.9 货物加工的期限；

4.10 以等效的联盟货物替换外国货物；

4.11 废碎料进一步商业使用的可能性；

4.12 证明外国货物占有权、使用权或处置权的单证；

4.13 拟将外国货物置于关境内加工海关制度下和结束此海关制度效力的海关（多个海关）；

4.14 生产损耗（名称，《对外经济活动商品目录》商品编码，按照《对外经济活动商品目录》规定的主要计量单位或补充计量单位计算的数量）。

5. 如果货物维修是适用关境内加工海关制度的目的，以及在委员会规定的其他情形下，置于关境内加工海关制度下货物的申报单，可以用作货物关境内加工申请书。

6. 对于货物关境内加工申请书，应随附能够证明申请书上所指出信息的单证。

7. 自海关按规定办法登记货物关境内加工申请书之日起，在15个自然日内，海关应当审核货物关境内加工申请书及其随附单证。

8. 海关有权要求第三人和国家机构提供证明本条第 4 款所规定信息的单证。上述所指的人有义务自收到查询函之日起，在 10 个自然日内，提交要求提供的单证。

9. 海关有权延长货物关境内加工申请书的审核期限，但不得超过 30 个工作日。

10. 如果置于关境内加工海关制度下货物的申报单被用作货物关境内加工申请书，申请书的审核期限不应超过《联盟法典》第 119 条规定的货物放行期限。

11. 如果在申请人提交货物关境内加工申请书时，未遵守海关调控领域的国际条约、法律文件和本联邦法规定的将货物置于关境内加工海关制度下的条件，以及在海关做出拒绝协商加工产品产出率或货物加工期限决定书的情形下，海关应拒绝出具货物关境内加工许可证。

12. 海关出具货物关境内加工许可证的拒绝书，应指出依据。

13. 海关应以纸质文件形式或以海关工作人员加密电子签名签署的电子文件形式，通知申报人拒绝出具货物关境内加工许可证的情况。

14. 货物关境内加工申请书的样式和其填写办法，由行使海关事务领域国家政策制定和法规调控职能的联邦权力执行机关规定。

15. 行使海关事务领域监管监督职能的联邦权力执行机关，负责规定货物关境内加工申请书、拒绝出具货物关境内加工许可证通知书的格式和结构。

第 129 条　修改货物关境内加工许可证

1. 依照货物关境内加工许可证获得人的申请书，在不与海关调控领域国际条约、法律文件和本联邦法相矛盾的前提下，海关可以对已出具的货物关境内加工许可证进行修改。

2. 对货物关境内加工许可证进行修改的申请书，由获得上述所指许可证的人以纸质文件形式，或以货物关境内加工许可证获得人的加密电子签名签署的电子文件形式，向对将货物置于关境内加工海关制度下条件、按此海关制度使用货物条件的遵守情况实施监管的海关提交。

3. 海关应在 10 个工作日内审核货物关境内加工许可证修改申请书，而在指明本联邦法第 128 条第 4 款第 12 项所规定信息的情况下，自海关按规定办法登记申请书之日起，并在同意对货物关境内加工许可证修改的情况下，应在 3 个工作日内审核申请书。

4. 在必须提供补充信息或开展鉴定的情形下，对货物关境内加工许可证进行修改的申请书的审核期限应予暂停，并自海关收到单证、信息或鉴定结果之日起恢复。

5. 海关对货物关境内加工许可证进行修改的拒绝书中应说明拒绝原因。

6. 海关应以纸质文件形式或以海关工作人员加密电子签名签署的电子文件形式，通知获得货物关境内加工许可证的人不予对货物关境内加工许可证进行修改的情况。

7. 行使海关事务领域国家政策制定和法规调控职能的联邦权力执行机关，负责规定对货物关境内加工许可证进行修改的申请书、海关对货物关境内加工许可证进行修改拒绝书的样式。

8. 对货物关境内加工许可证进行修改的申请书和海关对货物关境内加工许可证进行修改拒绝书的格式和结构，由行使海关事务领域监管监督职能的联邦权力执行机关规定。

第 130 条　转让货物关境内加工许可证

1. 在关境内加工海关制度有效期内，经海关许可，货物关境内加工许可证获得人可将许可证转让给其他俄罗斯人，条件是接受转让的人根据被转让的货物关境内加工许可证，承担继续遵守由海关调控领域国际条约、法律文件、本联邦法规定的将货物置于关境内加工海关制度下条件及使用货物条件的义务。

2. 转让货物关境内加工许可证的人，应以纸质文件形式或以加密电子签名签署的电子文件形式，向对由海关调控领域国际条约、法律文件、本联邦法规定的将货物置于关境内加工海关制度下条件及使用货物条件遵守情况实施海关监管的海关，提交转让货物关境内加工许可证的申请书。

3. 对转让货物关境内加工许可证的申请书，应随附货物关境内加工许可证转让人根据关境内加工海关制度使用期间，履行由海关调控领域国际条约、法律文件、本联邦法所规定的关境内加工海关制度使用情况的报告。

4. 在转让货物关境内加工许可证时，转让许可证的人有义务缴纳进口关税、进口环节税、保障措施关税、反倾销税、反补贴税，如果在关境内加工海关制度期间内，应当履行上述税缴纳义务。

5. 接受货物关境内加工许可证的人，自海关做出向其转让货物关境内加工许可证决定书之日起，享有权利并承担遵守由海关调控领域国际条约、法律文件、本联邦法规定的将外国货物置于关境内加工海关制度下使用货物的义务。

6. 转让货物关境内加工许可证申请书的样式、其转让办法，由行使海关事务领域国家政策制定和法规调控职能的联邦权力执行机关规定。

7. 行使海关事务领域监管监督职能的联邦权力执行机关，负责规定转让货物关境内加工许可证申请书的格式和结构。

第 131 条　撤回和注销货物关境内加工许可证

1. 符合以下情形，海关可以撤回货物关境内加工许可证：

1.1 根据委员会做出的决定书，不再允许将货物关境内加工许可证上所指货物置于关境内加工海关制度下；

1.2 申报人未遵守由海关调控领域国际条约和法律文件、本联邦法所规定的将货物置于关境内加工海关制度下的条件和根据此海关制度使用的条件；

1.3 在获取许可证时，对外国货物、用外国货物加工的产品、剩余料件和废碎料、产出率的申报导致进口关税、进口环节税、保障措施关税、反倾销税、反补贴税款项降低；

1.4 自海关出具许可证之日起，货物关境内加工许可证获得人，在两年内未将外国货物置于关境内加工海关制度下。

2. 在做出撤回货物关境内加工许可证决定书之前，海关应以加密电子签名签署的电子文件形式，向申报人发送可能撤回货物关境内加工许可证的通知书，并指明撤回原因。

3. 如果自收到通知书之日起，在 10 个工作日内，申报人未采取消除本条第 1 款第 2 项和第 3 项规定的撤回货物关境内加工许可证的原因的措施，则上述所指的许可证由海关撤回。

4. 海关撤回货物关境内加工许可证决定书，自海关做出之日起生效。

5. 根据本条第 1 款第 1 项做出的海关撤回货物关境内加工许可证决定书，自相应的委员会决定书生效之日起生效。

6. 在撤回货物关境内加工许可证的情况下，不得再根据撤回的加工许可证将外国货物置于关境内加工海关制度下。

7. 对按照本条第 1 款第 1 项，在撤回货物关境内加工许可证之前置于关境内加工海关制度下的、截至撤回许可证之日已加工或未加工的外国货物，允许根据《联盟法典》第二十四章结束上述所指的海关制度。

8. 在按照本条第 1 款第 2 项和第 3 项撤回货物关境内加工许可证的情况下，在 10 个自然日内，对置于关境内加工海关制度下、截至撤回上述所指许可证之日未加工的外国货物，申报人有义务按照《联盟法典》第二十四章和本章规定的办法结束该海关制度效力。

9. 对被置于关境内加工海关制度下、截至撤回货物关境内加工许可证之日已加工的外国货物，允许按照《联盟法典》第二十四章和本章规定的办法结束关境内加工海关制度。

10. 按照《联盟法典》第 164 条第 2 项第 3 目的规定，未遵守货物关境内加工海关制度使用条件，则货物关境内加工许可证应被注销。

11. 海关注销货物关境内加工许可证的决定书，自出具货物关境内加工许可证之日起生效。

12. 自海关做出注销货物关境内加工许可证决定书之日起，不允许：

12.1 将被注销的货物关境内加工许可证上所指的外国货物置于关境内加工海关制度下；

12.2 根据复出口海关制度，从联盟关境运出被注销的货物关境内加工许可证上所指的作为加工产品的货物、剩余料件和废碎料。

13. 在注销货物关境内加工许可证的情况下，自做出注销的决定书之日起，在 10 个自然日内，对置于关境内加工海关制度下的外国货物，申报人有义务将关境内加工海关制度变更为放行供境内消费海关制度。如果在将上述所指的货物置于放行供境内消费海关制度下时，由于存在禁止和限制规定使变更不可能，则申报人有义务自做出注销的决定书之日起，在 10 个自然日内缴纳进口关税、进口环节税、保障措施关税、反倾销税和反补贴税，并将关境内加工海关制度变更为拟将货物运出联盟境外的海关制度或销毁海关制度。

14. 对根据被注销的货物关境内加工许可证，作为加工产品从联盟关境运出的货物，自做出注销的决定书之日起，在 10 个自然日内，申报人有义务缴纳出口关税、出口环节税、保障措施关税、反倾销税和反补贴税。

15. 如果海关撤回或注销货物关境内加工许可证的决定书被认定为不合法，则这样的许可证应予恢复。

16. 在恢复货物关境内加工许可证时，关境内加工海关制度的有效期，自认定海关撤回或注销货物关境内加工许可证的决定书非法的决定书生效之日起恢复。

17. 撤回、注销货物关境内加工许可证的办法，在本条第 15 款和第 16 款规定情形下恢复其效力的办法，由行使海关事务领域国家政策制定和法规调控职能的联邦权力执行机关规定。

18. 撤回或注销货物关境内加工许可证的通知书，海关撤回、注销货物关境内加工许可证和恢复关境内加工许可证效力的决定书的格式和结构，由行使海关事务领域监管监督职能的联邦权力执行机关规定。

第 132 条　以等效货物替换外国货物

1. 根据《联盟法典》第 172 条，经海关许可，允许以等效货物（等效补偿）替换置于关境内加工海关制度下的外国货物。

2. 海关应在货物关境内加工许可证上指明允许等效补偿。

3. 如果允许以等效货物（等效补偿）替换外国货物，允许在货物关境内加工许可证上所指的外国货物运入联盟关境前，运出由等效货物获得的加工产品。在此情形下，运入外国货物的期限由货物关境内加工许可证获得人在货物关境内加工期限范围内和海关协商确定。

4. 以等效货物（等效补偿）替换外国货物的办法和条件，由俄罗斯联邦政府规定。

第 133 条 清点适用关境内加工海关制度货物并报告使用情况

1. 申报人以及对置于关境内加工海关制度下外国货物实施加工作业的人，有义务进行货物、用货物加工的产品、边角料的清点。

2. 清点根据俄罗斯联邦进行会计和税务清点方面的法律要求开展。

3. 如果在关境内加工海关制度有效期内，相同的外国货物以几个货物批次运入，货物的清点依据推定进行，即在较早期限内运入的货物也首先用于制作加工产品。

4. 如果货物关境内加工许可证上规定的外国货物在其加工产品中的识别方法，要求必须用具体的外国货物和用此外国货物制作的加工产品进行比对，本条第 3 款规定的办法不适用。

5. 申报人有权拒绝使用本条第 3 款规定的办法，如果此办法与使用的货物会计核算方法不相容。

6. 货物关境内加工许可证获得人，在货物关境内加工许可证规定的货物加工期限内，自将外国货物（货物的第一批）置于关境内加工海关制度下之日到结束此海关制度效力，应每 3 个自然月至少 1 次向对货物实施监管的海关提交报告。该报告应含有完成将外国货物置于关境内加工海关制度下和完成根据此海关制度使用外国货物条件的信息。

7. 如果外国货物是以几个货物批次运入俄罗斯联邦，按照货物关境内加工许可证上所指出的数量，对置于关境内加工海关制度下的外国货物、制成的加工产品、废碎料和剩余料件进行最终数量核对，自加工产品和废碎料、剩余料件的最终数量核对报告向海关提交之日起，在 30 个自然日内办理。

8. 加工产品、边角料的最终核对数量报告应自关境内加工海关制度有效期结束之日起 30 个自然日内向海关提交。

9. 本条第 8 款所指的报告的样式和向海关提交的办法，由行使海关事务领域国家政策制定和法规调控职能的联邦权力执行机关规定。

第 134 条 关境内加工海关制度效力的暂停和终止

1. 关境内加工海关制度效力的暂停和终止，按照《联盟法典》第 173 条规定的办法实施。

2. 在将加工产品或未经加工作业的外国货物置于放行供境内消费海关制度下时，关税和进口环节税应参照《联盟法典》第 174 条规定的要求缴纳。

第二十二章　关境外加工海关制度

第 135 条　关境外加工海关制度的内容和适用范围

1. 关境外加工海关制度的内容和应用，将货物置于此海关制度下的条件和它们根据此海关制度的使用条件，此海关制度的有效期，缴纳出口关税义务的产生和终止，上述税的缴纳期限和计算，由《联盟法典》第二十五章和本章调节。

2. 为将联盟货物置于关境外加工海关制度下，应由本联邦法第 139 条规定的货物关境外加工许可证获得人提交报关单。

3. 在本联邦法第 55 条第 3 款规定情形下，在将联盟货物置于关境外加工海关制度下时，无须提供履行缴纳出口关税义务的担保。

4. 出于适用本章的目的，俄罗斯的利益相关人应理解为法人或个体经营者。

第 136 条　关境外加工海关制度的有效期

1. 货物关境外加工许可证上所指的货物加工期限，是关境外加工海关制度的有效期。

2. 货物加工期限由货物关境外加工许可证获得人在《联盟法典》第 181 条第 3 项规定期限范围内确定，并在海关审核货物关境外加工的申请书时与其协商一致。

3. 按照货物关境外加工许可证获得者，不晚于货物关境外加工许可证上所指的货物加工期限届满前 10 个工作日，以纸质文件形式或以货物关境外加工许可证获得人加密电子签名签署的电子文件形式，向对货物实施监管的海关提交申请书，货物加工期限可在本条第 2 款规定期限范围内延长。

4. 海关应在 10 个工作日内审核延长货物关境外加工期限申请书，并以书面形式或以经授权的海关工作人员加密电子签名签署的电子文件形式，对延长货物关境外加工期限或不予延长的情况进行告知。

5. 如果货物关境外加工许可证获得人未遵守《联盟法典》第二十五章、本联邦法规定的将货物置于关境外加工海关制度下的条件或根据此海关制度使用的条件，以及延长货物关境外加工期限申请书是在货物加工期限届满后提交的，海关有权不予延长货物关境外加工期限。

6. 如果联盟货物置于关境外加工海关制度下，并提交了履行缴纳出口关税、出口环节税义务担保，但在未遵守《联盟法典》第 63 条第 4、5 项规定条件时，海关不予延长货物加工期限。

7. 海关不予延长货物加工期限决定书应包含不予延长的依据。

8. 在延长货物加工期限时，应延长关境外加工海关制度有效期。

第 137 条 在联盟货物的加工产品中识别联盟货物

1. 在联盟货物的加工产品中识别联盟货物，适用《联盟法典》第 180 条所指的方法。

2. 为开展关境外加工从联盟关境运出的货物，在用其加工产品中进行识别的方法，可由申报人申报。该识别方法是否可接受，由海关参考货物的特征和性质，以及所实施的货物加工作业确定。

3. 如果海关认为被申报人建议的联盟货物在用其加工产品中的识别方法不可接受，海关有权自行规定识别方法。

第 138 条 加工产品的产出率

1. 货物在关境外加工生产产品的产出率，由货物关境外加工许可证获得人根据实施货物加工的实际条件，并在海关审核货物关境外加工申请书时与其协商确定，但本条第 3 款规定的情形除外。

2. 在对加工产品产出率进行协商时，海关应参考专家组织、俄罗斯联邦政府授权的联邦权力执行机构关于实施货物关境外加工作业具体技术流程的结论。

3. 符合《联盟法典》第 182 条第 2 项的规定时，加工产品的标准产出率可由俄罗斯联邦政府授权的联邦权力执行机构设定。

第 139 条 货物关境外加工许可证

1. 货物关境外加工许可证是《联盟法典》第 181 条所规定的关于货物关境外加工条件的单证。

2. 在货物关境外加工许可证上应载明《联盟法典》第 181 条规定的信息。

3. 在货物关境外加工许可证上没有加工产品价格信息的情形下，应当指明相应的价格范围。

4. 在货物关境外加工许可证上缺少关于证明货物占有权、使用权或处置权单证的信息的情况下，这些信息应不晚于货物根据关境外加工海关制度申报之日，在许可证上补充。

5. 货物关境外加工许可证的样式、其填写办法，以及本联邦法未做调节领域许可证的出具办法，由行使海关事务领域国家政策制定和法规调控职能的联邦权力执行机关规定。

6. 行使海关事务领域监管监督职能的联邦权力执行机关负责规定货物关境外加工许可证的格式和结构。

第 140 条 出具货物关境外加工许可证

1. 根据《联盟法典》第 83 条可以作为置于关境外加工海关制度下联盟货物申报人的俄罗斯利益相关人（本条以下简称“利益相关人”），可以获得货物关境外加工许可证。

2. 为获取货物关境外加工许可证，利益相关人应向按照《俄罗斯联邦税费法》规定在其辖区内作为纳税人登记的海关，以书面形式或以加密电子签名签署的电子文件形式，提交货物关境外加工申请书。

3. 在货物关境外加工申请书上应指明下列信息：

3.1 申请人（申报人）；

3.2 将直接实施货物加工作业的人（多人）；

3.3 预先指定用于加工的联盟货物、用货物加工的产品（品名，《对外经济活动商品目录》商品编码，根据《对外经济活动商品目录》按基本计量单位或补充计量单位计算的数量和价格）；

3.4 货物加工作业和作业实施的方法和期限；

3.5 实施货物加工作业的场所；

3.6 加工产品产出率；

3.7 在联盟货物加工产品中对联盟货物进行识别的方法；

3.8 货物加工期限；

3.9 以等效外国货物替换加工产品；

3.10 证明货物占有权、使用权或处置权的单证；

3.11 拟将货物置于关境外加工海关制度下和结束此海关制度效力的海关（多个海关）。

4. 货物关境外加工申请书应随附证明其上所载信息的单证。

5. 自货物关境外加工申请书按照规定办法登记之日起，海关应在 15 个工作日内，审核货物关境外加工申请书及其随附单证。

6. 海关有权向第三人及国家机构要求提供证明本条第 3 款所指信息的单证。

7. 自收到查询函之日起，在 10 个工作日内，上述所指人有义务提供被要求提供的单证。

8. 在上述情形下，海关有权延长申请书的审核期限，但不应多于自申请书登记之日起 30 个工作日。

9. 如果将置于关境外加工海关制度下货物的申报单用作货物关境外加工申请书，则申请书的审核期限不应超过《联盟法典》第 119 条规定的货物报关单的放行期限。

10. 以维修为目的将货物置于关境外加工海关制度下的，报关单可以用作货物关境外加工申请书。申请书的审核期限不应超过《联盟法典》第 119 条规定的货物报关单放行期限。

11. 如果在提交货物关境外加工申请书时，利益相关人未遵守海关调控领域国际条约、法律文件、本联邦法规定的将货物置于关境外加工海关制度下的条件，以及在海关做出不予协商加工产品产出率或货物加工期限决定书的情形下，海关不予出具货物关境外加工许可证。

12. 海关不予出具货物关境外加工许可证文书应包含不予出具的依据。

13. 海关应将不予出具货物关境外加工许可证的情况，以纸质文件形式或以海关工作人员加密电子签名签署的电子文件形式告知申请人。

14. 货物关境外加工申请书的样式、其填写办法，由行使海关事务领域国家政策制定和法规调控职能的联邦权力执行机关规定。

15. 行使海关事务领域监管监督职能的联邦权力执行机关负责规定关境外加工申请书、不予出具货物关境外加工许可证通知书的格式和结构。

第 141 条　修改货物关境外加工许可证

1. 必要情形下，依货物关境外加工许可证获得人申请，海关可以对所出具的货物关境外加工许可证进行修改和补充，但不得与海关调控领域国际条约、法律文件、本联邦法相矛盾。

2. 对货物关境外加工许可证进行修改的申请书，由许可证获得人以书面形式或以加密电子签名签署的电子文件形式，向对货物实施监管的海关提交。

3. 海关应在 10 个工作日内审核货物关境外加工许可证修改申请书，而对本联邦法第 140 条第 3 款第 10 项规定信息进行修改的申请书，应在 3 个工作日内审核；在协商一致的情况下，对货物关境外加工许可证进行修改和补充。

4. 海关不予对货物关境外加工许可证进行修改的文书，应包含不予修改补充的理由。

5. 海关应以纸质文件形式或以海关工作人员加密电子签名签署的电子文件形式，将不予修改补充的情况通知货物关境外加工许可证获得人。

6. 对货物关境外加工许可证进行修改申请书的样式，海关不予对货物关境外加工许可证进行修改文书的样式，由行使海关事务领域国家政策制定和法规调控职能的联邦权力执行机关规定。

7. 行使海关事务领域监管监督职能的联邦权力执行机关，负责规定《对货物关境外加工许可证进行修改的申请书》《海关不予对货物关境外加工许可证进行修改的通知书》的样式、格式和结构。

第 142 条　撤回和注销货物关境外加工许可证

1. 下列情形下，海关可以撤回货物关境外加工许可证：

1.1 如果在其有效期间，根据委员会做出的决定，不允许将货物关境外加工许可证上所指的货物置于关境外加工海关制度下；

1.2 如果申报人未遵守海关调控领域国际条约、法律文件、本联邦法规定的将货物置于关境外加工海关制度下的条件；

1.3 如果在获取此许可证时，申报的联盟货物、用联盟货物加工的产品、产出率的信息，导致少征关税、进口环节税，但本条第 9 款所指的情形除外；

1.4 如果货物关境外加工许可证获得人，自海关出具许可证之日起 2 年内，未实施将联盟货物置于关境外加工海关制度下。

2. 在做出撤回货物关境外加工许可证决定书之前，海关应以加密电子签名签署的电子文件形式，向申报人发送可能撤回货物关境外加工许可证的通知书，并指明撤回的原因。

3. 如果自收到通知书之日起 10 个工作日内，申报人未采取消除本条第 1 款第 2 项和第 3 项规定的撤回货物关境外加工许可证原因的措施，上述所指许可证由海关撤回。

4. 根据本条第 1 款第 1 项做出的海关撤回货物关境外加工许可证的决定书，自相应的委员会决定生效之日起生效。

5. 根据本条第 1 款第 2 项或第 3 项做出的海关撤回货物关境外加工许可证的决定书，自海关做出该决定书之日起生效。

6. 在根据本条第 1 款第 1 项撤回货物关境外加工许可证时，不再允许将联盟货物置于关境外加工海关制度之下，而对于撤回该许可证之前已置于关境外加工海关制度下的货物，允许根据《联盟法典》第二十五章结束上述所指的海关制度。

7. 在根据本条第 1 款第 2 项和第 3 项撤回货物关境外加工许可证时，不允许根据被撤回的货物关境外加工许可证将联盟货物置于关境外加工海关制度之下。

8. 自货物关境外加工许可证撤回之日起，在 10 个自然日内，申报人有义务将此前置于关境外加工海关制度下的、截至货物关境外加工许可证撤回之日未置于复进口或放行供境内消费海关制度下的联盟货物及用其加工的产品，置于复进口海关制度或放行供境内消费海关制度之下。

9. 如果在获取货物关境外加工许可证时，对于联盟货物、用联盟货物加工的产品、产出率申报了不真实的信息，海关应注销该货物关境外加工许可证。

10. 海关注销货物关境外加工许可证的决定书，自货物关境外加工许可证出具之日起生效。

11. 自海关做出注销货物关境外加工许可证决定书之日起，不允许：

11.1 将被注销的货物关境外加工许可证上所列联盟货物置于关境外加工海关制度下；

11.2 将被注销的货物关境外加工许可证上所列货物，作为加工产品运入联盟关境。

12. 在注销货物关境外加工许可证时，自海关做出注销决定书之日起，在 10 个自然日内，申报人有义务将此前置于关境外加工海关制度下的货物置于出口海关制度下。

13. 对于已作为加工产品置于放行供境内消费海关制度下的货物，应根据货物的数量和海关价格全额缴纳进口关税、进口环节税、保障措施关税、反倾销税、反补贴税款项。

14. 对于已作为加工产品置于复进口海关制度下的货物，应予缴纳进口关税、进口环节税、保障措施关税、反倾销税、反补贴税款项。

15. 如果海关撤回或注销货物关境外加工许可证决定书被认定为不合法，货物加工许可证应予恢复。在恢复货物关境外加工许可证时，关境外加工海关制度的有效期，自认定海关撤回或注销货物关境外加工许可证决定书非法的决定书生效之日起恢复。

16. 撤回、注销货物关境外加工许可证的办法，在本条第 15 款规定情形下恢复货物关境外加工许可证的办法，由行使海关事务领域国家政策制定和法规调控职能的联邦权力执行机关规定。

17. 行使海关事务领域监管监督职能的联邦权力执行机关，负责规定撤回或注销货物关境外加工许可证通知书，海关撤回、注销和恢复货物关境外加工许可证决定书的格式和结构。

第 143 条　用外国货物替换加工产品

1. 经海关许可，允许根据《联盟法典》第 183 条以外国货物替换加工产品。

2. 如果在保修期限内实施的保修（无偿的）是货物加工的目的，海关在下列情形下允许以等效的外国货物替换加工产品：

2.1 根据货物加工许可证直接实施加工作业的外国人，可证明以等效外国货物替换加工产品的必要性；

2.2 合同或生产者的担保规定了以等效外国货物替换加工产品的可能性；

2.3 等效外国货物根据复进口海关制度在货物关境外加工许可证上所指的关境外加工海关制度有效期内运入俄罗斯联邦。

3. 如果外国货物最初向联盟关境运入和将其置于放行供境内消费海关制度之下时，已发现外国货物存在瑕疵，允许货物此后无偿出境保修，则不允许用等效的外国货物替换加工产品。

4. 如果适用《联盟法典》第 183 条第 2 项规定，允许用等效的外国货物替换加工产品，则为结束关境外加工海关制度的目的，在货物关境外加工许可证上所指的关境外加工海关制度有效期内（自等效外国货物运入俄罗斯联邦之日起计算的），预先指定用于加工的联盟货物应从俄罗斯联邦运出联盟关境外。

5. 根据本联邦法第 140 条第 3 款第 9 项，用等效外国货物替换加工产品，利益相关人应在货物关境外加工申请书里指明。

6. 申报人应向货物关境外加工申请书随附证明符合本条第 2 款所指条件的单证。

7. 允许用等效外国货物替换加工产品，海关应在货物关境外加工许可证上指明。

8. 在获得货物关境外加工许可证后，发生有必要用等效外国货物替换加工产品的情形下，获得货物关境外加工许可证的利益相关人，应向海关提交以纸质文件形式或以经授权人加密电子签名签署的电子文件形式形成的、以等效外国货物替换加工产品的申请书，并说明有必要用等效外国货物替代加工产品的原因。

9. 向用等效外国货物替换加工产品申请书，应随附证明此申请书中所指信息和遵守本条第 2 款规定条件的单证。

10. 海关应在 3 个工作日内审核用等效外国货物替换加工产品申请书。

11. 在对用等效外国货物替换加工产品可能性做出肯定性决定时，海关应向货物关境外加工许可证进行相应补充说明。

12. 海关不予出具用外国货物替换加工产品许可证的决定书，应包含不予出具的依据。海关应按照行使海关事务领域监管监督职能的联邦权力执行机关规定的办法，向货物关境外加工许可证获得人告知上述所指决定书的情况。

13. 在货物报关单作为货物关境外加工许可证使用的情形下，用等效外国货物替换加工产品许可证，由海关以单独单证形式出具。

14. 本款第 1 自然段所指的单证的样式，由行使海关事务领域国家政策制定和法规调控职能的联邦权力执行机关规定。

15. 本条第 13 款所指单证的格式和结构，以及出具该单证的办法，由行使海关事务领域监管监督职能的联邦权力执行机关规定。

16. 在本条第 2 款未做规定的情形下，用等效外国货物替换加工产品的办法，由俄罗斯联邦政府规定。

第 144 条　报告适用关境外加工海关制度情况

1. 货物关境外加工许可证获得者，自将外国货物（货物的第一批）置于关境外加工海关制度下之日至结束此海关制度效力，应每 3 个自然月至少向海关提供 1 次报告。报告中应含有履行将联盟货物置于关境外加工海关制度下条件和根据此海关制度使用货物条件的信息。

2. 如果加工产品是以数个货物批次运入俄罗斯联邦，货物关境外加工许可证上所指的运出联盟货物和运入加工产品数量的最终核对值，自加工产品数量最终核对值的报告向海关提交之日起 30 个自然日内办理。

3. 报告样式和向海关提交的办法，由行使海关事务领域国家政策制定和法规调控职能的联邦权力执行机关规定。

第 145 条 结束关境外加工海关制度效力

1. 不晚于关境外加工海关制度有效期届满日，加工产品和未经加工作业的货物，应按照《联盟法典》规定的办法和条件置于复进口、放行供境内消费或出口（根据俄罗斯联邦法律上述所指货物应强制运回俄罗斯联邦的情形除外）海关制度下。

2. 允许加工产品以一批或数批（数次发送）置于复进口或放行供境内消费海关制度下。

3. 在将加工产品置于放行供境内消费海关制度下时，进口关税应按《联盟法典》第 186 条规定的办法缴纳，而进口环节税根据《俄罗斯联邦税费法》并依据《联盟法典》第 186 条第 5 项第 2 自然段的规定计算。

4. 在将置于关境外加工海关制度下货物置于出口海关制度下时，出口关税的计算和缴纳依据《联盟法典》第 187 条规定办理。

5. 对根据《联盟法典》第 185 条第 5 项所缴纳的（被追征的）出口关税款项，应缴纳利息。

6. 对未经联盟关境外加工作业、现置于出口海关制度下货物所缴纳的（被追征的）出口关税款项，应缴纳利息。

7. 本条规定的利息，按本联邦法第 34 条规定的办法计算和缴纳。

第二十三章 加工供境内消费海关制度

第 146 条 加工供境内消费海关制度的内容和适用范围

1. 加工供境内消费海关制度的内容和应用，将货物置于该海关制度下的条件和根据该海关制度使用货物的条件，该海关制度的有效期，缴纳进口关税、进口环节税、保障措施关税、反倾销税、反补贴税义务的产生和终止，上述税的缴纳期限和计算，由《联盟法典》第二十六章和本章调节。

2. 对其允许适用加工供境内消费海关制度的货物清单，由俄罗斯联邦政府规定。

3. 为将货物置于加工供境内消费海关制度下，应由按照本联邦法第 150 条规定，获得货物加工供境内消费许可证的人提交报关单。

4. 为适用本章的目的，俄罗斯利益相关人是指法人或个体经营者。

第 147 条 在外国货物加工产品中识别外国货物

1. 为了在外国货物加工产品中识别外国货物，适用《联盟法典》第 192 条所指的方法。

2. 货物加工供境内消费许可证获得人所申报的、外国货物在用其加工产品中识别方法的可接受性，由海关依据货物的特征或性质以及根据加工所实施的作业确定。

3. 如果海关认为申报人提出的外国货物在用其加工产品中的识别方法不可接受，海关有权自行规定外国货物在用其加工产品中的识别方法。

4. 根据《联盟法典》第 192 条第 6 自然段，在外国货物加工产品中识别外国货物，申报人可以向实施加工供境内消费海关制度监管的海关，提交生产、会计和税务核算单证，上述单证中应含有在实施加工产品生产作业方面的技术流程中，使用置于加工供境内消费海关制度下外国货物的信息。

5. 根据《联盟法典》第 192 条第 6 自然段规定的方法，为在用外国货物加工的产品中识别此外国货物，对于以多批次置于加工供境内消费海关制度下，品名、《对外经济活动商品目录》商品编码、质量和技术特性都一致的外国货物，在开展外国货物在用其加工产品中的识别时，推定更早时间被置于上述所指海关制度下的外国货物，已更早被用于加工。

第 148 条　加工供境内消费海关制度的有效期

1. 货物加工供境内消费许可证上所指的货物加工期限（本章以下简称“货物加工期限”），是加工供境内消费海关制度的有效期。

2. 货物加工期限由办理货物加工供境内消费许可证的人申报，但需在海关审核办理申请书时，经海关核准。

3. 货物加工期限在《联盟法典》第 193 条第 3 项规定的期限范围内确定。

4. 按照货物加工供境内消费许可证获得者，在货物加工供境内消费许可证上所指的货物加工期限届满前 10 个工作日内，以书面文件形式或以加密电子签名签署的电子文件形式，向对货物实施监管的海关提交的有根据的申请书，货物加工期限可在本条第 3 款规定期限范围内延长。

5. 海关应自登记延长货物加工期限申请书之日起，在 10 个工作日内按照规定的办法审核申请书，并以书面形式或加盖了海关工作人员加密电子签名的电子文件形式，告知延长货物加工期限或拒绝对其延长的情况。

6. 如果货物加工供境内消费许可证获得人未遵守《联盟法典》第二十六章、俄罗斯联邦海关调控法律规定的将货物置于加工供境内消费海关制度下的条件和根据此海关制度使用货物的条件，以及如果延长货物加工期限申请书是在货物加工期限届满后被提交的，则海关有权拒绝延长货物加工期限。

7. 海关延长货物加工期限拒绝书应含有拒绝理由。

8. 在延长货物加工期限时，应延长加工供境内消费海关制度的有效期。

第 149 条　加工产品的产出率

1. 加工产品产出率由办理货物加工供境内消费许可证的人依据实施货物(《联

盟法典》第 191 条规定的）加工作业的实际技术流程申报，但需在海关审核办理申请书时经海关核准。

2. 在磋商加工产品产出率时，应参考实施货物加工作业实际技术流程的专家组织以及俄罗斯联邦政府授权的联邦权力执行机关的结论。

3. 如果符合《联盟法典》第 194 条第 2 项所规定的条件，可以由俄罗斯联邦政府授权的联邦权力执行机构规定标准性产出率。

第 150 条 货物加工供境内消费许可证

1. 货物加工供境内消费许可证是《联盟法典》第 193 条所规定的货物加工供境内消费条件的单证。

2. 在货物加工供境内消费许可证上应指明《联盟法典》第 193 条所规定的信息。

3. 在没有外国货物、加工产品、边角料价格信息的情形下，在货物加工供境内消费许可证上应指明相应的价格范围。

4. 货物加工供境内消费许可证不得转让给其他人。

5. 货物加工供境内消费许可证的样式、其填制方法、在本联邦法未做调节领域出具货物加工许可证的办法，由行使海关事务领域国家政策制定和法规调控职能的联邦权力执行机关规定。

6. 货物加工供境内消费许可证的格式和结构，由行使海关事务领域监管监督职能的联邦权力执行机关规定。

第 151 条 出具货物加工供境内消费许可证

1. 任何俄罗斯联邦的利益相关人，包括基于《联盟法典》第 83 条可以作为货物加工供境内消费许可证上所指外国货物申报人的、不直接实施货物加工作业的人（本条以下简称“利益相关人”），可以获得货物加工供境内消费许可证。

2. 为获得货物加工供境内消费许可证，利益相关人应以书面形式或以加密电子签名签署的电子文件形式，向按照《俄罗斯联邦税费法》规定在其辖区内作为纳税人登记的海关，提交货物加工供境内消费申请书。

3. 如果利益相关人生产场所所在区域设有分支机构，则可以向管辖该分支机构的海关提交货物加工供境内消费申请书。

4. 在货物加工供境内消费申请书上应指明下列信息：

4.1 利益相关人（申报人）；

4.2 将直接实施加工作业的人（多人）；

4.3 预先指定用于加工的外国货物、用其加工的产品以及废碎料和剩余料件（品名，《对外经济活动商品目录》商品编码，根据《对外经济活动商品目录》按照基本计量单位或补充计量单位计算的货物的数量、价格或价格范围）；

4.4 关于货物加工作业的信息，加工作业的实施方法和实施期限；

4.5 生产场所（使用其可以实施货物加工作业的）所在地；

4.6 加工产品产出率；

4.7 外国货物在用其加工产品中的识别方法；

4.8 货物加工的期限；

4.9 废碎料进一步商业性利用的可能性；

4.10 证明货物占有权、使用权和处置权的单证；

4.11 海关（拟在那里将外国货物置于加工供境内消费海关制度下和结束此海关制度效力的）。

5. 提交货物加工供境内消费申请书应随附证实此申请书中所指信息的单证。

6. 自海关登记货物加工供境内消费申请书之日起，应当在 15 个工作日内，审核货物加工供境内消费申请书及其随附单证。

7. 海关有权要求第三人以及国家机构自收到查询函之日起，在 10 个工作日内提供证明本条第 4 款所指信息的单证。

8. 存在第 7 款情况的，海关有权延长货物加工供境内消费申请书审核期限，但不得超过自接受申请书之日起 30 个工作日。

9. 如果在提交货物加工供境内消费申请书时，未遵守海关调控领域国际条约和法律文件、本联邦法所规定的、将货物置于加工供境内消费海关制度下的条件，以及在海关做出拒绝协商货物加工产品产出率和货物加工期限决定书的情形下，海关应拒绝出具货物加工供境内消费许可证。

10. 海关出具货物加工供境内消费许可证拒绝书，应当包含拒绝理由。

11. 海关应以书面形式或以海关授权工作人员加密电子签名签署的电子文件形式，将上述所指的拒绝情况告知申报人。

12. 货物加工供境内消费申请书的样式和其填写办法，由行使海关事务领域国家政策制定和法规调控职能的联邦权力执行机关规定。

13. 行使海关事务领域监管监督职能的联邦权力执行机关负责规定货物加工供境内消费申请书、海关拒绝出具货物加工供境内消费许可证通知书的格式和结构。

第 152 条　修改货物加工供境内消费许可证

1. 凭货物加工供境内消费许可证获得人的申请书，海关可以在不违反海关调控领域国际条约和法律文件、本联邦法的前提下，对已出具的货物加工供境内消费许可证进行修改。

2. 修改货物加工供境内消费许可证申请书，应由许可证获得人向对货物实施监管的海关，以书面形式或以加密电子签名签署的电子文件形式提交。

3. 海关应在 10 个工作日内，审核货物加工供境内消费许可证修改申请书。

4. 海关拒绝修改货物加工供境内消费许可证时，应指出拒绝理由。

5. 海关应以书面形式或以海关授权工作人员加密电子签名签署的电子文件形式，将拒绝情况告知货物加工供境内消费许可证获得人。

6. 加工供境内消费许可证修改申请书的样式，海关拒绝加工供境内消费许可证修改决定书的样式，由行使海关事务领域国家政策制定和法规调控职能的联邦权力执行机关规定。

7. 行使海关事务领域监管监督职能的联邦权力执行机关负责规定加工供境内消费许可证修改申请书、海关拒绝加工供境内消费许可证修改决定书的格式和结构。

第 153 条　撤销货物加工供境内消费许可证

1. 下列情形下，海关可以撤销货物加工供境内消费许可证：

1.1 申报人未遵守海关调控领域国际条约、法律文件、本联邦法规定的将货物置于加工供境内消费海关制度下的条件和根据此海关制度使用货物的条件；

1.2 为获取许可证时，申报的外国货物、用外国货物加工的产品、剩余料件和废碎料、产出率的信息，导致少征关税款项的，但本条第 7 款所指的情形除外；

1.3 自海关出具货物加工供境内消费许可证之日起，在 2 年内从未实施将货物置于加工供境内消费海关制度下作业的。

2. 在做出撤销货物加工供境内消费许可证决定书之前，海关应以纸质文件形式或以加密电子签名签署的电子文件形式向申报人发送可能撤销货物加工供境内消费许可证的通知书，并指明撤销原因。如果自收到上述所指通知书之日起，在 10 个工作日内，申报人未采取消除货物加工供境内消费许可证撤销原因的措施，则海关撤销许可证。

3. 自海关做出撤销货物加工供境内消费许可证的决定书之日起，该决定书生效。

4. 在撤销货物加工供境内消费许可证的情况下，不允许依据被撤销的加工许可证将货物置于加工供境内消费海关制度下。

5. 在撤销货物加工供境内消费许可证的情况下，自撤销之日起，在 10 个自然日内，申报人有义务将此前置于加工供境内消费海关制度下的、截至上述所指许可证被撤销之日未加工的外国货物，置于放行供境内消费海关制度下。

6. 对置于加工供境内消费海关制度下、截至撤销货物加工供境内消费许可证之日已加工的外国货物，允许按照《联盟法典》第二十六章规定的办法结束加工供境内消费海关制度。

7. 如果未遵守《联盟法典》第 189 条第 2 项第 3 目所规定的、货物根据加工供境内消费海关制度使用的条件，海关应对货物加工供境内消费许可证做失效处理。

8. 海关做出货物加工供境内消费许可证失效的决定书，自货物加工供境内消费许可证出具之日起生效。

9. 自做出货物加工供境内消费许可证失效决定书之日起，不允许：

9.1 将失效的货物加工供境内消费许可证上所指的外国货物置于加工供境内消费海关制度下；

9.2 将失效的货物加工供境内消费许可证上所指的加工产品、剩余料件和废碎料置于放行供境内消费海关制度下。

10. 在货物加工供境内消费许可证失效的情况下，自做出许可证失效决定书之日起，在 10 个自然日内，对于许可证失效前已置于加工供境内消费海关制度下的外国货物（使用其加工的产品截至做出上述所指失效决定书之日从未置于放行供境内消费海关制度下的），申报人有义务将加工供境内消费海关制度变更为放行供境内消费海关制度，并缴纳进口关税；在上述外国货物因禁限规定不能置于放行供境内消费海关制度下时，则申报人有义务将加工供境内消费海关制度变更为拟将货物运出联盟境外的海关制度或对其进行销毁的海关制度。

11. 如果海关撤销货物加工供境内消费许可证或使其失效的决定书被认定为非法，则许可证应予恢复。在恢复货物加工供境内消费许可证时，加工供境内消费海关制度的有效期，应自认定海关撤销许可证或使其失效的决定书为非法决定书生效之日起恢复。

12. 撤销货物加工供境内消费许可证和使其失效的办法，本条第 11 款规定情形下许可证恢复的办法，由行使海关事务领域国家政策制定和法规调控职能的联邦权力执行机关规定。

13. 行使海关事务领域监管监督职能的联邦权力执行机关，负责规定撤销货物加工供境内消费许可证或使其失效通知书的格式和结构，以及海关撤销上述所指许可证、使其失效和恢复的决定书的格式和结构。

第 154 条　适用加工供境内消费海关制度时货物的登记和报告

1. 申报人及实施置于加工供境内消费海关制度下外国货物加工作业的人，有义务进行货物登记。

2. 登记根据俄罗斯联邦法律在开展会计和税务登记方面的要求进行。

3. 如果在加工供境内消费海关制度有效期内，同样的外国货物多批次运入的，则海关要求的货物登记应依据推定进行，即在更早时期运入的货物，已更早用于加工产品的生产。

4. 如果货物加工供境内消费许可证上所规定的在用其加工的产品中识别外国

货物的方法，规定必须将具体的外国货物和加工产品（在其生产时使用了外国货物的）进行比对，则本条第 3 款规定的规则不适用。

5. 如果规则与被申报人适用的货物会计核算方法不一致，申报人有权拒绝使用本条第 3 款规定的规则。

6. 货物加工供境内消费许可证获得人，自将外国货物（货物的第一批次）置于加工供境内消费海关制度下之日起至结束此海关制度效力，应每 3 个自然月至少 1 次向海关提交含有履行将外国货物置于加工供境内消费海关制度下条件和根据此海关制度使用信息的报告。

7. 如果外国货物分批运入俄罗斯联邦，对货物加工供境内消费许可证上所指的被运入外国货物、加工所得产品、废碎料和剩余料件进行最终数量核对，自海关自收到加工所得产品、废碎料和剩余料件最终数量核对报告之日起，不晚于 30 个自然日办理。

8. 适用加工供境内消费海关制度报告的样式和向海关提交报告的办法，由行使海关事务领域国家政策制定和法规调控职能的联邦权力执行机关规定。

第 155 条　结束加工供境内消费海关制度

对根据加工产品产出率所获得的废碎料、剩余料件，以及置于此海关制度下但未经加工作业的外国货物，加工供境内消费海关制度的效力应按照《联盟法典》第 197 条规定的办法，不晚于加工供境内消费海关制度有效期届满之日结束。

第二十四章　自由海关区海关制度

第 156 条　自由海关区海关制度的内容和适用范围

1. 自由海关区海关制度的内容和适用，将货物置于自由海关区海关制度下的条件和货物根据此海关制度使用的条件，自由海关区海关制度效力的结束，对置于自由海关区海关制度下的外国货物缴纳进口关税、进口环节税、保障措施关税、反倾销税、反补贴税义务的产生和终止，上述税的缴纳期限和计算，由《联盟法典》第 201 ~ 210 条、第 454 条和第 455 条规定。

2. 自由海关区海关制度在俄罗斯联邦境内的适用由联邦法（依据其在俄罗斯联邦境内可以规定特殊的经营活动法律制度、可以适用自由海关区海关制度的）调节。

第二十五章　自由仓库海关制度

第 157 条　自由仓库海关制度的内容和适用范围

1. 自由仓库海关制度的内容和适用，将货物置于该海关制度下的条件及货物依照该海关制度使用的条件，该海关制度的有效期，缴纳进口关税、进口环节税、保障措施关税、反倾销税、反补贴税义务的产生和终止，上述税的缴纳期限和计算，由《联盟法典》第二十八章和本章调整。

2. 俄罗斯联邦政府有权禁止在自由仓库区域从事某些种类的经营活动，有权削减置于自由仓库海关制度下货物或由其加工所得产品开展作业的数量。

3. 自由仓库海关制度不适用于：

3.1 应征消费税的外国进口运输工具、酒类产品和烟草产品；

3.2 俄罗斯联邦政府以清单确定的外国货物。

4. 俄罗斯联邦政府有权规定：

4.1 必须置于自由仓库海关制度之下方可放置在自由仓库的联盟货物的种类；

4.2 可以在自由仓库放置和使用但无须置于自由仓库海关制度之下的联盟货物的种类。

5. 行使海关事务领域国家政策制定和法规调控职能的联邦权力执行机关，可以规定一些情形（在这些情形下，已置于自由仓库海关制度下的货物可以置于和位于数个自由仓库区域内，但这些自由仓库的占有人需是作为置于自由仓库海关制度下货物申报人的法人）；可以规定置于自由仓库海关制度下货物和使用货物所生产的（所获得的）货物在上述所指数个仓库之间移动的条件；以及规定这些情形下实施海关作业的程序和对于货物开展海关监管的要求。

第 158 条　置于自由仓库海关制度下的货物和使用其制造的货物

1. 对置于自由仓库海关制度下的货物和使用其所制造的（所获得的）货物，在自由仓库区域内允许实施《联盟法典》第 213 条规定的作业，同时应参考本条第 2 款和第 3 款规定。

2. 如果符合设立自由仓库的目的，则置于自由仓库海关制度下的货物和使用其所制造的（所获得的）货物，可用于：

2.1 在自由仓库区域内建设不动产项目；

2.2 繁殖和饲养动物、禽类、水产品，以及栽培树木和植物。

3. 允许其他人实施《联盟法典》第 213 条第 1 项第 5 目所规定的与自由仓库启动和运营有关的作业，如果自由仓库占有人与其签订了实施作业的合同。

4. 在《联盟法典》第 213 条第 5 项规定的情形下，凭自由仓库所在地海关出具的许可证，允许将置于自由仓库海关制度下货物和使用其所制造的（所获得的）货物，在不结束自由仓库海关制度效力的情况下，从自由仓库区域运往联盟关境内的其他地点。

5. 本条第4款所规定的海关许可证，应由自由仓库占有人向海关提交申请书，申请书中应指明：

5.1 货物的名称和数量；

5.2 货物申报单（据其货物被置于自由仓库海关制度下）的号码；

5.3 货物运出的目的；

5.4 对货物实施《联盟法典》第213条第5项第1～3目所规定行为的地点；

5.5 将实施这样的行为的人的信息。

6. 本条第5款所规定的申请书应使用互联网以电子文件的形式提交，其结构和格式由行使海关事务领域监管监督职能的联邦权力执行机关规定。证实所申报信息的单证应和该申请书一同提交。

7. 本条第5款所规定的海关许可证，应以电子文件形式形成，海关应在其中规定：

7.1 在《联盟法典》第213条第5项第1～2目所指情形下运出货物时，货物应回运进入自由仓库区域的期限；

7.2 在《联盟法典》第213条第5项第3目所指情形下运出货物时，自由仓库海关制度效力应当结束的期限。

8. 在《联盟法典》第213条第5项第1目和第2目规定情形下，运出货物时，海关可以在下列情形下拒绝出具许可证：自由仓库占有人未履行本条第5款所规定的要求，以及对货物实施作业的结果能够改变货物的特征（与根据《对外经济活动商品目录》进行的商品归类有关的）。

9. 依照自由仓库占有人的申请书，根据本条第7款由海关设定的期限可以延长。申请书应使用互联网以电子文件形式提交，并以提交申请书的人加密电子签名签署。延长期限决定书应由海关在提出申请日之后的下一个工作日内做出。

10. 本条第4、5、8款和第9款所规定单证的样式、格式和结构，由行使海关事务领域监管监督职能的联邦权力执行机关规定。

第159条　置于自由仓库海关制度下的外国货物在使用其制造的货物中的识别

1. 为在使用置于自由仓库海关制度下的外国货物制造的货物中识别该货物，可以适用《联盟法典》第214条第1项所规定的方法。

2. 置于自由仓库海关制度下的外国货物在使用其制造的货物中的识别办法，由行使海关事务领域国家政策制定和法规调控职能的联邦权力执行机关规定。

3. 为根据《联盟法典》第 214 条第 1 项第 5 目，在使用置于自由仓库海关制度下外国货物所制造的（所获得的）货物中识别外国货物，可以由申报人向海关提交含有在相应技术流程中使用置于自由仓库海关制度下外国货物的生产、会计和税务登记单证。

4. 如果为在使用被置于自由仓库海关制度下的外国货物所制造的(所获得的）货物中识别外国货物，应适用《联盟法典》第 214 条第 1 项第 5 目所规定的方法，并且数批置于自由仓库海关制度下的外国货物，其品名和《对外经济活动商品目录》商品编码相同，则在使用置于自由仓库海关制度下的外国货物所制造的（所获得的）货物中识别外国货物，可以根据这样的规则办理：即，在更早时期置于自由仓库海关制度下的外国货物，已更早用于实施《联盟法典》第 213 条第 1 项第 4 目所规定的作业。

第 160 条　自由仓库海关制度效力的结束

1. 结束自由仓库海关制度效力的办法，由《联盟法典》第 215 条规定。

2. 在结束自由仓库海关制度效力时，应当由将货物置于自由仓库海关制度下时的申报人申报；如果根据《联盟法典》第 213 条第 8 项，对置于自由仓库海关制度下的货物或使用其制造的（获得的）货物实施了交易（转让货物的占有权、使用权和处置权），交易一方可以作为申报人。

3. 已过保质期的置于自由仓库海关制度下的货物或使用其制造的(所获得的）货物，以及和货物一起运入适用自由仓库海关制度的自由仓库区域、完全或部分丧失了其最初用途和消费属性的包装和包装材料，经海关许可，可以不置于销毁海关制度之下，按照行使海关事务领域监管监督职能的联邦权力执行机关规定的办法在自由仓库区域内销毁，或为销毁而从自由仓库区域内运出。条件是销毁货物所使用的方法不是为了生产新货物（产品）、完成工作、提供服务或者获取能源生成能够重复利用的再生资源（本章以下简称“再生资源”）。

4. 已过保质期的置于自由仓库海关制度下的货物或使用其所制造的货物，以及和货物一起被运入适用自由仓库海关制度的自由仓库区域的、完全或部分丧失了其最初用途和消费属性的包装和包装材料，可以在不置于销毁海关制度的情况下，按照行使海关事务领域国家政策制定和法规调控职能的联邦权力执行机关规定的办法，在自由仓库区域内销毁，或为了销毁而从自由仓库区域内运出。若相关货物及因销毁而生成的再生资源在俄罗斯联邦政府规定的清单内，则仍可按上述方式办理。

5. 置于自由仓库海关制度下货物损毁或无可挽回损失的事实、事故或不可抗力作用的后果，应由海关根据证实引起货物损毁或无可挽回损失的状况存在的单证认定，以及根据俄罗斯联邦会计和税务登记法通过会计核算单证认定。

6. 在自由仓库运营终止的情况下，如果自由仓库运营终止与《联盟法典》第423条第1项第2目将自由仓库占有人从自由仓库占有人名录注销有关，对置于自由仓库海关制度下的货物，且是投入运营的、自由仓库占有人使用的设备；或是自由仓库占有人为在自由仓库区域内建设不动产项目而使用的货物、且是不动产项目组成部分的，自由仓库海关制度的效力应当在不需要将货物置于其他海关制度的情况下结束，货物自该海关制度效力结束之日起获得联盟货物的地位。为适用本条的目的：

6.1 置于自由仓库海关制度下、投入运营和自由仓库占有人使用的设备，是指自将设备置于自由仓库海关制度下之日起，不低于5年置于自由仓库海关制度下、投入运营和自由仓库占有人使用的设备，以及为创建、投入运营和运营上述所指设备，自由仓库占有人使用的设备配套部件和备用部件（本条以下简称“设备用货物”）。“设备用货物”的清单（含根据《对外经济活动商品目录》指出的商品编码）和自由仓库占有人（有权作为列入上述所指清单的“设备用货物”的申报人）名录，由俄罗斯联邦政府确定。（根据2021年4月20日第97号联邦法补充，自2021年5月21日起生效）

6.2 不动产建设项目的组成部分，是指不动产建设项目技术文件（技术说明书）上所指明的在功能上与不动产建设项目不可分割的财产，或是基本建设投资过程中补充设置、安装的财产，但家具、装修物品、洁具、照明仪器和家用电器除外。

7. 对于本条第6款所指的货物，自由仓库海关制度的效力应在《联盟法典》第215条第1项第1目规定的期限届满前终止。

8. 为结束自由仓库海关制度效力，应由自由仓库占有人向海关提交书面申请书和含有下列信息的单证：

8.1 自由仓库占有人资质证明；

8.2 将货物置于自由仓库海关制度下的单证；

8.3 关于设备投入运营的单证（如果针对设备提交申请书）；

8.4 将自由仓库占有人对不动产建设项目的所有权记载列入不动产国家统一名录的单证（如果针对为在自由仓库区域内建设不动产项目所使用的商品提交申请书）；

8.5 关于作为不动产建设项目组成部分的商品单证（如果针对为建设不动产项目所使用的商品提交申请书）；

8.6 俄罗斯联邦政府对“设备用货物”法律文件的编号和日期。（根据2021年4月20日第97号联邦法补充，自2021年5月21日起生效）

9. 属于证实自由仓库占有人信息的单证有：

9.1 创立文件；

9.2 证实将自由仓库占有人列入国家统一法人名录事实的单证，或者证实列入记录事实的单证。如果自由仓库占有人未提交上述所指单证，按照海关跨部门查询函，实施国家法人登记的联邦权力执行机关应当提供证实将法人信息列入国家统一法人名录事实的信息；

9.3 在税务机关进行登记的证明书。如果自由仓库占有人未提交上述所指单证，依照海关的跨部门查询函，实施《俄罗斯联邦税费法》遵守情况监管监督职能的联邦权力执行机关应当提供证明法人在税务机关登记事实的信息。

10. 不动产建设项目技术文件（技术说明书）属于证明货物（是不动产建设项目组成部分的）信息的单证。

11. 本条第 8 款所指的申请书，应使用互联网以电子文件形式提交。

12. 本条第 8、9 款和第 10 款所指的申请书和单证，应由海关自其提交之日起，在 30 个工作日内审核，并可延长审核期限至 45 个工作日。根据审核结果，海关应当做出是否结束自由仓库海关制度效力的决定，并将相关情况通知申请人。

13. 本条第 8 款所指的申请书的格式和结构，和本条第 12 款所指的海关决定书的格式和结构，由行使海关事务领域监管监督职能的联邦权力执行机关规定。

第 161 条　自由仓库占有人注销时自由仓库海关制度效力的结束

1. 在自由仓库占有人注销的情况下，自由仓库海关制度的效力应以将位于自由仓库区域内、置于自由仓库海关制度下货物和使用置于自由仓库海关制度下货物所制造的货物置于《联盟法典》所规定的海关制度下结束，但海关转运海关制度除外，同时参考《联盟法典》第 215 条第 4 项和第 5 项的规定。

2. 在本条第 1 款规定的情形下，自由仓库海关制度应当在自由仓库占有人根据俄罗斯联邦法律结束注销程序前结束。

3. 在自由仓库占有人注销时，应对置于自由仓库海关制度下的货物履行缴纳进口关税、进口环节税、保障措施关税、反倾销税、反补贴税的义务。

4. 在本条第 3 款所指的情形下，自根据俄罗斯联邦法律启动法人注销程序之日起，在 10 个工作日内，应缴纳进口关税、进口环节税、保障措施关税、反倾销税、反补贴税。

5. 在自由仓库海关制度效力未根据本条第 2 款结束的情况下，该海关制度的效力应被终止，而货物应被海关机构根据《联盟法典》第五十一章扣留。

第 162 条　自由仓库海关制度效力结束时关税、进口环节税的计算和缴纳

根据《联盟法典》第 215 条第 5 项第 2 目，以复进口海关制度结束自由仓库海关制度效力，应在履行本联邦法第 175 条所规定的条件下实施。

第 163 条　适用自由仓库海关制度时货物的登记和报告

1. 自由仓库占有人负责开展置于自由仓库海关制度下的货物、使用其所制造的货物的登记，并负责向海关提交报告。

2. 置于自由仓库海关制度下货物、使用其所制造的货物所发生的任何改变，均应反映在登记单证上。

3. 对置于自由仓库海关制度下货物、使用其所制造的货物开展登记的办法，货物报告的样式、其填写办法和向海关提交报告的办法和期限，由行使海关事务领域监管监督职能的联邦权力执行机关规定。

4. 货物的登记，应根据《俄罗斯联邦会计核算法》和《俄罗斯联邦税费法》的要求，使用符合本联邦法第 369 条第 3 款规定要求的信息系统，以电子形式开展，并在会计核算单证上指明报关单的登记号码（据其外国货物和联盟货物置于自由仓库海关制度下和据其使用置于自由仓库海关制度下货物所制造的货物置于为结束自由仓库海关制度的目的所规定的海关制度之下）。

5. 如果对其应当实施《联盟法典》第 213 条第 1 项第 4 目所规定作业的同一个品名的货物，以数个批次置于自由仓库海关制度之下，则货物的登记根据以下原则进行，即在更早时期置于自由仓库海关制度下的货物，应在实施作业时更早使用。

6. 如果根据《联盟法典》第 214 条，为在使用置于自由仓库海关制度下的货物所制造的货物中识别置于自由仓库海关制度下的外国货物，应当适用必须将具体的外国货物与在自由仓库区域内使用这些外国货物所制造的货物进行比对的识别方法，则本条第 5 款所规定的规定不适用。

第 164 条　使用置于自由仓库海关制度下外国货物制造的货物地位的确定

俄罗斯联邦政府授权出具单证（证明使用置于自由仓库海关制度下货物所制造的货物地位的）的机关，根据《联盟法典》第 218 条，确定使用置于自由仓库海关制度下的外国货物所制造的（所获得的）货物的地位。

第 165 条　证明使用置于自由仓库海关制度下外国货物制造的货物地位的单证检查

如果在开展海关监管时，海关查发出的一些迹象表明，证明使用置于自由仓库海关制度下货物所制造货物地位的单证，含有不实信息或该单证是基于虚假的、不真实的或不完整的信息出具的，则海关应向俄罗斯联邦政府授权出具上述所指证件的机关，发送注销上述所指单证的公函。证明货物地位的单证，应由俄罗斯联邦政府授权出具上述所指单证的机关，自收到海关公函之日的次日起，在 10 个自然日内注销。

第二十六章　暂时进境（准入）海关制度

第 166 条　暂时进境（准入）海关制度的内容和适用范围

1. 暂时进境（准入）海关制度的内容和适用，将货物置于该海关制度下的条件和货物根据该制度使用的条件，该海关制度的有效期，缴纳进口关税、进口环节税、保障措施关税、反倾销税、反补贴税义务的产生和终止，上述税的缴纳期限和计算，由《联盟法典》第二十九章和本章调节。

2. 根据本联邦法第十章，担保履行缴纳进口关税、进口环节税、保障措施关税、反倾销税、反补贴税义务，是将货物置于暂时进境（准入）海关制度下的附加条件，但不需提交担保的情形除外。

第 167 条　暂时进境（准入）海关制度的有效期

1. 暂时进境（准入）海关制度的有效期，由海关依据申报人的申请，根据进境的目的，在《联盟法典》第 221 条规定的期限范围内确定。

2. 暂时进境（准入）海关制度的有效期，可依据申报人的申请，在本条第 1 款规定的期限范围内延长。

3. 延期申请书应在海关规定的暂时进境（准入）海关制度有效期届满前或其届满后一个月内，以电子文件形式或纸质文件形式，向办理将货物置于暂时进境（准入）海关制度下的海关提交。

4. 海关应在 5 个工作日内，审核关于延长暂时进境（准入）海关制度有效期的申请书，所做出的决定书应以电子文件形式或纸质文件形式发送给申报人。

5. 下列情形下，海关有权拒绝延长暂时进境（准入）海关制度的有效期：

5.1 未遵守《联盟法典》第 220 条第 2 项规定的暂时进境（准入）海关制度使用货物的条件。

5.2 延长效力期限申请书：

5.2.1 未向将该货物置于暂时进境（准入）海关制度下的海关提交，而是提交给其他海关；

5.2.2 在本条第 3 款规定的期限届满后提交。

5.3 未遵守《联盟法典》第 220 条第 1 项和本联邦法第 166 条第 2 款所规定的将货物置于暂时进境（准入）海关制度下的条件。

6. 延长暂时进境（准入）海关制度有效期申请书、海关根据对上述所指申请书的审核结果所做决定书的样式、格式和结构，由行使海关事务领域监管监督职能的联邦权力执行机关确定。

第 168 条　申报人经海关许可将置于暂时进境（准入）海关制度下货物转让给其他人占有和使用

1. 按照《联盟法典》第 222 条第 5 项所规定，海关将置于暂时进境（准入）海关制度下货物（本章以下简称“暂时进境货物”）转让给其他人占有和使用的许可证，应依申报人的申请书出具。

2. 转让申请书应以纸质文件形式或电子文件形式，向办理将货物置于暂时进境（准入）海关制度下的海关提交。

3. 本条第 2 款所指的转让申请书，应随附货物接受人的保证书，保证遵守根据暂时进境（准入）海关制度使用货物的条件，遵守《联盟法典》第 220 条第 2 项所规定的暂时进境的要求和条件；并随附合同或实施货物转让的其他依据性单证。

4. 海关应在 5 个工作日内审核暂时进境货物转让申请书。海关决定书应以电子文件形式或纸质文件形式发送。

5. 暂时进境货物转让申请书、货物接受人保证书、海关根据审核结果所做决定书的样式、格式和结构，由行使海关事务领域监管监督职能的联邦权力执行机关确定。

6. 下列情形下，海关有权拒绝出具将暂时进境货物转让给其他人占有和使用的许可证：

6.1 未遵守《联盟法典》第 220 条第 2 项规定的根据暂时进境（准入）海关制度使用货物的条件；

6.2 未遵守本条第 7 款和第 8 款规定的条件；

6.3 未履行本条第 9 款所规定的要求。

7. 允许申报人将暂时进境货物转让给其他人占有和使用，前提是受让人继续遵守根据暂时进境（准入）海关制度使用货物的条件和《联盟法典》第 220 条第 2 项所规定的货物暂时进境的要求。

8. 如果暂时进境货物属于应部分缴纳进口关税、进口环节税的货物，转让暂时进境货物的申报人，应当按适用部分缴纳进口关税、进口环节税的时间段缴纳进口关税、进口环节税。

9. 在做出关于是否可以向其他人转让暂时进境货物的决定时，海关有权要求暂时进境货物受让人根据本联邦法第十章提供履行缴纳进口关税、进口环节税、保障措施关税、反倾销税、反补贴税义务的担保（不需提交担保的情形除外），并且保证使用自己的名称办理相应单证。

10. 自海关做出转让暂时进境货物的决定书之日起，暂时进境货物受让人根据《联盟法典》第二十九章和俄罗斯联邦关于海关事务的法律在适用暂时进境（准入）海关制度方面享有权利并承担义务。

第 169 条　暂时进境（准入）海关制度效力的暂停和终止

1. 暂时进境（准入）海关制度效力的暂停和终止，根据《联盟法典》第 224 条实施。

2. 下列情形下，暂时进境（准入）海关制度效力可以在其有效期届满前结束：

2.1 为完成对航空器及其发动机的维修、技术服务和保养，需要按暂时进境（准入）海关制度暂时进口配件或设备；在将这些配件或设备安装到航空器及其发动机上时，同时将拆下航空器上原来的配件或设备，在将这些拆下的配件或设备根据《联盟法典》置于复出口海关制度或其他制度下时，上述为暂时进口配件或设备选用的暂时进境（准入）海关制度的效力可以在其有效期届满前结束；

2.2 俄罗斯联邦政府规定的其他情形。

3. 如果作为暂时进境货物申报人的法人因重组而注销或终止活动，应在向行使法人、作为个体经营者的自然人国家登记职能的联邦权力执行机关进行相应备案前，结束暂时进境（准入）海关制度。

4. 在上述所指情形下，注销委员会的授权代表负责结束暂时进境（准入）海关制度效力。

5. 置于效力终止的暂时进境（准入）海关制度下且未被海关根据《联盟法典》第五十一章所扣留的货物，应不晚于暂时进境（准入）海关制度效力终止之日的次日，根据《联盟法典》第十六章置于临时存储下。

第二十七章　货物暂时出境海关制度

第 170 条　货物暂时出境海关制度的内容和适用范围

1. 货物暂时出境海关制度的内容和适用范围，将货物置于该海关制度下的条件和货物根据该制度使用的条件，该海关制度的有效期，缴纳出口关税义务的产生和终止，上述税的缴纳期限和计算，由《联盟法典》第三十章和本章调节。

2. 对于以管道运输的天然气，在将天然气运出至位于联盟关境以外的地下贮罐进行存放、或为保障天然气运输的技术流程将天然气置入天然气运输系统的情形下，允许适用暂时出境海关制度。

3. 根据本联邦法第十章担保履行缴纳关税、进口环节税、保障措施关税、反倾销税、反补贴税义务，是将货物置于暂时出境海关制度下的附加条件，但不需提交担保的情形除外。

第 171 条　货物暂时出境海关制度的有效期

1. 货物暂时出境海关制度的有效期不受限制，但一些情形除外：如果俄罗斯联邦政府根据货物从联盟关境运出的目的设定了暂时出境的最长期限，以及对那些由俄罗斯联邦法律设定了返回俄罗斯联邦境内义务的货物。在上述所指情形下，暂时出境海关制度的有效期不得超过规定的最长期限。

2. 暂时出境海关制度的有效期，由海关依据申报人的申请，根据运出的目的和状况，并参考本条第 1 款规定确定。

3. 暂时出境海关制度的有效期，在该有效期届满前或不晚于该有效期届满后一个月，依申报人有根据的申请书并考虑本条第 1 款规定，可以由海关延长。

4. 上述所指的申请书应以电子文件形式或纸质文件形式，在海关规定的暂时出境海关制度有效期届满前或不晚于该有效期届满后一个月向海关提交。

5. 海关应在 5 个工作日内审核关于延长暂时出境海关制度有效期的申请书。海关的决定书应以电子文件形式或纸质文件的形式发送给申报人。

6. 下列情形下，海关有权拒绝延长暂时出境海关制度的有效期：

6.1 未遵守《联盟法典》第 228 条第 2 项规定的关于根据暂时出境海关制度使用货物的条件。

6.2 在提交延长暂时出境海关制度有效期的申请书时：

6.2.1 未向为其办理暂时出境海关制度的海关提交，而是向其他海关提交的；

6.2.2 在本条第 4 款所规定的期限届满后提交的。

6.3 向外国人转让暂时出境货物（对其由俄罗斯联邦法律设定了返回俄罗斯联邦境内义务的）的所有权。

7. 延长暂时出境海关制度有效期的申请书、海关根据审核申请书结果做出决定书的样式、格式和结构，由行使海关事务领域监管监督职能的联邦权力执行机关规定。

第 172 条　货物暂时出境海关制度效力的结束

1. 暂时出境海关制度效力的结束，根据《联盟法典》第 231 条实施。

2. 在按照申报人的申请书暂时运出货物时，海关应确定货物的识别特征（天然气除外）并在申报人的单证上指明。在将暂时运出货物置于复进口海关制度下时，海关应检查是否与识别特征相符。在上述特征相符、且没有货物被替换的直接证据情形下，海关无权拒绝将货物置于复进口海关制度下。

3. 对根据《联盟法典》第 232 条第 4 项所缴纳（被追征）的出口关税款项，应缴纳利息。

4. 对按照暂时出境海关制度出口、现被置于（或此前被置于）出口海关制度下的货物所缴纳或追征的出口关税款项，应缴纳利息，但本条第 5 款和第 7 款所规定的情形除外。

5. 对按照暂时出境海关制度出口、现被置于（或此前被置于）出口海关制度下的货物，如果后来对货物做出了终止暂时出境海关制度效力的决定，则对上述所指货物被置于出口海关制度下时所缴纳或追征的出口关税款项，应缴纳利息。

6. 本条所规定的利息，应按照本联邦法第 34 条所规定的办法计算和缴纳。

7. 在将暂时运出的天然气在暂时运出海关制度有效期届满前置于出口海关制度下的情形下，本条第 4 款所规定的利息不需计算和缴纳。在此种情形下，为计算出口关税，暂时运出的天然气应视为其在申报出口海关制度之日从联盟关境运出。

第二十八章　复进口海关制度

第 173 条　复进口海关制度的内容和适用范围

复进口海关制度的内容和适用，将货物置于该海关制度下的条件和货物根据该制度使用的条件，该海关制度的有效期，出口关税款项退还（结转）的办法，由《联盟法典》第三十一章和本章调节。

第 174 条　退还出口关税

1. 如果在将货物置于出口海关制度下时适用了定期报关，则出口关税款项的退还在具备以下条件时办理：自在货物申报单上所申报货物的所有批次实际运出联盟关境以外之日的次日起，在 6 个月的期限内，上述货物置于复进口海关制度下，并向海关提交《联盟法典》第 116 条第 6 项所指的信息。

2. 如果在将货物置于出口海关制度下时适用了《联盟法典》第 117 条规定，则出口关税款项的退还在具备以下条件时办理：自该货物最后一批组件根据出口海关制度实际运出之日起，在 12 个月的期限内，将所有运出的货物组件置于复进口海关制度下。

3. 如果在将货物置于出口海关制度下时适用了临时定期申报，则出口关税款项的退还在具备以下条件时办理：自根据本联邦法第 102 条第 15 款、第 19 款、第 20 款和第 204 条第 7 款提交完整货物申报单之日起，在不迟于 12 个月的期限内，将上述所指货物置于复进口海关制度下。

第 175 条　复进口海关制度下的货物缴纳税费、退还补贴

1. 对于此前根据出口海关制度从联盟关境运出、现置于复进口海关制度下的货物，如果俄罗斯联邦法律有规定，自海关登记报关单时起，申报人产生缴纳进口环节税和利息的义务，以及缴纳或退还与货物从联盟关境运出有关的补贴、其他未缴纳的款项或此前作为支付、优惠或退还直接或间接所获得款项的义务，并按照法律所规定的办法和条件办理。

2. 缴纳或者退还本条第 1 款所指款项的义务，在申报人完成以下行为的情形下终止：

2.1 根据俄罗斯联邦法律所规定的额度已缴纳进口环节税、国内税、包括应退还的补贴和其他款项，或者根据俄罗斯联邦法律完成其他行为；

2.2 海关拒绝根据复进口海关制度放行货物。

3. 行使海关事务领域国家政策制定和法规调控职能的联邦权力执行机关，可以规定实施海关作业（与检查履行本条第 1 款规定义务有关的）的办法。

第二十九章　复出口海关制度

第 176 条　复出口海关制度的内容和适用范围

复出口海关制度的内容和适用，将货物置于该海关制度下的条件和货物根据该制度使用的条件，该海关制度的有效期，缴纳进口关税义务的产生和终止，上述税的缴纳期限和计算，由《联盟法典》第三十二章和本章调节。

第 177 条　退还税费

对于《联盟法典》第 238 条第 2 项第 6 目所指的、置于复出口海关制度下并实际运出联盟关境外的货物，应按照本联邦法第十一章的规定，办理已缴纳的进口关税、进口环节税、保障措施关税、反倾销税、反补贴税的退还（结转），但以下情形除外：即如果在缴纳进口关税和进口环节税方面给予了优惠，而此后实施的行为违反了提供上述优惠的目的和条件，或违反了为适用优惠而设定的使用、处置这些货物的限制条件，则已缴纳或已追征的进口关税、进口环节税款项不予办理退还（结转）。

第三十章　免税贸易海关制度

第 178 条　免税贸易海关制度的内容和适用范围

1. 免税贸易海关制度的内容和适用，将货物置于该海关制度下的条件和货物根据该制度使用的条件，该海关制度的有效期，缴纳进口关税、进口环节税、保障措施关税、反倾销税、反补贴税义务的产生和终止，上述税的缴纳期限和计算，由《联盟法典》第三十三章和本章调节。

2. 允许设立进境免税商店的航空口岸或水运口岸的清单，由俄罗斯联邦政府规定。

3. 对于可以向外交机构和人员（包括外交代表机构、领事机构、各国驻国际组织代表机构、国际组织或其驻俄罗斯联邦代表机构；外交代表机构的外交工作人员、领馆工作人员及其随任的家属、各国驻国际组织代表机构的工作人员、国际组织或其派驻机构的工作人员等）销售置于免税贸易海关制度下货物的免税商店，实行清单管理，该清单由俄罗斯联邦政府规定。

4. 根据《联盟法典》第 247 条第 2 项第 2 目将外国货物置于放行供境内消费海关制度之下时，计算进口关税、进口环节税、保障措施关税、反倾销税、反补贴税时，应当适用海关登记货物申报单之日执行的进口关税、进口环节税、保障措施关税、反倾销税、反补贴税税率和俄罗斯联邦中央银行规定的卢布官方汇率。

5. 根据《联盟法典》第 247 条第 5 项，如果为计算进口关税、进口环节税、保障措施关税、反倾销税、反补贴税，需要办理外国货币对俄罗斯联邦货币的换算，则进行换算时，按照海关登记货物申报单（为将货物置于免税贸易海关制度下所提交的）之日执行的、俄罗斯联邦中央银行确定的卢布官方汇率办理。

6. 置于免税贸易海关制度下的货物，在下列情形下运输时，可在不结束免税贸易海关制度效力的情形下，适用海关转运海关制度：

6.1 在免税商店的仓库和销售场所之间进行运输的，如果仓库和销售场所不在同一海关辖区内；

6.2 在货物置于免税贸易海关制度下时所在的存放地和免税贸易货物仓库、销售场所之间进行运输的，如果存放地和仓库、销售场所不在同一海关辖区内。

7. 除第 6 项规定的情形外，对已置于免税贸易海关制度下的外国货物，在其适用海关转运海关制度时，应先结束免税贸易海关制度。

第三十一章　销毁海关制度

第 179 条　销毁海关制度的内容和适用范围

销毁海关制度的内容和适用，将货物置于该海关制度下的条件和货物根据该制度使用的条件，该海关制度的适用特点，由《联盟法典》第三十四章和本章调整。

第 180 条　将货物置于销毁海关制度下

1. 在为将外国货物置于销毁海关制度下，提交申报单之前，申报人应以书面形式向货物所在地海关提交拟将货物置于销毁海关制度下的告知书。

2. 在告知书里，应指明品名、《对外经济活动商品目录》规定的商品编码、货物的数量、价格、存放地、拟使用的销毁方法、申报人将货物退出流通（或不使进入流通）的简要原因描述、销毁地点，以及实施外国货物销毁作业后所形成废物的信息。

3. 对于将外国货物置于销毁海关制度下的告知书，申报人应随附俄罗斯联邦政府授权行使出具结论书（关于能否销毁置于销毁海关制度下外国货物的）职能的联邦权力执行机关所出具结论书的复印件，在该结论书中应指出销毁货物的方法和地点，且该复印件应按规定办法进行确认；或随附与申报人签订了销毁货物合同的专业化组织所获得的从事货物销毁（废物利用）作业经营许可证的复印件，该复印件需经公证确认。

4. 下列单证可用作货物销毁可能性、货物销毁方法和地点的结论书：

4.1 如果为对其或用其开展试验、检验、实验或进行属性和性能展示暂时运入的外国货物，在对其或用其开展试验、检验、实验或进行属性和性能展示时被损毁或毁坏，由开展上述所指试验、检验、实验或这些货物的属性和性能展示的组织出具的损毁（废物利用）证明书；

4.2 由与申报人签订销毁货物合同的专业化组织所获得的从事相应货物种类销毁作业经营许可证的复印件，该复印件应由上述所指组织或授权出具该经营许可证的机关按规定的程序确认。

第 181 条　货物的销毁

1. 货物的销毁期限，由接受拟销毁货物告知书的海关根据《联盟法典》第 250 条第 1 项确定。

2. 销毁货物以后，申报人应当向海关提交证明货物销毁事实的单证，该单证的样式由授权出具能否销毁结论书的联邦权力执行机关规定；或向海关提交实施货物销毁作业的组织出具的证明书。

第 182 条　海关对置于销毁海关制度下货物实施监管

海关工作人员运用《联盟法典》和本联邦法规定的保障海关监管开展的措施，对置于销毁海关制度下外国货物的销毁作业实施海关监管。

第三十二章　放弃并归国有海关制度

第 183 条　放弃并归国有海关制度的内容和适用范围

1. 放弃并归国有海关制度的内容和适用，将货物置于该海关制度下的条件和货物根据该制度使用的条件，由《联盟法典》第三十五章和本章调节。

2. 遵守《联盟法典》第 252 条和本联邦法第 184 条第 1、2 款规定的要求，是将货物置于放弃并归国有海关制度下的条件。

第 184 条　将货物置于放弃并归国有海关制度下

1. 为将外国货物置于放弃并归国有海关制度下，提交货物申报单之前，申报人应以书面形式向货物所在地海关提交拟将货物置于放弃并归国有海关制度之下的告知书。

2. 在告知书中，应指明《对外经济活动商品目录》中规定的外国货物的名称、商品编码，它们的数量、价格和所在地。

3. 告知书应随附俄罗斯联邦政府授权行使组织转归国有财产变卖、销毁或加工（废物利用）职能的联邦权力执行机关出具的结论书，该结论书应能证明与将货物置于放弃并归国有海关制度下有关的费用，可由货物变卖所得资金偿付。

4. 在本联邦法第 185 条第 1 款规定的期限内，如果申报人未向海关实施货物移交，海关应取消对货物的放行。

第 185 条　置于放弃并归国有海关制度下货物的处置

1. 置于放弃并归国有海关制度下的货物，应自货物放行之日起，在 3 日内按照接受—移交记录单向海关移交。

2. 接受置于放弃并归国有海关制度下的货物后，海关应按照接受—移交记录单向俄罗斯联邦政府授权行使组织转归国有财产变卖、销毁或加工（废物利用）职能的联邦权力执行机关移交上述货物。

3. 接受—移交记录单的样式由行使海关事务领域监管监督职能的联邦权力执行机关规定。

第三十三章　特殊海关制度

第 186 条　将货物置于特殊海关制度下的条件和适用范围

在委员会规定的情形下，针对根据《联盟法典》第 253 条第 2 项已指出的和委员会确定的适用特殊海关制度的货物，俄罗斯联邦政府负责规定将货物置于特殊海关制度下的条件，除包括非税调节、技术调节措施和卫生、动植物卫生检疫措施的适用，还包括下列适用特殊海关制度的办法：

1. 运入联盟关境或从联盟关境运出货物的地位；

2. 根据特殊海关制度使用货物的期限和其他条件；

3. 结束特殊海关制度效力的办法；

4. 暂停和恢复特殊海关制度效力的情形和办法；

5. 缴纳关税、进口环节税、保障措施关税、反倾销税、反补贴税义务产生和终止的状况；发生应当履行缴纳关税、进口环节税、保障措施关税、反倾销税、反补贴税义务的情形；对于特殊海关制度下的货物，上述所指税的缴纳期限；

6. 为结束和暂停特殊海关制度效力货物可被置于其下的一些海关制度，在将货物置于这些海关制度之下时，计算和缴纳关税、进口环节税、保障措施关税、反倾销税、反补贴税的特点，上述税的缴纳期限。

第五编

特殊种类货物通过联盟海关边界的办法和条件

第三十四章　一些类别的外国人携运的货物、外交邮袋和领事邮袋通过联盟海关边界的办法和条件

第 187 条　一些类别的外国人运入和运出货物的管理

1. 根据俄罗斯联邦国际条约享有特惠权或豁免权的外交代表机构和领事机构、国家驻国际组织代表机构、国际组织或其代表机构向俄罗斯联邦运入和从俄罗斯联邦运出公务用品，根据《联盟法典》第四十二章实施。

2. 在委员会规定的情形下，行使海关事务领域监管监督职能的联邦权力执行机关负责规定外交代表机构、领事机构、其他外国官方代表机构、国际组织及其工作人员办理进出境公务用品的申报办法和形式。

第三十五章　自用物品通过联盟海关边界的办法和条件

第 188 条　自用物品通过联盟海关边界的一般规定

1. 自然人向俄罗斯联邦运入和从俄罗斯联邦运出自用物品，根据《联盟法典》第三十七章、俄罗斯联邦缔结的国际条约、联盟委员会关于自然人经联盟海关边界携带物品的决定和本联邦法实施。

2. 对于自然人经联盟海关边界携带进出境的（或由自己收取的）非自用物品，不适用本章规定。

3. 在本条第 2 款所指的情形下，按照海关监管结果由海关做出货物不属于自用物品的决定书。

4. 本条第 2 款所指决定书的样式，该决定书的填写办法，以及电子文件形式决定书的结构和格式，由行使海关事务领域监管监督职能的联邦权力执行机关规定。

第 189 条　自用物品通过联盟海关边界时双通道制度的适用

1. 在抵达联盟关境或从联盟关境离开的地点，为办理自用物品申报，可适用双通道制度。

2. 适用双通道制度的口岸清单，由行使海关事务领域监管监督职能的联邦权力执行机关，依据口岸所在地海关和区域性海关管理局申请，根据列入清单的必要性，考虑通过能力（设计的和实际的）、设备需求和是否具备委员会对在口岸配置双通道制度规定的配套用房（场地）确定。

3. 自然人跨过绿色通道进入（驶入）线或不提交旅客申报单跨过海关作业区标识线，是自然人没有应报关物品的声明。

第 190 条　对自用物品实施的海关作业

1. 在物品由铁路运输时，对自用物品的海关作业，在俄罗斯联邦政府规定的情形下，可以在客运列车行进路线上实施。

2. 在使用公路运输和铁路运输跨越联盟海关边界的情形下，按照俄罗斯国境口岸人员、运输工具和货物通关流程，可以在自然人不离开运输工具的情况下，实施对其携带自用物品的海关作业。

3. 如果海关工作人员有要求，自然人应当离开运输工具。

4. 在委员会规定的情形下，或不在委员会调节范畴的，对经联盟海关边界进出的自用物品或暂时运入联盟关境的自用交通工具，由行使海关事务领域监管监督职能的联邦权力执行机关规定实施海关作业的办法、放行办法和反映脱离海关监管事实的办法。

5. 对认定为迁往联盟成员国长期居留的自然人或根据联盟成员国法律获得难民地位的自然人，其所运入的汽车（摩托车）等交通工具及其拖车，在遵守委员会规定条件的情况下，免征海关税费。

6. 本条第 5 项所指的运输工具，应当在证明自然人获得准迁资格和难民地位的文件出具之日前，不低于 12 个月的时间内位于自然人此前居住的国家，为其所有并登记在其名下。

7. 为实施监管暂时运入的自用交通工具的职权，行使海关事务领域监管监督职能的联邦权力执行机关，对自用交通工具是否遵守暂时进境期限的情况，海关可以规定监管办法。

第 191 条　自用物品的临时存储

1. 自用物品的临时存储应按照《联盟法典》第十六章和第 259 条规定的办法和条件实施。

2. 自用物品临时存储的地点由本联邦法第 90 条规定。

3. 携带自用物品入境且有意愿迁往俄罗斯联邦长期居留的外国自然人或根据

俄罗斯联邦法律获得难民地位的外国自然人，将自用物品放置在临时存储地，应按照行使海关事务领域监管监督职能的联邦权力执行机关规定办理。

第 192 条　自用物品的报关

1. 提交旅客申报单的办法，包括使用自用物品信息系统（提交），由行使海关事务领域国家政策制定和法规调控职能的联邦权力执行机关规定。

2. 登记或不予登记旅客报关单的办法，由行使海关事务领域国家政策制定和法规调控职能的联邦权力执行机关规定。

3. 行使海关事务领域国家政策制定和法规调控职能的联邦权力执行机关负责规定物品（被作为快件向自然人送达的）申报人的要求。

第 193 条　自然人携带自用物品暂时进出境

1. 在复运进境以前从联盟关境运出的货物时，如果货物超过免缴关税、进口环节税运入的货值、重量和数量标准，在没有《联盟法典》第 265 条第 2 项所规定货物识别方式的情形下，携带人为向海关证明其是以前运出的货物，应向海关提交可以用于证明上述情况的单证和信息。

2. 获得在俄罗斯联邦境内工作许可证的外国专家，按俄罗斯联邦法律规定的办法，以随身行李或分离运输行李方式运入曾被使用过的、用于在俄罗斯联邦境内居留期间自用的货物，不受价值和重量限制，免于缴纳关税和进口环节税。

3. 行使海关事务领域国家政策制定和法规调控职能的联邦权力执行机关，有权限制获得在俄罗斯联邦工作许可证的外国自然人（有权免缴海关税费运入曾使用过的、用于在俄罗斯联邦境内居留期间自用的物品的）的类别，以及可由上述人免缴海关税费运入物品的类别。

4. 在违反暂时运入自用物品条件的情形下，所有权或占有权人产生连带缴纳关税、进口环节税的义务。

5. 由在联盟成员国没有常住地的自然人，向俄罗斯联邦暂时运入下列货物时，应提供履行缴纳关税、进口环节税义务担保：

5.1 已有自用交通工具处于海关监管下时，又运入第二辆或更多在外国登记的自用交通工具；

5.2 在外国登记的、所有权归属自然人或法人（此前运入联盟关境现处于海关监管下的自用交通工具归属其所有）的自用交通工具。

6. 本条第 5 款规定的第二辆及更多的自用交通工具，是指与此前暂时运入且未从联盟关境运出的自用交通工具同类型的自用交通工具（包括汽车、摩托车及其拖车、船舶和航空器）。

第 194 条　自用物品适用的海关税费

1. 自用物品适用海关税费的办法由《联盟法典》第 266 条、第 268 ~ 270 条规定。

2. 在委员会规定的情形下，俄罗斯联邦政府有权规定：

2.1 附加的或比委员会规定的条件更严格的向联盟关境免缴关税、进口环节税运入自用物品的条件，与委员会在使用、处置免缴关税和进口环节税运入自用物品方面限制不同的限制条件；

2.2 不需缴纳关税、进口环节税运入自用物品（以与空运不同的运输方式、或以徒步携运方式，以随身行李或分离运输行李运输的）的标准；

2.3 不需缴纳关税、进口环节税运入自用物品（由承运人向自然人送达的）的标准；

2.4 不需缴纳关税、进口环节税运入自用物品（以国际邮件方式向联盟关境内的自然人寄递的）的标准。

3. 自然人在国际电子商务项下购买并通过快件方式进境的自用物品（自用交通工具除外），其关税、进口环节税，可由快件承运人以货物购买人名义或受其委托缴纳。

4. 对实施快件物品承运人的要求，由行使海关事务领域国家政策制定和法规调控职能的联邦权力执行机关规定。

5. 如果由俄罗斯联邦公民运入的自用物品（以随身行李运入的物品除外），应在缴纳关税、进口环节税的条件下放行，此人应向海关提交根据《俄罗斯联邦税费法》授予纳税人的识别码信息。

第 195 条　一些类别外国人携运货物进出境

根据俄罗斯联邦缔结的国际条约享有特惠权或豁免权的自然人向俄罗斯联邦运入或从俄罗斯联邦运出自用物品，根据《联盟法典》第四十二章并参考《联盟法典》第三十七章的规定实施。

第三十六章　从事国际运输的运输工具通过联盟海关边界的办法和条件

第 196 条　从事国际运输的运输工具通过联盟海关边界的一般规定

从事国际运输的运输工具通过联盟海关边界的一般规定，由《联盟法典》第 272 条规定。

第 197 条　暂时进境从事国际运输的运输工具位于联盟关境和在联盟关境内使用的条件

1. 暂时进境从事国际运输的运输工具位于联盟关境和在联盟关境内使用的条件，由《联盟法典》第 275 条规定。

2.《联盟法典》第 275 条第 5 项所指的从事国际运输的铁路运输工具和铁路运输工具运输的集装箱，仅限于本次用于俄罗斯联邦境内运输。

3. 铁路承运人向海关提交关于暂时进境的从事国际运输的铁路运输工具和其运输的集装箱（包括根据《联盟法典》第 275 条第 5 项用于境内运输的）所在地的信息，应使用信息系统，按照行使海关事务领域国家政策制定和法规调控职能的联邦权力执行机关规定的办法，按每 50 个从事国际运输的铁路运输工具（车厢）用时 3 个工作日计算得出的期限提交。

第 198 条　暂时出境的从事国际运输的运输工具在联盟关境外使用的条件

1. 暂时出境的从事国际运输的运输工具在联盟关境外使用的条件，由《联盟法典》第 277 条规定。

2.《联盟法典》第 277 条第 4 项规定的、关于实施作业的申请书，应向将货物置于暂时进境（准入）海关制度下的海关提交。上述所指的申请书不允许向其他海关提交。

3. 电子文件形式申请书的样式、结构和格式，其填写办法，对其进行修改的办法，以及在委员会未调节的领域实施与提交、登记和不予登记申请书有关海关作业的办法，由行使海关事务领域监管监督职能的联邦权力执行机关规定。

第 199 条　从事国际运输的运输工具的申报和放行

1. 从事国际运输的运输工具申报和放行的办法，由《联盟法典》第 278 条规定。

2. 承运人可以作为从事国际运输的运输工具的申报人。

3. 与从事国际运输的运输工具（公路运输除外）报关有关的海关作业，可以由报关代理人或其他依照承运人委托开展活动的人以承运人的名义实施。

4. 运输工具进境申报单应自通知货物运抵联盟关境时起，在 3 小时内提交，但本条第 5 款所指的情形除外。

5. 在货物以铁路运输方式运抵联盟关境的情形下，运输工具申报单应自通知货物运抵联盟关境时起，在 7 小时内提交。

6. 延长经营国际运输工具暂时进境期限的申请书，应在该运输工具暂时进境规定期限届满前提交，对于在规定期限届满后提交延期申请书的，如果委员会未做其他规定，海关不予办理。

7. 提交运输工具申报单的日期和时间，应在运输工具申报单登记簿上登记，包括使用海关信息系统。

8. 运输工具申报单登记簿的样式、结构和填写办法，由行使海关事务领域监管监督职能的联邦权力执行机关规定。

第三十七章　备用品通过联盟海关边界的办法和条件

第 200 条　备用品通过联盟海关边界的一般规定

1. 备用品通过联盟海关边界的一般规定，由《联盟法典》第 281 条规定。

2. 使用火车从联盟关境运出置于免税贸易海关制度下的外国货物，不允许将货物作为备用品申报和放行。

第 201 条　备用品的使用

1. 在遵守本章规定的条件下，位于船舶、航空器或火车上的备用品，经海关许可，可以暂时卸货，移交给其他承运人，移交至实施货物、乘客或行李国际运输的其他船舶、航空器或火车。

2. 海关的许可证应依据承运人以电子文件形式或纸质文件形式向海关提交的申请书［以下简称“备用品卸载（移交）申请书”］出具。

3. 备用品卸载（移交）申请书应含有以下信息：

3.1 备用品的名称、数量和存放地；

3.2 日期、时间和拟对备用品开展的处置；

3.3 接收备用品的承运人。

4. 对申请书应随附证明遵守本条第 7 款所规定条件的单证。

5. 海关应在一个工作日内审核备用品卸载（移交）申请书。海关决定书应以电子文件形式或纸质文件形式发送给承运人。

6. 下列情形下，海关有权拒绝出具备用品卸载（移交）许可证：

6.1 暂时进境货物移交给其他承运人占有和使用的申请书未包含本条第 3 款规定的信息；

6.2 未遵守本条第 7 款规定的条件；

6.3 备用品卸载（移交）申请书是向当初办理备用品报关的海关以外的海关提交。

7. 允许备用品向其他承运人、向实施货物、乘客或行李国际运输的其他船舶、航空器或火车移交，但条件是：这些承运人负责承担继续遵守《联盟法典》第三十九章规定的备用品使用条件的义务，并征得备用品申报人的同意。

8. 接受被移交备用品的承运人，自海关做出备用品卸载（移交）决定书之日起，根据《联盟法典》第三十九章和本联邦法在使用备用品方面享有权利并承担义务。

9. 行使海关事务领域监管监督职能的联邦权力执行机关，负责规定备用品卸载（移交）申请书、海关允许或拒绝备用品卸载（移交）决定书的样式、格式和结构。

第三十八章 国际邮件和通过国际邮件寄递的货物通过联盟海关边界的办法和条件

第 202 条 通过国际邮件寄递货物的特点

1. 使用国际邮件向俄罗斯联邦运入货物和从俄罗斯联邦运出货物，根据《联盟法典》第四十章、海关调控领域国际条约、法律文件实施。

2. 海关指定的邮政通信运营商，负责向海关提供国际邮件所寄递自用物品收货人的证件信息。

3. 行使海关事务领域国家政策制定和法规调控职能的联邦权力执行机关，经与实施信息技术领域国家政策制定落实和法规调控职能的联邦权力执行机关协商，负责规定提交本条第 2 款所指信息的办法和形式。

4. 行使海关事务领域监管监督职能的联邦权力执行机关，负责规定提交本条第 2 款所指信息的文书的格式和结构。

第 203 条 对国际邮件和通过国际邮件寄递货物实施海关作业的要求

1. 对使用国际邮件寄递货物的海关作业，由海关在《联盟法典》第 286 条第 4 项规定的地点实施。

2. 作为邮政通信场所的国际邮政交换地点，由行使海关事务领域国家政策制定和法规调控职能的联邦权力执行机关与实施邮政通信领域国家政策制定实施和法规调控职能的联邦权力执行机关共同规定。

3. 海关对用国际邮件寄到俄罗斯联邦或从俄罗斯联邦寄出的货物实施海关作业的办法，包括利用海关信息系统（有海关工作人员参与或无海关工作人员参与），以及由指定邮政通信运营商对国际邮件提交预先信息（在存在预先信息时）的办法，在委员会规定前，由行使海关事务领域国家政策制定和法规调控职能的联邦权力执行机关规定。

4. 使用国际邮件寄递自用物品的报关，根据《联盟法典》第 260 条第 3 项和构成联盟法律的法律文件实施。

5. 根据《联盟法典》第 286 条第 8 项使用万国邮政联盟法律文件所规定的单证作为旅客报关单的情形下，单证和其他国际邮件随行单证（在存在这些单证时），应当含有对于放行自用物品所必需的信息。

6.《联盟法典》第 260 条第 14 项第 3 目和第 15 项所指的人，可以作为国际邮件寄递货物的申报人；在使用旅客报关单申报货物时，申报人是使用国际邮件寄递自用物品的收货人。

7. 通过国际邮件从联盟关境寄出自用物品的报关，应在物品移交给指定邮政运营商前实施。

8. 在用国际邮件寄递的货物根据出口海关制度以及复进口海关制度（对从联盟关境用国际邮件寄出且未被向收货人交付的货物）办理报关时，万国邮政联盟法律文件所规定的单证和国际邮件随行单证可用作货物申报单，但需在下列情形下：

8.1 货物不需缴纳关税、进口环节税；

8.2 货物不涉及禁止和限制措施，不适用境内市场保护措施。

9. 使用单证作为货物申报单的其他情形和条件，由行使海关事务领域国家政策制定和法规调控职能的联邦权力执行机关规定。

10. 在万国邮政联盟法律文件规定的单证和国际邮件随行单证作为货物申报单或旅客报关单使用时，指定的邮政通信运营商以电子形式提交的、含有应以商品申报单或旅客报关单进行申报内容的关于寄递货物的信息，可以作为商品申报单或旅客申报单的电子形式使用。提交信息的办法和形式，由行使海关事务领域国家政策制定和法规调控职能的联邦权力执行机关规定。

11. 使用国际邮件寄递货物的放行，由海关在遵守《联盟法典》第 118 条第 1 项列明条件的情形下办理；而对使用国际邮件寄递的自用物品的放行，由海关在遵守《联盟法典》第 262 条第 2 项和第 3 项列明条件的情形下办理。

12. 与使用国际邮件寄递货物放行有关的海关作业，由海关在《联盟法典》第 119 条规定期限内、按照委员会规定的办法实施；而对于委员会未调节的领域，按照行使海关事务领域国家政策制定和法规调控职能的联邦权力执行机关规定的办法实施。

13. 在由海关调控领域国际条约、法律文件调节相应的法律关系前，行使海关事务领域国家政策制定和法规调控职能的联邦权力执行机关负责规定做出注销货物放行标记、放行货物标记或不予放行货物标记的办法。

14. 在存在海关信息系统和指定的邮政通信运营商信息系统互助合作的情况下，海关应在短期内（但不晚于自做出决定书时起 1 小时）以电子形式将货物放行情况告知指定的邮政通信运营商。

15. 如果要在邮政通信组织使用现金对通过国际邮件寄递的自用物品缴纳海关税费，则该邮政通信组织必须装备有电子支付工具，且能够通过电子通信渠道向海关税费运营商支付系统发送关于缴税额、缴纳人身份证件号码等信息。

16. 对自然人通过跨境电商购买的、以国际邮件方式寄递的自用物品，关税、进口环节税可由指定的邮政通信运营商以货物购买人名义或受货物购买人委托缴纳。

17. 对指定的邮政通信运营商的要求和实施本条第 16 款所指的缴纳关税、进口环节税作业的条件，由行使海关事务领域国家政策制定和法规调控职能的联邦权力执行机关规定。

第三十九章　管道运输或者输电线输送货物通过联盟海关边界的办法和条件

第 204 条　管道运输货物报关

1. 在以管道运输方式向联盟关境或俄罗斯联邦运入货物和从联盟关境或俄罗斯联邦运出货物时，根据本联邦法第 102 条并参考本条的规定，允许通过临时定期申报的方式报关。

2. 在临时报关单上，允许申报拟于一定期限内运入运出货物的大致数量和预估总价。预估总价应根据拟在一定期限内运入运出货物的数量、货物的消费性质，以及外贸合同中规定的提交临时报关单之日确定货物单价的办法确定。

3. 在履行数个外贸合同（包括按照不同的供货、计价、支付条件签订的）时，对适用同一海关制度且由同一人运入运出的货物，允许提交一份临时报关单。

4. 临时报关单申报的供货期限应不超过 3 个自然月；天然气申报，应不超过 12 个自然月。

5. 如果在临时报关单上申报的供货期限内，计划进出口的货物数量发生变化，申报人应提交补充临时报关单，且应在货物实际进出口前提交。

6. 如果在临时报关单上申报的供货期限内，实际运出货物的数量超过临时报关单上申报计划运出货物的总数量，则必须提交补充临时报关单。

7. 在每个供货自然月下个月第 20 日之前，申报人应对该供货自然月实际进出口的货物提交一份或数份完整报关单。如果申报人有合理理由，海关允许延长提交完整报关单的期限，但不得超过 90 日（自提交完整报关单期限届满之日次日起计算）。允许延期提交完整报关单时，不允许延期缴税，关税、进口环节税，相关款项仍需按月缴纳。

8. 如果在一个自然月之内，在临时报关单上申报运入或运出的货物未实际运入或运出，申报人有义务在提交完整报关单期限届满前将此情况以书面或电子形式告知海关。

9. 本条第 8 款所指通知书电子样式的格式和结构，由行使海关事务领域监管监督职能的联邦权力执行机关规定。

10. 对从联盟关境或俄罗斯联邦运出的货物，按每个供货自然月缴纳关税。

11. 在提交临时报关单或补充临时报关单时，计算出口关税适用临时报关单登记之日执行的税率；提交完整报关单或延长完整报关单提交期限时，适用货物供货月第 15 日执行的税率。

12. 每个供货自然月上个月第 20 日之前，应对即将于该供货自然月实际进出口的货物缴纳出口关税，额度应不低于按照临时报关单上申报信息计算出的出口关税款项的 50%。如果临时报关单上所申报的供货期限超过一个自然月，则按照临时申报单申报的货物总量按比例计算出的一个供货自然月应出口货物的数量计算出口关税。

13. 如果临时报关单上申报的供货期限不超过一个月，且该临时报关单在供货月上个月第 20 日之后提交，则在提交临时报关单的同时，应按临时申报信息全额缴纳出口关税。

14. 如果在临时报关单上申报的供货期限超过一个自然月，且该报关单是在供货月上个月第 20 日至供货月第 20 日之间提交的，则应在申报时缴纳临时报关单第一个供货月的全额出口关税。如果临时报关单在供货月第 20 日之后提交，则应在申报时缴纳临时报关单第一个供货月和第二个供货月的全额出口关税。为供货期限内每个供货自然月计算出口关税，按照本条第 12 款确定的规则办理。

15. 在提交补充临时报关单时，出口关税应按照本条第 12 款或第 13、14 款所确定的规则缴纳。在此情形下，补充临时报关单上的信息申报，应根据以外贸合同规定的确定货物价格的办法和按照俄罗斯联邦央行规定的、临时报关单登记之日执行的俄罗斯联邦中央银行所规定的外国货币对俄罗斯联邦卢布官方汇率办理。

16. 每个供货自然月次月的第 20 日以前，应缴纳根据实际运出货物的准确信息计算出的出口关税款项的剩余部分。此时，适用俄罗斯联邦中央银行确定的、在临时货物报关单登记之日执行的卢布汇率。如果在按月计算出口关税时，依据的是完整报关单上申报的、与按临时报关单申报相比出现增加的货物数量和总价，或因依据本条第 7 款延长完整报关单提交期限而根据该出现增加的货物数量和总价缴纳了出口关税，不属于违反规定，不导致缴纳滞纳金、利息，不受行政责任追究，但前提是未违反本条第 6 款所确定的规则（即实际出口量不能超过临时申报的总量）。

17. 在根据本条第 7 款延长提交完整报关单期限的情形下，出口关税可由申报人根据其缴纳时所掌握的货物信息缴纳。货物的申报和出口关税数额的计算，由申报人按结转预付款用于履行缴纳关税、出口环节税、保障措施关税、反倾销税和反补贴税义务的申请书办理。

18. 自海关接受临时报关单或完整报关单申报时起，申报人产生对以管道运输的货物缴纳进口关税、进口环节税、保障措施关税、反倾销税和反补贴税的义务。

19. 在《联盟法典》第 54 条第 2 项和第 72 条第 2 项规定的情形下，申报人对以管道运输货物缴纳进口关税、进口环节税、保障措施关税、反倾销税和反补贴税的义务终止。

20. 如果临时报关单上申报的供货期限超过一个自然月，则进口关税、进口环节税、保障措施关税、反倾销税、反补贴税的计算根据临时报关单上申报的信息（对在比例上符合一个供货自然月的货物数量）办理。为第一个供货自然月应付的进口关税、进口环节税、保障措施关税、反倾销税和反补贴税款项应在根据临时报关单放行货物前缴纳；为所申报供货期限内之后的自然月缴纳进口关税、进口环节税、保障措施关税、反倾销税和反补贴税，应不晚于每个供货自然月上个月的第 20 日办理。

21. 计算和缴纳关税、进口环节税、保障措施关税、反倾销税和反补贴税时，应适用海关登记临时报关单之日执行的进口关税、进口环节税、保障措施关税、反倾销税和反补贴税税率。

22. 每个供货自然月运入货物的准确信息，应不晚于每个供货自然月次月的第 20 日以提交完整报关单的方式向海关提交。如果应予缴纳的关税、进口环节税、保障措施关税、反倾销税、反补贴税数额增加，则补缴款项应与提交完整报关单同时办理。在上述所指情形下不加计滞纳金。

23. 延长提交完整报关单的期限按照本条第 7 款规定的办法实施。

24. 如果按照临时报关单和补充临时报关单上所申报的信息为一个供货自然月所缴纳的关税、进口环节税、保障措施关税、反倾销税、反补贴税数额，超过根据本条第 7 款或第 22 款所提交完整报关单上的准确信息应缴纳的关税、进口环节税、保障措施关税、反倾销税、反补贴税数额，以及在一个自然月内货物未运入或未运出，则超出部分的关税、进口环节税、保障措施关税、反倾销税、反补贴税款项的退还，按照本联邦法第十一章规定的办法处理。

25. 在以管道运输货物时：

25.1 按登记临时报关单之日适用禁止和限制措施；

25.2 如果在提交完整货物申报单时，为计算关税、进口环节税、海关规费和其他由海关负责征收的税费，包括确定货物的完税价格，申报货物的统计货值，外国货币换算，应适用海关登记临时报关单之日俄罗斯联邦中央银行规定的外国货币对俄罗斯联邦卢布官方汇率。

26. 在对以管道运输的天然气报关时，为确定其数量和质量，应使用通过计量仪器读数形成的货物实际供货记录。

27. 供货自然月次月第一日内供应的天然气的数量，为报关目的计入该货物供货自然月之内，但条件是货物供货自然月第一日的供货时间和其下个月第一日的供货时间（以上两个时间被列入同一个供货自然月）相加不超过 24 小时。

28. 以管道运输的处于海关监管下的联盟货物，在俄罗斯联邦境内的换装（从管道向其他运输方式或从其他运输方式向管道），无须经海关许可。

29. 在符合《联盟法典》第 113 条第 7 项第 2 自然段规定的前提下，按照申报人以纸质文件形式或电子文件形式提交的申请书，已登记的完整报关单（为实际运出的货物或没有实际运出的货物所申报的），可由申报人按照声明程序撤回，在海关对报关单做出决定前后均可。

30. 如果在提交临时货物申报单时，申报人不掌握部分应当申报的信息，则按照申报人的合理申请，经海关许可，允许在相应的完整货物申报单上提交上述所指信息。

第 205 条　输电线输送货物报关

1. 输电线路输送货物（本条以下简称“电力”）的报关，根据《联盟法典》第 291 条实施。

2. 应按每个自然月申报电力在相反方向上沿国家间输电线路被运入和被运出的实际数量或作为电力流量代数和的差额（入超额或出超额，本条下同）。在一份报关单（多份报关单）上，运入或运出的电力的数量，应按每个自然月，指出电力流量的差额（已按电力在电网上传输时造成的损耗值进行了校准的、电力流量在相反方向上沿所有电压等级的所有处于工作中的国家间输电线路传输的代数和），或分别指出已按电力在电网上传输时造成的损耗值进行了校准的、运入的电力数量或运出的电力数量。

3. 行使海关事务领域国家政策制定和法规调控职能的联邦权力执行机关，经与实施燃料动力综合体领域国家政策制定落实和法规调控职能的联邦权力执行机关协商，对由电力系统同步工作造成的计划外的（技术性的）电力流量差额，制定应向海关提交信息清单。

4. 在对从联盟关境运出的电力报关时，允许使用位于接壤区域或外国境内根据负责国家间输电线路运营和对通过国家间输电线路输送货物进行计量的组织之间签订的关于电力流量计量的协议条件所规定地点计量仪器读数。

5. 在对运入联盟关境的电力报关时，允许使用位于接壤区域或其他成员境内根据负责国家间输电线路运营和对通过国家间输电线路输送货物进行计量的组织之间签订的关于电力流量计量的协议条件所规定地点计量仪器读数。

6. 行使海关事务领域国家政策制定和法规调控职能的联邦权力执行机关，经与实施燃料动力综合体领域国家政策制定落实和法规调控职能的联邦权力执行机关协商，负责规定《联盟法典》第 291 条第 7 项和第 10 项所指申请书的样式，以及根据《联盟法典》第 291 条第 10 项应由承运人提交的信息的清单。

第206条 履行缴纳关税、进口环节税义务的担保

在以管道和输电线路输送货物时，在下列情形下，海关有权要求提交履行缴纳关税、进口环节税义务的担保：

1. 申报人实施对外经济活动少于一年；

2. 申报人未在本联邦法第73条第19款规定的期限内，履行缴纳关税、进口环节税和其他由海关负责征收税费的义务；

3. 申报人有未履行的海关事务领域行政违法案件方面的决定。

第207条 管道运输和输电线输送货物的计量仪器

1. 行使海关事务领域国家政策制定和法规调控职能的联邦权力执行机关，联合实施燃料动力综合体领域国家政策制定落实和法规调控职能的联邦权力执行机关，负责规定具备技术基础设施的地点（在其处设置确定并记录以管道和输电线路运入俄罗斯联邦和从俄罗斯联邦运出货物输送的计量仪器）的清单。

2. 施加（解除）管道和输电线路输送货物计量仪器封志的办法，由行使海关事务领域监管监督职能的联邦权力执行机关与实施燃料动力综合体领域国家政策制定落实和法规调控职能的联邦权力执行机关共同规定。

第208条 管道运输货物适用海关转运海关制度的规定

1. 按照本联邦法第204条以提交暂时货物申报单方式将货物置于海关转运海关制度之下的申报人，有义务按照本联邦法第204条第7款规定的期限和办法，提交按照海关转运海关制度实际输送管道运输货物的准确信息。

2. 海关转运海关制度对使用管道经数个联盟成员国境内运输外国货物的适用，根据俄罗斯联邦缔结的国际条约规定。但在缔结国际条约之前，由行使海关事务领域国家政策制定和法规调控职能的联邦权力执行机关规定。

第四十章 过境非联盟成员国或经其海港从联盟关境一地向另一地运输的货物通过联盟海关边界的办法和条件

第209条 一般规定

1. 过境非联盟成员国或经其海港从联盟关境一地向另一地运输的货物通过联盟海关边界的办法和条件，由《联盟法典》第四十三章规定。

2. 运入俄罗斯联邦并根据产品分配协议（指国家和投资人就矿物勘探、开采和产品分成签订的合同——译者注）免缴进口关税、进口环节税置于放行供境内使用海关制度下的外国货物（此处主要指人工岛、装置、构筑物建设材料和用于石油、天然气勘探、开采的配套设备及其配件——译者注），这些货物在俄罗斯联邦本土和俄罗斯联邦管辖的、位于境外的人工岛、装置、构筑物之间运输时，如果同时满足下列条件，不应置于其他海关制度下，不需缴纳关税、进口环节税，不适用禁止和限制规定：

2.1 根据产品分配协议免缴进口关税、进口环节税将货物置于放行供境内使用海关制度下的人，已就开展这样的运输向俄罗斯联邦本土入境地海关和境外人工岛、装置、构筑物主管海关发送了告知书；

2.2 货物由能够免受海关、边检以及其他部门的检查，且可多次通过俄罗斯联邦国境线的航空器和海运船舶按照俄罗斯联邦规定办法进行运输；

2.3 根据产品分配协议将货物免缴进口关税、进口环节税置于放行供境内使用海关制度下，以及在俄罗斯联邦本土和境外人工岛、装置、构筑物之间的货物运输作业，是在同一个联邦区海关管理局辖区内办理。

第 210 条　对过境非联盟成员国或经其海港运输但不置于转运海关制度下的货物实施的海关作业

实施与《联盟法典》第 302 条第 5 项第 3 目和第 6 项所指的联盟货物离开联盟关境、与《联盟法典》第 302 条第 5 项第 4 目所指的联盟货物抵达联盟关境有关的海关作业的办法，由行使海关事务领域国家政策制定和法规调控职能的联邦权力执行机关规定。

第 211 条　对过境非联盟成员国或经其海港从联盟关境一地向联盟关境另一地运输的联盟货物适用转运海关制度的办法

对于拟过境非联盟成员国或经其海港从联盟关境一地运往联盟关境另一地的联盟货物，如果在俄罗斯联邦境内将其置于转运海关制度下，并且是通过铁路运输，使用货运车厢或客运列车的行邮车厢，运输发货人与收货人是同一个法人的货物，则由装货地（同时运输数批货物时为最后一批货物的装货地）海关实施与将上述所指货物置于转运海关制度下的海关作业。

第四十一章　禁止在俄罗斯联邦流通的货物

第 212 条　禁止在俄罗斯联邦流通货物的种类

1. 俄罗斯联邦政府有权禁止下列货物在俄罗斯联邦流通：

1.1 运入联盟关境时已缴税但未按联盟统一税率缴税的货物，或未按联盟统一税率适用税率的货物；

1.2 根据构成联盟法律的法律文件，由联盟成员国做出该货物只在该国境内流通、存放或使用保证书的货物；

1.3 根据联盟法律文件规定，在与非联盟成员国的贸易中，对其由联盟成员国单方面适用税率优惠、税率特惠、税率配额或按照与联盟一般规则或俄罗斯联邦规则不同的规则适用禁止和限制规定的货物；

1.4 应由联盟成员国特殊便利获得人实施海关作业的货物，但根据该联盟成员国与非联盟成员国签订的相互给予特殊便利的国际条约，不能在该联盟成员国以外国家享受这些特殊便利；

1.5 如果对于从非联盟成员国运入俄罗斯联邦的货物，俄罗斯联邦已设定有（包括单方面）不同于联盟一般规定的、只在本国适用的关税调节措施或禁止、限制规定，在货物经联盟关境运入时未遵守规定的情况下，俄罗斯联邦有权禁止货物进入本国。

2. 本条规定的、一些种类货物在俄罗斯联邦流通的禁止措施的适用办法，以及发现货物在俄罗斯联邦流通情形下对其进行处置的办法，由俄罗斯联邦政府在实施该禁止措施时同时规定。

3. 在俄罗斯联邦政府对一些种类的货物在俄罗斯联邦的流通实行禁止措施时，《联盟法典》第 2 条第 1 款第 11 项或第 17 项所指的人，有权按照本联邦法第 305 条第 5 ～ 16 款规定的办法获取货物在联盟成员国放行的信息。海关没有上述所指信息或根据俄罗斯联邦国际条约禁止向其他人提供信息，不是上述所指人可不遵守本章规定的一些种类货物在俄罗斯联邦流通禁止措施的理由。

第 213 条　对禁止在俄罗斯联邦流通货物的监督和处置

授权对本联邦法第 212 条规定的货物，在俄罗斯联邦遵守流通禁止措施情况进行监管监督，发现货物在俄罗斯联邦流通情形下对其进行处置的联邦权力执行机构，由俄罗斯联邦政府在实行该禁止措施时同时规定。

第六编

海关监管

第四十二章　实施海关监管的一般规定

第 214 条　海关监管的实施

1. 海关监管由海关根据《联盟法典》实施。

2. 使用海关监管方式和保障海关监管实施的措施用以开展海关监管的办法，在《联盟法典》未调节的方面，或在《联盟法典》规定的情形下，由本联邦法规定；而在《联盟法典》和本联邦法未调节的方面，或在本联邦法规定的方面，由行使海关事务领域国家政策制定和法规调控职能的联邦权力执行机关规定。

2.1 在俄罗斯联邦北极地区开展海关监管的办法，在《联盟法典》未调节的方面，由联邦法律《关于对俄罗斯联邦北极地区经营活动进行国家扶持》规定。（该款根据 2020 年 7 月 13 日第 194 号联邦法补充，自 2020 年 8 月 28 日起生效）

3. 适用海关监管方式和保障海关监管实施的措施的操作细则，包括管理规程，由行使海关事务领域监管监督职能的联邦权力执行机关制定。

4. 当海关掌握货物违反海关调控领域国际条约、法律文件运入联盟关境并位于俄罗斯联邦境内的情报时，为核查证明货物放行事实的信息，海关可对位于俄罗斯联邦境内的货物开展海关监管。

5. 海关监管方式和保障海关监管实施的措施，可由海关用于保障遵守本联邦法第 212 条规定的一些种类货物在俄罗斯联邦流通的禁止措施，以及用于实施根据本联邦法第 254 条赋予海关的其他职能。

6. 在实施海关监管时，海关按照选择性原则确定海关监管对象、海关监管方式和保障海关监管实施的措施。

7. 在选择海关监管对象、海关监管方式和保障海关监管实施的措施时，适用风险管理制度。

8. 为实施货物放行后的海关监管，以及根据本条第 4 款和第 5 款实施海关监管，海关可不经制定和批准风险管理方案选择海关监管对象。

9. 海关根据《联盟法典》和本联邦法使用监管方式和保障措施开展海关监管过程中以及根据开展海关监管的结果所形成的检查记录、决定、指令和其他单证的样式，这些单证的填写办法、对其进行修改的办法及其电子文件形式的结构和格式，由行使海关事务领域监管监督职能的联邦权力执行机关规定，但《联盟法典》将上述所指权限赋予委员会的情形除外。

10. 在实施货物放行后的海关监管时，以及根据本条第 4 款和第 5 款实施海关监管时，进行单证或信息交换的形式（使用纸质载体或以电子单证、电子信息进行交换），由海关参考适用海关监管方式和保障海关监管实施的措施的状况规定。

第 215 条　对列入在海关事务领域实施活动的人名录或经认证的经营者名录的人的活动实施海关监管的期限

对列入在海关事务领域实施活动的人名录或经认证的经营者名录的人，对其活动的海关监管可在其位于名录期间或从名录注销两年内办理。

第 216 条　对有条件放行货物的监管

行使海关事务领域国家政策制定和法规调控职能的联邦权力执行机关，可以规定实施海关监管的周期性和对《联盟法典》第 126 条第 1 项所指的有条件放行货物开展货物放行后海关监管的其他要求。

第 217 条　海关监管区的设立、终止运营（注销）和标识

1. 设立海关监管区的地点，根据《联盟法典》第 319 条和本条确定。

2. 海关监管区可沿俄罗斯联邦国境线设立，也可在俄罗斯联邦国境口岸，在实施海关作业的地点，在货物临时存储、卸货、换装以及对其开展海关查看和海关查验的地点，在运输处于海关监管下货物的运输工具停靠的地点设立。

3. 下列情形下，海关监管区可以是常设的：

3.1 如果地块、水域、房舍占有人预计仅为存储处于海关监管下的货物或对货物实施其他海关作业使用上述所指区域；

3.2 如果一些单独的地块、水域主要用来运输、存储处于海关监管下的货物，或对上述所指货物实施其他海关作业，且为保障遵守联盟法律和本联邦法，必须对货物经海关监管区边界进出或接近进行限制。

4. 临时海关监管区应根据海关站负责人或被其授权人员的决定设立。而在根据本联邦法第 214 条第 4 款和第 5 款实施货物放行后的海关监管时，依照具体办理海关监管的海关负责人或被其授权的人的决定设立。上述所指决定应形成海关负责人或被其授权人员命令，并在命令中指明临时海关监管区设立目的、所在地、运行期限、边界、人员和货物以及运输工具进出区的地点、所使用的标识设施。

5. 行使海关事务领域监管监督职能的联邦权力执行机关，依据俄罗斯联邦相应地域所在地海关的呈文，规定沿其必须设立海关监管区的俄罗斯联邦国境线地段，并作出设立监管区的决定，该决定应以该联邦权力执行机关的规范性法律文件办理，并征得负责保障俄罗斯联邦安全的联邦权力执行机关和上述所指监管区设立地联邦主体执行权力机关同意。

6. 陆路沿国境线海关监管区可以设立在俄罗斯国境线内侧向境内纵深 30 公里的地带内，在监管区设立决定书中应指明：

6.1 口岸所在地；

6.2 海关监管区的边界和人员、货物、运输工具进出区的地点。

7. 水路沿国境线海关监管区可以设立在界江（河）、界湖和其他边界水体的俄罗斯联邦一侧，由岸线向俄罗斯联邦境内纵深 15 公里的地带范围内。

8. 沿国境线海关监管区应在其边界与口岸、道路的交口以绿底白字的“海关监管区”标示牌进行标识，该标示牌应按道路信号标志的标准制作。

9. 在根据俄罗斯联邦法律所设置和开放的俄罗斯联邦国境口岸设立海关监管

区的决定，由该口岸所在地海关负责人做出，并应在报经行使海关事务领域监管监督职能的联邦权力执行机关同意后，以该海关负责人命令办理。口岸海关监管区包括对处于海关监管下货物实施海关作业、存储、卸货、换装、海关查看和海关查验的地块、水域、楼房、构筑物、场地，以及运输工具停车场。

10. 在确定海关监管区边界时，应考虑口岸所位于的交通运输基础设施管理部门的意见：包括海港管理部门负责人、国家内河运输管理局流域管理部门负责人、机场运营人、铁路车站负责人的意见。交通运输基础设施管理部门的书面意见，应当附在海关负责人发往行使海关事务领域监管监督职能的联邦权力执行机关报批的关于设立海关监管区的命令草案之后。

11. 在海关负责人关于设立口岸海关监管区的命令里应当指明：

11.1 口岸所在地；

11.2 海关监管区的边界和人员、货物、运输工具进出区的地点。

12. 在海关负责人关于设立口岸海关监管区的命令的附件里，应当包括平面图或地图形式的上述所指区域的用地和边界的图示。

13. 在其他地点设立海关监管区的决定，由辖区内已设立多处海关监管区的海关负责人做出。

14. 本条第13款规定的设立海关监管区的决定，应形成海关负责人命令，在命令中应指明：

14.1 海关监管区所在地；

14.2 海关监管区的边界和人员、货物、运输工具进出区的地点；

14.3 为标识海关监管区边界所使用的设施。

15. 在本条第14款所指的海关负责人关于设立海关监管区命令的附件中，应当包括平面图或地图形式的海关监管区边界和用地的图示。

16. 海关监管区的边界应当用四方形、绿底白字、俄英双语的“海关监管区”标示牌标识，标示牌是海关监管区的基本标识设施。

17. 海关监管区可以通过直接在围护设施和封闭性围墙上标明或刷涂俄英双语“海关监管区”字样的方式来标识。字样可直接标注在其围网类防护设施或四围房舍的墙上。在设立具体的海关监管区时，允许以其他任何适用语言字样代替英语字样。

18. 除在领海水域和领海范围内设立的海关监管区以外，海关监管区的标示，应沿海关监管区边界，在与道路交通线交叉的地点，以及在人员、货物和运输工具进出海关监管区的地点设置。在对海关监管区进行标示时，可以补充使用告示牌，指明海关监管区边界、穿越其边界的规定地点、有权接近海关监管区的人员清单、海关监管区标识设施以及与海关监管区运营有关的其他情况。临时海关监管区的边界，允许使用现有的材料和设施，用围护绳带或临时标示牌标识。

19. 在海关所在地变更，俄罗斯联邦国境口岸关闭，处于海关监管下货物的存储地点变更，实施海关作业、货物卸货和换装、货物海关查看和海关查验的地点以及运输海关监管货物运输工具的停车场位置变更的情形下，海关监管区应被注销。关于海关监管区注销的决定应以设立该区海关的命令办理。

20. 设立临时海关监管区的理由消除后，或海关关于设立临时海关监管区决定书中所指的该临时监管区的有效期届满后，应注销临时海关监管区。

21. 海关在取消位于其辖区的海关监管区后，应采取措施去除监管区的标识设施，并将取消临时监管区的信息通知利益相关人。

22. 在海关监管区（包括沿国境线设立的）内，在由俄罗斯联邦国境线向内5公里范围内，经海关许可或在其监督下，允许从事下列生产性和其他经营性活动：与运输、卸货、换装和存储处于海关监管下货物有关的；与运输工具停车场组织和服务有关的；与为经俄罗斯联邦国境线运入运出货物和运输工具的法人和自然人服务有关的；与建设、改造用于开展海关作业的楼房、构筑物及其工程网络有关的；与建设、改造通往口岸的道路和甬路，建设、改造用于经俄罗斯联邦国境线运入运出货物和运输工具的运输工程设施有关的（包括建设汽车停车场、设置路栅和路标）。

23. 货物、交通工具、人员（包括海关工作人员），经海关监管区边界或在监管区范围内移动，经海关许可或在其监督下进行。但本联邦法和其他联邦法规定的情形除外。

24. 出具（不予出具）本条第23款所指的海关许可证的办法，由行使海关事务领域监管监督职能的联邦权力执行机关规定。

25. 在海关监管区范围内实施的生产性和其他经营性活动，不应给海关工作人员正常工作造成干扰。

26. 在俄罗斯联邦国境口岸设立的海关监管区范围内实施生产性和其他经营性活动，应考虑根据《俄罗斯联邦国家边界法》规定在俄罗斯联邦国境口岸上设定的制度性限制和要求。

27. 在海关监管区内实施生产性和其他经营性活动的许可证，由海关监管区所在地海关负责人依照利益相关人的书面申请书出具。

28. 如果海关监管区在归属所有权人或处于租赁状态的区域（水域）设立，则本条第27款所指的实施生产性和其他经营性活动的许可证，需在征得区域（水域）所有人（持有人）同意后出具。

29. 海关监管区生产性和其他经营性活动许可证申请书应当含有以下信息：拟在海关监管区范围内实施的活动的种类和性质、将实施活动的人员名单、预计期限。

30. 海关负责人负责审核海关监管区生产性和其他经营性活动许可证申请书。在拟从事的活动与本条第 22、25 款和第 26 款相符时，向申请书标注批示："许可在海关监管区内开展生产性和其他经营性活动至某日（指出日期）"；在不予出具许可证时，向申请书标注批示："不予许可实施所申请的活动"，并指出不予出具许可证的原因。

31. 海关监管区生产性和其他经营性活动许可证申请书原件应退还利益相关人，海关留存申请书复印件。

32. 本条规定不推及根据本联邦法第 387 条，在属于经认证经营者的构筑物、房舍（房舍的部分）里或在露天场地（露天场地的部分）上设立海关监管区。

第 218 条　根据海关监管结果做出决定

1. 根据本联邦法第 226 条第 2 款以检查海关单证或信息、其他单证或信息的形式或根据本联邦法第 237 条第 28 款以海关稽查的形式取得的海关监管结果，下列情形下应做出决定书：

1.1 如果查出违反海关调控领域国际条约、法律文件或本联邦法的行为，且对此情形，《联盟法典》未规定做出其他决定书；

1.2 对此前根据海关监管结果已做出决定书的货物，在查明《联盟法典》第 56 条第 8 项、第 72 条第 5 项、第 91 条第 5 项、第 97 条第 4 项、第 103 条第 5 项、第 153 条第 6 项、第 162 条第 7 项、第 208 条第 9 项、第 216 条第 6 项、第 279 条第 10 项、第 280 条第 5 项、第 284 条第 5 项、第 309 条第 4 项所提到的准确信息的情形下；

1.3 在查明海关根据《联盟法典》第五十一章所扣留货物信息的情形下；

1.4 在实施根据本联邦法第 254 条第 4 款赋予海关的其他职能的框架下，根据本联邦法第 254 条所指的联邦法、俄罗斯联邦总统令、俄罗斯联邦政府令查出应予没收货物的情形下。

2. 按照海关监管结果做出决定书的样式、其填制办法、对决定书进行修改（补充）的办法，以及以电子文件形式决定书的格式和结构，由行使海关事务领域监管监督职能的联邦权力执行机关规定。

第 219 条　海关对应予实施海关监管的人的信息收集

1. 对于需对其货物、单证、构筑物、房舍（房舍的部分）、露天场地（露天场地的部分）或活动应当实施海关监管的人，海关有权收集他们及其代表的信息，包括《联盟法典》第 361 条第 1 项所列举的信息。

2. 本条第 1 款所指的人的信息收集，由海关在实施海关监管时以从联盟成员国其他国家机构获取的方式实施。

第 220 条 俄罗斯联邦其他实施监管（监督）职能的联邦权力执行机构及其地区分支机构的工作人员参与海关监管

俄罗斯联邦其他实施监管（监督）职能的联邦权力执行机构及其地区分支机构的工作人员参与海关监管，按照相应的联邦法、俄罗斯联邦总统和俄罗斯联邦政府规范性法律文件，以及行使海关事务领域国家政策制定和法规调控职能的联邦权力执行机关和相应的联邦权力执行机构的联合法律文件所确定的办法实施。

第 221 条 海关与其他在俄罗斯联邦国境线实施国家监管（监督）的国家机构的互助合作

1. 海关独立行使自己的职能，并与其他国家机构开展合作。

2. 在实施海关和其他国家监管（监督）时，通过以下方法保障实行“单一窗口”机制：承运人（包括海关承运人）、以承运人名义开展活动的人或其他利益相关人应一次性向海关提交实施海关和其他种类的国家监管（监督）所必需的所有单证和信息；海关应按照开展海关和其他国家监管（监督）的结果一次性告知所有决定。

3. 在对通过俄罗斯联邦国境线的货物并应受其他在俄罗斯联邦国境线实施国家监管（监督）的国家机构监管的货物开展海关监管时，海关应在本联邦法、其他联邦法、俄罗斯联邦政府规范性法律文件规定的权限范围内，按下列办法保障开展监管的总体协调：

3.1 海关应对承运人和其他利益相关人提交的、对于其他在俄罗斯联邦国境线对进出境货物实施国家监管（监督）的国家机构开展监管所必需的单证和信息的齐备性进行检查。

3.2 对于应接受海关和其他在俄罗斯联邦国境线实施国家监管（监督）的国家机构监管的货物，海关在收到相关信息后，在承运人或其他利益相关人未将信息通知上述所指其他国家机构的情形下，海关应当通过跨部门互助合作电子信息系统，通知上述所指其他国家机构。

3.3 在对通过俄罗斯联邦国境线并应受其他在俄罗斯联邦国境线上实施国家监管（监督）的国家机构监管的货物开展海关监管时，海关应在收到上述所指其他国家机构监管结果决定书（包括通过跨部门互助合作电子信息系统传输）之后，对货物做出结束或开展海关作业的决定。

4. 对于应受其他在俄罗斯联邦国境线实施国家监管（监督）的国家机构监管的货物，海关应当保障在该机构工作人员参加情况下，在开展监管的规定地点，一次性开展上述所指货物的海关查验。

5. 如果在俄罗斯联邦国境线上实施国家监管（监督）的国家机构中有其中之一出于规定的权限做出了禁止货物运入俄罗斯联邦或从俄罗斯联邦运出的决定，

则不允许货物进出俄罗斯联邦国境线。

6. 海关根据本联邦法和其他联邦法有权允许其他国家机构在海关监管下履行属于海关权限的一些行为。在其他联邦法、俄罗斯联邦政府规定的情形下，履行一些根据本联邦法列入海关权限的职能，可以赋予其他联邦权力执行机构。

7. 俄罗斯联邦政府有权做出赋予海关在一定俄罗斯联邦国境口岸、一定期限内，实施在俄罗斯联邦国境线上开展国家监管（监督）的其他国家机构职权权限的决定，有权规定实施监管（监督）的办法，以及做出赋予海关授权的工作人员在俄罗斯联邦国境口岸实施其他种类国家监管（监督）权利的决定。

第 222 条　海关和税务机构的互助合作

1. 为保障海关税费、保障措施关税、反倾销税、反补贴税的征收，保障监管上述税费计算的正确性、缴纳、退还（结转）和采取其他追征措施的及时性，以及海关和税务机构权限范围的其他问题，海关和税务机构应当合作。

2. 海关和税务机构合作的形式包括：现代信息技术的应用、数据交换、风险管理制度的对接、经营活动客体统一分类管理、货物溯源和全链条监管机制的推广以及联合检查行动。

3. 海关和税务机构开展合作的办法，由行使海关事务领域国家政策制定和法规调控职能的联邦权力执行机关规定。（根据 2020 年 12 月 22 日第 433 号联邦法规定，自 2021 年 1 月 22 日起失效）

4. 海关和税务机构的互助合作办法应考虑国际法和国际标准的规定制定。（根据 2020 年 12 月 22 日第 433 号联邦法规定，自 2021 年 1 月 22 日起失效）

第 223 条　海关监管结果在办理行政违法案件、审理民事和刑事案件时的应用

海关监管结果，包括海关鉴定结果，可以作为刑事、民事案件和行政违法案件的证据，并应在审理上述所指案件、对海关及其工作人员的决定、作为（不作为）的申诉或由仲裁法院调解经济纠纷案件时，与其他证据一样，由法院、仲裁机构根据《俄罗斯联邦刑事诉讼法》《俄罗斯联邦民事、仲裁诉讼法》《行政诉讼法》或《俄罗斯联邦行政违法法》进行评估。

第四十三章　海关监管方式及其适用范围

第 224 条　海关监管方式

在开展海关监管时，海关应当适用《联盟法典》第 322 条规定的海关监管方式。

第 225 条　货物放行后和其他情形下对单证和信息的审核

1. 海关在货物放行后，对单证和信息进行的审核，根据《联盟法典》第 326

条办理，但在《联盟法典》第 324 条第 10 项规定情形下开展海关单证和信息审核除外。

2. 海关开展审核时，可以通过对截至开展审核时海关所掌握的和在开展审核过程中所获得的、《联盟法典》第 324 条第 1 款所指的单证和信息进行分析的方法，包括以下方法：对包含在同一单证上的信息进行比对；将一份单证上含有的信息，与其他单证上含有的信息进行比对（包括含有在证明报关单上所申报信息的单证上的），与从海关所使用的信息系统、或从信息合作框架下联盟成员国国家机构（组织）信息系统、从截至开展审核时海关掌握的其他信息来源获得的信息进行比对。审核单证或信息，还可以根据海关调控领域国际条约、法律文件和俄罗斯联邦法律以其他方法办理。

3. 审核海关单证或信息，由海关办理，包括在海关工作人员不参与的情况下利用海关信息系统办理。

4. 在下列情形下，海关有权对报关单、证明报关单上所申报信息的单证、报关单上申报的信息和向海关提交的单证上包含的信息，在货物放行后开展审核：

4.1 货物放行后，在申报人提交申请对报关单信息进行修改（补充）时；

4.2 在发现违反联盟法律或俄罗斯联邦法律的迹象和事实时，包括必须对海关工作人员在报关单上的记载（标注）进行修改（补充）；

4.3 货物报关由不在俄罗斯联邦境内设立、登记和有常住地的人实施，在发现未遵守联盟法律或本联邦法的迹象和事实时；

4.4 自然人申报的自用物品，在发现未遵守联盟法律或本联邦法的迹象和事实时；

4.5 在海关收到联盟成员国海关关于开展货物放行后单证、信息检查的委托书或关于适用《联盟法典》第 340 条规定的、保障开展海关监管的措施的委托书时；

4.6 在海关收到关于《联盟法典》第 126 条第 1 款第 2 项所规定的有条件放行货物被转交给第三人的情报时（包括以销售的方式或以其他方式出让的方法）；以及在对上述所指货物运入联盟关境设定限制措施是与检查货物的安全性有关的情形下，在海关收到这些货物以任何形式使用（运营、消费）的情报时；

4.7 如果在开展监管时，没有要求按照《联盟法典》第 340 条第 1 ~ 6 项和本联邦法第 239 条提供单证或信息；

4.8 按照上级海关监督办法，取消（部分取消）下级海关决定后，要求做出新的决定时；

4.9 根据对海关和其工作人员的决定、作为（不作为）的申诉进行审核的结果，在必须对报关单上所申报的信息进行修改（补充）时；

4.10 在海关收到审判机关、检察机关、审计机关相应文件，需要开展货物放行后单证、信息检查时；

4.11 在海关收到俄罗斯联邦总统下属企业家权利保护机构以及俄罗斯联邦主体企业家权利保护机构来函，要求开展单证、信息检查时。

5. 海关在开展货物放行后单证和信息检查过程中，在本条第 4 款第 1 ～ 6 项、第 8 ～ 11 项规定的情形下或适用该监管方式的其他情形下，有权根据《联盟法典》第 340 条和本联邦法第 239 条要求《联盟法典》第 340 条第 1 款所指的对象提供单证或信息。

6. 如果联盟法律或本联邦法未做其他规定，海关开展货物放行后单证和信息检查的期限，或在其他情形下适用这种监管方式的期限，应自检查开始之日起，不超过 60 个自然日。

7. 在根据本条第 5 款发送查询函的情形下，检查期限应自海关登记查询函之日起暂停，在海关收到所要求提供的单证或信息时恢复，而在单证和信息未提交的情形下，自要求提供单证和信息的期限届满之日起恢复。

第 226 条　货物放行后和其他情形下单证和信息的审核结果

1. 海关按照货物放行后检查报关单、证明报关单上所申报信息的单证、报关单申报信息或向海关提交单证上包含信息的结果，根据《联盟法典》做出决定书。

2. 在适用海关单证和信息检查、其他单证和信息检查监管方式的其他情形下，海关按照检查结果根据本联邦法第 218 条做出决定书。

3. 本条第 1 款和第 2 款所规定的海关事务领域的决定书，由开展检查的海关负责人（副职负责人）或其授权的人做出。该决定书按一式两份形成，其中一份在海关留存，另一份应自做出该决定书之日起，在 5 个工作日内（如果海关调控领域的国际条约、法律文件未规定其他期限）当面送达单证或信息被检查的人（或其代表），或者以带回执的挂号信向其地址发送。

4. 在向被检查人（或其代表）当面交付海关按照检查结果所做出的决定书的情况下，被检查人（或其代表）在接收决定书的凭证上签收的日期是收到决定书的日期。

5. 在通过邮局以挂号信发送检查结果决定书时，按下列规定确定决定书收到日：

5.1 如果在发送挂号信之日起第 6 个工作日内收到邮局回执或来自其他信息源的信息，则邮局回执或其他信息所指的交付日为决定书收到日；

5.2 自发送挂号信之日起第 6 个工作日为决定书收到日，但前提是在此期间海关未收到邮局回执或来自其他信息源的信息。

6. 在以电子文件形式办理本条第 1 款和第 2 款所规定的海关事务领域决定书的情形下，这些决定书应在本条第 3 款所指的期限内通过互联网传输给被审核人。

7. 如果上述在货物放行后或其他情形下审核的所有海关单证是此前由一个报关代理人提交的，且根据审核结果已做出影响应缴关税、进口环节税、保障措施关税、反倾销税、反补贴税（报关代理人对其与被检查人承担连带责任）金额的决定书，则海关事务领域决定书复印件或电子文件形式的决定书也应根据本条第3 ~ 6款发送给此报关代理人。

8. 如果按照本联邦法第225条第1项所指的情形开展单证和信息审核时，被审核人已根据《联盟法典》第340条和本联邦法第239条要求，向海关提供了开展海关监管所必需的单证或信息，且海关未发现违反海关调控领域国际条约、法律文件、本联邦法的情况，则海关应根据对单证和信息的审核结果，自本联邦法第225条第3款规定的期限届满之日起，在3个工作日内，通知被审核人审核结束。

9. 结束审核通知书的样式、格式、结构和发送办法，由行使海关事务领域监管监督职能的联邦权力执行机关确定。

第227条　海关查看房舍和场地

1. 海关查看房舍和场地，按照《联盟法典》第330条和本条规定的办法开展。

2. 在进入房舍和场地遭拒时，海关工作人员在两个见证人在场的情况下，有权制止反抗、打开锁闭的房舍进入场地和房舍。海关应当在24小时内将制止反抗、打开锁闭房舍并进入房舍的所有情形通知检察院。

3. 海关查看房舍和场地，应当在开展查看所必需的最短期限内进行，除本条第4款所指的情形以外，持续时间不能超过1个工作日。此外，海关不能在夜间查看房舍和场地。

4. 下列情形下，海关可以在不超过3个工作日的期限内，查看房舍和场地：

4.1 如果进入应当实施海关查看的房舍和场地时遭拒，或被检查对象拒绝主动交验货物供海关查看；

4.2 如果为识别货物，需在房舍和场地内实施对于海关查看所必需的行为，且这些行为无法在1个工作日内完成；

4.3 如果应当查看的房舍和区域的面积超过1 000平方米。

第228条　海关单证稽查

1. 海关单证稽查按照《联盟法典》第332条和本联邦法条款规定的办法开展。

2. 海关单证稽查由将开展海关稽查的海关负责人、其授权的海关副职负责人或他们的替代人员指定开展。

3. 在海关单证稽查开始之日，海关应以带回执的挂号信或使用互联网以电子文件形式发送通知书的方法，通知被检查人开展海关单证稽查。

4. 在通过邮局以挂号信发送关于开展海关单证稽查的通知书时，按下列规定确定通知书收到日：

4.1 如果在发送挂号信之日起第 6 个工作日内收到邮局回执或来自其他信息源的信息，则邮局回执或其他信息所指的交付日为通知书收到日；

4.2 自发送挂号信之日起第 6 个工作日为通知书收到日，但前提是在此期间海关未收到邮局回执或来自其他信息源的信息。

5. 自向被检查人发送开展海关单证稽查的通知书之日起，开展海关单证稽查的期限不能超过 90 个自然日。向被检查人发送提交单证或信息的要求书之日与单证或信息被收到之日间的时间段不计入上述所指期限。

6. 在必须采取下列措施时，开展海关单证稽查期限可延长至 120 个自然日：

6.1 开展海关鉴定；

6.2 根据《联盟法典》第 335 条第 1 款第 3 项发送要求书；

6.3 根据本联邦法第 240 条、第 241 条或第 242 条发送查询函；

6.4 向其他联盟成员国或非联盟成员国有关机关发送（发起发送）查询函；

6.5 根据《联盟法典》第 373 条向其他联盟成员国海关发送（发起发送）开展海关监管的委托书。

7. 在一个海关单证稽查行动框架下，其时限只能延长一次。

8. 延长开展海关单证稽查的期限根据海关负责人、其授权的副职负责人或他们的替代人员的决定书实施，决定书中应告知被检查人延长开展海关单证稽查期限并说明原因。

第 229 条　海关现场稽查

1. 海关现场稽查按照《联盟法典》第 333 条和本联邦法条款规定的办法开展。

2. 海关现场稽查分为以下类型：

2.1 计划内海关现场稽查；

2.2 计划外海关现场稽查；

2.3 计划外对第三人的海关现场稽查。

3. 实施稽查的海关机构负责人及其授权的副职或他们的替代人员作出实施海关现场稽查的决定，编制一式两份的开展现场稽查决定书。

4. 开展海关现场稽查决定书中应包含《联盟法典》第 333 条第 6 款所指的信息，以及：

4.1 报关单号码，如果海关现场稽查是在货物放行后开展；

4.2 检查的时间段，如果海关现场稽查是针对在海关事务领域实施活动的人开展；

4.3 行使海关事务领域监管监督职能的联邦权力执行机关规定的其他信息。

5. 在海关现场稽查结束之前，如果必须修改《联盟法典》第 333 条第 6 项第 5 ～ 9 目所指的信息，可以按照行使海关事务领域监管监督职能的联邦权力执行机关规定的办法，对组织开展海关现场稽查的决定书进行修改。

6. 开展计划内海关现场稽查之前，海关应当向被稽查人发送关于开展计划内海关现场稽查的通知书。通知书可以通过带回执的挂号信发送，或使用互联网以电子文件形式发送，或以能够证明收到事实的其他方式转交。

7. 除《联盟法典》第 333 条第 16 款第 1 ～ 8 项列明的理由外，指定计划外海关现场稽查的理由还包括：

7.1 经认证的经营者告知海关，其在列入经认证经营者名录时所申报的地址信息变更；

7.2 为验证根据本联邦法第 237 条第 16 ～ 19 款对海关稽查记录提出的异议是否有根据，有必要开展计划外海关现场稽查。

8. 向被稽查人当面送达关于开展海关现场稽查的决定书之日，被认为是开展海关现场稽查开始之日，但本条第 12 ～ 15 款所规定的情形除外。

9. 关于开展海关现场稽查的决定书应由海关工作人员当面送达被稽查人负责人或其代表，或者以带回执的挂号信、使用互联网以电子文件形式发送给被稽查人。

10. 在当面送达关于开展海关现场稽查的决定书时，被稽查人的负责人或其代表应当在关于开展海关现场稽查决定书上做出关于知悉在开展海关稽查时海关工作人员和被稽查人权利义务信息的签注，并签注收到关于开展海关现场稽查的决定书的日期和时间。

11. 在拒绝接收关于开展海关现场稽查的决定书的情形下，海关工作人员应当在开展海关现场稽查决定书上做出相应记载。

12. 被稽查人拒绝接收开展海关现场稽查决定书，不是取消海关现场稽查的理由。在此情形下，在开展海关现场稽查决定书上记录拒绝接收该决定书之日为海关现场稽查开始之日。

13. 在以带回执的挂号信向被稽查人发送开展海关现场稽查决定书的情形下，被稽查人收到所指决定书之日是开展海关现场稽查开始之日。

14. 在以挂号信发送开展海关现场稽查决定书时，按下列规定确定决定书收到日：

14.1 如果自发送挂号信之日起第 6 个工作日之前收到邮局回执或来自其他信息源的信息，则邮局回执或其他信息所指的交付日为决定书收到日；

14.2 自发送挂号信之日起第 6 个工作日为决定书收到日，但前提是在此期间海关未收到邮局回执或来自其他信息源的信息。

15. 如果开展海关现场稽查的决定书是电子文件形式的，应使用互联网传输给被稽查人。在这种情形下，被稽查人收到电子文件形式的开展海关现场稽查决定书之日是开展海关现场稽查开始之日。

16. 在开展海关现场稽查之前，海关工作人员有义务向被稽查对象负责人、该负责人的替代人员或被稽查人代表交验自己的公务证件。

17. 在《联盟法典》第 333 条第 24 款所规定的情形下，以及根据《联盟法典》第 373 条有必要向其他联盟成员国海关发送开展海关监管委托书时，暂停开展海关现场稽查。

18. 开展海关现场稽查的暂停和恢复，根据开展海关现场稽查的海关负责人、其授权的副职海关负责人或他们的替代人员的决定书实施。

第 230 条　海关工作人员进入被稽查人场所

1. 在《联盟法典》第 334 条第 3 款规定情形下，被稽查人有权拒绝海关工作人员进入被稽查人场所。在被稽查人无理拒绝进入时，应当在两个见证人在场的情况下形成记录。

2. 本条第 1 款所指的记录由开展海关现场稽查的海关工作人员、被稽查人或其代表以及见证人签署。该记录的复印件应交付被稽查人或其代表。

3. 在被稽查人或其代表拒绝在本条第 1 款所指的记录上签字的情形下，开展海关现场稽查的海关工作人员应在上述所指记录上对此做出相应记载。被稽查人有权对拒绝在记录上签字的原因给出书面说明。

4. 在被稽查人无理拒绝海关工作人员进入被稽查人场所的情形下，海关工作人员在有两个见证人在场时，有权通过制止反抗、打开锁闭房舍进入该场所，但联盟法律或俄罗斯联邦法律规定了国家机构工作人员进入一些场所的其他办法的情形除外。海关应当在 24 小时内将制止反抗、打开锁闭房舍并进入房舍的所有情形通知检察院。

第 231 条　开展海关稽查时海关工作人员的权利

在开展海关稽查时，海关工作人员享有《联盟法典》第 335 条规定的权利，有权要求希望获得经认证经营者地位的被稽查人提供并从其处获取来自货物登记系统的电子形式信息，以及来自货物登记系统，并由被稽查对象负责人、总会计师签署的、以被稽查人印章确认的纸质摘录。

第 232 条　在开展海关现场稽查时进行盘点

由海关工作人员根据《联盟法典》第 335 条第 2 款第 2 项开展的货物盘点，按照税务机构根据《俄罗斯联邦税费法》关于开展盘点所规定的办法实施。

第 233 条　开展海关现场稽查时扣押货物、没收货物和单证的办法

1. 按照《联盟法典》第 335 条第 2 款第 6 项规定的目的，海关在开展现场稽查时，可以扣押、没收货物。

2. 对货物施以扣押的理由：

2.1 在海关职权范围内，发现未按联盟法律和俄罗斯联邦法律规定贴附商标、识别标志或其他识别工具的货物，或贴附虚假标识的货物；

2.2 被稽查人不能提供联盟法律和俄罗斯联邦法律规定的商业单证，或能提供商业单证但上面没有货物报关、放行的信息，或海关发现单证上的报关、放行信息不实；

2.3 经核查，发现被稽查货物可能是有条件放行货物，并且未按照适用优惠关税的条件和目的使用或未遵守使用和处置的限制；

2.4 经核查，发现被稽查货物不符合税收优惠条件；

2.5 经核查，发现被稽查货物未按照相应海关制度规定的条件和要求使用；

2.6 对于在申报时必须指出识别码（出厂编号）的货物，如果在货物报关单数据库及按照《联盟法典》第 370 条规定从其他联盟成员国海关信息交换数据库的货物放行信息中，没有识别码（出厂编号）。

3. 扣押货物是为了防止它们被处置和使用。被施以扣押的货物应转交其占有人或其他对货物拥有权限的人保管。依照对货物拥有权限的人的申请，开展海关现场稽查的海关的负责人（副职负责人）或其授权的海关工作人员可以批准使用被施以扣押的货物。被施以扣押的货物不得转交其他人，不得以其他方式出让和处置。

4. 下列情形下，海关应当没收货物：

4.1 经核查，被稽查货物属于禁止运入联盟关境或禁止在俄罗斯联邦境内流通的；

4.2 被稽查人不是应扣押货物合法占有人的；

4.3 货物占有人和对应扣押货物拥有权限的人拒绝保障货物完好性和遵守货物处置、使用禁止规定的；

4.4 货物依法被扣押后，被稽查人未在法律规定期限内履行或未完全履行缴纳关税、进口环节税、保障措施关税、反倾销税、反补贴税、利息和滞纳金义务的；

4.5 货物依法被扣押后，发现被稽查人处于法人注销过程中的；

4.6 货物依法被扣押后，发现被稽查人进入破产案件诉讼程序的；

4.7 具有充足证据表明扣押货物不足以保障其完好性的。

5. 被没收的货物，应根据本联邦法第 94 条放置在临时存储仓库、海关临时存储仓库里，或者按照本联邦法第 317 条第 4 款规定的规则放置在其他地方。

6. 在无法按照单证正本拷贝复印件（提供对正本的摘录件）、被稽查人拒绝提供单证复印件、有必要开展单证鉴定以及在海关有足够理由认为单证正本有可能被销毁、藏匿、修改或替换的情形下，海关工作人员有权没收单证正本。

7. 没收货物、单证和对货物施以扣押应根据开展海关现场稽查工作人员有根据的指令，且在被稽查人或其代表在场时办理。

8. 上述所指指令的复印件应在签收条件下当面送达被稽查人或其代表，或以带回执的挂号信向被稽查人地址发送。在指令复印件被拒收的情形下，海关工作人员应在指令件上对此做出相应记载。

9. 在实施扣押和没收时应有不少于两个见证人在场或进行录像。

10. 所有被没收的货物、单证或对其施以扣押的货物，均应向见证人和参加货物、单证没收或对货物施以扣押的其他人员（在他们在场时）交验，必要情形下应包装或施封。

11. 没收货物、单证和对货物施以扣押，应形成记录。在此记录或其附属清单上，被没收的货物、单证或对其施以扣押的货物应详细描述，包括名称、数量和个性化特征。上述所指记录应由办理没收或扣押的海关工作人员，在其处发现被没收货物、单证或对其施以扣押货物的人（或其代表），以及见证人（在上述所指人员在场时）签署。如果被稽查人（或其代表）在扣押货物或没收货物、单证时没有到场，或被稽查人（或其代表）拒绝签署上述所指记录，应在记录上对此做出标注。记录的复印件应交付被查发到货物、单证的人或其代表。在没收单证正本时，应在记录的复印件后随附被没收单证的复印件。在单证复印件上应标记没收单证正本的编号和日期，并由办理了单证正本没收的海关工作人员签字。

12. 退还被没收的货物、单证和取消对货物所施以的扣押，应在不晚于根据海关现场稽查结果做出决定书之日办理，但以下情形除外：

12.1 如果根据《俄罗斯联邦行政违法法》或《俄罗斯联邦刑事诉讼法》，已做出没收或扣押的决定书的；

12.2 如果根据本联邦法第 318 条或第 319 条货物应当没收的。

13. 退还被没收的货物和单证、取消对货物所施以的扣押，应根据开展海关现场稽查的海关工作人员的指令办理。关于退还被没收货物、单证和取消对货物所施以扣押的指令应形成一式两份。上述指令的第二份在签收的条件下当面送达被查发货物、单证的人或其代表，或者以带回执的挂号信向其地址发送。被没收的货物应当物归原主，在退还被没收的货物时应当形成一式三份的记录，海关工作人员，被退还没收货物的人或其代表以及实施被没收货物保管的人或其代表，应当在记录上签字。上述所指记录的第二份应交给被退还没收货物的人或其代表，第三份应交给实施被没收货物保管的人或其代表。被没收的单证应当退还被稽查人或其代表。在退还被没收的单证时应当形成一式两份的记录，海关工作人员、被稽查人或被稽查人的代表应在记录上签字，上述所指记录的第二份应当交给被稽查人或其代表。

14. 存储被没收货物，以及必要时对货物进行拆卸、运输和换装，由被没收货物的人承担费用。如果稽查中没有发现违反海关法律的行为，则被没收货物人支付的费用由联邦预算补偿，补偿办法由俄罗斯联邦政府制定。

15. 关于没收货物、单证和对货物施以扣押的所有事实的信息，均应在海关现场稽查记录中指明。

16. 在下列情形下，被没收和扣押的货物、单证不予退还，以本条规定为依据办理的没收或扣押的行为视为被撤销：

16.1 如果货物或单证根据《俄罗斯联邦行政违法法》或《俄罗斯联邦刑事诉讼法》应被没收或被扣押；

16.2 如果货物根据本联邦法第 318 条或第 319 条应被没收。

17. 如果自当面送达退还被没收货物指令之日起 1 个月内，或自通过邮局发送该指令之日起 6 个工作日届满后 1 个月内，被没收货物无人领取，根据本联邦法第五十六章，经法院判决，将没收货物转归国有。

第 234 条　对开展海关现场稽查的房舍、仓库、档案室、其他单证和货物所在地（存放地）的查封

1. 在开展海关现场稽查时，对房舍、仓库、档案室、其他单证、货物所在地（保管地）的查封，应当在被稽查人或其代表在场时实施，在被稽查人或其代表未在场时，在两名见证人在场时实施。

2. 查封房舍、仓库、档案室、其他单证和货物所在地（保管地），应形成查封记录，该记录应包含：

2.1 实施查封的海关工作人员的职务、姓名；

2.2 被稽查法人的名称或被稽查个体经营者的姓名；

2.3 被稽查人经营场所地址；

2.4 被稽查人或其代表的姓名及参与查封的其他人员的姓名；

2.5 查封措施描述；

2.6 被稽查人同意保护被查封的场所和其他场地，以及知晓擅自开启查封场所和其他场地的责任的表述；

2.7 履行海关事务领域监管监督职能的联邦权力执行机关规定的其他信息。

第 235 条　被稽查人的权利

被稽查人享有《联盟法典》第 336 条规定的权利，并有权：

1. 按照本联邦法第五十一章规定的办法对海关的决定、作为（不作为）进行申诉；

2. 经开展海关稽查的海关负责人（副职负责人）批准，在收到海关稽查记录后，知悉不含有国家秘密、不含有构成第三人商业、税务、银行秘密和其他受法律保护秘密的海关稽查材料；但在联邦法律允许时，被稽查人也可以知悉含有上述秘密信息的海关稽查材料；

3. 按照本联邦法第 237 条第 16 ~ 19 款规定的办法，向海关提交对海关稽查记录的异议。

第 236 条　开展海关稽查时被稽查人的义务

开展海关稽查时，被稽查人应当履行《联盟法典》第 336 条规定的义务，以及下列义务：

1. 在没有单证和信息或因故无法按期提交单证和信息的情形下，在提交上述单证和信息的规定期限届满前，应就未履行海关要求的原因，提交书面说明；

2. 保障开展海关现场稽查的海关工作人员查询开展海关现场稽查所必需的单证（信息），查看被稽查人信息系统数据库并浏览和选择必要的信息，以及保障获取必需的单证（信息）的复印件（纸质载体和电子载体的）；

3. 完成开展海关稽查的海关工作人员的合法要求；

4. 履行本联邦法和其他联邦法所规定的其他义务。

第 237 条　形成海关稽查结果的办法和根据稽查结果做出决定的办法

1. 开展海关单证和现场稽查的结果应以纸质文件形式或电子文件形式相应形成海关单证稽查记录和海关现场稽查记录。纸质文件形式的海关稽查记录应形成一式两份。

2. 海关稽查记录由开展海关稽查的海关负责人（副职负责人）自其形成之日起 3 个工作日内批准。形成海关稽查记录之日被认为是结束海关稽查之日。

3. 在海关单证稽查记录上应指明以下信息：

3.1 形成（记录）的地点和日期；

3.2 登记编号；

3.3 开展海关单证稽查的海关名称；

3.4 被稽查人的名称（姓名）、所在地（居住地），其统一识别号码或登记编码；

3.5 开展海关单证稽查的海关工作人员的姓名和职务；

3.6 受邀参与海关单证稽查的工作人员的姓名和职务；

3.7 海关单证稽查的开始和结束日期；

3.8 被稽查单证和信息的种类；

3.9 海关监管方式的信息，海关单证稽查过程中开展的其他行为的信息；

3.10 对所查发的能够证明违反海关调控领域国际条约、法律文件或俄罗斯联邦法律事实的描述，并指明其违反的海关调控领域国际条约、法律文件和俄罗斯联邦法律的相关规定；

3.11 关于在海关单证稽查过程中所提起的行政违法案件诉讼的信息；

3.12 根据开展海关单证稽查的结果做出的结论；

3.13 被稽查人活期（结算）账户和其他账户的要项；

3.14《联盟法典》第 331 条第 6 款所规定的海关单证稽查项目；

3.15 如果已对在海关事务领域实施活动的人开展过海关单证稽查，应指出本次稽查的时间段；

3.16 行使海关事务领域监管监督职能的联邦权力执行机关规定的其他信息。

4. 海关现场稽查记录应含有《联盟法典》第 333 条第 28 款规定的信息，以及：

4.1《联盟法典》第 331 条第 6 款规定的海关现场稽查项目；

4.2 如果已对在海关事务领域实施活动的人开展过海关现场稽查，应指出本次稽查的时间段；

4.3 被稽查人活期（结算）账户和其他账户的要项；

4.4 关于在海关现场稽查过程中提起的行政违法案件诉讼的信息；

4.5 行使海关事务领域监管监督职能的联邦权力执行机关规定的其他信息。

5. 在发现违反海关法律、影响税款金额的事实时，海关根据开展单证和现场稽查结果做出的结论，需包含应予补充计算和缴纳（追征）的关税、进口环节税、保障措施关税、反倾销税、反补贴税的预计数额。

6. 第一份纸质文件形式的海关稽查记录应归入海关稽查材料，第二份海关稽查记录应自海关稽查结束之日起 5 个工作日内当面送达被稽查人或其代表，并由其签收，或以带回执的挂号信向被稽查人发送。

7. 在向被稽查人（或其代表）当面送达海关稽查记录时，上述所指人（或其代表）在凭证（登记单）上所指出的收到海关稽查记录的日期是收到海关稽查记录之日。

8. 在以挂号信发送海关稽查记录时，按下列规定确定记录收到日：

8.1 如果在发送挂号信以后的第 6 个工作日以前收到邮局回执或其他信息，为邮局回执或其他信息来源上所指的挂号信交付日；

8.2 如果在发送挂号信以后的第 6 个工作日以前未收到邮局回执或其他信息，为自发送挂号信之日起第 6 个工作日。

9. 在形成电子文件形式的海关稽查记录时，海关稽查记录应在本条第 6 款所指的期限内使用互联网发送给被稽查人。

10. 如果根据海关稽查的结果，因查发关于货物归类、货物原产国、遵守提供缴纳海关税费优惠条件的不实信息，或者查发出导致已计算的金额变更或应缴纳海关税费、其他税费的其他信息，或依据《联盟法典》第 315 条所规定的理由，发现必须对报关单进行修改，并且报关单在报关时已由报关代理人向海关提交，则海关应自海关稽查记录结束海关稽查之日起 5 个工作日内，形成海关稽查记录摘录。

11. 海关稽查记录摘录应含有下列信息（可按记录摘抄）:

11.1 海关稽查记录登记编号;

11.2 被稽查报关单的号码;

11.3 根据开展海关稽查结果做出的结论，包括预计应补充计算和缴纳（追征）关税、进口环节税、保障措施关税、反倾销税、反补贴税数额的信息。

12. 海关稽查记录摘录应自海关稽查结束之日起，在5个工作日内，在签收条件下当面送达上述所指报关代理人的代表，或者以带回执的挂号信向报关代理人发送。

13. 在向报关代理人的代表当面送达海关稽查记录摘录时，上述所指人在凭证（登记单）上所指的关于收到摘录的日期是收到摘录的日期。

14. 在以挂号信发送海关稽查记录摘录时，按以下规定确定海关稽查记录摘录收到日:

14.1 如果在发送挂号信以后的第6个工作日以前收到邮局回执或其他信息，为邮局回执或其他信息来源上所指的挂号信交付日;

14.2 如果在发送挂号信以后的第6个工作日以前未收到邮局回执或其他信息，为自发送挂号信之日起第6个工作日。

15. 在形成电子文件形式的海关稽查记录摘录的情形下，该摘录应在本条第12款所指的期限内，使用互联网转交报关代理人。

16. 被稽查人自收到海关稽查记录之日起15个工作日内，有权就其内容以书面形式向海关提交异议书。

17. 对海关稽查记录的异议可以从总体上或针对该记录的一些条款提出。

18. 被稽查人对海关稽查记录的异议可以由专人以书面形式提交，也可以挂号信向海关发送。

19. 如果被稽查人已在网上个人“专属办公账户”注册，应自收到海关稽查记录之日起，在15个工作日内，经网上个人“专属办公账户”以电子文件形式提交对海关稽查记录的异议。

20. 在本条第16款和第19款所指的期限内，被稽查人还可以向海关提交对海关稽查记录无异议的信息。信息应按照本条第18款和第19款对于发送对海关稽查记录的异议所规定的办法提交。

21. 开展海关稽查的海关工作人员应当研究对海关稽查记录提出异议的依据，形成书面结论，并经开展海关稽查的海关的负责人（副职负责人）批准，自对海关稽查记录的异议到来之日起，在10个工作日内，以带回执的挂号信发送给被稽查人，或在签收的条件下，当面送达被稽查人或其代表。

22. 结论可以电子文件形式形成，此种情况下该结论应使用互联网传输给被稽查人。

23. 如果对海关稽查记录的异议是由被稽查人在本条第 16 款和第 19 款规定的期限届满后所提交（所发送）的，或者以挂号信发送，是在本条第 24 款所规定海关稽查记录异议到来期限届满之日以后送达海关，对这样的异议不应形成结论，其在根据海关稽查结果做出决定时也不予考虑，而是由开展海关稽查的海关转交上级海关，以供上级海关根据本联邦法第 263 条研究开展上级海关监督的问题。

24. 在用挂号信发送对海关稽查记录的异议时，自本条第 16 款规定的异议提交期限结束之日次日起，第 6 个工作日被视作海关稽查记录异议到来期限届满之日。

25. 在被稽查人以专人提交异议的情形下，本条第 16 款规定的异议提交期限结束之日是异议到来期限届满之日。

26. 在被稽查人经网上个人“专属办公账户”以电子文件形式提交异议的情形下，本条第 19 款所规定的异议提交期限结束之日视作异议到来期限届满之日。

27. 为适用本条第 16 款、第 19 款、第 20 款、第 23 ~ 26 款和第 29 款，在以挂号信发送海关稽查记录时，根据本条第 8 款所确定的日期视作海关稽查记录收到之日；而如果在海关根据本条第 28 款做出决定之日以前，带有向收信人交付邮件（指以其发送海关稽查记录的邮件）标注的邮局通知书送达海关，则在此邮局通知书上指明的邮件收到日视为交付日。如果在关于交付邮件的通知书上未含有向收信人交付邮件的日期或收信人（或其代表）的签名，则交付邮件的通知书不适用本条。

28. 开展海关稽查的海关的负责人（副职负责人）或被他们授权的人员，依据海关稽查记录并考虑对异议做出的结论，在具备《联盟法典》或本联邦法第 218 条规定的做出决定书的理由时，负责做出海关事务领域的决定书。但在对海关稽查记录提出异议时，为确定异议是否有依据而指定开展新的海关稽查的情形除外。

29. 上述所指的海关事务领域决定书应在下列期限内做出：

29.1 在因本条第 23 款规定理由等原因不应对海关稽查记录异议做出结论时，做出上述决定书的期限为自本条第 24 款和第 26 款规定的海关稽查记录异议到来期限届满之日起 15 个工作日内；

29.2 如果对海关稽查记录的异议是在本条第 25 款规定的异议到来期限届满后（由专人交付书面异议时）、本条第 24 款规定的异议到来期限届满前（以挂号信发送异议时）提交的，做出上述决定书的期限为自海关稽查记录异议到来之日起 15 个工作日内；

29.3 如果已对异议做出了结论，做出上述决定书的期限为自向被稽查人或其代表交付（发送）海关稽查记录异议的结论之日起 15 个工作日内；

29.4 如果在稽查记录异议期限届满之前收到被稽查人对稽查记录无异议的信息（书面或电子形式的），做出上述决定书的期限为自收到信息之日起 15 个工作日之内。

30. 如果指定海关稽查是为了证实在根据本条第 16 ~ 19 款进入的异议中阐述的理由的依据，则本条第 16 ~ 27 款和第 29 款规定不应适用。

31. 在本条第 30 款所指的情形下，根据海关稽查结果做出的决定书应自海关稽查记录交付（发送）给被稽查人或其代表之日起 15 个工作日内做出。

32. 未对海关稽查记录提出异议，不妨碍按规定办法对根据海关稽查结果做出的决定书进行申诉。

33. 根据海关稽查结果做出的决定书，如果海关调控领域国际条约、法律文件未规定其他期限，应自其做出之日起 5 个工作日内，向被稽查人或其代表当面送达，或以带回执的挂号信向被稽查人地址发送。

34. 在向被稽查人（其代表）当面送达根据海关稽查结果做出的决定书时，在被稽查人（其代表）收到决定书的凭证（标注）上所指明的日期是收到决定书之日。

35. 在以挂号信发送根据海关稽查结果所做出的决定书时，按下列规定确定决定书收到日：

35.1 如果在发送挂号信以后的第 6 个工作日以前收到邮局回执或其他信息，为邮局回执或其他信息来源上所指的挂号信交付日；

35.2 如果在发送挂号信以后的第 6 个工作日以前未收到邮局回执或其他信息，为自发送挂号信之日起第 6 个工作日。

36. 在以电子文件形式形成根据海关稽查结果做出的决定书的情形下，这些决定书应在本条第 33 款所指的期限内使用互联网传输给被稽查人。

37. 根据海关稽查结果做出决定书，不需开展上级海关监督。

38. 在根据海关稽查结果做出货物归类决定书的情形下，以前的货物归类决定书失效。

第四十四章　保障开展海关监管的措施及其适用范围

第 238 条　保障开展海关监管的措施

在开展海关监管时，根据不同监管对象，海关有权采取《联盟法典》第 338

条规定的保障开展海关监管的措施，以及下列措施：

1. 检查货物标识；

2. 提取海关单证、运输单证、商业单证、其他单证和单证的识别工具用于开展海关鉴定。

第 239 条　海关向申报人、承运人、在海关事务领域实施活动的人和其他人查询（要求提供）和获取开展海关监管所必需的单证和信息

1. 申报人、承运人、在海关事务领域实施活动的人和其他人提交开展海关监管所必需的单证或信息的期限，根据《联盟法典》第 340 条第 1 款自相应人收到提交单证或信息的查询函（要求书）之日起按自然日计算。

2. 在向本条第 1 款所指的人（或其代表）交付提交单证或信息的查询函（要求书）时，在上述所指人（或其代表）收到查询函（要求书）的凭证（标注）上所指的日期，是收到海关查询函（要求书）之日。

3. 在以带回执的挂号信发送关于提交单证或信息的查询函（要求书）时，认为收到查询函（要求书）：

3.1 如果在发送挂号信以后的第 6 个工作日以前收到邮局回执或其他信息，为邮局回执或其他信息来源上所指的挂号信交付日；

3.2 如果在发送挂号信以后的第 6 个工作日以前未收到邮局回执或其他信息，为自发送挂号信之日起第 6 个工作日。

4. 在以电子文件形式形成关于提交单证或信息的查询函（要求书）的情形下，该电子查询函（要求书）应使用互联网向被检查人传输。

5. 如果被查询的（被要求的）单证在货物放行后开始的海关监管过程中，由被发送查询函（要求书）的人已向海关提交过，并自向海关提交之日起，单证中包含的信息未变更过，则上述所指的人有权不重复提交单证。

6. 在本条第 5 款所指的情形下，被要求提供单证的人应在本条第 1 款规定的期限内，告知要求提供单证的海关：单证已向有关海关提交过（同时指明该海关的名称和其当时所发出查询函的文号等信息），且单证中所包含的信息未变更过。

7. 本条第 5 款和第 6 款规定不推及下列情形：

7.1 如果本次要求提供的是纸质载体单证，但此前是以电子形式提供过的；

7.2 如果本次要求提供的是纸质载体单证正本，是此前曾被提交、之后又被退还的，或此前提供过的是该单证正本的复印件或电子件；

7.3 如果在查询函（要求书）中已指明，此前向海关提供过的单证已失效。

第 240 条　海关向国家机构、地方自治机构或其所属的组织查询和获取单证和信息

根据《联盟法典》第 377 条第 1 项、第 340 条第 7 项和第 371 条第 7 项，海关有权在无偿基础上，包括以电子形式，在跨部门信息合作框架下，按照俄罗斯联邦政府规定的期限和办法，或行使海关事务领域监管监督职能的联邦权力执行机关与其他国家机构共同规定的期限和办法，向其他国家机构、地方自治机构或其所属组织要求提供并获取其掌握的单证或信息。

第 241 条　海关向被授权的组织查询和获取单证或信息

1. 根据《联盟法典》第 340 条第 7 项和第 371 条第 7 项，海关有权向下列根据俄罗斯联邦法律设立的组织要求提供开展海关监管或为完成其他联盟成员国海关提供单证或信息复印件的协查请求所必需的单证或信息：

1.1 俄罗斯联邦工商会和区域性工商会；

1.2 根据欧亚经济联盟法律和俄罗斯联邦技术调节领域法律要求，特定产品应符合相应的强制要求，有资质开展产品和强制要求相符性评估工作的认证机构和实验室；

1.3 其他被授权的组织。

2. 向被授权组织代表当面送达提供单证或信息的查询函时，被授权组织代表在凭证（标注）上所指出的日期，是海关查询函被收到之日。

3. 在经邮局以挂号信发送关于提交单证和（或）信息的查询函时，查询函视为被收到：

3.1 如果在发送挂号信以后的第 6 个工作日以前收到邮局回执或其他信息，为邮局回执或其他信息来源上所指的挂号信交付日；

3.2 如果在发送挂号信以后的第 6 个工作日以前未收到邮局回执或其他信息，为自发送挂号信之日起第 6 个工作日。

4. 收到关于提供单证或信息的有根据的查询函的、本条第 1 款所指的组织，应自收到之日起 5 个工作日内履行此函，或在此期限内将不掌握所要求提供的单证或信息的情况通知询问该组织的海关。

5. 查询函的样式，其填制办法和海关向本条第 1 款所指的组织发送查询函的办法，由行使海关事务领域监管监督职能的联邦权力执行机关规定。

第 242 条　向银行和其他信贷组织查询并由其提交开展货物放行后海关监管所必需的单证或信息

1. 根据俄罗斯联邦关于银行和银行活动方面的法律，开展稽查的海关，有权向掌握被稽查人和与被稽查人在被稽查货物交易（作业）方面有关的组织（个体经营者）单证和信息的银行和信贷组织要求提供并从它们那里获取：存在该组织（个体经营者）账户的证明，经确认的合同复印件，经确认的外汇管理单证复印件，银行监管报表，经确认的上述所指人向银行（其他信贷组织）提交的佐证单证（货物申报单除外）的复印件，经确认的带有签名和印模样例的卡片的复印件，组织（个体经营者）账户交易对账单和经确认的银行交易凭证（包括含有银行秘密的）的复印件。

2. 货物放行后及根据《联盟法典》第325条在货物放行前，为检查海关单证和信息、其他单证和信息，海关有权向掌握涉及作为申报人的组织（个体经营者）活动单证和信息的银行和其他信贷组织要求提供，并获取本条第1款所指的单证和信息。

3. 海关不应要求提供经确认的合同（协议）复印件和银行监管报表，如果相应的单证已被海关根据《俄罗斯联邦货币法》以电子形式从银行和其他信贷组织获取，并以银行（其他信贷组织）的加密电子签名签署。

4. 提交单证和信息的查询函（要求书）由海关在签收条件下送交有相应权限的银行或其他信贷组织的代表，或由海关以带回执的挂号信向信贷组织发送。

5. 在签收条件下向银行或其他信贷组织的代表送交关于提交单证和信息的查询函（要求书）时，在银行（其他信贷组织）代表关于收到查询函（要求书）的凭证（标注）上所指出的日期，是海关查询函（要求书）被收到之日。

6. 在经邮局以挂号信发送关于提交单证和信息的查询函（要求书）时，查询函（要求书）视为被收到：

6.1 如果在发送挂号信以后的第6个工作日以前收到邮局回执或其他信息，为邮局回执或其他信息来源上所指的挂号信交付日；

6.2 如果在发送挂号信以后的第6个工作日以前未收到邮局回执或其他信息，为自发送挂号信之日起第6个工作日。

7. 收到有根据的关于提交单证和信息的查询函（要求书）的银行或其他信贷组织，应自收到查询函（要求书）之日起，在5个工作日内履行。

8. 如果被要求提供的单证此前在开展海关监管或货币监管过程中由银行（其他信贷组织）向海关提供过，且自向海关提交之日起这些单证上含有的信息未变更过，银行（其他信贷组织）有权不重复提交这样的单证。

9. 在本条第8款所指的情形下，收到查询函（要求书）的银行（其他信贷组织）应在本条第7款规定的期限内，将被要求提供的单证此前已向有关海关提供过（同时指明该海关的名称和其发送的查询函的文号等信息）、自向海关提交之日起这些单证上含有的信息未变更过的情况通知发送查询函（要求书）的海关。

10. 本条第8款和第9款规定不推及的情形：如果在查询函（要求书）里指明，此前向海关提供过的所要求提供的单证已失效。

11. 如果俄罗斯联邦法律未做其他规定，不得要求提交向海关所提供的单证复印件的公证证书。必要时，凭书面形式的查询函，海关有权查阅单证正本。银行或其他信贷组织有义务让海关查阅单证正本（在正本存在时）。

12. 海关向银行或其他信贷组织发送（交付）查询函（要求书）的形式和办法，由行使海关事务领域监管监督职能的联邦权力执行机关规定。

13. 银行和其他信贷组织依照海关查询函（要求书）提供单证和信息的形式和办法，由行使海关事务领域监管监督职能的联邦权力执行机关与俄罗斯联邦中央银行协商规定。

第 243 条　海关巡查

1. 海关工作人员为实施海关巡查，进入被巡查人的房舍和场地时，需出示开展海关巡查的书面指令和海关工作人员公务证件。

2. 在海关监管区和对其开展海关现场稽查的被稽查人的场所内开展海关巡查时，不要求出示本条第 1 款所指的证件。

3. 在行使海关事务领域监管监督职能的联邦权力执行机关规定的情形下，海关巡查结果应形成海关巡查记录。

第 244 条　检查货物登记系统和货物登记情况

1. 根据《联盟法典》第 350 条第 1 款第 1 项，对申请列入经认证经营者名录、在海关事务领域实施活动的人名录的人，以及已被列入上述名录的人检查是否具有货物登记系统。

2. 根据《联盟法典》第 350 条第 1 款第 2 项，对在海关事务领域实施活动的人、经认证的经营者，以及占有或使用置于规定了开展货物登记的海关制度下的货物的人，海关应对其开展货物登记的情况进行检查。

3. 货物登记系统检查旨在检查被检查人是否具有货物登记系统，该系统是否符合《联盟法典》和俄罗斯联邦法律规定的要求，包括检查原始单证和登记单证里的记载，以及检查被检查人内部用于制定登记办法的管理文件是否符合法律规定的要求。

4. 检查货物登记情况，以对登记系统里的数据和向海关提交的报告里的数据进行比对，与海关掌握的其他数据进行比对，与对会计账簿和报告、原始单证和登记表里的数据进行比对的方法实施。

5. 对同一个时间段开展货物登记情况检查，只可实施一次。

6. 作为保障开展海关监管的措施，对是否具有自主应用的货物登记系统和使用系统开展货物登记状况进行检查，其结果应形成检查记录。

7. 为保障海关监管方式适用而开展是否具有自主应用的货物登记系统和使用系统开展货物登记状况检查的结果，应在根据适用此海关监管方式的结果所形成的单证上记载。

第 245 条　为开展海关监管进行的货物登记

1. 实施对外经济活动的人、实施其他与经海关边界运入运出货物有关活动的人，或对被运入运出的货物实施作业的人，有权开展货物登记和作业（对货物所实施的）登记。

2. 对本条第 1 款所指的人开展海关监管而开展货物登记的要求，由行使海关事务领域国家政策制定和法规调控职能的联邦权力执行机关规定，并需考虑以下规定：

2.1 开展经营活动事实的实物计量。

2.2 在使用与对外经济活动货物目录上货物计量单位不同的计量单位时，为比对报关单上所指的货物数量和登记单证上所指的货物数量，应指出计量单位换算系数，并在本条第 3 款规定的内部管理文件中反映确定换算系数的方法。

2.3 在经营活动或其他活动中使用完全是在俄罗斯联邦境内生产的货物时，如果为生产新产品，这些货物与被运入俄罗斯的货物或与被运入俄罗斯的货物可以互换的货物一起使用，则上述所指完全在俄罗斯联邦境内生产的货物应根据本条规定进行登记。

2.4 在对货物进行登记时，应指明报关单号码及货物的地位，包括：

2.4.1 从第三国运入俄罗斯联邦的货物；

2.4.2 完全是在俄罗斯联邦境内或其他联盟成员国境内生产的货物；

2.4.3 有条件放行的货物。

2.5 货物登记应以电子形式进行。

2.6 在为生产新货物或在为实施其他对货物的作业（开展该作业的结果导致货物状态改变，包括混合、重新包装等简单作业）使用货物时，在本条第 3 款规定的内部管理文件里，应指明材料、原料、生产要素的消耗率，以及为对其进行计算所使用的方法。

2.7 可互换货物的登记依据推定进行，即在更早时期被运入的货物也应更早被用于实施经营活动或其他活动。

2.8 被检查人应当实施对开展登记情况的内部监督，并在本条第 3 款所指的内部管理文件上反映组织和开展监督的办法。

2.9 为开展海关监管，货物登记情况应按期进行，该期限可为一个自然年以下，一个自然月以上。

2.10 登记的数据应和会计账簿数据进行比对。

2.11 根据本条第 1 款所指人的类别，以及货物的类别，对登记的要求可以不同。

3. 为开展海关监管进行登记的办法由被检查人通过内部管理文件（命令、决定或其他类似文件）制定，同时指明负责开展登记的人，并规定内部监管制度、查发和消除错误、误差的办法。

4. 如果为开展海关监管而进行登记的数据，与海关自动化数据库中包含的数据，或与实施货物盘点（资产和债务盘点）时获得的数据，或与会计核算数据，或与海关所掌握的其他信息（包括从税务机构获得的信息）存在差异的情形下，以及在查发出包含在为开展海关监管而进行的登记中的数据的差异时，则推定认为：货物数量超过在根据本条第 2 款第 9 项规定的报告期内、或在数个报告期内纳入登记货物数量的，是非法通过联盟海关边界的货物，或其放行未经海关根据《联盟法典》办理手续的货物。

4.1 为对木材和用其加工所得产品开展海关监管，实施海关自动化数据库所含信息和下列系统中所含信息的比对（根据 2021 年 7 月 2 日第 302 号联邦法补充，自 2021 年 8 月 2 日起生效）：

4.1.1 2023 年 1 月 1 日前，与含有在国家木材及其交易登记统一自动化信息系统中的信息进行比对；

4.1.2 自 2023 年 1 月 1 日起，与含有在联邦国家林业综合体信息系统中的信息进行比对。

5. 基于本条第 4 款规定，被检查人有义务按照本联邦法第 104 条规定，在收到海关决定书（记录包含在为开展海关监管而进行的登记中的数据与其他数据的差异的事实的）后 15 个自然日内，对认定为非法通过联盟海关边界的货物或未根据《联盟法典》办理放行的货物，进行申报，缴纳关税、进口环节税、保障措施关税、反倾销税、反补贴税。

6. 为实施海关监管而开展登记，由法人、外国人的分支机构和代表机构根据本条规定实施，包括但不限于使用会计核算的方法。

第 246 条　检查货物标识情况

1. 海关检查货物标识情况时，除检查本条第 3 款和第 4 款规定的标识外，重点在于将货物标识和包装上所具有的信息与报关单上所申报的货物信息和包含在实施海关作业所必需的其他单证上的信息进行比对，以及检查是否存在货物标识和包装上信息与报关单申报信息不符的迹象。

2. 在检查预先指定用于在免税贸易货物销售货物或正在免税商店销售货物的标识情况时，海关还应检查货物上是否具有本联邦法第 381 条第 4 款所指的标识。

3. 在检查以监管（识别）标志和其他识别工具标识货物的情况时，如果监管（识别）标志或其他识别工具根据构成联盟法律的国际条约、法律文件、俄罗斯联邦法律应当贴附到正被运入（已被运入）俄罗斯联邦的货物上，则应重点检查货物上是否贴附上述监管（识别）标志、其他识别工具，以及它们的真假；或将监管（识别）标志或其他识别工具上的信息与报关单上所申报信息和包含在其他信息来源上的信息进行比对。

4. 在对以消费税商标和其他种类的、由海关负责监管其遵守标识规则情况的商标标识货物的情况进行检查时，重点在于检查所做的标识是否与商标包含信息、所标识的货物、报关单上申报信息、包含在向海关所提交单证上的货物信息以及海关所掌握的其他信息是否相符；在于检查商标的真假。

5. 货物标识情况检查应在海关查验、海关查看过程中以及对房舍和区域进行海关查看的过程中实施。

6. 货物标识情况检查的结果应反映在按照适用海关监管方式（在适用它的过程中检查了对货物进行标识的情况的）的结果所形成的记录里。

第 247 条　提取海关单证、运输单证、商业单证和其他单证、识别工具用于海关鉴定

1. 为对海关单证、运输单证、商业单证和其他单证、识别工具开展海关鉴定，单证和识别工具应由海关按照行使海关事务领域监管监督职能的联邦权力执行机关规定的办法提取。

2. 在提取海关单证、运输单证、商业单证和其他单证、识别工具的情形下，应形成关于提取它们的记录。

第 248 条　货物、单证、运输工具以及房舍和其他地点的识别

1. 货物、单证、运输工具以及房舍和其他地点的识别，应根据《联盟法典》第 341 条实施。

2. 在根据本联邦法第 234 条查封对其应当开展海关现场稽查的房舍、仓库、档案室和其他单证和货物所在地（保管地）时，可以使用识别工具（封志）。

3. 应用由海关使用识别工具的办法和对识别工具所提出的技术要求，由行使海关事务领域监管监督职能的联邦权力执行机关规定。

4. 适用由海关所使用的识别方式的方法，包括适用《联盟法典》第 167 条、第 180 条、第 192 条、第 206 条和第 214 条规定的识别方式的方法，由行使海关事务领域国家政策制定和法规调控职能的联邦权力执行机关规定。

5. 由非联盟成员国海关和货物发货人、承运人和其他人使用的铅封、封印或其他封志，海关可以作为封志认可。

第 249 条　海关监管技术设备、其他技术设备、海关水运船舶和航空器的使用办法

1. 开展海关监管时使用的海关监管技术设备清单和应用办法，由行使海关事务领域国家政策制定和法规调控职能的联邦权力执行机关规定。

2. 为开展海关监管目的使用海关水运船舶和航空器的办法，由俄罗斯联邦政府规定。

第 250 条　海关押运

1. 为保障处于海关监管下货物在联盟关境运输，海关按照《联盟法典》第 343 条规定的办法可以实施押运。

2. 在只在俄罗斯联邦关境内开展运输工具的海关押运时，组织海关押运的办法，由行使海关事务领域监管监督职能的联邦权力执行机关规定。

第 251 条　货物的运输路线

1. 为保障对处于海关监管下货物在联盟关境内运输的监管，货物的运输路线由海关按照《联盟法典》第 344 条规定的办法规定。

2. 根据《联盟法典》，货物可以在不置于海关转运海关制度下在联盟关境内运输时，实施与设定、变更、遵守处于海关监管下货物运输路线有关海关作业的办法，由行使海关事务领域监管监督职能的联邦权力执行机关规定。

第 252 条　邀请专业人员以及其他俄罗斯联邦国家机关专业人员和鉴定专家参与（协助）开展海关监管

1. 在开展海关监管时，为实施一些专业行为（包括使用专门的海关监管技术设备），海关可以邀请与行为结果无利害关系，但具有专业知识和技能的专家为海关提供帮助。邀请专家的办法，由行使海关事务领域监管监督职能的联邦权力执行机关规定。

2. 为支持海关开展监管，海关可以从其他俄罗斯联邦国家机关邀请专业人员和鉴定专家。邀请专家的办法，由行使海关事务领域监管监督职能的联邦权力执行机关规定。

第七编
海　关

第四十五章　关于海关的一般规定

第 253 条　海关管理体系

1. 各级海关构成联邦集权管理的系统。

2. 以下是各级海关：

2.1 行使海关事务领域监督管理职能的联邦权力执行机关；

2.2 区域性的海关管理局；

2.3 海关；

2.4 海关站。

3. 区域性的海关管理局、海关、海关站的设立、改组和注销，按照俄罗斯联邦政府规定的办法实施。

4. 本条第 2 款第 2 ～ 4 项所指的海关在实施具体职能、实施规定的海关作业方面的权限，由行使海关事务领域国家政策制定和法规调控职能的联邦权力执行机关规定。

5. 行使海关事务领域监管监督职能的联邦权力执行机关有权设立专门海关。

6. 区域性海关管理局、海关、海关站，包括专门海关，基于行使海关事务领域监管监督职能的联邦权力执行机关所确定的一般的或个性化的规定运行。海关站可不具有法人地位。

7. 上述所指海关的辖区，由行使海关事务领域监管监督职能的联邦权力执行机关规定。

8. 行使海关事务领域监管监督职能的联邦权力执行机关可以按照俄罗斯联邦法律规定设立驻外国代表处。

第 254 条　海关的工作原则、职能和任务

1. 海关工作原则包括：

1.1 合法性原则；

1.2 法律面前人人平等的原则，尊重人们的权利和自由的原则；

1.3 海关系统统一性原则和中央集权领导的原则；

1.4 海关工作人员职业化和专业化原则；

1.5 海关工作人员行为的清晰性、可预测性和公开性原则，海关在开展海关监管和实施海关作业时所提要求的可理解性原则，公众便于获取关于实施对外经济活动规定、联盟海关法律、本联邦法方面信息的原则；

1.6 开展海关监管和实施海关作业时执法实践的统一性原则；

1.7 在行使海关事务领域职权时，不得使对外经济活动参加者、在海关事务领域实施活动的人、承运人和其他人承担过分和无正当理由费用的原则。

2. 海关在自己的权限范围内应当保障在俄罗斯联邦境内履行《联盟法典》第 351 条规定的任务和职能外，还应履行下列职能：

2.1 保障履行俄罗斯联邦在涉及海关事务方面的国际义务，与外国海关和其他有权机构、从事海关事务问题的国际组织开展合作；

2.2 开展俄罗斯联邦海关统计；

2.3 在自身权限范围内，对与货物通过联盟关境、货物运入俄罗斯联邦和货物从俄罗斯联邦运出有关的货币业务进行监管，以及对所开展的货币业务与许可证件的相符性进行监管；

2.4 在对俄罗斯联邦国际条约或俄罗斯联邦法律规定强制标识的货物开展海关监管时，检查货物标识情况；

2.5 查发、预防、阻断俄罗斯联邦法律列入海关权限的犯罪和行政违法行为，以及其他与海关有关的犯罪和违法行为，开展紧急侦查行动，实施刑事案件预先调查，办理行政违法案件；

2.6 为查发、预防、阻断和揭露犯罪，反腐败和保障自身安全，根据俄罗斯联邦法律实施侦查活动；

2.7 在反腐败、与国际恐怖主义和极端主义的斗争中提供协助，打击含知识产权保护对象的货物、毒品、精神类药物、武器弹药、文物和其他物品经联盟海关边界或俄罗斯联邦国境线非法贩运；

2.8 打击在海关和本联邦法第 274 条第 1 款所指的非商业组织、国有单一制企业中存在的腐败行为和腐败现象；

2.9 当货物通过联盟海关边界时，在自己的权限范围内，保障人的权利和合法利益，并为加快货物经联盟海关边界流通创造条件；

2.10 规范报关和海关监管，对通过联盟海关边界的货物和运输工具创造促进简化开展海关作业的条件，应用现代信息技术，推广先进的海关管理方法，包括基于海关事务领域公认的国际标准、俄罗斯联邦外国贸易伙伴国管理海关事务的经验；

2.11 根据构成联盟法律的法律文件和俄罗斯联邦法律参与保障货物追踪；

2.12 保障整合海关和税务机构信息资源，以打击逃避缴纳关税、进口环节税、保障措施关税、反倾销税、反补贴税的行为；

2.13 推广实施海关监管和其他种类国家监管的先进技术（包括使用“单一窗口”和单证电子传输）。

3. 俄罗斯联邦政府对特殊种类的货物在俄罗斯联邦的流通实行禁令时，海关在权限范围内应保障遵守该禁令。

4. 联邦法律、俄罗斯联邦总统和俄罗斯联邦政府法律文件可赋予海关其他职能。

第 255 条　特定的监管监督措施

1. 为保障遵守海关调控领域国际条约、法律文件、本联邦法和其他俄罗斯联邦规范性法律文件，海关可以实施特定的监管监督措施。

2. 在实施特定的监管监督措施时，海关应对信息（包括含有在海关和其他实施监管监督职能的俄罗斯联邦国家机构数据库中的），以及海关根据联盟法律或俄罗斯联邦法律所获取的其他信息进行分析。

3. 特定的监管监督措施应在海关所在地实施。

4. 特定的监管监督措施不定期开展。

5. 行使海关事务领域国家政策制定和法规调控职能的联邦权力执行机关负责规定开展特定的监管监督措施的办法和情形，包括开展监管监督活动的理由和期限，以及开展活动时相关人的权利和义务。

第 256 条　海关的旗帜和关徽

1. 各级海关和处于行使海关事务领域监管监督职能的联邦权力执行机关领导下的教育机构，可拥有旗帜和关徽。海关的运输工具上可喷涂关徽，海关的舰艇可悬挂关旗和船舶旗帜。

2. 行使海关事务领域监管监督职能的联邦权力执行机关的旗帜和关徽的描述和图案，海关（海关站除外）和处于行使海关事务领域监管监督职能联邦权力执行机关领导下的教育机构的旗帜的描述和图案，海关舰艇旗帜的描述和图案，以及关于行使海关事务领域监管监督职能联邦权力执行机关的旗帜，由俄罗斯联邦总统批准。

3. 在俄罗斯联邦境内，包括个体经营者在内的法人和自然人（本联邦法第 274 条所指的法人和本联邦法第五十七章至第六十四章所指的在海关事务领域实施活动的人除外）实施商业活动时，禁止在牌匾、表格、票据和其他单据上，在公告和广告上，在货物及其包装上使用海关象征物（旗帜和关徽图案），以及与海关名称近似的标识。禁止实施贸易活动的组织和个体经营者在牌匾、表格、公告和广告上，在货物及其包装上，使用“海关的”字样和带有该字样的词组。

第 257 条　海关所在地和基础设施

1. 海关应位于口岸，但那些位于毗邻一侧是联盟成员国的俄罗斯联邦国境线地段上的口岸除外。

2. 其他海关所在地（在其区域内可以实施海关作业、开展海关监管的），由行使海关事务领域监管监督职能的联邦权力执行机关依据客货流量规模、俄罗斯联邦主体对外经济联系发展程度、运输走廊和运输基础设施发展水平、对外经济活动参加者和运输组织的要求确定。

3. 俄罗斯联邦政府有权规定海关在本条第 2 款所指地点设立海关的办法。

4. 属于海关基础设施的有：装备配置了海关监管技术设备、工程系统、信息系统、电信通信系统及其保障设施（本条以下简称“海关基础设施要素”）的楼房、构筑物、房舍、露天场地；海关舰艇基地；保障海关活动的公共设施。

5. 对位于海关设立地点和其他地点（其区域内能够实施海关作业、可以开展海关监管的）的海关基础设施要素的装备和技术性配置的要求，由行使海关事务领域监管监督职能的联邦权力执行机关规定。

6. 海关应当分布在处于联邦所有下的房舍内，还可以分布在处于俄罗斯联邦法规定的其他所有形式下的房舍内（在俄罗斯联邦国境口岸组织海关监管无偿移交房舍和构筑物的情况下）。

7. 按照在海关事务领域实施活动的人，对外经济活动参加者，实施货物定期进出口供货的人，运输和货代组织以及联邦邮政通信组织的提议，海关站和海关内设机构可以分布在归属上述所指人、基于无偿使用协议所提供的房舍内，但俄罗斯联邦政府规定的情形除外。

8. 本条第 6 款所指房舍的技术装备，由联邦预算资金和俄罗斯联邦法律所规定的其他拨款来源出资实施。

9. 海关基础设施要素应分布在处于联邦所有制和其他所有制形式下的地块上。

10. 本条第 9 款所指的地块，应根据俄罗斯联邦土地法提供并长期（无限期）使用。

第四十六章　海关的义务和权利

第 258 条　海关的义务

海关的义务：

1. 遵守海关调控领域的国际条约、法律文件、本联邦法；

2. 实施对遵守海关调控领域的国际条约、法律文件、本联邦法情况的监管和监督；

3. 遵循行使海关事务领域国家政策制定和法规调控职能的联邦权力执行机关关于适用本联邦法的书面解释；

4. 以实施《联盟法典》、本联邦法和其他俄罗斯联邦法律规定职权的方法，保障履行海关调控领域国际条约、法律文件、本联邦法赋予海关的任务和职能。

第 259 条　海关的权利

1. 海关为履行赋予的职能，拥有以下权利：

1.1 为确保海关调控领域国际条约、法律文件、俄罗斯联邦海关事务领域法律和其他由海关监管遵守情况的俄罗斯法律实施，依上述法律采取措施；

1.2 要求提供（包括通过电信通信渠道经网上个人“专属办公账户”）海关调控领域国际条约、法律文件、俄罗斯联邦海关事务领域法律规定的单证和信息；

1.3 要求管理对象提供在海关事务领域实施一定活动或一定行为的证明；

1.4 在紧急情况下，为预防犯罪（关于这些犯罪的刑事案件方面的预先调查由刑事诉讼法列入海关权限的），追踪和扣留实施犯罪的人或犯罪嫌疑人，使用社会团体（外交代表机构、外国政府的领事机构和其他机构、国际组织除外）的通信工具或交通工具。通信工具或交通工具所有人所蒙受的财产损失，海关应当按照通信工具或交通工具所有人的要求，以联邦预算资金出资，按俄罗斯联邦政府规定的办法补偿；

1.5 根据俄罗斯联邦法律，扣留海关事务领域犯罪嫌疑人、实施了或正在行使海关事务领域犯罪或行政违法行为的人，并押送至海关公务用房或俄罗斯联邦内务部所属机构；

1.6 在公务活动中，使用信息系统、音视频技术设备、摄录照相器材以及其他不会对公民生命、健康和环境造成损害的技术和专业设备，形成、管理和使用人员、货物（物品）和事实数据库；

1.7 根据海关调控领域国际条约、法律文件，以及根据本联邦法，与外国海关就海关事务领域合作交换海关所掌握的信息；

1.8 在权限范围内与国家权力机构、其他机构和组织实施信息合作；

1.9 根据俄罗斯联邦法律，研发、创建和运营信息系统、通信系统和数据传输系统、海关监管技术设备以及信息保护设备（包括信息的密码保护设备）；

1.10 向法院或仲裁法院提出下列事由的诉讼和申请：

1.10.1 追征关税、进口环节税、保障措施关税、反倾销税、反补贴税、海关规费、利息、滞纳金和其他由海关负责征收的税费；

1.10.2 提起追征货物用于缴纳关税、进口环节税、保障措施关税、反倾销税、反补贴税、海关规费；

1.10.3 认定无主财产；

1.10.4 根据俄罗斯联邦法律规定的理由注销组织；

1.10.5 认定交易无效和适用交易无效的后果；

1.10.6 海关调控领域国际条约、法律文件及本联邦法规定的其他情形；

1.11 为侦查刑事案件和办理行政违法案件，为检查按规定办法登记的关于犯罪的材料、信息和声明，以及检查含有指证存在行政违法行为信息的材料、信息和声明（审核材料、信息、声明纳入海关权限），凭工作证明到访国家机构和地方自治机构、社会团体和组织，查阅必需的单证和材料，包括查阅与刑事案件侦查、行政违法案件办理有关的公民个人信息，查阅与检查犯罪的材料、信息和声明，检查含有指证存在行政违法事件信息的材料、信息和声明有关的公民个人信息；

1.12 开展海关事务领域的科研和试验设计研发；

1.13 实施本联邦法和其他联邦法规定的其他权利；

1.14 根据《俄罗斯联邦行政违法法》，追究相关人的行政责任。

2. 本条第 1 款规定的海关的权利，仅限在实施海关任务和职能时使用。

第 260 条　在使用海关水运船舶和航空器实施海关监管时海关的权利

1. 在使用海关水运船舶和航空器实施海关监管时，海关有权：

1.1 发现应受海关监管货物在运输工具上非法移动的迹象时，截停运输工具并开展海关查验；

1.2 在俄罗斯联邦缔结的国际条约未做其他规定前提下，扣留位于运输工具上、由海关依法负责办理紧急调查的刑事案件犯罪嫌疑人；

1.3 在俄罗斯联邦领海以外毗邻俄罗斯联邦的区域，追踪和扣留未经海关许可从俄罗斯联邦境内离开、尚未进入外国领海的水运船舶，如果追踪是在俄罗斯联邦领海内的境内水域开始的，且是在给出从远处可以看到或听到的视觉信号或声音信号后开始的，则此追踪视为是连续进行的；

1.4 在发现海关事务领域行政违法迹象时，根据《俄罗斯联邦行政违法法》，扣留运输工具以实施下一步的没收或扣押；

1.5 在《联盟法典》和本联邦法规定的情形下，实施运输工具押运，包括实施海关工作人员随行押运。

2. 海关水运船舶和航空器可以：

2.1 无偿使用俄罗斯联邦的水域、空域、海港和江河港口水域及其码头和其他水运码头构筑物，以及俄罗斯联邦境内的机场（停机坪），不论归属和用途；

2.2 按照授权的联邦权力执行机关商定的办法，无偿使用进出港口的优先权；

2.3 无偿获取导航、水文气象、水文地理和其他信息；

2.4 无偿获得飞行和航海保障。

第 261 条　海关截停运输工具的权利

1. 为检查货物和与货物有关的单证，检查遵守海关调控领域国际条约、法律文件、俄罗斯联邦法律的情况，海关有权截停公路运输工具、包括未实施货物国际运输的汽车。

2. 对于本条第 1 款所指的公路运输工具，在沿俄罗斯联邦国境线设立的海关监管区内，海关可以自主将其截停。对于重量在 3.5 吨及以上的车辆，海关可以自主将其截停的区域包括：在沿俄罗斯联邦国境线设立的海关监管区内，以及在阿尔泰共和国、达吉斯坦共和国、印古什共和国、卡巴尔达—巴尔卡尔共和国、卡拉恰伊—切尔克斯共和国、北奥塞梯—阿兰共和国、车臣共和国、阿尔泰边疆区、斯塔夫罗波尔边疆区、阿斯特拉罕州、布良斯克州、伏尔加格勒州、库尔干州、彼得格勒州、新西伯利亚州、鄂木斯克州、奥伦堡州、佩斯科夫州、萨马拉州、萨拉托夫州、斯摩棱斯克州、特维尔州、秋明州、车里雅宾斯克州和联邦直辖市圣彼得堡市境内。

3. 在本条第 2 款未规定的地方，截停本条第 1 款所指的公路运输工具，由保障道路交通安全领域的内务部机构与海关合作实施。

4. 根据本条第 2 款截停公路运输工具，按照海关授权工作人员的要求实施；而在本条第 3 款规定的情形下，按照内务部机构授权工作人员的要求实施。

5. 本条第 1 款所指的管理公路运输工具的人，有义务按照本条第 4 款所指的授权工作人员的要求，停驶公路运输工具，并为开展海关监管而向海关授权的工作人员交验上述所指运输工具、位于运输工具上的货物和与货物有关的单证。

6. 如果在海关监管区外截停公路运输工具，海关开展货物和与其有关的单证检查的时间、记录和固定检查结果的时间不能超过 2 小时。在做出海关查验决定书时，以及在提起行政违法案件诉讼、向承运人或管理该运输工具的人交付相应决定书或记录的复印件的情形下，允许强制将上述所指运输工具置于临时存储仓库区域或是常设海关监管区的其他地方。在以上情形下，运输工具卸货所必需的时间内，运输工具可以位于临时存储仓库区域或是常设海关监管区的其他地方，但根据《俄罗斯联邦行政违法法》或根据《俄罗斯联邦刑事诉讼法》，运输工具应当没收或扣押的情形除外。

7. 截停公路运输工具应形成记录，其中一份应交付承运人。记录的样式和填写办法，由行使海关事务领域监管监督职能的联邦权力执行机关规定。

8. 向承运人（管理公路运输工具的人）交付本条第 7 款所规定的记录，表示结束以检查单证和信息形式进行的海关检查，在上述所指的记录中应反映海关检查单证和信息的结果。

9. 根据对本条第 1 款所规定的货物开展海关监管的结果，应形成《联盟法典》第 327 条或第 328 条所规定的记录。

第 262 条　履行海关及其工作人员的要求的义务

1. 海关及其工作人员在执行公务时的合法要求，可强制所有人履行。

2. 不履行海关及其工作人员的合法要求和实施妨碍他们执行公务的作为（不作为），将追究俄罗斯联邦法律所规定的责任。

第 263 条　上级海关进行的监督

1. 如果本联邦法和其他联邦法未做其他规定，在具备理由时，上级海关有权对下级海关的决定、作为（不作为）开展监督。在根据开展监督的结果发现不符合海关调控领域国际条约、法律文件、本联邦法要求的下级海关决定的情形下，上级海关应完全撤销或部分撤销下级海关的决定，但下级海关做出决定的后果无法消除或做出新决定期限已届满的情形除外。

2. 按照上级海关监督的办法撤销（部分撤销）下级海关的决定后，如果要求做出新的决定，该决定应由海关根据海关调控领域国际条约、法律文件、本联邦法，按照海关监管的结果，自收到海关监管结果时起，在30个自然日内（在海关调控领域国际条约、法律文件以及本联邦法未规定其他期限的条件下）做出。

3. 行使海关事务领域国家政策制定和法规调控职能的联邦权力执行机关，负责规定对决定、作为（不作为）开展上级海关监督的办法，以及规定按照上级海关监督结果所做出决定书的样式。

4. 上级海关监督由海关在具备理由时开展。下列情形属于开展上级海关监督的理由：

4.1 海关收到与对海关及其工作人员的决定、作为（不作为）进行申诉有关的、公民和组织的诉讼申请书、法院裁定和法院其他文书；

4.2 海关收到公民和组织向海关提交的申请书；

4.3 海关收到国家机关、检察机关和其他机关的公函；

4.4 海关收到俄罗斯联邦总统下属保护企业家权力机关、俄罗斯联邦主体保护企业家权力机关的公函；

4.5 因海关或海关工作人员实施自己的任务和职能产生的理由，包括下列情况：

4.5.1 开展海关监管或实施按照海关检查结果做出决定书时；

4.5.2 开展公务性、综合性、职能性和目的性检查时；

4.5.3 办理刑事案件、行政违法案件时；

4.5.4 在管理《在海关事务领域实施活动的人名录》方面提供国家服务时；

4.5.5 在对海关统一自动化信息系统的数据库和信息资源开展监控和分析时；

4.5.6 对海关检查记录存在异议时。

5. 行使海关事务领域国家政策制定和法规调控职能的联邦权力执行机关，有权规定开展上级海关监督的其他理由。

第264条　海关答疑和做出预先决定

1. 海关应当就海关事务领域的问题和其他海关权限范围内的问题进行答疑。海关负责人（或其替代人）负责确定开展答疑的海关工作人员。

2. 海关开展的答疑按口头、书面和电子形式免费实施。按照查询人的书面和电子查询函，海关应自收到上述查询函之日起1个月内答复。

3. 在实施答疑时向查询人提供的信息，不是海关或其工作人员在对货物实施海关作业时做出决定或实施作为（不作为）的依据。

4. 如果答疑信息提供不及时或不实，并因此造成询问人的损失，应根据俄罗斯联邦法律赔偿损失。

5. 海关实施答疑的办法和期限，由行使海关事务领域国家政策制定和法规调控职能的联邦权力执行机关规定。

6. 海关可以做出货物归类、货物原产地预先决定，也可以就运入货物完税价格确定方法的适用，以及委员会规定的其他问题做出预先决定。

7. 如果委员会未就其确定的、上款所指其他问题如何做出预先决定规定办法，则由行使海关事务领域国家政策制定和法规调控职能的联邦权力执行机关规定。

第 265 条　获取做出决定、实施作为（不作为）原因的信息

1. 利益相关人认为海关或海关工作人员的决定、行为侵犯其合法权利和利益的，有权向该海关查询做出决定、实施作为或在规定期限内未做出决定、未实施作为的原因和依据。

2. 利益相关人应自海关或其工作人员做出决定、实施作为之日起或知晓做出决定、实施作为之日起 6 个月内向海关提交查询函；对于规定期限内应做出决定但未做出决定、应实施作为但未实施作为的情形，应自规定期限届满之日起 6 个月内向海关提交查询函。

3. 利益相关人可以以口头或书面形式提出查询必要信息。口头查询应由海关在收到之日审核。在提交书面查询函时，应自查询函被收到之日起，在 10 日内以书面形式进行反馈。

第 266 条　海关工作评估

1. 下列是海关工作评估的主要标准：

1.1 货物经国境运入运出时实施海关作业的时间，以及实施海关作业时利益相关人的费用；

1.2 征收海关税费的及时性和足额度；

1.3 打击犯罪和行政违法行为的有效性。

2. 行使海关事务领域国家政策制定和法规调控职能的联邦权力执行机关，负责依据本条第 1 款所指的海关工作评估的主要标准，规定海关工作有效性评估指标清单、这些指标的监控办法和方法、本联邦法第 10 条第 3 款所指的人参加监控的办法，以及负责监督履行海关工作有效性评估指标。

3. 海关工作有效性评估指标监控结果的信息，应以在行使海关事务领域监管监督职能的联邦权力执行机关位于互联网上的官方网页发布的方法或其他方法公布。

第四十七章　海关工作人员使用武力、特殊设备、武器和公务犬

第267条　海关工作人员使用武力、特殊设备、武器和公务犬的条件

1. 海关工作人员有权按照本联邦法规定的办法使用武力、特殊设备、武器和公务犬。

2. 在使用武力、特殊设备和武器之前，应有清楚明白地被表达的警示（关于打算使用武力、特殊设备和武器的）和警示性射击（在应用武器的情形下）。在此情形下，海关工作人员有义务：

2.1 为履行自己的合法要求提供足够的时间，但一些情形除外：延迟使用武力、特殊设备和武器，会给海关工作人员的生命和健康带来直接危险，可能导致其他严重后果的；受到突然性攻击、武装攻击的；受到使用战斗装备、飞机轮船和交通工具进行的攻击的；在其他状况下（现场警示是不妥当或不可能的）。

2.2 保障为受到身体伤害的人提供急救，并立即将发生的事情告知海关负责人，该海关负责人有义务自事发时起24小时内将此情况通知检察院。

3. 在使用武力、特殊设备和武器时，根据违法行为的性质和危险程度，以及受到的反抗的程度，海关工作人员有义务根据以最小损失消除危险的原则行事。

4. 在违反规定使用武力、特殊设备、武器、公务犬的情形下，海关工作人员应根据俄罗斯联邦法律承担责任。

第268条　海关工作人员使用武力

1. 海关工作人员有权使用武力，包括徒手格斗动作，但只能在非暴力方法不能保障履行赋予海关的义务的情形下。

2. 武力适用于：

2.1 为制止违法行为；

2.2 为扣留违法分子；

2.3 为制服对海关工作人员合法要求的反抗；

2.4 为阻止进入房舍、场所从而接近处于海关监管下的货物或对其应实施海关监管的货物。

第269条　海关工作人员使用特殊设备

1. 下列情形下，海关工作人员有权使用特殊设备：

1.1 击退对海关工作人员的进攻；

1.2 击退对属于海关或被海关使用的楼房、构筑物或运输工具的攻击，对处于海关监管下的货物和运输工具的攻击，以及在上述所指对象被侵占情形下对其

的解放；

1.3 扣留违法分子，将其押送至海关或内务部机关公务用房，如果这些违法分子表现出不服从或反抗，或可能给周围人或自己带来伤害；

1.4 制止对海关工作人员的武力反抗；

1.5 截停运输工具（在海关监管区内，该运输工具司机未履行海关工作人员停车的要求的）；

1.6 截停公路运输工具（在本联邦法第 261 条规定情形下，在海关监管区外，该公路运输工具司机未履行海关授权工作人员停车要求的）。

2. 禁止对迹象可见的孕妇、带有明显残疾特征的人和未成年人使用特殊设备，但这些人采取武装反抗、实施威胁到人的生命或健康和处于海关监管下货物和运输工具完整性的群体性攻击或其他攻击的情形除外。

3. 海关所使用的特殊设备的清单，由俄罗斯联邦政府规定。

第 270 条　海关工作人员使用公务犬

1. 下列情形下，海关工作人员有权使用公务犬：

1.1 在开展海关监管时，搜寻和查发毒品、精神类药品、爆炸物、武器、弹药、其他非法运入俄罗斯联邦或从俄罗斯联邦运出的货物和有独特气味的货物；

1.2 在现场侦查作业和开展侦查作业活动时，搜寻和查发毒品、精神类药品、爆炸物、武器、弹药和其他具有独特气味的物品；

1.3 气味鉴定作业；

1.4 根据某人的独特气味来搜寻和查找此人；

1.5 实施海关基础设施客体安全保障。

2. 在对人的生命或健康有威胁、履行不符合公务犬用途的作业的情形下，以及在会给公务犬的工作能力、生命或健康带来损失的条件下，禁止使用公务犬。

3. 开展海关监管时使用公务犬的办法，对它们进行训练和养护的办法，由俄罗斯联邦政府规定。

第 271 条　海关工作人员使用武器

1. 为必要的防御或在迫不得已的情形下，海关工作人员有权使用武器或任何手边的设备。

2. 下列情形下，在履行职责时，海关工作人员有权使用武器：

2.1 击退对海关工作人员的攻击，在海关工作人员的生命或健康遭受直接危险的情况下，如果以其他方法和工具不能击退攻击；

2.2 制止抢夺海关工作人员武器的企图，包括制止海关工作人员扣留的人员，在此情形下通过减少海关工作人员所限定的距离靠近或接触工作人员武器的企图；

2.3 击退对属于海关的或由海关使用的楼房、构筑物、船舶、航空器或运输工具的群体性攻击或武装攻击，击退对处于海关监管下的货物和运输工具及它们所位于的建筑物的群体性攻击或武装攻击，以及在上述建筑物、船舶、航空器、货物和运输工具被武装侵占的情形下，收复它们；

2.4 扣留实行武装反抗的人，以及拒绝履行关于缴械的合法要求的武装分子；

2.5 以损毁公路运输工具、铁路运输工具、船舶和航空器的方法截停它们，如果它们对海关工作人员的生命或健康造成现实的危险，或不服从海关工作人员停驶的多次要求，在进行警示性射击后；

2.6 解除动物对海关工作人员生命或健康造成的威胁；

2.7 使用武器前示警，发出报警或求助信号。

3. 下列情形下禁止使用武器：

3.1 对于迹象可见的孕妇、带有明显残疾特征的人、未成年人（如果其年龄对海关工作人员显而易见或已知晓），但这些人表现出武装反抗、实施威胁人们生命或健康的武装攻击或群体性攻击的情形除外；

3.2 在人群大规模聚集时，如果使用武器会伤害无辜民众。

4. 关于使用武器的事件，海关工作人员应当立即以书面形式向海关负责人报告，该负责人应自使用武器时起不晚于 24 小时将此情事通知检察院。

5. 海关工作人员使用的武器弹药的清单，由俄罗斯联邦政府规定。

6. 海关工作人员有权使武器准备就绪，如果其认为事发现场可能出现本条第 2 款规定的使用武器的理由。

第四十八章　海关活动的保障

第 272 条　海关活动的物质技术保障

海关工作的物质技术保障，以联邦预算资金和俄罗斯联邦法律规定的其他资金来源出资实施。

第 273 条　海关活动的信息保护

1. 根据俄罗斯联邦法律，含有海关人员信息、组织信息和含有实施侦查作业行动战术、方法和手段信息的单证和材料，应存放在海关档案室。

2. 海关档案室存放的具有历史和科学价值的文件，且已根据俄罗斯联邦法律解密的，应按俄罗斯联邦法律规定的办法移交档案事务和公文处理领域授权的联邦权力执行机关的档案馆保存。

3. 国家秘密、银行秘密、税务秘密和其他受法律保护的秘密或其他限制访问信息在海关的保护，应根据俄罗斯联邦法律进行保障。

第 274 条 海关附属组织

1. 行使海关事务领域监管监督职能的联邦权力执行机关可下辖其活动能够促进解决赋予海关任务的科研组织、教育组织、医疗组织、出版社和其他机构，以及国有单一制企业。

2. 根据俄罗斯联邦反垄断法和其他法律的要求，确定本条第 1 款所指的机构和国有单一制企业的职能。

3. 本条第 1 款所指的机构和国有单一制企业，包括它们直接或间接作为成员所在的其他组织，以及这些机构和企业的分支机构和代表机构，不能从事本联邦法第五十九章至第六十六章规定的海关事务领域的活动。

第 275 条 海关和海关附属组织的财产

海关的财产和本联邦法第 274 条第 1 款所指的机构和国有单一制企业的财产属于联邦所有。上述所指财产的处置应根据俄罗斯联邦法律实施。

第四十九章 俄罗斯联邦的海关统计

第 276 条 实施俄罗斯联邦海关统计的办法

1. 海关负责实施俄罗斯联邦的海关统计，包括俄罗斯联邦的货物对外贸易海关统计和特殊海关统计。

2. 俄罗斯联邦的货物对外贸易海关统计，包括俄罗斯联邦与非联盟成员国的货物对外贸易海关统计和俄罗斯联邦与联盟成员国的货物相互贸易统计。

3. 俄罗斯联邦货物对外贸易海关统计的实施依据有：《联盟法典》、委员会确定的方法、俄罗斯联邦法律、行使海关事务领域监管监督职能的联邦权力执行机关的规范性法律文件。

4. 为分析俄罗斯联邦对外贸易现状，监管海关税费对联邦预算的拨付，开展货币监管，分析俄罗斯联邦对外贸易发展的动态、趋势，对俄罗斯联邦对外贸易和收支平衡以及总体经济情况进行分析，海关负责收集、整理、编制、提供俄罗斯联邦货物对外贸易海关统计数据。

5. 为实施俄罗斯联邦海关统计，可以使用海关的信息资源。

6. 形成俄罗斯联邦货物对外贸易海关统计数据，应根据海关调控领域国际条约、法律文件和俄罗斯联邦法律，按照行使海关事务领域监管监督职能的联邦权力执行机关规定的办法办理。

第 277 条 俄罗斯联邦与非联盟成员国间的货物对外贸易海关统计

为形成俄罗斯联邦与非联盟成员国间的货物对外贸易海关统计数据，海关对包含在报关单和《联盟法典》第 105 条所指的其他单证上的关于货物通过俄罗斯联邦国境的信息进行收集和处理。

第 278 条　俄罗斯联邦与联盟成员国间的货物贸易统计

1. 俄罗斯联邦与联盟成员国间的货物贸易统计，依据货物进出口统计表和其他信息来源所指明的信息办理。

2. 签订合同的俄罗斯人；以其名义（受其委托）签订合同的俄罗斯人；或在没有合同的情况下，在收货时（运入货物情况下）或发货时（运出货物情况下）有权占有、使用或处置货物的俄罗斯人，有义务向海关提交货物进出口统计表，该统计表应在对外经济活动参加者网上个人“专属办公账户”填写。

2.1 对于自然人携带的自用物品、根据委员会确定的开展联盟成员国货物相互贸易统计的方法不应登记的货物、根据俄罗斯联邦国际条约应当申报的货物、含有国家秘密的货物，以及由俄罗斯联邦政府规定的特殊种类货物，不需提交货物进出境统计表。

3. 俄罗斯联邦与联盟成员国开展货物相互贸易统计的办法，以及货物进出境统计表和其填写规则，由俄罗斯联邦政府规定。

4. 俄罗斯联邦政府有权设定俄罗斯联邦与联盟成员国货物相互贸易统计中的货物统计口径。

第 279 条　俄罗斯联邦货物对外贸易海关统计数据的提供办法

1. 海关应当无偿向俄罗斯联邦总统、俄罗斯联邦会议、俄罗斯联邦政府、行使海关事务领域国家政策制定和法规调控职能的联邦权力执行机关提供俄罗斯联邦货物对外贸易海关统计数据。海关应当根据行使海关事务领域国家政策制定和法规调控职能的联邦权力执行机关规定的办法，无偿向其他联邦国家权力机构、俄罗斯联邦主体国家权力机构、地方自治机构、法院、检察机构、俄罗斯联邦中央银行、国家预算外基金、工会联合会、用工者（雇主）联合会，以及法人和国际组织提供不含国家、商业、银行、税务秘密和其他受法律保护的秘密或其他限制访问信息的俄罗斯联邦货物对外贸易海关统计数据。为履行赋予国家开发机构的职能，俄罗斯联邦政府有权规定向其提供俄罗斯联邦对外贸易海关统计数据（包括含有限制访问信息的数据）的清单和提交办法。国家开发机构应当采取必要措施保护收到的限制访问信息免受非法访问和扩散，并应根据俄罗斯联邦法律为保护这些信息提供保障。

2. 行使海关事务领域监管监督职能的联邦权力执行机关，应公布俄罗斯联邦货物对外贸易海关统计数据，公布的数据项和期限由俄罗斯联邦政府确定。

第 280 条　海关特殊统计

1. 海关特殊统计由海关按照行使海关事务领域监管监督职能的联邦权力执行机关规定的办法实施。

2. 为保障解决赋予联邦权力执行机构的任务，由海关实施信息的收集、处理和转交，信息的清单和提交周期由俄罗斯联邦政府确定。

3. 为根据俄罗斯联邦检察法对犯罪资料和关于犯罪、侦查、调查、检察监督的信息进行国家统一统计登记，行使海关事务领域监管监督职能的联邦权力执行机关，应当在职权范围内向俄罗斯联邦检察机构提交基础统计资料。（根据2019 年 12 月 27 日第 487 号联邦法规定，自 2022 年 1 月 1 日起生效）

第五十章　单证和信息交换

第 281 条　单证和信息交换的一般规定

1. 海关与申报人、承运人、在海关事务领域实施活动的人、经认证的经营者、权利人和其他海关在履行自己的职责任务时与其进行互助合作的人（本章以下简称“利益相关人”）之间进行单证或信息交换，以电子形式实施或以提交（发送）纸质载体单证或信息的方法实施。

2. 通过互联网，利用海关信息系统和利益相关人信息系统、信息运营商信息系统，实现电子形式的单证或信息交换。

3. 在无法实现以电子形式交换单证或信息的情况下，或者按照《联盟法典》、其他海关调控领域的国际条约、法律文件、本联邦法或其他俄罗斯联邦法律规定，应以纸质载体交换单证或信息。

第 282 条　使用互联网以电子形式交换单证和信息

1. 使用互联网以电子形式交换单证和信息，在海关和利益相关人之间实施，借助于：

1.1 信息运营商；

1.2 网上个人“专属办公账户”；

1.3 行使海关事务领域监管监督职能的联邦权力执行机关制定和批准的以电子形式交换单证或信息的其他方法。

2. 以海关授权工作人员或利益相关人加密电子签名签署的电子单证，与以海关授权工作人员或利益相关人亲笔签名签署的纸质文件具有同等效力。

3. 由海关以本条第 1 款规定的方法向利益相关人发送的电子单证，将其发送之日次日视为收到日。

4. 在海关和利益相关人开展互助合作的情况下，参与交换的电子单证的格式和结构、电子单证的拟定办法和公布办法、对电子单证的格式和结构修改的办法，以及填写、发送和收取上述所指电子单证的办法，由行使海关事务领域监管监督职能的联邦权力执行机关确定，如果该权限未根据《联盟法典》赋予委员会，或未根据俄罗斯联邦法律赋予其他联邦权力执行机关或俄罗斯联邦政府。

第 283 条　信息运营商

1. 信息运营商是使用自己的信息系统对以电子形式在利益相关人和海关信息系统之间交换单证和信息实施保障活动的俄罗斯组织，还可以为海关远程访问经认证经营者货物登记系统提供保障。

2. 借助于信息运营商以电子形式在海关和利益相关人之间交换单证和信息的办法，由行使海关事务领域监管监督职能的联邦权力执行机关规定。

3. 将信息运营商的信息系统接入海关信息系统的办法，由行使海关事务领域监管监督职能的联邦权力执行机关规定。

第 284 条　网上个人“专属办公账户”

1. 网上个人“专属办公账户”是归属行使海关事务领域监管监督职能的联邦权力执行机关所有的信息资源，它被配置在互联网上，用于以电子形式在海关和利益相关人之间组织电子单证和信息交换。

2. 在本联邦法规定的情形下，网上个人“专属办公账户”可被申报人和其他人用于实施海关调控领域国际条约、法律文件、本联邦法规定的自己的权利和义务。

3. 网上个人“专属办公账户”的使用办法，在利益相关人和海关之间组织电子单证或信息交换的办法，以及利益相关人获取网上个人“专属办公账户”的访问许可的办法，由行使海关事务领域监管监督职能的联邦权力执行机关规定。

第五十一章　对海关及其工作人员决定、作为（不作为）的申诉

第 285 条　一般规定

1. 任何人均有权对海关及其工作人员的决定、作为（不作为）提出申诉，如果该人认为海关及其工作人员的决定、作为（不作为）对其权利、自由或合法利益构成侵犯，或妨碍其实现上述权利、自由和合法利益，或非法赋予其某种义务。

2. 任何人均对海关及其工作人员的决定、作为（不作为）具有申诉权，海关无权拒绝任何人行使申诉权。

第 286 条　对决定、作为（不作为）的申诉

1. 对海关及其工作人员的决定、作为（不作为），可向海关或法院申诉。

2. 对行使海关事务领域监管监督职能的联邦权力执行机关做出的决定提出申诉，以及对已实施的作为（不作为）进行申诉，应向法院提交申诉书。

3. 提交和审核申诉书的办法由本章规定，但对海关及其工作人员的一些决定、

作为（不作为）由联邦法律规定了特殊申诉办法的情形除外。

4. 按法律程序对海关的决定、作为（不作为）进行申诉，由相应的俄罗斯联邦诉讼法规定细则。

5. 行使海关事务领域监管监督职能的联邦权力执行机关负责规定海关工作人员在审核申诉时的行为办法。

第 287 条　申诉申请人

下列可以作为提交申诉的申请人：

1. 通过内设机构（在联邦法律、其他规范性法律文件、法人或非法人组织的设立文件提供的权限范围内行事的）或自己的代表，对海关的决定、作为（不作为）进行申诉的法人以及非法人组织。

2. 本人或通过被授权的代表对海关的决定、作为（不作为）提出申诉的自然人。

第 288 条　递交申诉的办法

1. 申诉应经其决定、作为（不作为）被申诉的海关向上级海关提交。对海关站的决定、作为（不作为）的申诉应向海关提交。

2. 其决定、作为（不作为）被申诉的海关，应自收到申诉后不晚于 5 个工作日，将申诉（随附结论和做出决定必需的单证）向上级海关提交。

第 289 条　递交申诉的期限

1. 申诉可自下列之日起在 3 个月内提交：

1.1 自人获知或应当获知其权利、自由或合法利益被侵害，实现上述权利、自由或合法利益的障碍被设置或自己被非法强加某种义务之日起；

1.2 自海关调控领域国际条约、法律文件、本联邦法规定的由海关做出决定或实施作为的期限届满之日起。

2. 在错过对作为（不作为）提出申诉期限的情形下，依申请人申请可以恢复申诉期，如果海关认定错过申诉期限的理由正当。

3. 关于恢复本条第 1 款规定期限的申请书，应以书面单独文件的形式与申诉同时提交，或者也可以包含在申诉正文中。证明错过申诉期限原因的单证应和申请书一起提交。

4. 所错过申诉期限的恢复，以海关实际受理申请人申诉来确定。

第 290 条　申诉书的形式和内容

1. 申诉书应以书面形式向海关提交，并应由申请人或其代表签署。

2. 申诉书可以根据本联邦法第 300 条和第 398 条第 11 款以电子形式提交。

3. 申诉书应当包含下列内容：

3.1 所申诉海关的名称；

3.2 提交申诉书的自然人的姓名、居住地，提交申诉书的法人的名称、纳税人识别号、所在地；

3.3 被申诉的决定、作为（不作为）的主要事实；

3.4 提交申诉书的人据其认为自己的权利被侵害的依据。

第 291 条　申诉书的随附单证

1. 在申诉书由申请人的代表提交的情形下，申诉书应随附能够直接证明代表身份的单证正本或按规定确认的复印件。

2. 申请人可以向申诉书加附证实在申诉书里所表述的状况和理由的单证。

3. 如果被申诉海关没有证明被申诉的决定、作为（不作为）的主要事实的单证和信息，审核申诉的海关有权要求申请人提供。

4. 在向申请人发送本条第 3 款规定的查询函的情形下，审核申诉的期限在海关要求提供单证和信息提交之前暂停，但不超过发送查询函之日之后 3 个月。如果根据本条第 3 款海关要求提供的单证和信息未被此申请人提交，则不予考虑相关事实（对其进行证实的单证和信息未被提交），对上述所指申诉书做出决定书。

5. 查询函应经邮局以挂号信发送。

第 292 条　提交申诉书引起的影响

1. 提交申诉不暂停执行被申诉的海关决定，不暂停由海关实施被申诉的作为，但本条第 2 款规定的情形除外。

2. 其决定、作为（不作为）被申诉的海关，依照申请人的书面申请，在申请人以保证金或银行保函形式、按不低于根据做出的被申诉的决定书应当缴纳的海关税费总额的额度，提交履行缴纳关税、进口环节税、海关规费、保障措施关税、反倾销税、反补贴税义务担保的条件下，应当做出暂停执行被申诉的旨在追征海关税费（因做出被申诉的决定书应当缴纳的）决定书的决定书。

3. 如果在海关事务领域实施活动的人或经认证的经营者是申请人，依照上述所指人的申请书，履行在海关事务领域实施活动的法人义务的担保、履行经认证经营者义务的担保，可以用作暂停执行被申诉的决定书的担保，但条件是因做出被申诉的决定书应缴纳的关税、进口环节税、海关规费、保障措施关税、反倾销税、反补贴税的额度，不超过履行在海关事务领域实施活动法人义务担保的额度、履行经认证经营者义务担保的额度。

4. 申请人有义务对暂停执行被申诉的海关决定申请书随附纸质文件形式的银行保函，或在申请书中指明以加密电子签名签署的电子文件形式银行保函的信息，而在交纳保证金的情形下，有义务根据本联邦法第 35 条第 3 款提交将作为预付款缴纳的资金结转用作保证金的申请书。对于本条第 2 款所指的银行保函，在遵守下列条件时，应适用本联邦法第 61 条第 3 ~ 9 款、第 11 款、第 15 款规定的要求，并符合本条的规定：

4.1 银行保函在其向海关提交之日应当生效；

4.2 银行保函的有效期应不早于自申请人提交暂停执行被投诉的决定书的申请书之日起经过 7 个月届满；

4.3 银行保函凭以出具的款项，应当保障履行关税、进口环节税付款人的义务，而在《联盟法典》和本联邦法规定的情形下，应当以按不少于做出被申诉的决定应缴纳的海关税费数额的额度保障其他人（委托人）履行缴纳关税、进口环节税、海关规费、保障措施关税、反倾销税、反补贴税的义务。

5. 其决定、作为（不作为）被申诉的海关，自收到关于暂停执行被申诉决定的申请书之日后，在 7 个工作日内，应当做出下列决定：

5.1 关于暂停执行被申诉决定的海关决定；

5.2 关于不予暂停执行被申诉决定的海关决定。

6. 做出关于不予暂停执行被申诉决定的海关决定的理由如下：

6.1 申请人提交的银行保函不符合本条或本联邦法第 61 条第 3 ~ 9 款、第 15 款规定的要求；

6.2 审核申诉的海关根据本联邦法第 61 条第 18 款和第 19 款所指的理由，拒绝接受银行保函。

7. 根据审核暂停执行被申诉的海关决定申请书的结果，所做出决定书的复印件，应当在 3 日内发送给申请人和审核申诉的海关。

8. 关于暂停执行被申诉的海关决定的决定书，在上级海关做出申诉决定或撤回申诉决定之日前有效。

9. 对履行缴纳关税、进口环节税、海关规费、保障措施关税、反倾销税、反补贴税义务担保，履行在海关事务领域实施活动的法人义务的担保，履行经认证经营者义务的担保提起追征，按照本联邦法第 76 条规定的办法并结合本条第 10 款规定实施。

10. 在本联邦法第 73 条第 19 款规定的期限届满后，但上级海关做出申诉决定或撤回申诉决定之日前，海关应向出具银行保函的担保人发送关于根据银行保函缴纳钱款的要求书。

11. 在上级海关做出认定决定、作为（不作为）（其执行由保证金或银行保函担保的）非法的情形下，海关应实施下列行为之一：

11.1 按照《俄罗斯联邦民法》规定的办法，通知保函担保人关于海关全部或部分地放弃自己对于银行保函的权利；

11.2 按照本联邦法第 69 条规定的办法和期限，全部或部分退还保证金。

12. 行使海关事务领域监管监督职能的联邦权力执行机关，负责规定关于暂停（关于不予暂停）执行被申诉的海关决定的决定书的样式。

第 293 条　拒绝审理申诉

1. 存在下列理由之一时，海关可部分或全部地拒绝按主要事实审理申诉：

1.1 具有由此海关或上级海关根据本联邦法第 298 条对该申诉对象做出的决定书；

1.2 未遵守本联邦法第 289 条第 1 款规定的申诉期限，且申请人未提交关于恢复申诉期限的申请书或申请书被海关驳回；

1.3 海关的决定、作为（不作为）或因审理申诉应当由海关规定的状况，是法院的审理对象；

1.4 申诉由权利、自由或合法利益未被所申诉的决定、作为（不作为）侵犯的人提交；

1.5 没有申诉对象（海关做出决定或实施作为或不作为的事实未被证实）；

1.6 申请人未遵守本联邦法第 290 条第 1 款和第 3 款、第 300 条第 2 款规定申诉书形式和内容的要求；

1.7 申请人未提交本联邦法第 291 条第 1 款规定的、证明申诉书提交人权限的证件。

2. 拒绝审理申诉书的决定书，应在收到申诉书或证实本条第 1 款规定理由存在的单证之日起 5 个工作日内做出。

3. 拒绝审理申诉书的决定书应包含做出该决定书的理由，而在申请人提交关于恢复本联邦法第 289 条第 1 款规定期限申请书的情形下，还应包含驳回申诉的原因。

4. 拒绝审理申诉书的决定书，应自其做出之日起 3 个工作日内，经邮局以挂号信发送给申请人。

5. 上述所指的决定书可以电子形式按照本联邦法第 300 条规定的办法和情形发送给申请人。

6. 做出拒绝审理申诉书的决定书后，就同一对象不得向海关重复提交申诉书，但本条第 1 款第 6 项和第 7 项规定的情形除外。

第 294 条　撤回申诉

1. 在审理申诉书的海关根据实质做出决定书前，申请人可随时撤回申诉书。

2. 撤回申诉书后，就同一对象不得向海关重复提交申诉书。

3. 审理申诉书的海关，自收到相应的申请书起 3 个工作日内，应通知申请人和被投诉海关关于接受撤回申诉的情况。

第 295 条　审理申诉的海关

1. 申诉由上级海关审理。

2. 上级海关负责人或其授权的海关工作人员以上级海关的名义做出申诉

决定。

第 296 条 申诉合并和申诉拆分

审理申诉的海关，有权将数个申诉合并成互相关联的海关决定、作为（不作为）以开展联合审理，有权区分申诉对象将海关决定、作为（不作为）拆分以进行单独审理。

第 297 条 申诉的审理期限

1. 自上级海关收到申诉书之日起，应在 1 个月内进行审理；对于未遵守本联邦法第 288 条第 1 款要求提交的申诉书，应自收到该申诉书之日起，在 2 个月内进行审理。

2. 本条第 1 款所指的申诉书的审核期限，该海关负责人或其授权的海关工作人员可以延长，但不得超过 1 个月。

3. 延长申诉审理期限通知书应自其做出之日起 3 个工作日内，经邮局以挂号信发送给申请人。上述所指延期决定书也可按本联邦法第 300 条规定的办法和情形以电子形式发送给申请人。

第 298 条 海关对申诉做出的决定书

1. 海关对申诉做出的决定书应包含：

1.1 审理申诉海关的名称；

1.2 决定书的编号；

1.3 形成决定书的日期和地点；

1.4 做出申诉决定书的海关工作人员的职务、姓名，该工作人员审理申诉权限证件的主要信息（海关负责人除外）；

1.5 提起申诉人的姓名或名称；

1.6 申诉的事实，包括关于其决定、作为（不作为）被申诉的海关的信息；

1.7 在审理申诉过程中查明的、做出被投诉决定和实施被申诉作为（不作为）的实际状况；

1.8 做出申诉决定的理由和依据；

1.9 做出的申诉决定；

1.10 对该申诉决定再次进行申诉的办法。

2. 根据审理申诉的结果，海关应做出以下决定：

2.1 认定被申诉的海关决定、作为（不作为）合法并拒绝同意申诉要求；

2.2 认定被申诉的海关决定、作为（不作为）全部或部分不合法，并做出全部或部分同意申诉要求的决定。

3. 在全部或部分同意申诉要求的情形下，海关应当：

3.1 全部或部分撤销海关所做出的决定；

3.2 撤销海关做出的决定，责成该海关根据海关调控领域国际条约、法律文件、本联邦法做出新的决定，并采取旨在消除所犯错误的措施；

3.3 认定海关的作为（不作为）违法，并责成采取旨在消除所犯错误的措施。

4. 申诉决定书应当由做出决定的海关工作人员签署。

5. 决定、作为（不作为）被认定为非法的海关，自收到决定书之日后 15 个工作日内，执行海关同意申诉要求的决定书。如果海关调控领域的国际条约、法律文件、本联邦法或该决定书未规定其他实施期限。

6. 根据审理申诉的结果做出决定书的复印件，应自做出决定书之日后，在 3 个工作日内经邮局以挂号信发送给申请人。上述所指决定书也可以电子文件形式按照本联邦法第 300 条规定的办法和情形发送给申请人。

7. 对海关就申诉做出的决定书，可再向其上级海关或法院进行申诉。

8. 行使海关事务领域监管监督职能的联邦权力执行机关，负责规定对海关决定、作为（不作为）进行申诉的决定书的样式。

第 299 条　对与审理申诉有关决定的申诉

对海关拒绝审理申诉的决定、关于拒绝暂停执行被申诉海关决定的决定，可以向法院提起申诉。

第 300 条　提交电子形式的申诉书

1. 申诉书可以电子形式向海关提交。

2. 以电子文件形式提交的申诉书，如果自然人是申请人，应以非加密电子签名或加密电子签名签署；如果法人是申请人，应以加密电子签名签署。（本款自 2022 年 1 月 1 日起适用，见本联邦法第 398 条第 11 项）

3. 以电子形式所提交申诉书的随附单证，也应以电子文件形式向海关提交，并由法人或自然人相应以加密电子签名或非加密电子签名证实。（本款自 2022 年 1 月 1 日起适用，见本联邦法第 398 条第 11 项）

4. 依申请人意愿，对以电子文件形式提交申诉书的决定书，不予审理申诉的决定书或关于拒绝暂停执行被投诉海关决定书的决定书，关于延长申诉审理期限的通知书，可以以电子文件形式送达。（本款自 2022 年 1 月 1 日起适用，见本联邦法第 398 条第 11 项）

5. 行使海关事务领域监管监督职能的联邦权力执行机关，负责规定以电子文件形式向海关提交申诉书的办法、海关工作人员在审理以电子形式提交的申诉书时的行为办法，以及规定下列单证的电子形式的格式、结构和填写办法：

5.1 对海关决定、作为（不作为）的申诉书；

5.2 对海关决定、作为（不作为）的申诉书所做出的决定书；

5.3 关于不予审理申诉的决定书、关于拒绝暂停执行被申诉的海关决定书的决定书，关于延长申诉审理期限的通知书。

第五十二章 海关使用信息系统和信息技术

第 301 条 海关使用信息系统和信息技术

1. 为保障完成赋予海关的任务，包括为以电子形式与联邦权力执行机构、其他机构或组织开展信息交换，为向对外经济活动参加者、其他利益相关人提供国家服务，海关应使用信息系统和信息技术。

2. 以电子形式提供国家服务和履行国家职能，包括使用基础设施（保障用于以电子形式提供国家、地方服务和履行国家、地方职能的信息系统间的信息技术合作的）和其组成部分来实现。

第 302 条 信息系统和信息技术的使用保障

海关工作人员在海关事务中使用信息系统时的行为办法，由行使海关事务领域监管监督职能的联邦权力执行机关，根据海关调控领域国际条约、法律文件、俄罗斯联邦法律规定。

第 303 条 对预先指定用于信息处理的技术设备的要求

预先指定用于处理包含在用于海关目的的信息系统中的信息技术设备，包括程序技术设备，应当符合俄罗斯联邦法律的要求。

第 304 条 海关的信息资源

1. 海关根据海关调控领域国际条约、法律文件、本联邦法、其他联邦法获得的，包含在海关信息系统中的整理有序的、有文档依据的信息（资料）的总和，构成海关信息资源，包括：

1.1 在根据海关调控领域国际条约、法律文件、本联邦法实施海关作业时由有关人提供的；

1.2 根据跨部门信息交换协议由联邦权力执行机构提供的；

1.3 应行使海关事务领域监管监督职能的联邦权力执行机关要求或根据俄罗斯联邦关于信息交换的国际条约，由外国国家机构发送的；

1.4 海关获取的（所收集的）其他关于人的信息，包括实施与货物通过联盟海关边界有关的对外经济活动的主体，或对处于海关监管下货物实施其他活动的人。

2. 海关信息资源的形成办法和对其进行访问的办法，由行使海关事务领域监管监督职能的联邦权力执行机关规定。

第 305 条 相关人对海关信息资源中信息的获取

1. 实施与货物通过联盟海关边界有关的对外经济活动的人或对处于海关监管下货物实施其他活动的人，以及对其开展了海关监管的其他人，有权访问海关具有的关于自己的有文档依据的信息，并为保障信息的完整性和真实性有权对此信息进行核对。

2. 海关应免费向本条第 1 款所指的人提供所掌握的有关他们的信息。

3. 信息应由海关基于本条第 1 款所指的人以书面形式或使用互联网以电子文件形式向海关发送申请书申请，在俄罗斯联邦法律为审理公民向国家机关提交的书面申请书所规定的期限内提交。

4. 为获取必要信息，本条第 1 款所指的人可以向任何海关提出申请。

5.《联盟法典》第 2 条第 1 项第 11 目或第 17 目所指的人，有权查询海关所掌握的关于货物放行的信息。

6. 海关应向本条第 5 款所指的人免费提供信息。

7. 申请人可以基于以纸质文件形式或使用互联网以电子文件形式向海关（海关站除外）发送的申请书获取货物放行信息。

8. 本条第 7 款规定的申请人的申请书，应包含下列信息：货物报关单上所指出的货物报关单编号和货物原产国，关于以千克（毛重或净重）和以其他计量单位表示的货物数量，以及关于货物在货物申报单上的序号。

9. 如果申请人的申请书上未包含本条第 8 款所指的某些信息、申请书上的信息指示不清或存在修改，审核该申请书的海关应自该申请书来到之日起，在 5 个工作日内，要求申请人提供补充信息。申请人有义务自收到查询函之日次日起，在 10 个工作日内提交要求提供的信息。

10. 海关自收到申请人的书面申请书之日起，应在 10 个工作日内以纸质文件形式向申请人提供货物放行信息。

11. 如果申请人以电子文件形式发送申请书，海关应自申请书由海关信息系统登记之日起，不晚于 5 个工作日，使用互联网提供货物放行信息。

12. 如果收到申请书的海关不掌握货物放行的信息，应在收到第 7 款规定的申请书之日起 2 个工作日内，将申请书转发给在其辖区实施货物放行的海关，同时应将此情况告知申请人。在上述所指的情形下，本条第 10 款规定的货物放行信息的提交期限应被暂停（自海关转发申请人的申请书之日起，至该申请书被实施货物放行的海关收到之日）。

13. 在本条第 9 款规定的情形下，申请人关于由海关提交货物放行信息的申请书的审核期限应暂停（自海关发送查询函之日起至申请人提交被要求提供的信息之日）。在此情形下，审核关于提交货物放行信息申请书的总期限不能超过自收到申请书之日起 40 天。

14. 申请人未按照本条第 9 款要求提交补充单证或信息时，海关在本条第 13 款规定的总期限届满前，应向申请人发送不能提供货物放行信息的复函，同时指明原因。

15. 货物放行信息应包含品名、货物在放行时的地位、生产者（在存在关于生产者的信息时）、货物标签、式样、型号、等级等信息，以及关于以千克（毛重和净重）或以包含在本条第5款所指的人的申请书里的其他计量单位表示的货物数量信息与货物申报单上所指的信息相符的信息。

16. 本条第5款所指提交货物放行信息（按本条规定办法发送的）申请书的标准样式、由海关提交货物放行信息（按本条规定办法发送的）文书的标准样式、以及提供信息时海关的管理流程（行为），由行使海关事务领域国家政策制定和法规调控职能的联邦权力执行机关制定的管理规程规定。

第306条　海关对信息的保护

1. 在海关使用的信息系统中，应使用信息保护程序技术和其他设备。根据俄罗斯联邦信息保护法，评估海关使用的信息系统中的信息保护水平。

2. 信息保护程序技术和其他设备的使用办法，由行使海关事务领域监管监督职能的联邦权力执行机关根据海关调控领域的国际条约、法律文件、俄罗斯联邦法律规定。

3. 行使海关事务领域监管监督职能的联邦权力执行机关和其他联邦权力执行机构依据俄罗斯联邦法律对遵守信息保护设备使用要求情况进行监管。

第五十三章　海关信息合作

第307条　俄罗斯联邦海关与联盟成员国海关，联盟成员国国家机构、其他机构和组织，委员会的合作

海关为完成赋予自己的任务、履行职责，依据联盟条约、海关调控领域国际条约、法律文件、本联邦法和俄罗斯联邦法律，包括使用信息系统和信息技术，与联盟成员国海关，联盟成员国国家机构、其他机构和组织以及委员会开展合作。

第308条　海关与非联盟成员国海关和其他机构、国际组织的合作

1. 海关为完成赋予自己的任务、履行职责，依据俄罗斯联邦国际条约，包括使用信息系统和信息技术，与非联盟成员国海关和其他机构以及国际组织开展互助合作。

2. 在俄罗斯联邦已签署的国际条约框架下，海关负责落实与外国海关的合作项目（包括“绿色通道”“监管结果互认”和其他项目）。

第309条　签订海关事务领域俄罗斯联邦国际条约

行使海关事务领域监管监督职能的联邦权力执行机关，依据国际法公认的原则和标准、海关调控领域国际条约、法律文件、俄罗斯联邦法律，根据本联邦法

第 307 条和第 308 条，签订海关事务领域俄罗斯联邦国际条约。

第 310 条　与俄罗斯联邦权力执行机构、其他机构和组织的信息合作

1. 行使海关事务领域监管监督职能的联邦权力执行机关，为完成赋予自己的任务、职能，依据俄罗斯联邦法律，可以电子形式与俄罗斯联邦权力执行机构、其他机构和组织，签订信息合作协议（合同、备忘录、操作规程）；以及以其他方式，按照行使海关事务领域国家政策制定和法规调控职能的联邦权力执行机关规定的办法，开展信息合作。

2. 行使海关事务领域监管监督职能的联邦权力执行机关，负责管理本条第 1 款所指的信息合作协议（合同、备忘录、操作规程）统一名录，关于该名录的信息应在行使海关事务领域监管监督职能的联邦权力执行机关位于互联网的官方主页上发布。

第 311 条　海关合作框架下所获得信息的使用

1. 海关合作框架下所获取的信息，只能由海关用于完成赋予自己的任务和实施赋予自己的职能，不得转交他人或用于其他目的。

2. 海关应采取必要措施保护依法获取信息免遭扩散，限定有权接触信息的人员，并依据《联盟法典》第 356 条、第 368 条、第 375 条和俄罗斯联邦信息保护法实施信息保护。

3. 使用海关间合作框架下所获取的信息实施海关作业的办法，由行使海关事务领域国家政策制定和法规调控职能的联邦权力执行机关规定。

4. 海关工作人员使用海关间合作框架下所获取信息的行为办法，由行使海关事务领域监管监督职能的联邦权力执行机关规定。

第五十四章　海关风险管理制度

第 312 条　实施风险管理的目的

海关应按《联盟法典》第 378 条第 3 项规定的目的实施风险管理，并在选取海关监管对象、海关监管方式和保障开展海关监管措施过程中力争实现用最小消耗争取最大成效的目标。

第 313 条　海关风险管理流程

1. 风险管理流程应由各级海关根据行使海关事务领域监管监督职能的联邦权力执行机关规定的权限落实。

2. 海关基于风险评估适用《联盟法典》和本联邦法所规定的海关监管方式、保障开展海关监管的措施，以及下列措施：

2.1 与向上级工作人员或上级海关转移处置权限（在做出海关事务领域决定

方面的）有关的措施；

2.2 将报关单上申报信息与向货物所在地海关提交单证上的信息进行比对的措施；

2.3 行使海关事务领域监管监督职能的联邦权力执行机关规定的其他措施。

3. 根据《联盟法典》第 377 条第 1 款第 8 项，在实施风险管理过程中获得的、对应用风险最小化措施进行分析得到的成果，海关应在提出启用和取消风险参数时应用。

4. 风险方案、风险分析方法文书、启用或取消风险方案建议书以及其他海关为实施风险管理的目的制定、使用单证的种类、样式和结构以及填写办法，由行使海关事务领域监管监督职能的联邦权力执行机关规定。

第 314 条　实施风险管理的战略和战术

1. 海关实施风险管理的战略在于达到《联盟法典》第 378 条第 3 项、本联邦法第 312 条规定的目的。

2. 实施风险管理的战术是指风险管理系统手段和方法的总和，以及风险管理制度运行办法和风险管理流程实施办法，包括海关工作人员在进行风险评估、研提、协商、确定、向海关通报、查发、启用和取消风险方案时，应用包含在风险方案里的风险最小化措施时以及登记措施结果时的行为办法。

3. 海关实施风险管理的战术，由行使海关事务领域监管监督职能的联邦权力执行机关规定，是机密信息，不得泄露，但如果信息对国家机构解决俄罗斯联邦法律赋予的任务所必需的情形除外。

第 315 条　风险方案和风险指标中包含的信息

风险方案和风险指标中包含的信息，是机密信息，不得泄露，但如果这样的信息对国家机构解决俄罗斯联邦法律赋予的任务所必需的情形除外。

第 316 条　根据风险程度对实施海关作业的人进行分类

行使海关事务领域国家政策制定和法规调控职能的联邦权力执行机关，负责规定：按风险程度对实施海关作业的人进行分类的办法，开展分类的周期和方式，评定实施海关作业的人活动的规则，评估规则的方法，将实施海关作业的人列入低、中、高风险等级类别的条件，对不同类别人差别应用风险最小化措施的条件，以及对低风险类别实施海关作业的人遵守规则情况开展监管的办法。

第五十五章　海关扣留和没收货物及其单证

第 317 条　海关扣留货物及其单证

1. 海关可以扣留不是行政违法或犯罪对象的货物及其单证，或者虽然是行政违法或犯罪对象，但按照《联盟法典》第 379 条第 1 款规定的理由，在核查犯罪信息、办理刑事案件或行政违法案件过程中未予没收或扣押的货物及其单证。

2. 在扣留不是行政违法或犯罪对象的货物及其单证时，或在扣留是行政违法或犯罪对象、但在核查犯罪信息、办理刑事案件或行政违法案件过程中未被没收或扣押的货物时，应由实施上述所指货物和单证扣留的海关工作人员按照委员会规定的样式形成扣留记录，记录的复印件应当送交申报人。如果货物尚未报关，扣留记录复印件应送交货物所有人；而如果所有人是外国人或海关没有货物所有人信息，则送交扣留时货物处于其占有下的人（本章以下简称“申报人和其他人”）。

3. 海关扣留的不是行政违法或犯罪对象的货物及其单证，应在不晚于临时存储期限届满之日的次日，或不晚于《联盟法典》为将货物运出联盟关境边界外、进行货物报关或实施《联盟法典》第 12、88、98、113、133、139、152、161、215、246、258、259 条和第 393 条规定的其他行为设定的期限届满之日的次日，按照本条第 2 款规定的扣留记录没收。

4. 海关扣留的货物，不是行政违法或犯罪对象的，或是行政违法或犯罪对象、但在核查犯罪信息、办理刑事案件或行政违法案件过程中未被没收或扣押的，应根据本联邦法第 94 条放置于临时存储仓库，或转交在海关辖区内实施仓库服务的组织进行存储。在为存储而转交上述所指货物时，应形成受理—转交记录，其中第一份留给海关，第二份给存储货物的机构。记录的复印件应发送给申报人或其他人。

5. 俄罗斯联邦政府可以制定将本条第 4 款所指货物转交给在海关辖区内实施仓库服务的机构进行存储的办法。

6. 海关扣留的货物及其单证，不是行政违法或犯罪对象的；或被扣留的货物，是行政违法或犯罪对象，但在核查犯罪信息、办理刑事案件或行政违法案件过程中未被没收或扣押的，应按照《联盟法典》第 381 条规定的情形予以退还。

7. 上述所指货物及其单证的退还，由申报人和其他人参照《联盟法典》第 381 条规定办理。

8. 从联盟关境运离时被扣留的货物（对其由海关根据《联盟法典》第 12 条第 3 款做出禁止从联盟关境运出决定的）及其单证，在占有这些货物为俄罗斯联邦法律所允许的情形下，应当退还申报人或其他人，以供其在联盟关境内使用。

9. 在退还上述所指的货物时，应形成一式三份的记录，分别由实施货物退还的海关工作人员、向其退还扣留货物的人或其代表以及实施货物存储的人或其代表签署。上述所指记录的第一份留给海关，第二份送交向其退还被扣留货物的人或其代表，第三份送交实施被扣留货物存储的人或其代表。

10. 用于运输、换装（装车、卸车）和存储扣留货物（不是行政违法或犯罪对象的，或虽是行政违法或犯罪对象、但在核查犯罪信息、办理刑事案件或行政违法案件过程中未被没收或扣押的）的费用，应当由本条所指的人，按照行使海关事务领域国家政策制定和法规调控职能的联邦权力执行机关规定的办法，补偿给向其实际退还货物的人。

11. 根据《联盟法典》第 380 条，海关应当存储被扣留货物（不是行政违法或犯罪对象的，或虽是行政违法或犯罪对象、但在核查犯罪信息、办理刑事案件或行政违法案件过程中未被没收或扣押的），期限为自扣留货物之日起 30 个自然日内；但可快速致损、从扣留时起存储期限不能超过 24 小时的货物除外。为适用本款，俄罗斯联邦政府有权规定快速致损货物清单。

12. 本条第 11 款规定的期限届满后，无人认领的扣留货物（不是行政违法或犯罪对象的，或虽是行政违法或犯罪对象、但在核查犯罪信息、办理刑事案件或行政违法案件过程中未被没收或扣押的），应根据本联邦法第 320 条变卖或销毁。

第 318 条　海关没收货物

1. 海关根据开展海关监管的结果，在联盟关境内货物获得人那里查获的下列货物，如果未根据《俄罗斯联邦行政违法法》或《俄罗斯联邦刑事诉讼法》被没收和扣押，应由海关没收：

1.1 非法通过联盟海关边界的货物，或海关未依据《联盟法典》办理放行的货物；

1.2 在俄罗斯联邦境内违反限制条件的有条件放行货物。

2. 本条第 1 款所指的货物，视为处于海关监管之下。

3. 海关根据本联邦法第 218 条做出的海关监管结果决定书、或海关在货物放行后对货物申报单上所申报信息进行修改的决定书，可以作为固定本条第 1 款所指货物查获事实的凭证。

4. 根据本条第 1 款没收货物，应依据海关负责人或其授权工作人员的合理指令，在货物所有人或其代表到场的情况下办理手续。上述所指指令的复印件应在签收条件下交给货物所有人或其代表，或以带回执的挂号信发往其地址。在拒收指令复印件的情形下，海关工作人员应在指令上对此做出相应记载。

5. 办理本条第 1 款所指货物没收手续时，应有不少于 2 个见证人在场，并应用视频录证。

6. 没收本条第 1 款所指的货物，应形成记录单。在此记录单或它的随附清单里，应详细描述被没收货物：指明其品名、数量和个性特征。上述所指记录单应分别由办理没收手续的海关工作人员、被没收货物所有人或其代表、见证人（在他们到场情形下）签署。如果办理货物没收时，货物所有人或其代表未到场参加，或者在场但拒绝签署上述所指记录单时，应在记录单上对此予以标注。记录单复印件应交付货物所有人或其代表，并由其签收，或以带回执的挂号信发往其地址。

7. 根据本条第1款没收的货物，应依据本联邦法第94条放置在临时存储仓库、海关临时存储仓库，或按照本联邦法第317条第4款确定的规则放置于其他地点，没收货物的存储期限为1个月。

8. 本条第1款所指的主体和本条第1款第1项所指货物的所有人，可以依据本联邦法第104条实施货物报关，依据本联邦法第30条第1款缴纳海关税费、保障措施关税、反倾销税、反补贴税，提交证明遵守了限制规定的单证。对上述所指的关税、进口环节税、保障措施关税、反倾销税、反补贴税款项不加计滞纳金。

9. 本条第1款所指主体和本条第1款第2项所指货物所有人，可以依据本联邦法第30条第2款缴纳海关税费、保障措施关税、反倾销税、反补贴税。对上述所指的关税、进口环节税、保障措施关税、反倾销税、反补贴税款项不加计滞纳金。

10. 根据本条第1款没收的货物，应在本条第7款规定的存储期限届满前，退还给实施本条第8款或第9款规定权利的人。货物的退还，应自缴纳关税、进口环节税或海关对进行申报的货物做出放行决定之日起，在3个工作日内实施。在此情况下，应形成一式三份的记录单，分别由实施货物没收的海关工作人员、被没收货物应向其退还的人或其代表以及实施被没收货物存储的人或其代表签署。上述所指记录单的第一份在海关留存，第二份交给被没收货物向其退还的人或其代表，第三份交给实施被没收货物存储的人或其代表。

11. 在本条第1款所指的主体实施本条第8款和第9款规定的权利时，依据本条第1款没收的货物，视为联盟货物。

12. 在没收货物必须进行拆卸和存储的情况下，用于运输、换装（装货、卸货）的费用应由本条第1款所指的主体，按照行使海关事务领域国家政策制定和法规调控职能的联邦权力执行机关规定的办法，补偿给向其实际退还货物的人。

13. 在获得本条第1款所指货物的主体未实施本条第8款和第9款规定权利的情形下，在本条第7款规定的存储期限届满后，货物应根据本联邦法第五十六章规定，经法院裁决后转归联邦所有。

14. 本条第7～13款设定的规定不推及禁止运入俄罗斯联邦的货物、从非法流通渠道被没收的且其清单由俄罗斯联邦政府规定的货物、对其根据联盟成员国国际条约或俄罗斯联邦法律在运入时设定了数量限制的货物，以及其清单由俄罗斯联邦政府规定的其他货物。上述所指的货物，应按照俄罗斯联邦政府规定的情形和办法，由实施将货物非法运入俄罗斯联邦的主体（如果他们已被查明）、被没收货物的人（如果上述所指的人知晓或应当知晓向俄罗斯联邦运入被没收货物的非法性）出资销毁；在上述规定情形以外情形下，由联邦预算资金出资销毁。

15. 本条规定的指令和记录单的样式，以及它们的填写办法，由行使海关事务领域监管监督职能的联邦权力执行机关规定。

第 319 条 特殊种类货物的没收

1. 如果下列货物此前未根据《俄罗斯联邦行政违法法》或《俄罗斯联邦刑事诉讼法》没收或扣押，应由海关没收：

1.1 根据本联邦法第 212 条，禁止在俄罗斯联邦流通的商品；

1.2 根据本联邦法第 254 条第 4 款，在实施俄罗斯联邦法律、俄罗斯联邦总统和俄罗斯联邦政府法令赋予海关的其他职能时，根据上述法律和法令应当没收的商品。

2. 本条第 1 款所指的货物，视为处于海关监管下的货物。

3. 根据本联邦法第 218 条按照海关监管结果做出的决定书，是固定本条第 1 款所指货物查获事实的记录单。

4. 根据本条第 1 款没收货物，应依据海关负责人或其授权工作人员的合理指令，在货物所有人或其代表到场的情形下办理。上述所指指令的复印件应在签收条件下交给货物所有人或其代表，或以带回执的挂号信向其地址发送。在拒收指令复印件的情形下，海关工作人员应在指令上对此做出相应记载。

5. 在没收本条第 1 款所指的货物时，应有不少于 2 个见证人在场，并应用视频录证。

6. 没收本条第 1 款所指的货物，应形成记录单。在此记录单或它的随附清单里，应详细描述被没收货物：指明其品名、数量和个性特征。上述所指记录单应分别由办理没收手续的海关工作人员、被没收货物所有人或其代表以及见证人（在他们到场情形下）签署。如果办理货物没收时，货物所有人或其代表未到场参加，或者虽在场但拒绝签署上述所指记录单时，应在记录单上对此予以标注。记录单复印件应交付货物所有人或其代表，并由其签收；或以带回执的挂号信向其发送。

7. 对根据本条第 1 款第 1 项没收的货物，适用本联邦法第 212 条第 2 款规定的措施。

8. 对根据本条第 1 款第 2 项没收的货物，适用本联邦法第 254 条所指的联邦法、俄罗斯联邦总统和俄罗斯联邦政府法令所规定的措施。

9. 本条规定的指令和记录单的样式，以及它们的填写办法，由行使海关事务领域监管监督职能的联邦权力执行机关规定。

第 320 条 处置存储期限届满的扣留货物

1. 对于《联盟法典》第 381 条所指的人未认领的海关扣留货物，如果《联盟法典》第 382 条未做其他规定，应在《联盟法典》第 380 条第 1 款和第 2 款规定的期限内变卖。

2. 根据本联邦法第 317 条处置海关扣留的货物，由俄罗斯联邦政府授权行使扣留货物登记、估价、变卖、加工（废物利用）、销毁职能的联邦权力执行机关以变卖、加工（废物利用）或销毁的方法实施；但对限制流通或有流通限制要求的特殊种类货物，法律规定由其他联邦权力执行机关处置的情形除外。

3. 根据本条第 2 款实施的、处置被扣留货物的办法，由俄罗斯联邦政府规定。

4. 扣留货物的海关，应提前（但不晚于本联邦法第 317 条第 11 款规定的扣留货物存储期限届满前 15 天）以书面形式告知申报人（如果未申报，则告知货物所有人；如果所有人是外国人或海关没有货物所有人信息，应告知扣留时的货物占有人）扣留货物符合处置条件之日和接下来应将其转交被授权机关等情况。书面告知书可以在签收条件下交付本款所指的主体，或以其他能够证明此通知书被收到事实和日期的方式交付。在扣留易腐烂货物的情形下，应在扣留货物之日通过快速通信进行告知，包括以电子形式传递信息。

5. 实施货物扣留的海关，应不晚于本联邦法第 317 条第 11 款规定的被扣留货物存储期限届满之日的次日，形成货物存储期限届满的文书，一式两份。

6. 本条第 5 款规定的海关文书的第一份，应自其形成之日后，不晚于 3 个工作日，以带回执的挂号信发送给本条第 4 款所指的人；第二份文书应在海关留存。由海关确认的文书复印件，留给临时存储仓库占有人、海关仓库占有人或被扣留货物在其处存储的人。

7. 本条第 5 款规定的海关文书，是依据本条处置扣留货物的依据。

8. 实施货物扣留的海关，负责确定关税、进口环节税（在货物被扣留之日将其置于放行供境内消费海关制度下时应当缴纳的）的额度。

9. 扣留货物的海关，自扣留货物存储期限届满之日起不晚于 3 个工作日，负责告知被授权机关扣留货物存储期限届满、货物所在地、数量以及对授权机关为组织货物接收和运出所必需的其他特征等情况，并随附扣留记录复印件以及根据本条第 8 款所办理的结算单复印件。如果扣留的是容易腐烂的货物，则通知书应在货物扣留之日发送，包括使用可能的快速通信设备（包括以电子形式传递信息），并指明货物是易腐烂的货物。海关还应告知货物申报人、货物所有人或其他合法占有人（如果这些人被查明）扣留货物存储期限届满的情况。

10. 扣留货物的海关，负责根据受理—转交记录单向授权处置扣留货物的机关转交货物，该记录单应由实施货物扣留海关的工作人员、授权处置扣留货物机关的被授权人以及实施被扣留货物存储的人签署。

11. 自收到本条第 9 款规定的海关通知书之日后，在 10 个工作日内，授权机关或其代表应从海关接收和运出货物，并进行登记、估价和处置被扣留货物。根据授权机关有根据的申请，扣留货物的海关有权延长接收和运出货物的期限，但不超过 1 个月。易腐烂的货物，应由被授权机关自收到本条第 9 款规定的海关通知书之日后，在 3 个工作日内，接收以进行处置。

12. 为保障向联邦预算划拨加计资金的及时性和完整性，变卖被扣留货物，应由被授权机关按照俄罗斯联邦法律规定的办法，在尽可能短的期限内（但自签署受理—转交记录之日起不晚于 3 个月）实施。

13. 如果在本条第 12 款所指的期限内，预计被扣留货物无法完成变卖，被授权机关应与海关协商延长变卖期限，但不得超过 2 个月。

14. 如果运输、换装（装货、卸货）、存储被扣留货物的费用，和与筹备变卖和实施变卖这些货物有关的其他费用，超过了被扣留货物的价值，以及在俄罗斯联邦政府规定的其他情形下，货物应予销毁或由被授权机关做废物利用处理。

15. 被扣留货物的销毁或废物利用，以及对运输、换装（装货、卸货）、存储费用和与筹备变卖、实施变卖有关的费用的补偿，由本联邦法第 317 条第 2 款所指的人出资实施；而在没有这样的人时，如果俄罗斯联邦法律对特殊种类商品未做其他规定，由联邦预算资金出资补偿。

16. 自按受理—转交记录实际接收被扣留货物时起，到扣留货物被变卖、销毁或废物利用时，被授权机关负责保障货物的完好性并在它们受损的情形下承担责任：

16.1 对于海关，应承担向联邦预算补偿资金的责任，资金按在货物被扣留之日被扣留货物置于放行供境内消费海关制度下时应当缴纳的关税、进口环节税额度计算；

16.2 对于被处置货物的所有人，在扣除根据《联盟法典》第 383 条应当扣除的款项后，对补偿被损坏货物的货价承担责任。

17. 如果本联邦法第 317 条第 2 款所指的主体，在被授权机关变卖被扣留货物前，履行欧亚经济联盟法律和本联邦法所规定的义务（将货物运出欧亚经济联盟关境外，或对这些货物进行报关，或实施《联盟法典》第 12、88、98、113、133、139、152、161、205、207、215、246、258、259 条和第 393 条规定的其他行为），海关以及被授权机关，无权阻挠退还被扣留的货物。

18. 确定运输、换装（装货、卸货）、保管被扣留货物费用和其他与筹备变卖、销毁、废物利用和实施变卖、销毁、废物利用货物有关费用的办法，可以由行使海关事务领域国家政策制定和法规调控职能的联邦权力执行机关规定。

19. 本条规定的通知书和记录单（文书）的样式，由行使海关事务领域监管监督职能的联邦权力执行机关规定。

第 321 条　变卖存储期限届满的被扣留货物所得款项的处置

1. 对变卖存储期限届满被扣留货物所得款项的处置办法，由《联盟法典》第 383 条和本联邦法规定。

2. 自被授权机关收到变卖被扣留货物所得资金之日起，在 3 个工作日内根据《联盟法典》第 383 条处置资金，应将变卖所得资金划拨到联邦国库账户，同时向实施货物扣留的海关提交与变卖费用有关的信息。

3. 实施货物扣留的海关，应在收到本条第 2 款所指资金之日后的 10 个工作日内，扣除依据本联邦法第 320 条第 8 款计算出的款项，以及对货物进行运输、保管的费用和与货物变卖有关的其他费用。

4. 按照《联盟法典》第 383 条第 1 款进行扣除后剩余的变卖所得款项，应当按照行使海关事务领域国家政策制定和法规调控职能的联邦权力执行机关规定的办法，退还申报人；如果货物未申报，则在海关具有货物所有人信息时退还货物所有人。前提是申报人、货物所有人在海关收到变卖所得款项之日后 3 年内向海关提出退还剩余款项申请。

5. 实施货物扣留的海关，应在实施本条第 3 款所指的扣除之日后，在 5 个工作日内，以带回执的挂号信告知本条第 4 款所指的主体关于可以获取变卖被扣留货物所得资金余额情况。如果海关有可能以包括传输电子信息在内的更快的通信手段通知这些人，应以这样的方式告知，并同时发送挂号信。

6. 应予退还的变卖扣留货物所得资金告知书的样式，由行使海关事务领域国家政策制定和法规调控职能的联邦权力执行机关规定。

7. 退还变卖扣留货物所得资金余额，依照申报人或本条第 4 款所指货物所有人向扣留货物海关提交的书面申请书办理。

8. 海关应在收到退还变卖所得资金余额申请书后，10 个工作日内对其进行审核。

9. 变卖被扣留货物所得资金余额的退还，以俄罗斯联邦货币办理，退至退还资金余额申请书中所指的账户。

10. 如果实施货物扣留的海关在本条第 4 款规定期限内未收到退还变卖被扣留货物所得资金余额申请书，则无人申请退还的余额，应计入联邦预算其他非税收入，且不予退还。

11. 行使海关事务领域国家政策制定和法规调控职能的联邦权力执行机关可以规定从《联盟法典》第 382 条第 1 项所指变卖货物所得款项中清偿用于被扣留货物运输、换装（装货、卸货）、存储费用，以及与筹备变卖和实施变卖货物有关的其他费用的办法；也可以规定补偿用于被扣留货物运输、换装（装货、卸货）、存储费用的办法，以及补偿与准备货物废物利用、销毁且废物利用、销毁有关费用的办法。

第322条　特殊种类货物处置（根据2020年12月22日第433号联邦法规定，自2021年1月22日起失效）

对贵金属及其制品、宝石及其制品、文物、强制标识货物、有价证券、货币性资产、其他从流通中没收货物或在俄罗斯联邦境内被限制货物的处置，根据俄罗斯联邦法律规定办理。

第五十六章　转归联邦所有货物的处置

第323条　将货物转归联邦所有

下列情形下，货物转归联邦所有：

1. 如果在犯罪信息核查、办理刑事案件或行政违法案件过程中被收缴或扣押的货物最终被依法罚没，则根据法院的刑事案件或行政违法案件判决书，自其生效之日起将货物转归联邦所有；

2. 在本联邦法规定的情形下，如果法院收到海关或其他被授权机关认定无主财产或将被没收货物转归联邦所有的申请书（起诉书），根据法院对申请书所做的判决书、并自其生效之日起将货物转归联邦所有；

3. 按照将货物置于放弃并归国有海关制度下，自货物向海关转交之日起将货物转归联邦所有。

第324条　处置转归联邦所有的货物

1. 对依据法院判决书转归联邦所有的货物进行处置，按照俄罗斯联邦法律规定的办法，以变卖、销毁或废物利用的方式实施。

2. 对于以将货物置于放弃并归国有海关制度下，从而将其转归联邦所有的货物，应向俄罗斯联邦政府授权行使对转归国有财产进行变卖、销毁或废物利用职能的联邦权力执行机关转交，但俄罗斯联邦法律对其规定了特殊处置办法的货物除外。

3. 变卖转归联邦所有货物所得资金，应向联邦预算划转。

第325条　无偿转交转归联邦所有的货物

1. 行使海关事务领域监管监督职能的联邦权力执行机关，可以将归联邦所有的货物无偿转交给相应机构：

1.1 卫生用品、医疗用品、易变质食品、儿童产品和治疗用食品，以及服装、鞋和其他生活必需品，转交给社会服务组织、医疗组织、实施教育活动的组织、儿童疗养康复组织（私人组织除外），以及居民社会保护机构；

1.2 不是文物的历史物体、科学客体和艺术作品，转交给博物馆；

1.3 植物和动物物体，转交给动物园、自然保护区、博物馆；

1.4 不是文物的祭祀用品，转交给宗教组织。

2. 海关不得无偿转交已转归联邦所有的货物用于供转交对象开展商业活动。

3. 海关在收到本条第 1 款所指的机关、机构、组织无偿转交本条第 1 款所指货物的书面申请书（附有不为实施商业活动使用这些货物的保证书的）后，在收到关于将本条第 1 款所指货物转归联邦所有的法院判决书等相应文件后，应研究无偿转交这些货物的可能性。

4. 海关在将本条第 1 款所指货物无偿转交前，应向行使海关事务领域监管监督职能的联邦权力执行机关报送下列文件的经确认的复印件：

4.1 将货物转归联邦所有的文件；

4.2 本条第 1 款所指机关、机构、组织提交的关于无偿转交货物申请书；

4.3 含有货物总价信息的单证；

4.4 证明被无偿转交货物质量和安全性的单证；

4.5 证明计划无偿转交的、具有文物特征货物不是文物的结论；

4.6 海关所具有的其他与货物有关的单证。

5. 海关在无偿转交本条第 1 款所指货物前，向行使海关事务领域监管监督职能的联邦权力执行机关报送相关单证、文件复印件的信息，应同时通报俄罗斯联邦政府授权处置转归联邦所有货物的机关。

6. 行使海关事务领域监管监督职能的联邦权力执行机关，应自收到单证之日起 30 日内，做出是否同意无偿转交转归联邦所有货物的决定书。

7. 根据行使海关事务领域监管监督职能的联邦权力执行机关的命令，海关负责按照受理—转交记录单，向本条第 1 款所指出的机关、机构、组织的代表转交货物。这些代表应以规定证件和委托书证明自己具有办理接收财产事项的权限。

第 326 条　特殊种类货物的处置

对于贵金属及其制品、宝石及其制品、文物、强制标识货物、药品、有价证券、货币性资产、从流通中没收的其他货物或在俄罗斯联邦境内限制流通货物的处置，根据俄罗斯联邦法律实施。

第五十七章　海关知识产权保护

第 327 条　海关知识产权保护措施的依据

1. 海关根据《联盟法典》第 124 条和第五十二章，以及本联邦法第 112 条和第 113 条和本章，采取与暂停货物放行期限有关的知识产权保护措施。

2. 权利人依据海关知识产权保护制度，可以申请对含有列入联盟成员国知识产权统一海关保护名录或本国海关保护名录的著作权和邻接权、商标(服务标志)、货物原产地(以下简称“知识产权”)的货物，采取知识产权保护措施；如果权利人未提交申请书，海关可以根据本联邦法第十六章采取知识产权保护措施。

第 328 条　权利人提交和海关审核申请书

1. 如果权利人有足够理由认为货物运入俄罗斯联邦或从俄罗斯联邦运出，或对处于海关监管下的货物实施其他海关作业，会侵犯其知识产权，则可以向行使海关事务领域监管监督职能的联邦权力执行机关提交将相应的知识产权列入海关保护名录的申请书(以下简称“申请书”)。

2. 申请书可以以纸质载体或使用互联网以电子文件形式提交。

3. 权利人代表可以以权利人的名义实施联盟海关法和本联邦法规定的行为。

4. 提交一份申请书只能对应一项知识产权。

5. 申请书应含有下列信息：

5.1 权利人信息，如果申请书是其代表提交的，则还包括权利人代表的信息；

5.2 知识产权名称；

5.3 权利人认为侵犯其知识产权货物的详细信息；

5.4 对申请书中所指知识产权实施保护的期限。

6. 申请书应当随附：

6.1 证实存在知识产权的单证；

6.2 证实申请书上信息的单证；

6.3 证实代表权限的证件(在权利人代表提交申请书的情形下)；

6.4 权利人关于补偿财产损害(因暂停货物放行期限可能给货物的申报人、所有人、收货人或其他人造成的)的保证书。

7. 申请书的随附单证应当按照规定方式经过证实。

8. 在以电子文件形式提交申请书的情形下，上述所指单证应使用互联网以电子文件形式提交。

9. 权利人(或其代表)可以向申请书加附货样(能够作为证明存在侵犯权利人知识产权事实的证据)。

10. 行使海关事务领域监管监督职能的联邦权力执行机关，应自收到申请书之日起，在不超过 1 个月的期限内审核申请书，并作出将知识产权列入海关保护名录的决定书、将知识产权列入海关保护名录的预先决定书，或不予将知识产权列入海关保护名录的决定书。

11. 自上述所指决定书做出之日起，在 3 个工作日内，应当通知权利人(或其代表)。

12. 在以电子文件形式提交申请书的情形下，做出决定书的通知书也应当使用互联网以电子文件形式发送。

13. 知识产权列入海关保护名录前，应当由权利人（或其代表）投保以本条第6款第4项所指人员为受益人的财产损失责任保险，保险额度应不少于50万卢布。

14. 保险合同（保险单）可以由权利人（或其代表）自行使海关事务领域监管监督职能的联邦权力执行机关，按照本联邦法第330条第2款规定的办法发送通知书之日起，在1个月内提交。

15. 在以电子文件形式提交申请书的情形下，保险合同（保险单）也应当使用互联网以电子文件形式提交。

16. 如果权利人（或其代表）所提交的单证和信息不足以做出将知识产权列入海关保护名录的决定书，行使海关事务领域监管监督职能的联邦权力执行机关有权要求权利人（或其代表）提供补充信息。

17. 在上述情形下，申请书的审核期限应当延长至权利人（或其代表）提交行使海关事务领域监管监督职能的联邦权力执行机关所要求提交的补充信息，但不超过发送上述所指的查询函以后两个月。在此情形下，审核申请书的总期限不能超过3个月。

18. 在以电子文件形式提交申请书的情形下，关于必须提交补充信息的查询函也应使用互联网以电子文件形式发送。

19. 在权利人（或其代表）未提交所要求提供的补充信息的情形下，行使海关事务领域监管监督职能的联邦权力执行机关，应当做出不予将知识产权列入海关保护名录的决定书。

20. 为检查权利人（或其代表）所提交信息的真实性，行使海关事务领域监管监督职能的联邦权力执行机关，有权要求权利人（或其代表）、第三人以及国家执法部门或其他部门提供证实所提交信息的单证。

21. 被要求提供的单证，或没有单证、无法提供单证的原因说明，应自收到查询函之日起5个工作日内提交。

22. 在此情形下，申请书的审核期限应在收到行使海关事务领域监管监督职能的联邦权力执行机关要求提供的单证前或在本条第21款规定的收到它们的期限届满前暂停（但不超过1个月）。

第329条　海关对知识产权的保护期限

1. 海关应参考权利人在申请书中提出的期限，在将知识产权列入海关保护名录时规定知识产权的保护期限，但自将知识产权列入海关保护名录之日起不超过3年。

2. 权利人（或其代表）应在知识产权保护期限届满两个月前，提交延长保护期限申请书，履行海关事务领域监管监督职能的联邦权力执行机关应在上一期限届满日后的下一个工作日内，做出是否延长保护期限的决定书。

3. 延长知识产权海关保护期限的申请书，可使用互联网以电子文件形式发送。

4. 在遵守本联邦法第 328 条第 13 款和第 332 条规定的条件下，海关对知识产权保护期限应予延长，且不受次数限制，但每次不得超过三年。

5. 海关对知识产权保护期限不能超过权利人对相应知识产权专有权的有效期。

第 330 条　将知识产权客体列入海关保护名录的预先决定

1. 如果权利人（或其代表）提交申请书之日，未按照造成损害的责任风险办理以本联邦法第 328 条第 6 款第 4 项所指人员为受益人的保险，根据审核相应申请书的结果，符合将知识产权列入海关保护名录其他条件的情况下，行使海关事务领域监管监督职能的联邦权力执行机关可以做出将知识产权列入海关保护名录的预先决定书。

2. 行使海关事务领域监管监督职能的联邦权力执行机关应自做出预先决定书之日起，在 3 个工作日内通知权利人（或其代表）。

3. 海关自收到权利人（或其代表）提交的保险合同（保险单）后，应在 3 个工作日内将知识产权列入海关保护名录。

4. 如果自发送通知书（关于做出将知识产权列入海关保护名录的预先决定的）之日起，在一个月内，权利人未向行使海关事务领域监管监督职能的联邦权力执行机关提交保险合同（保险单），行使海关事务领域监管监督职能的联邦权力执行机关，自上述所指期限届满之日起，在 3 个工作日内，做出不予将知识产权列入海关保护名录的决定书。

5. 在以电子文件形式提交申请书的情形下，所做出的预先决定（关于将知识产权列入海关保护名录的）通知书，也应当使用互联网以电子文件形式发送。

第 331 条　不予将知识产权客体列入海关保护名录的理由

1. 下列情形下，海关应做出不予将知识产权列入海关保护名录的决定书：

1.1 权利人（或其代表）所提交的单证未证实知识产权的归属或其代表的权限（在权利人代表提交申请书的情形下）；

1.2 权利人（或其代表）未按照本联邦法第 328 条第 5 款提交信息，或在申请书中所提交的信息不真实；

1.3 权利人（或其代表）未提交关于补偿因暂停放行货物可能给货物申报人、所有人、收货人或其他人造成的财产损失的保证书；

1.4 权利人（或其代表）违反本联邦法第 328 条第 13 款和第 14 款规定的要求；

1.5 权利人（或其代表）未按照本联邦法第 328 条第 16 款、第 17 款规定的办法和期限提交要求提供的补充信息。

2. 权利人在消除不予将知识产权列入海关保护名录的决定书的理由后，可以重新发送申请书。

第 332 条　修改海关保护名录信息

1. 在申请书上信息变更时，权利人（或其代表）有义务自上述所指信息变更之日起，在 5 个工作日内，向行使海关事务领域监管监督职能的联邦权力执行机关告知此变更。

2. 在下列情况下，可以对海关保护名录信息进行修改：

2.1 根据权利人（或其代表）提交的关于修改申请书或其随附单证上信息的申请书；

2.2 根据国家执法部门或其他国家机关、自然人或法人发送的告知函，如果函件上通知名录上作为权利人的人已被剥夺或限制对于知识产权的权利。

3. 自行使海关事务领域监管监督职能的联邦权力执行机关做出决定书之日起，在 3 个工作日内，应修改海关保护名录。

4. 行使海关事务领域监管监督职能的联邦权力执行机关，应自收到修改申请书或告知函之日起，在不超过 1 个月的期限内对其进行审核。

5. 在权利人（或其代表）以电子文件形式提交海关保护名录修改申请书的情形下，海关修改名录信息的告知书也应使用互联网以电子文件形式发送给权利人（或其代表）。

6. 行使海关事务领域监管监督职能的联邦权力执行机关，在修改海关保护名录之前应对新提供的信息开展核对工作，并应在做出核对信息决定之日的下一个工作日，将此情况告知权利人（或其代表）和海关。

7. 在开展信息核查期间，审核修改海关保护名录申请书的期限应暂停，但不得超过做出开展信息核查决定书之后 2 个月。

8. 权利人（或其代表）以电子文件形式发送修改海关保护名录申请书的情形下，且在行使海关事务领域监管监督职能的联邦权力执行机关做出开展新提供信息核查决定的情形下，该决定的通知书也应使用互联网，以电子文件形式发送给权利人（或其代表）。

9. 开展新提供信息核查期间，知识产权列入海关保护名录的资格应暂停，但海关不应采取与暂停货物（用相应知识产权标识了的）放行期限有关的措施。

第 333 条　将知识产权从海关保护名录注销

1. 存在下列理由之一时，知识产权应从海关保护名录注销：

1.1 权利人（或其代表）提交将知识产权从海关保护名录注销的申请书；

1.2 权利人（或其代表）未履行本联邦法第 328 条第 13 款的规定；

1.3 按照俄罗斯联邦法律规定的办法，终止对知识产权的法律保护；

1.4 将知识产权列入海关保护名录后，查发出权利人（或其代表）在提交申请书时或在该申请书随附单证里提供的不实信息；或权利人（或其代表）在提交变更信息（包含在将知识产权列入海关保护名录申请书里或其随附单证里的）申请书时提供的不实信息；或权利人在提交关于延长将知识产权列入海关保护名录期限的申请书时或在该申请书随附单证里提交的不实信息；

1.5 未遵守本联邦法第 332 条第 1 款规定；

1.6 权利人出让知识产权。

2. 行使海关事务领域监管监督职能的联邦权力执行机关，有权要求权利人（或其代表）、第三人以及国家执法部门和其他国家机关提供证实本条第 1 款第 2 ~ 6 项所指理由的单证。

3. 将知识产权从海关保护名录注销的通知书，可以使用互联网以电子文件的形式发送给权利人（或其代表）。

第 334 条　海关知识产权保护名录管理

1. 行使海关事务领域监管监督职能的联邦权力执行机关，负责管理知识产权海关保护名录。

2. 列入海关保护名录不收费。

3. 在遵守本联邦法第 328 条第 13 款和第 14 款规定要求的条件下，应将著作权和邻接权、商标（服务标志）和货物原产地名称（行使海关事务领域监管监督职能的联邦权力执行机关做出关于将它们列入海关保护名录决定书或预先决定书的）列入知识产权海关保护名录。

4. 行使海关事务领域监管监督职能的联邦权力执行机关，负责规定知识产权海关保护名录管理办法、名录的样式和填写办法，以及下列单证电子形式的格式和结构：

4.1 将知识产权列入海关保护名录的申请书；

4.2 变更列入海关保护名录申请书或其随附单证上所指出信息的申请书；

4.3 延长知识产权海关保护期限的申请书；

4.4 将知识产权从海关保护名录注销的申请书；

4.5 同意将知识产权列入海关保护名录的告知书、不予将知识产权列入海关保护名录的告知书；

4.6 同意对海关保护名录进行修改的告知书、不予对海关保护名录进行修改的告知书；

4.7 同意延长知识产权海关保护期限的告知书；

4.8 将知识产权从海关保护名录注销的告知书。

5. 行使海关事务领域监管监督职能的联邦权力执行机关，负责保障在其互联网官方网页上按照规定的办法发布海关保护名录信息。

第五十八章　海关鉴定

第 335 条　开展海关监管时的海关鉴定

1. 开展海关监管时的海关鉴定（本章简称“鉴定”），根据《联盟法典》第五十三章并考虑本条规定进行指定和办理。

2. 行使海关事务领域监管监督职能的联邦权力执行机关负责确定授权开展鉴定的海关。

3. 授权开展鉴定海关的负责人有权将组织鉴定的部分职权，授予自己的副职和负责实施鉴定活动内设机构的负责人。

4. 授权海关的鉴定专家独立开展鉴定资格的认定，按照行使海关事务领域监管监督职能的联邦权力执行机关规定的办法实施。

5. 开展鉴定的办法、指定开展鉴定决定书的样式，以及电子文件形式指定鉴定决定书的格式和结构，由行使海关事务领域监管监督职能的联邦权力执行机关规定。

6. 如果在《联盟法典》第 390 条第 1 项规定期限内不能完成鉴定，在行使海关事务领域国家政策制定和法规调控职能的联邦权力执行机关规定的情形下，经授权海关负责人书面许可并指明需要延期的原因，开展鉴定的期限可以延长，但不得超过自做出延期决定书之日起 4 个月。

7. 根据本联邦法第 336 条第 1 款，在其他鉴定组织（或由其他鉴定专家）开展鉴定的情形下，经指定鉴定的海关书面许可，开展鉴定的期限可以延长本条第 6 款所指的期限，并指明延长的原因。

8. 延长开展鉴定期限的办法，由行使海关事务领域监管监督职能的联邦权力执行机关规定。

9. 指定鉴定的海关，应按照行使海关事务领域监管监督职能的联邦权力执行机关规定的办法，将延长开展鉴定期限的情况告知申报人或其他对货物具有权限的人。

10. 如果海关鉴定组织（鉴定专家）需要指定鉴定的海关提交补充资料、单证、货物样品，并发出了申请书；或授权开展鉴定的海关（其他鉴定组织或其他鉴定专家）要求指定鉴定的海关准确细化其鉴定事项和要求，并为此发出了查询函；或在行使海关事务领域国家政策制定和法规调控职能的联邦权力执行机关规定的其他情形下，应暂停开展鉴定的期限。

11. 开展鉴定的暂停期限不超过 10 个工作日。暂停开展鉴定期限的办法由行使海关事务领域监管监督职能的联邦权力执行机关规定。

12. 为开展鉴定，进行货物取样的办法，由行使海关事务领域监管监督职能的联邦权力执行机关依据《联盟法典》第 393 条规定。

13. 为开展鉴定，提取海关单证、运输单证、商业单证和其他单证，以及单证和货物的识别工具；关于提取上述所指单证、货物、识别方式的电子文件形式的记录的样式、格式和结构，由行使海关事务领域监管监督职能的联邦权力执行机关规定。

14. 海关鉴定组织（鉴定专家）结论的样式，电子文件形式的海关鉴定专家结论的格式和结构，由行使海关事务领域监管监督职能的联邦权力执行机关规定。

15. 授权海关可以按照俄罗斯联邦法律、行使海关事务领域监管监督职能的联邦权力执行机关规定的办法开展其他研究和试验。

第 336 条 其他鉴定组织（其他鉴定专家）开展海关鉴定

1. 在被授权海关无法开展鉴定的情形下，可以委托形式指定其他鉴定组织（其他鉴定专家）开展鉴定。

2. 指定其他鉴定组织（其他鉴定专家）开展鉴定，应以签订合同的方式实施。

3. 如果其他鉴定组织（其他鉴定专家）开展鉴定收费，由联邦预算出资支付。

4. 在根据《联盟法典》第 389 条第 2 款第 2 项指定鉴定的情形下，根据开展海关鉴定的结果，如果查出违反海关调控领域国际条约、法律文件的事实，由货物或单证被指定开展鉴定的人，按照行使海关事务领域国家政策制定和法规调控职能的联邦权力执行机关规定的办法对用联邦预算支付的费用进行补偿。

5. 海关指定由其他鉴定组织（其他鉴定专家）开展鉴定时，这些组织（专家）应向指定开展鉴定的海关提供资质证明文件。

6. 其他组织的鉴定专家享有《联盟法典》第 394 条规定的权利，并履行该条规定的义务。

7. 向其他鉴定组织（其他鉴定专家）指定鉴定的办法，由行使海关事务领域监管监督职能的联邦权力执行机关规定。

第八编
海关事务领域活动和经认证的经营者

第五十九章　海关事务领域活动的一般规定

第337条　将法人列入海关承运人、临时存储仓库占有人、海关仓库占有人、免税商店占有人名录

1. 海关按照《联盟法典》第407、412、417、427条和本联邦法第351、354、362、377条规定的条件，实施将法人列入海关事务领域实施活动的人名录（报关代理人名录除外）的海关作业。

2. 为将在海关事务领域实施活动的人列入除报关代理人名录以外的其他名录之一，法人（申请人）应向授权的海关提交包含本联邦法规定信息的、列入相应名录的申请书，并按照本联邦法第352、358、364、379条相应规定的清单提交证明信息的单证。

3. 列入相应名录的申请书和证明申请书信息的单证，应由申请人加密电子签名签署，通过互联网以电子形式提交。

4. 上述所指申请书的样式以及以电子文件所提交申请书的格式和结构，由行使海关事务领域监管监督职能的联邦权力执行机关规定。

5. 海关因技术故障、互联网通信设施损坏（断网）、断电引起的本机构信息系统故障，无法以电子文件形式接收本条第3款所指的单证，则单证可以以纸质载体以正本形式或以经提交人、授权出具单证机构确认的或按公证程序证实的复印件的形式提交。

6. 为列入临时存储仓库占有人名录和海关仓库占有人名录，申请人应对预先指定用作临时存储仓库、海关仓库的每个区域独立的房舍或每个区域独立的露天场地提交单独的申请书。

7. 如果数个房舍按同一地址位于同一楼房或构筑物内，申请人列入临时存储仓库占有人名录和海关仓库占有人名录，可以提交一份申请书。

8. 为列入免税商店占有人名录，申请人应对预先指定用作免税商店销售场所的构筑物和房舍（房舍的一部分）提交申请书。

9. 本条第 2 款规定的纸质载体单证，如果申请人提交了退还申请书，应予退还。此申请书样式不做统一规定，可按任意样式形成。退还单证申请书可以纸质文件形式提交，也可以由加密电子签名签署的电子文件形式经网上个人“专属办公账户”提交。

10. 退还提交担保（履行在海关事务领域实施活动法人义务的）证明文件的程序，按照本联邦法第十章规定办理。

11. 海关应自收到列入名录申请书之日起，在 25 个工作日内对其进行审核；如果申请书以纸质载体提交，应自收到之日起 30 个工作日内审核，并做出是否将法人列入相应在海关事务领域实施活动的人名录的决定书。本条第 14、15 款和第 19 款所指的情形，不受上述审核期限限制。

12. 如果申请书中未说明已提交在海关事务领域实施活动法人义务担保，则在符合《联盟法典》和本联邦法规定的、将法人列入相应名录的其他条件时，海关应做出将法人列入相应名录的预先决定书，并在本条第 11 款所指期限内告知申请人。

13. 申请人应自收到海关做出的预先决定书之日起的 10 个工作日内，根据本联邦法第十章规定，提交履行在海关事务领域实施活动法人义务担保。

14. 如果申请人在本条第 13 款规定期限内提交了在海关事务领域实施活动法人义务担保，海关应自收到担保合同之日的次日起，在 10 个工作日内，做出将法人列入相应名录的决定书。

15. 如果申请人未在本条第 13 款规定期限内向海关提交履行在海关事务领域实施活动法人义务担保，海关应自本条第 13 款规定期限届满之日起，在 10 个工作日内，做出拒绝列入相应名录的决定书。

16. 为检查作为临时存储仓库、海关仓库或免税商店申报的，专门确定和装备并预先指定用作临时存储仓库、海关仓库或免税商店的构筑物、房舍（房舍的一部分）、露天场地和附属房舍（在具有时）是否符合依据本联邦法规定的要求和条件，海关可以对这些房舍或场地开展海关查看。

17. 海关审核列入相应名录的申请书时，有权向第三人及国家机构要求提供证实申请人所申报内容的信息或单证。上述所指的人和国家机关有义务自收到查询函之日的次日起，在 5 个工作日内提交要求提供的信息或单证。

18. 海关应根据俄罗斯联邦法律规定，向其他国家机关制发跨部门的查询函。

19. 在本条第 17 款规定的情形下，按照发送查询函和提供单证和信息所必需的时间，列入名录申请书的审核期限可以延长，但不得超过 30 个自然日。

20. 将法人列入在海关事务领域实施活动的人名录，应以海关授权工作人员纸质文件形式的决定书或以由授权工作人员加密电子签名签署的电子文件形式的决定书办理，并出具列入名录（报关代理人名录除外）的证明书（以纸质文件形式办理的，或以由被授权工作人员加密电子签名签署的电子文件形式经互联网传输办理的）证实。

21. 将法人列入在海关事务领域实施活动的人相应名录的决定书，应自做出决定书之日起，在 3 个工作日内，以纸质文件形式发送给申请人，或以由授权工作人员加密电子签名签署的电子文件形式经网上个人“专属办公账户”发送给申请人。

22. 在下列情形下，海关应在本条第 11 款所指期限内，做出拒绝列入在海关事务领域实施活动的人相应名录的决定书：

22.1 未提交本条第 2 ～ 8 款规定的单证；

22.2 不符合《联盟法典》和本联邦法规定的列入相应名录的条件；

22.3 所提交单证上的信息与列入相应名录申请书上所指明的信息不符。

23. 关于拒绝列入海关事务领域实施活动的人相应名录的决定书，应自做出决定书之日起 3 个工作日内，以纸质文件形式发送给申请人，或以由授权工作人员加密电子签名签署的电子文件形式通过互联网发送给申请人。

24. 海关将法人列入海关承运人、临时存储仓库占有人、海关仓库占有人、免税商店占有人名录，将法人从这些名录注销、对这些名录进行修改的办法，列入上述名录（海关承运人名录除外）证明书的样式、种类、格式、结构，及其填写办法，由行使海关事务领域监管监督职能的联邦权力执行机关规定。

25. 根据《联盟法典》第 406 条第 2 款，列入海关承运人名录证明书的样式由委员会规定。

26. 关于要求提供海关承运人、临时存储仓库占有人、海关仓库占有人、免税商店占有人名录管理方面的国家服务信息，可以以电子形式在网上个人“专属办公账户”反映。

第 338 条　海关承运人、临时存储仓库占有人、海关仓库占有人、免税商店占有人名录信息的变更

1. 当变更在海关事务领域实施活动的人名录（报关代理人名录除外）信息时，列入名录的法人（法人更名情形下的权利继承人），应当自导致信息变更的事件发生之日起，或自该法人获知事件发生之日起，5 个工作日内，向海关报告变更，并提交变更信息申请书和含变更后信息的单证或证明信息变更的单证。

2. 变更名录信息申请书和本条第 1 款所指的单证，应以由申请人加密电子签名签署的电子文件形式经网上个人“专属办公账户”提交。

3. 上述所指的单证，如果海关因技术故障、通信设备（互联网）工作故障、或断电引发的本机构所使用的信息系统故障，无法以电子文件形式收到，允许提交纸质载体原件，或经提交人、授权出具单证机构确认的复印件，或经公证程序证实的复印件。

4. 以电子文件形式提交申请书的格式和结构，由行使海关事务领域监管监督职能的联邦权力执行机关规定。

5. 自收到本条第 1 款所指的申请书之日的次日起，在 15 个工作日内，海关应核对重新提交的信息是否符合列入海关事务领域实施活动的人名录所规定的条件，并做出是否同意变更的决定书。

6. 海关应在做出对相应名录进行变更的决定书之日起 3 个工作日内，将决定书以纸质文件形式发送给申请人，或以由被授权工作人员加密电子签名签署的电子文件形式经网上个人“专属办公账户”发送给申请人。

7. 海关同意变更法人列入相应名录（报关代理人名录除外）证明书上信息后，应出具新的列入相应名录证明书。

8. 如果申请人在提交变更相应名录信息申请书时，没有一并提交证明所申请修改信息的单证，或所提交单证上的信息与变更相应名录信息申请书上的信息不符，或法人不符合列入名录所规定的条件，海关应在本条第 5 款规定的期限内，做出拒绝修改名录的决定书。

9. 如果申请人在提交变更相应名录信息申请书时，没有一并提交证明所申请修改信息的单证，审核变更相应名录信息申请书的海关，可以要求具有该单证的国家机关提供。该国家机关有义务自收到海关查询函之日的次日起，在 5 个工作日内提供要求提供的单证。

10. 在本条第 9 款规定的情形下，审核变更名录信息申请书的期限，可以按海关发送查询函和有关机关提供要求提供的单证所必需的时间延长。但审核该申请书的总期限，不得超过自收到申请书之日起 20 个工作日。

第 339 条　将法人从海关承运人名录、临时存储仓库占有人名录、海关仓库占有人名录、免税商店占有人名录注销

1. 海关依据《联盟法典》第 408、413、418、428 条和本联邦法第 353、363 条相应规定，可以将法人从相应的在海关事务领域实施活动的人名录（报关代理人名录除外）注销。法人以更名形式进行的改组，不是将法人从该名录注销的理由。

2. 将法人从相应的海关事务领域实施活动的人名录注销的决定书，由做出将法人列入名录决定书的海关，形成以授权工作人员加密电子签名签署的电子文件，并由海关在做出决定书的下一个工作日内，以由授权工作人员加密电子签名签署的电子文件形式，经网上个人“专属办公账户”发送给该法人，并随同发送做出注销决定的理由。

3. 将法人从相应的海关事务领域实施活动的人名录（报关代理人名录除外）注销的决定书，在下列情形下生效：

3.1 违反《联盟法典》规定，将法人列入海关事务领域实施活动的人名录（本款第 2 项所指的情形除外），自做出决定书之日起 15 个工作日后；

3.2 违反《联盟法典》第 407 条第 1 款第 2 项规定，将法人列入海关承运人名录，自做出决定书之日次日起 1 个工作日后；

3.3 海关承运人、临时存储仓库占有人、海关仓库占有人、免税商店占有人违反《联盟法典》第 409 条第 2 ~ 6 款、第 414、419、429 条所指的义务，自做出决定书之日起 15 个工作日后；

3.4 法人提交将其从名录注销的申请书，自海关收到申请书之日的次日起 10 个工作日后。

4. 在其他情形下，自海关做出将法人从海关事务领域实施活动的人名录（报关代理人名录除外）注销决定书之日起，在 10 个工作日后生效。

5. 法人可以在消除从相应名录注销的原因后，再次提交列入该名录的申请书。

6. 计划终止活动的临时存储仓库占有人、海关仓库占有人和海关承运人，应当提前 1 个月通知将货物置于临时存储仓库、海关仓库的人或为运输转交处于海关监管下货物的人，以及出具将法人列入海关事务领域实施活动的人名录证明书的海关。在此一月内，不允许再将货物置于临时存储仓库或海关仓库，或接受处于海关监管下待运输的货物。

7. 根据其他理由，将海关事务领域实施活动的法人从相应名录注销的情形下，海关承运人、临时存储仓库占有人和海关仓库占有人应当自海关做出注销决定书之日起 5 个工作日内，将此情况告知为其提供服务的对象。

8. 将法人从相应的海关事务领域实施活动的人名录注销，不免除此人（或其权利继承人）根据《联盟法典》和本联邦法的规定，完成运输或存储处于海关监管下货物海关作业的义务，或实施其他行为（实施这些行为的义务发生在将法人从相应名录注销之前）的义务。

9. 自海关做出本条第 2 款所指的决定书之日起，不允许将货物置于临时存储仓库和海关仓库。

10. 在海关决定从名录注销临时存储仓库占有人或海关仓库占有人时，自决定书生效次日起，在两个月内，存储在临时存储仓库或海关仓库里的货物，应由其占有人出资置于另外的临时存储仓库或海关仓库。

11. 自海关将法人从免税商店占有人名录注销决定书生效之日起，免税商店终止运营。

12. 自海关将免税商店占有人从相应名录注销决定书生效之日起，置于免税贸易海关制度下的货物，视为处于临时存储下的货物，不得再销售。同时，不允许再将其他货物置于免税商店。

13. 将法人从海关事务领域实施活动的人相应名录注销后，根据本联邦法第十章和第十一章规定，退还该法人在列入名录时提交的、履行在海关事务领域实施活动法人义务的担保。

第 340 条　海关承运人、临时存储仓库占有人、海关仓库占有人、免税商店占有人名录的管理办法

1. 行使海关事务领域监管监督职能的联邦权力执行机关，负责管理海关承运人、临时存储仓库占有人、海关仓库占有人、免税商店占有人名录。

2. 海关承运人、临时存储仓库占有人、海关仓库占有人、免税商店占有人名录，按照行使海关事务领域监管监督职能的联邦权力执行机关规定的样式，以电子形式进行管理。

3. 本条第 2 款所指的名录，依据授权海关做出的将法人列入相应海关事务领域实施活动的人名录的决定书、将法人从名录注销的决定书、对名录进行变更的决定书形成。对本条第 2 款所指名录电子版进行变更，应自授权海关做出相应决定书之日起，在 3 个工作日内完成。

4. 行使海关事务领域监管监督职能的联邦权力执行机关，负责在本机关互联网官方网页上每月至少 1 次定期发布本条第 2 款所指的名录。

第 341 条　海关承运人、临时存储仓库占有人、海关仓库占有人、免税商店占有人开展登记和提交报告

1. 海关承运人、临时存储仓库占有人、海关仓库占有人、免税商店占有人，根据《俄罗斯联邦会计核算法》《俄罗斯联邦税费法》和本联邦法的要求，开展货物和货物经营业务的登记。

2. 海关承运人、临时存储仓库占有人、海关仓库占有人、免税商店占有人根据本联邦法第 13 条规定，向海关提交报告。

第六十章　报关代理人

第 342 条　将法人列入报关代理人名录

1. 海关按照《联盟法典》第 402 条和本联邦法第 347 条规定，将法人列入报关代理人名录。

2. 法人（申请人）为列入报关代理人名录，应当向海关提交含有本联邦法规定信息的列入名录申请书，并提交《联盟法典》第 402 条第 1 款第 1 项规定的“保险协议”。

3. 申请人应按照本联邦法第十章规定，提交履行在海关事务领域实施活动的法人义务担保。

4. 申请人应当以电子形式向海关提交列入报关代理人名录的申请书和保险协议，可以经网上个人“专属办公账户”提交，也可以使用联邦国家信息系统“国家和地方服务（职能）统一门户”提交。

5. 列入报关代理人名录申请书的样式、格式和结构，由行使海关事务领域监管监督职能的联邦权力执行机关规定。

6. 如果海关因技术故障、通信设备（电信网络和互联网）工作故障或断电引发的本机构所使用的信息系统故障，无法以电子形式收到列入报关代理人名录的申请书和保险协议，则可以以纸质载体形式提交。纸质载体申请书应由法人的负责人签署，并加盖组织印章；纸质载体保险协议应经申请人、保险组织、外国保险组织（有权依据 1992 年 11 月 27 日第 4015-1 号《俄罗斯联邦组织保险事务法》在俄罗斯联邦境内从事保险业务的）证实或经公证确认。（根据 2021 年 7 月 2 日第 343 号联邦法补充，自 2021 年 8 月 22 日起生效）

7. 如果申请人提交了退还纸质保险协议申请书，海关应予退还。退还纸质保险协议申请书应以纸质文件形式提交，或以加密电子签名签署的电子文件形式通过网上个人“专属办公账户”提交。

8. 海关工作人员应自收到电子形式的列入报关代理人名录申请书后 15 个工作日内对其进行审核；如果申请书是以纸质载体形式提交的，则应自收到申请书之日起 20 个工作日内完成审核。本条第 11、12 款和第 16 款所指的情形除外。

9. 如果申请人在列入报关代理人名录申请书中未说明已提交履行在海关事务领域实施活动法人义务担保，在符合《联盟法典》和本联邦法规定的将法人列入报关代理人名录其他条件的情形下，海关工作人员应当作出同意列入名录预先决定书。

10. 在本条第 8 款规定期限内，海关授权工作人员应自做出预先决定书之日起 3 个工作日内通知申请人。可以纸质文件形式通知，也可以由海关授权工作人员加密电子签名签署的电子文件形式，经网上个人“专属办公账户”或使用联邦国家信息系统“国家和地方政务服务统一平台”进行通知。

11. 申请人应自收到列入报关代理人名录预先决定书之日起 10 个工作日内，按照本联邦法第十章规定，提交履行在海关事务领域实施活动法人义务的担保。

12. 如果申请人在本条第 11 款规定期限内，提交了履行在海关事务领域实施活动法人义务担保，海关工作人员应自海关按照本联邦法第十章规定接受担保之日次日起 5 个工作日内，做出将法人列入报关代理人名录的决定书。

13. 如果申请人在本条第 11 款规定期限内未向海关提交上述所指担保，海关应自本条第 11 款规定期限届满之日起 5 个工作日内，做出不予列入报关代理人名录的决定书。

14. 审核列入报关代理人名录申请书的海关工作人员，可以要求第三方和国家机关提供能够证实申请人所指出信息的单证或信息。第三方和国家机关有义务自收到查询函之日的次日起，在 5 个工作日内，提交要求提供的单证或信息。

15. 海关应根据俄罗斯联邦法律要求，制作发往其他国家机关的跨部门查询函。

16. 在本条第 14 款规定的情形下，按照海关制发查询函和其他国家机关提供单证或信息所必需的时间，海关可以从审核报关代理人名录申请书的期限延长，但总时长不得超过 30 天。

17. 海关授权工作人员以向海关统一自动化信息系统录入相应信息的方法，做出将法人列入报关代理人名录的决定书。

18. 海关应自做出将法人列入报关代理人名录决定书之日起，在 3 个工作日内，以由海关工作人员加密电子签名签署的电子文件形式，经网上个人“专属办公账户”或使用联邦国家信息系统“国家和地方政务服务统一平台”发送给申请人，或使用纸质载体发送。

19. 下列情形下，海关应当在本条第 8 款所指期限内，做出不予列入报关代理人名录的决定书：

19.1 申请人不符合《联盟法典》和本联邦法规定的列入报关代理人名录的条件；

19.2 申请人提交文件中的信息与列入报关代理人名录申请书中所指的信息，以及与跨部门查询后获取的信息不符；

19.3 申请人过去或现在是另一个法人的创始人（参加人）之一，而该法人有未履行的缴纳海关税费、保障措施关税、反倾销税、反补贴税、滞纳金、利息义务；

19.4 如果申请人的创始人（参加人）中有人过去或现在是有权不经委托即以另一个法人的名义开展活动的人，但该“另一个法人”有未履行的缴纳海关税费、保障措施关税、反倾销税、反补贴税、滞纳金、利息义务；

19.5 如果有权不经委托即以申请人名义开展活动的人过去或现在是有权不经委托即以另一个法人的名义开展活动的人，且该“另一个法人”有未履行的缴纳海关税费、保障措施关税、反倾销税、反补贴税、滞纳金、利息义务；

19.6 如果有权不经委托即以申请人名义开展活动的人过去或现在是另一个法人的创始人（参加人），而该“另一个法人”有未履行的缴纳海关税费、保障措施关税、反倾销税、反补贴税、滞纳金、利息义务。

20. 海关应自做出不予列入报关代理人名录决定书之日起，在3个工作日内，以授权工作人员加密电子签名签署的电子文件形式，经网上个人“专属办公账户”或使用联邦国家信息系统“国家和地方政务服务统一平台”发送给申请人，或使用纸质载体发送给申请人。

21. 申请人在消除本条第19款规定的不予列入报关代理人名录申请书原因后，可以重新向海关提交列入报关代理人名录申请书。

22. 将法人列入报关代理人名录的办法、按照《联盟法典》第403条第1款第3项规定的理由将法人从该名录注销的办法、修改名录的办法，由行使海关事务领域国家政策制定和法规调控职能的联邦权力执行机关规定。

23. 对于根据《联盟法典》第403条第1款第2项规定的理由，被从报关代理人名录注销的法人，如果在海关采取追征关税、进口环节税、保障措施关税、反倾销税、反补贴税措施之前的期限内，履行了缴纳关税、进口环节税、保障措施关税、反倾销税、反补贴税的义务，且自从报关代理人名录注销之日起，在40个自然日内重新提交了列入报关代理人名录申请书，行使海关事务领域国家政策制定和法规调控职能的联邦权力执行机关，可以规定将其列入报关代理人名录的简化办法和更短时限。

24. 海关应以电子形式，在网上个人“专属办公账户”发布关于报关代理人的信息。

第343条　报关代理人名录的变更

1. 列入报关代理人名录的法人，在备案信息发生变更后，应在5个工作日内，向海关提交变更报关代理人名录信息申请书，并指明变更的信息。

2. 列入报关代理人名录的法人，应以由申请人加密电子签名签署的、含有应予变更信息的电子文件形式，经网上“专属办公账户”或使用联邦国家信息系统“国家和地方政务服务统一平台”，向海关提交变更报关代理人名录信息申请书。

3. 列入报关代理人名录的法人，也可以使用纸质载体提交变更报关代理人名录信息申请书。纸质载体申请书应由法人的负责人签署，并加盖组织印章。

4. 变更报关代理人名录信息申请书的样式、格式和结构，由行使海关事务领域监管监督职能的联邦权力执行机关规定。

5. 海关工作人员应当对变更报关代理人名录信息申请书进行审核，并检查变更后的信息是否符合列入报关代理人名录的条件。如果申请书是以电子文件形式提交的，应自收到申请书之日起，在15个工作日内审核；如果申请书是以纸质载体提交的，应自收到申请书之日起，在20个工作日内审核。

6. 海关同意变更报关代理人名录信息的决定书，由海关工作人员以在海关统一自动化信息系统录入相应信息的方法做出。海关同意变更报关代理人名录信息的通知书，应自做出决定书之日起，在 3 个工作日内，以授权工作人员加密电子签名签署的电子文件形式，经网上个人“专属办公账户”或使用联邦国家信息系统“国家和地方政务服务统一平台”发送给申请人，或以纸质载体发送给申请人。

7. 海关经过审核，如果发现报关代理人提交的变更名录申请书中的信息，与通过跨部门查询获得的信息或处于海关数据库中的信息存在差异，或者报关代理人不符合列入报关代理人名录的条件，则海关工作人员应在本条第 5 款所指的期限内，做出不予变更报关代理人名录的决定书。

8. 海关工作人员审核变更报关代理人名录申请书时，可以要求第三方或国家机关提供证实申请人变更信息的单证或信息。上述所指的第三方和国家机关应自收到查询函之日起，在 5 个工作日内提供要求提供的信息或单证。

9. 在本条第 8 款规定情形下，变更报关代理人名录信息申请书的审核期限，可以按照海关发送查询函和第三方、其他国家机关提供单证或信息所必需的时间延长，但审核该申请书的总期限，不能超过自收到申请书之日起 30 个工作日。

第 344 条　将法人从报关代理人名录注销

1. 按照《联盟法典》第 403 条规定的理由，法人应从报关代理人名录注销。

2. 海关按照《联盟法典》第 403 条规定的理由（《联盟法典》第 403 条第 1 款第 3 项除外），将法人从报关代理人名录注销，其具体办法由行使海关事务领域监管监督职能的联邦权力执行机关规定。

3. 法人以更名形式进行改组，以及未引起法人活动终止的改组，不作为将法人从该名录注销的理由。

4. 申请人自愿从报关代理人名录注销的申请书，以申请人加密电子签名签署电子文件的形式，经网上个人“专属办公账户”或使用联邦国家信息系统“国家和地方政务服务统一平台”提交。

5. 因技术故障、通信设备（电信网络和互联网）工作故障、断电引发的海关信息系统故障，导致海关无法以电子文件形式接收申请人提交的自愿从报关代理人名录注销申请书时，也可以以纸质载体提交申请书。

6. 自愿从报关代理人名录注销的申请书可按任意样式形成。

7. 在法人提交自愿从报关代理人名录注销申请书时，如果其存在《联盟法典》第 405 条第 1 款第 4 项所指的未履行或未适当履行的义务，海关工作人员应拒绝该报关代理人从相应名录注销。

8. 海关工作人员以向海关统一自动化信息系统录入相应信息的方法，做出将法人从报关代理人名录注销的决定书。

9. 将法人从报关代理人名录注销的通知书应发送给对其做出该决定书的法人，并应在通知书中说明做出该决定书的理由。该通知书应自决定书做出之日后的一个工作日内，以海关授权工作人员加密电子签名签署电子文件的形式，经网上个人“专属办公账户”或使用联邦国家信息系统“国家和地方政务服务统一平台”发送，或以纸质载体发送。

10. 下列情形下，海关工作人员按规定做出将法人从报关代理人名录注销的决定书：

10.1 自报关代理人未履行《联盟法典》第 403 条第 1 款第 1 项和第 1 款第 2 项规定的义务（未遵守《联盟法典》第 402 条第 1 款第 2 项规定的列入报关代理人名录条件除外）之日起，在 3 个工作日内；

10.2 自法人未遵守《联盟法典》第 402 条第 1 款第 2 项规定的列入报关代理人名录条件之日起，在 1 个工作日内；

10.3 自海关收到关于《联盟法典》第 403 条第 1 款第 4 项和第 5 项所规定的事件发生的通知书之日起，在 1 个工作日内；

10.4 自海关收到《联盟法典》第 403 条第 1 款第 3 项所规定的从报关代理人名录注销的申请书之日起，在 3 个工作日内。

11. 取消从报关代理人名录注销决定书的情形：

11.1 如果自海关做出注销决定书之日起，报关代理人在 7 个工作日内消除了《联盟法典》第 403 条第 1 款第 1 项规定的将法人从报关代理人名录注销的理由（未遵守《联盟法典》第 402 条第 1 款第 2 项规定的列入报关代理人名录的条件除外），则应在上述 7 个工作日内取消将法人从报关代理人名录注销的决定书；

11.2 如果自海关做出注销决定书之日起，报关代理人在下一个工作日内履行了《联盟法典》第 402 条第 1 款第 2 项规定的、遵守列入报关代理人名录条件的义务，则应在上述 1 个工作日内，取消将法人从报关代理人名录注销的决定书。

12. 在将法人从报关代理人名录注销后，法人可以按照《联盟法典》和本联邦法规定的办法，向海关提交新的列入报关代理人名录申请书。

13. 计划提交注销申请书的报关代理人，应提前 15 个工作日告知委托其实施海关作业的人。在此期间，报关代理人不得再与申报人或其他利益相关人签订协议。

14. 根据其他理由从报关代理人名录注销时，自收到从报关代理人名录注销通知书之日起，在 5 个工作日内，报关代理人有义务将此情况通知委托其实施海关作业的人。

15. 法人从报关代理人名录注销，不免除该法人（或其权利继承人）根据《联盟法典》和本联邦法规定，履行发生在法人从报关代理人名录注销之前的义务。

16. 法人从报关代理人名录注销后，应根据本联邦法第十章和第十一章规定，退还法人在列入名录时提交的履行在海关事务领域实施活动法人义务的担保。

第 345 条　报关代理人名录管理办法

1. 行使海关事务领域监管监督职能的联邦权力执行机关负责管理报关代理人名录。

2. 报关代理人名录以电子形式，按照行使海关事务领域监管监督职能的联邦权力执行机关规定的样式管理。

3. 报关代理人名录根据海关工作人员所做出的将法人列入报关代理人名录、将法人从名录注销、对报关代理人名录进行修改的决定书形成。在做出相应决定书后，自动对电子形式的报关代理人名录进行变更。

4. 行使海关事务领域监管监督职能的联邦权力执行机关，负责定期（每月至少 1 次）在本机关的互联网官方网页上发布报关代理人名录。

第 346 条　报关代理人

1. 列入报关代理人名录的俄罗斯法人是报关代理人。

2. 报关代理人可以以只对一些种类货物实施海关作业，以只对不征收出口关税且被置于出口海关制度下货物实施海关作业，或以只在一些海关辖区内实施海关作业来限定自己的业务范围。

3. 根据《联盟法典》第 401 条第 2 款，报关代理人与申报人或其他利益相关人的关系在合同基础上实施。在为将货物置于海关制度下提供海关作业服务时，报关代理人与申报人之间可以直接签署合同；如果按照运输代理合同，申报人委托运输代理人与报关代理人签订合同，报关代理人也可以直接与货物运输代理人签订合同。

4. 在报关代理人能够提供服务或完成工作的情况下，不得拒签代理合同，但前提是合同内容在本条第 2 款限定的经营范围内，或申报人、其他利益相关人的作为（不作为）合法且不会被追究海关事务领域刑事和行政责任。对于有意签订合同的对象，报关代理人不能实行差别对待，但为特殊对象在价格和合同内容方面提供优惠除外。

5. 如果根据货物申报时选择的海关制度应当缴纳关税、进口环节税、保障措施关税、反倾销税、反补贴税、利息、滞纳金、海关规费，且申报人与报关代理人也以所签合同条件约定由报关代理人缴纳上述税费，则报关代理人可以缴纳上述税费。

6. 报关代理人可以为进境自用物品（自用交通工具除外）缴纳关税、进口环节税和海关规费，但前提是申报人与报关代理人以所签合同条件约定由报关代理人缴纳关税、进口环节税、海关规费。

7. 在报关代理人以申报人的名义实施海关作业的情形下，报关代理人与申报人就全额缴纳关税、进口环节税、保障措施关税、反倾销税、反补贴税、利息、滞纳金、海关规费承担连带责任。但《联盟法典》第 405 条第 5 项所指出的情形除外；另一种情形也除外：即报关代理人申报货物时使用的是由申报人提供的假单证、以非法方式获取的单证或没有法律效力的单证，而且报关代理人能够证明自己不知情或不应知情。

8. 如果上级海关或法院以决定书确定申报人没有缴纳关税、进口环节税、保障措施关税、反倾销税、反补贴税、利息、滞纳金、海关规费方面的义务，则报关代理人在缴纳海关税费、利息、滞纳金方面的相应义务也应予终止。

第 347 条　法人列入报关代理人名录的条件

1. 法人列入报关代理人名录的条件，由《联盟法典》第 402 条规定。

2. 根据《联盟法典》第 402 条第 1 款第 1 项规定的列入报关代理人名录的条件，申请人应提交约定一定保额的民事责任风险保险合同（承保人按其向财产利益受损人理赔的），该保额应不低于 2 000 万卢布。

3. 对于其经营范围以对不征收出口关税且被置于出口海关制度下的货物实施海关作业来限定的报关代理人，其履行在海关事务领域实施活动法人义务的担保额度为 500 万卢布。

4. 法人列入报关代理人名录的其他条件。

4.1 法人不是：

4.1.1 国有企业；

4.1.2 本联邦法第 274 条第 1 款所指出的组织或国有单一制企业；

4.1.3 本联邦法第 274 条第 1 款所指出的组织或国有单一制企业直接或间接是其参加者（成员）的组织。

4.2 法人不存在一个及以上已生效，但在规定期限内未履行的行政违法（发生这些违法行为应承担的责任由《俄罗斯联邦行政违法法》第 16.2 条规定的）案件判决。

5. 计划作为报关代理人实施活动的法人，应由海关在网上个人“专属办公账户”备案。

第 348 条　报关代理人的义务

1. 报关代理人应履行《联盟法典》第 405 条规定的义务。

2. 列入报关代理人名录的法人，在行使海关事务领域的活动时，有义务在其互联网官方网页上发布服务价格方面的最新信息。

3. 列入报关代理人名录的法人，有义务根据本联邦法第 17 条，以提交报告的方式，将发布服务价格的情况，向行使海关事务领域监管监督职能的联邦权力执行机关报告。

4. 根据本联邦法第 346 条第 2 款限定营业范围的法人，不得超范围经营。

第 349 条　列入报关代理人名录申请书

列入报关代理人名录的申请书应包含：

1.1 申请人列入报关代理人名录的申请；

1.2 申请人名称、企业组织形式、所在地（邮政地址和其他联系信息），为从事报关代理人业务计划设立的分支部门清单及其所在地；

1.3 国家注册代码；

1.4 纳税人识别号码；

1.5 税务登记代码；

1.6 分支部门的税务登记代码；

1.7 法人创始人（参加人）信息；

1.8 以只对一些种类货物实施海关作业，以只对不征收出口关税且被置于出口海关制度下货物实施海关作业，或以只在一个海关辖区内实施海关作业来限定自己的营业范围的信息；或营业范围无上述限制的信息；

1.9 履行在海关事务领域实施活动法人义务担保的信息，如果信息在提交列入报关代理人名录申请书之前或同时提交；

1.10 申请人民事责任风险保险合同的信息；

1.11 法人代表的信息。

第六十一章　海关承运人

第 350 条　海关承运人

1. 海关承运人应履行《联盟法典》第 409 条规定的义务。

2. 海关承运人与货物发货人和运输代理商之间的关系通过运输合同实施。在海关承运人具备实施货物运输可能性时，不允许海关承运人拒签运输合同，但有足够理由认为货物发货人或运输代理商的作为（不作为）是违法或会被追究海关事务领域刑事或行政责任的情形除外。对于有意签订合同的对象，海关承运人不能实行差别对待，但为特殊对象在价格和合同内容方面提供优惠除外。

第 351 条　法人列入海关承运人名录的条件

1. 海关按照《联盟法典》第 407 条的规定，将法人列入海关承运人名录。

2. 向海关申请列入名录之前的一年内，法人未被追究行政责任（因《俄罗斯联邦行政违法法》第 16.1、16.3、16.5、16.6、16.9、16.10、16.11、16.13、16.14、16.15 条，第 16.23 条第 2、3 款，第 16.24 条第 1 款所规定的行政违法行为），是将该法人列入海关承运人名录的附加条件。

3. 不能列入海关承运人名录的有：

3.1 国有企业；

3.2 本联邦法第 274 条所指的海关附属组织或国有单一制企业；

3.3 本联邦法第 274 条所指的海关附属组织或国有单一制企业直接或间接是其成员（参加人）的组织。

第 352 条　列入海关承运人名录申请书

1. 列入海关承运人名录申请书应包含：

1.1 向授权海关提出列入海关承运人名录的申请；

1.2 申请人名称、企业组织形式、所在地（邮政地址和其他联系信息）以及所开立的银行账户；

1.3 申请人实施货物运输活动的期限；

1.4 处于所有、经营、管理、租赁状态下的运输工具信息，包括具备施封条件货物运输的运输工具信息（总数量、允许上述所指运输工具在具备施封条件运输货物的信息）；

1.5 根据《联盟法典》第 399 条提交的，履行在海关事务领域实施活动法人义务担保的信息，如果担保需在提交列入海关承运人名录申请书之前或与申请书同时提交。

2. 对列入海关承运人名录申请书应随附下列单证：

2.1 实施货物运输活动的许可证，如果根据俄罗斯联邦法律，此类活动应要求相应的资质许可证（经营许可证）；

2.2 申请人在税务机关办理登记的证明书；

2.3 证明对从事国际运输的运输工具（拟在作为海关承运人实施活动时使用的）的所有权、经营权、管理权和租赁权的单证；

2.4 从事国际运输的运输工具承运海关施封货物的资格证；

2.5 证明已按《联盟法典》规定的额度，提交履行在海关事务领域实施活动法人义务担保的单证，如果担保需在提交列入海关承运人名录申请书之前或与申请书同时提交；

2.6 银行关于申请人所开立银行账户的证明；

2.7 证明申请人在提交申请书之前 2 年内，在海关监管下，实施不少于 30 次运输的货物运输合同（运单、提单）。

3. 和本条第 2 款所指的单证一起，申请人应当提交国家统一法人名录备案证明。

4. 如果申请人未主动提交国家统一法人名录备案证明，海关可使用跨部门统一电子合作系统，查询包含在由实施法人、作为个体经营者的自然人国家登记的联邦权力执行机关管理的国家统一法人名录中的申请人信息。

第 353 条　将法人从海关承运人名录注销

1. 根据《联盟法典》第 408 条第 1 款第 1 项，如果海关承运人未履行《联盟法典》第 409 条第 2 款至第 6 款规定义务，海关应将其从海关承运人名录注销。

2. 海关承运人根据《俄罗斯联邦行政违法法》第 16.23 条第 2 款被追究行政责任，在其受到行政处罚期间（从法院做出罚款决定到其缴纳罚款期间——译者注），海关应将其从海关承运人名录注销。

3. 在海关承运人未履行《联盟法典》第 409 条第 3、4、7 款规定义务的情况下，如果法院根据《俄罗斯联邦行政违法法》第 16.1、16.3、16.5、16.6 条，第 16.9 条第 1 款，第 16.10、16.11、16.13、16.14、16.15 条，第 16.23 条第 3 款，第 16.24 条第 1 款对海关承运人做出了一个及以上需要缴纳罚款的行政违法案件判决，且已生效。海关承运人在规定期限内未缴纳罚款的情形下（罚款缴纳期限未届满的情形除外），海关应将其从海关承运人名录注销。

4. 对于按照海关转运海关制度从事运输的海关承运人，如果法院根据本条第 3 款所列举的行政违法法典做出了多个行政违法案件判决，且已生效，在最后的判决生效日之前一年内，如果公路运输海关承运人的业务量达到 4000 辆次以上，空运海关承运人的业务量达到 300 架次以上，铁路运输海关承运人的业务量达到 5000 厢次以上，水运海关承运人的业务量达到 100 艘次以上，则只有在这些海关承运人在规定期限内被处罚且未缴纳的总金额达到 80 万卢布及以上时，海关才将其从海关承运人名录注销。

第六十二章　临时存储仓库占有人

第 354 条　临时存储仓库占有人

1. 临时存储仓库占有人应当履行《联盟法典》第 414 条规定的义务。

2. 临时存储仓库可以是开放型或封闭型。如果临时存储仓库可供任何人使用，是开放型仓库；如果临时存储仓库预先指定用于存储该仓库占有人的货物或一定类别的货物，则是封闭型仓库。临时存储仓库占有人可以通过确定临时存储仓库类型来限定自己的经营范围。

3. 临时存储仓库占有人和将货物置于存储下的人之间的关系依据合同实施。不允许临时存储仓库占有人在具备实施货物存储的可能性时拒签合同，但当履行合同将超出临时存储仓库占有人根据本条第 2 款限定的经营范围的情形除外；或当存在足够的理由认为将货物置于存储下的人的作为（不作为）是违法的和会被追究海关事务领域刑事或行政违法责任时的情形除外。对于有意愿签订合同的对象，临时存储仓库占有人不得实行差别对待，但对特殊对象在价格和其他条件方面提供优惠除外。

第 355 条　法人列入临时存储仓库占有人名录

1. 海关依据《联盟法典》第 412 条规定，将法人列入临时存储仓库占有人名录。

2. 根据《联盟法典》第 412 条第 2 款，申请人具有预先指定用作临时存储仓库且符合本联邦法第 357 条规定，处于所有、经营、管理、租赁状态下的构筑物、房舍（房舍的一部分）或露天场地，是将其列入临时存储仓库占有人名录的前提条件。如果预先指定用作临时存储仓库的构筑物、房舍（房舍的一部分）或露天场地处于租赁状态，则上述所指构筑物、房舍（房舍的一部分）或露天场地的租赁合同应当约定暂时处于申请人占有和使用之下。

3. 根据《联盟法典》第 412 条第 3 款，申请人应当与承保人签署民事责任风险保险合同（为可能对存储货物造成损害或违反与其他人的存储协议投保的），投保额度根据实用面积计算（如果是露天场地作为临时存储仓库使用）或根据实用容积计算（如果是房舍作为临时存储仓库使用），并按实用面积每平方米 3 500 卢布或实用容积每立方米 1 000 卢布确定，且总额不得少于 200 万卢布。

4. 本条第 3 款规定的要求，对封闭型临时存储仓库（预先指定用于存储仓库占有人货物的）申请人不适用。

5. 将法人列入临时存储仓库名录还需满足以下条件：

5.1 根据本联邦法第 360 条，提交履行临时存储仓库占有人法人义务的担保；

5.2 申请人在向海关提交申请之日前的一年内，没有被 2 次及以上按照海关事务领域违法行为（《俄罗斯联邦行政违法法》第 16.5 条，第 16.9 条第 1 款，第 16.13、16.14、16.15 条，第 16.23 条第 2 款和第 3 款所规定的；与作为临时存储仓库占有人实施活动有关的；在向其提交申请海关辖区内实施的）追究行政责任；

5.3 如果临时存储仓库拟用于存储按海关转运海关制度运抵的货物，则申请人应具有本联邦法第 357 条第 2 款所规定的处于所有、经营、管理、租赁状态下的区域。如果该区域是租赁的，从提交列入临时存储仓库名录申请书之日起算，租赁合同规定的租赁期限不得低于 1 年，并应规定该停车场由法人暂时占有和使用；

5.4 在网上个人“专属办公账户”注册；

5.5 提交行使不动产权利及其交易国家登记职能的联邦权力执行机关对《联盟法典》第 412 条第 2 款所指处于所有、经营、管理、租赁状态下的构筑物、房舍（房舍的一部分）或露天场地所出具的相应证件；

5.6 如果将临时存储仓库设立在俄罗斯联邦国境口岸内，应得到行使俄罗斯联邦国境线设施建设、口岸和过境地设立发展和活动保障领域制定落实国家政策、开展法规调控、管理国有财产、提供国家服务、实施政府采购职能的联邦权力执行机关的同意。

6. 不应将国有企业以及本联邦法第 274 条第 3 款所指的组织和国有单一制企业列入临时存储仓库名录。

7. 关于列入临时存储仓库占有人名录的证书应包含：

7.1 临时存储仓库占有人的名称、企业组织形式、所在地、纳税人识别码；

7.2 临时存储仓库的类型；

7.3 临时存储仓库房舍或露天场地所在地的信息；

7.4 房舍实用容积或露天场地实用面积的信息；

7.5 出具证书海关的名称；

7.6 出具证书的日期和证书编号。

第 356 条　将法人从临时存储仓库占有人名录注销

1. 按照《联盟法典》第 413 条的规定及下列理由，临时存储仓库占有人应被从临时存储仓库占有人名录注销：

1.1 未履行海关工作人员实地查看位于临时存储仓库货物的要求；

1.2 未根据《联盟法典》第 103 条履行缴纳关税、进口环节税、保障措施关税、反倾销税、反补贴税的义务；

1.3 根据《俄罗斯联邦行政违法法》第 16.23 条第 2 款，对临时存储仓库占有人追究行政责任时，在此人受到行政处罚期间（自法院做出罚款决定到临时存储仓库占有人缴纳罚款期间）应将其从名录注销；

1.4 未遵守本联邦法第 355 条第 5 款第 1、4 项规定的将法人列入临时存储仓库占有人名录的补充条件。

2. 在临时存储仓库所有人未履行《联盟法典》第 414 条第 3、4、6、7 款和第 11 款规定义务的情形下，如果根据《俄罗斯联邦行政违法法》第 16.5 条、第 16.9 条第 1 款、第 16.13 条、第 16.14 条、第 16.15 条、第 16.23 条第 3 款对该法人做出 1 个及以上处以罚款的行政违法案件决定，且已生效，该法人在规定期限内未缴纳罚款的情形下，海关应将其从临时存储仓库占有人名录注销，但罚款缴纳期限未届满的情形除外。

第 357 条　对临时存储仓库设施、设备和所在地的要求

1. 预先指定作为临时存储仓库使用的房舍或露天场地，应按如下标准配备设施和设备，即：能够保障货物的完好性，杜绝无关人员（非仓库工作人员、对货物无权限人员和非对货物有权限人员的代表）接近货物，能够保障对货物开展海关监管。

2. 预先指定作为临时存储仓库使用的房舍或露天场地，应附设停车场。此类停车场应设置围栏、进行硬化（柏油的、混凝土的或其他类似种类的覆盖）、并配备相应设施，用于在结束海关转运海关制度所必需的时间内停放运输货物的运输工具（包括停放经营俄罗斯联邦境内运输的运输工具）。

3. 本条第 2 款所指的停车场是海关监管区。运输处于海关监管下货物的运输工具，可以在一昼夜的任何时间驶入该场地。

4. 如果预先指定作为临时存储仓库使用的房舍或露天场地，其经营范围不包括存储按海关转运海关制度送达的货物，则不需附设停车场。

5. 在运输处于海关监管下货物的运输工具进入停车场并在结束海关转运海关制度所必需的时间内停车时，不得收取入场费和停车费。

6. 对临时存储仓库的设施建设、设备和所在地提出下列要求：

6.1 具有连接通道（根据运输方式进行设置）；

6.2 预先指定用于开放型临时存储仓库的房舍，只允许位于地面楼房或属于不动产的构筑物中；

6.3 具有符合海关查验要求的查验场地；

6.4 对本条第 2 款所指停车场设置围栏。如果根据临时存储仓库的运营特点，无法或不宜设置围栏，经海关同意，可按照标识海关监管区的办法进行标识；

6.5 如果露天场地作为临时存储仓库使用，应根据运输方式设置围栏或标识；

6.6 临时存储仓库区域内不应有与运营临时存储仓库和保障仓库工作无关的建筑物；

6.7 在临时存储仓库内，应设有存储特殊货物的房舍，该房舍预先指定用于存储可导致其他货物损坏或要求特殊存储条件的货物；

6.8 设置用于监管货物和运输工具进出临时存储仓库场地边界的卡口，配备相应监管设备；

6.9 配备用于开展分裂及放射性物质海关监管的技术设备，其配置必要性、类型和数量由海关在遵守俄罗斯联邦现行技术规程和国家标准的前提下确定。开展放射性监管所用技术设备的类型、确定配置必要性和配置数量的规则，由行使海关事务领域监管监督职能的联邦权力执行机关规定；

6.10 配备 X 光查验设备。该设备的类型，确定配置必要性和配置数量的规则，由行使海关事务领域监管监督职能的联邦权力执行机关规定；

6.11 配备称量范围不同的磅秤，包括能够称量使用台板、托盘等设备转运货物的磅秤；

6.12 具有与允许海关使用软件产品相容的自动化货物登记系统；

6.13 具备通信设备、办公自动化设备和复印设备；

6.14 保障临时存储仓库占有人和海关间经网上个人“专属办公账户”开展信

息合作，包括临时存储仓库占有人以电子形式向海关提交货物存储情况报告、海关向临时存储仓库占有人以电子形式传输货物放行信息；

6.15 具备装卸设备（自动装货机、电动装货机、电动搬运车、机械运货车、升降机、起重机和其他货物装卸设备）；

6.16 临时存储仓库应位于四周闭合的区域范围内；

6.17 禁止在各类可移动的运输工具或运输设备上设置临时存储仓库。

7. 对已装备货物存储自动化高层货架系统的临时存储仓库和与其毗邻区域的设施建设、设备、所在地的要求；以及在临时存储仓库位于口岸或俄罗斯联邦国境线附近地点的情形下，依据口岸的业务特点、通行能力和现有设备，对临时存储仓库和与其毗邻区域的设施设置、设备、所在地的要求；由行使海关事务领域监管监督职能的联邦权力执行机关规定。

8. 如果符合本条第 1 款的条件，本条第 6 款第 6、11、15 项和第 16 项提出的对设施、设备和所在地的要求，对封闭型临时存储仓库可不适用。

第 358 条　列入临时存储仓库占有人名录申请书

1. 列入临时存储仓库占有人名录的申请书应当包括：

1.1 申请人向海关提出列入临时存储仓库占有人名录的请求；

1.2 申请人作为临时存储仓库占有人实施活动时使用的名称、企业组织形式、所在地、银行账户的信息；

1.3 属于封闭型临时存储仓库的，应专门指出该类型；

1.4 申请人掌握的预先指定用作临时存储仓库的房舍或露天场地、本联邦法第 357 条第 2 款所指停车场的信息，上述房舍、露天场地和停车场的位置、设施建设、设备配置的信息；

1.5 关于申请人的民事责任风险保险合同的信息；

1.6 依据本联邦法第 360 条提交履行实施活动法人（作为临时存储仓库占有人）义务担保的信息，如果要求担保在提交列入临时存储仓库占有人名录申请书之前或与申请书同时提交；

1.7 预先指定用作临时存储仓库的房舍实用容积或露天场地实用面积的信息。

2. 临时存储仓库占有人名录申请书，应随附下列证明所申报信息的单证：

2.1 申请人在税务机关办理登记的证明书；

2.2 证明对预先指定用作临时存储仓库的房舍、露天场地和本联邦法第 357 条第 2 款所指停车场占有权的单证；

2.3 预先指定用作临时存储仓库的房舍或露天场地的平面图和图纸；

2.4 银行关于申请人在其处所开立账户（将被申请人作为临时存储仓库占有人实施活动时使用的）的证明；

2.5 申请人的民事责任风险保险合同；

2.6 关于依据本联邦法第 360 条提交履行作为临时存储仓库占有人实施活动法人义务担保的单证，如果要求担保在提交列入临时存储仓库占有人名录申请书之前或与申请书同时提交；

2.7 据以确定房舍实用容积或露天场地实用面积的计算资料；

2.8 如果俄罗斯联邦法律规定存储特殊种类货物需要经过许可，则应随附申请人获得的存储特殊种类货物许可证。

3. 与本条第 2 款所指的单证一起，申请人应当提交国家统一法人名录备案证明书。

4. 如果申请人未主动提交国家统一法人名录备案证明书，海关可以使用跨部门电子合作统一系统，查询含有在行使法人、作为个体经营者的自然人国家法人登记职能的联邦权力执行机关管理的国家统一法人名录中的申请人信息。

第 359 条　临时存储仓库实用容积和实用面积的确定

1. 申请人计划用于存储海关监管下货物房舍的总容积或露天场地的总面积，是临时存储仓库实用容积或实用面积，同时需考虑俄罗斯联邦法律规定的卫生防疫监管、消防监督和其他国家监管（监督）要求。

2. 临时存储仓库的实用容积或实用面积不包括：

2.1 预先指定用于开展海关查验（包括使用 X 光查验设备和其他查验设备）和称量货物的场地；

2.2 在《联盟法典》第 379 条规定情形下，预先指定用于存储货物的场地；

2.3 被仓库作业设备占用的作业通道（机动车通道）和房舍（场地）。

3. 临时存储仓库的实用容积或实用面积，由申请人自主确定，并应形成相应的计算资料，在向海关提交列入临时存储仓库占有人名录申请书时随附提供。

第 360 条　履行作为临时存储仓库占有人法人义务担保的额度

履行作为临时存储仓库占有人实施活动法人义务担保的额度：

1.1 对于开放型临时存储仓库占有人，不能低于 250 万卢布。如果房舍作为临时存储仓库使用，按房舍实用容积每立方米 300 卢布补充；如果露天场地作为临时存储仓库使用，按露天场地实用面积每平方米 1 000 卢布补充；

1.2 对于封闭型临时存储仓库占有人，不能低于 250 万卢布。

第六十三章　海关仓库占有人

第 361 条　海关仓库占有人

1. 海关仓库占有人应履行《联盟法典》第 419 条规定的义务。

2. 根据《联盟法典》第 416 条第 4 款，海关仓库可以是开放型或封闭型。海关仓库占有人有权以确定海关仓库类型的方法限定自己的经营范围。

3. 海关仓库占有人和将货物置于存储下的人的关系建立在合同基础上。不允许海关仓库占有人在具有实施货物存储可能性的情况下拒签合同，但当履行合同将超出海关仓库占有人依据本条第 2 款限定的经营范围时除外，或如果有足够的理由认为，将货物置于存储下的人的作为或不作为是违法的且会被追究海关事务领域刑事或行政责任的情形除外。

4. 对于有意愿签订合同的对象，海关仓库占有人不能实行差别对待，但为特殊对象在价格和合同内容方面提供优惠除外。

5. 允许在海关仓库内存储被置于出口海关制度下的联盟货物，期限为自将货物置于出口海关制度下时起 6 个月内。

第 362 条　法人列入海关仓库占有人名录的条件

1. 法人列入海关仓库占有人名录，应符合《联盟法典》第 417 条规定的条件。

2. 根据《联盟法典》第 417 条第 2 款，申请人应当具有处于所有、经营、管理、租赁状态的且符合本联邦法第 367 条规定要求的、被预先指定作为海关仓库使用的房舍或露天场地。

3. 根据《联盟法典》第 417 条第 3 款，申请人应当与承保人签署民事责任风险保险合同（为可能对他人存储货物造成损害或违反与其他人所签存储协议内容投保的），投保额度根据实用面积计算（如果是露天场地作为临时存储仓库使用）或根据实用容积计算（如果是房舍作为临时存储仓库使用），并按实用面积每平方米 3 500 卢布或实用容积每立方米 1 000 卢布确定，且总额不得少于 200 万卢布。

4. 法人申请列入海关仓库占有人名录，还应具备其他条件：

4.1 申请人没有未缴纳的行政罚款（法院根据《俄罗斯联邦行政违法法》第 16.5、16.13、16.14、16.15 条，第 16.19 条第 2、3 款，第 16.23 条第 2、3 款做出行政罚款决定，指定由违法的海关仓库占有人在规定期限内缴纳的），但行政罚款缴纳期限未届满的情形除外；

4.2 根据本联邦法第 366 条，提交履行作为海关仓库占有人实施活动法人义务的担保；

4.3 法人不得是：

4.3.1 国有企业；

4.3.2 本联邦法第 274 条第 1 款所指的组织或国有单一制企业；

4.3.3 本联邦法第 274 条第 1 款所指出的组织或国有单一制企业直接或间接是其参加者（成员）的组织；

4.3.4 在网上个人“专属办公账户”注册。

5. 列入海关仓库占有人名录证明书应包含：

5.1 海关仓库占有人的名称、企业组织形式、所在地、纳税人识别号码；

5.2 海关仓库的类型；

5.3 海关仓库房舍或露天场地所在地；

5.4 房舍实用容积或露天场地实用面积；

5.5 出具证明书海关的名称；

5.6 出具证明书的日期和其编号。

第 363 条　海关仓库占有人从海关仓库占有人名录注销的理由

1. 海关仓库占有人从海关仓库占有人名录注销的理由，除《联盟法典》第 418 条规定的以外，海关还可以依据下列理由将其从海关仓库占有人名录中注销：

1.1 未履行《联盟法典》第 419 条第 11、12 款所规定的义务；

1.2 根据《俄罗斯联邦行政违法法》第 16.23 条第 2 款，追究海关仓库占有人行政责任，在其受到行政处罚期间（自法院做出罚款决定至法人缴纳罚款）；

1.3 未遵守本联邦法第 362 条第 4 款第 2 ～ 4 项规定的、将法人列入海关仓库占有人名录的补充条件。

2. 在海关仓库占有人未履行《联盟法典》第 419 条第 3、4、6、7、11 款规定义务的情形下，如果海关仓库占有人被根据《俄罗斯联邦行政违法法》第 16.9 条第 1 款追究行政责任或 2 次及以上被根据《俄罗斯联邦行政违法法》第 16.5、16.13、16.14、16.15 条，第 16.19 条第 2、3 款和第 16.23 条第 3 款追究行政责任，且被处以行政罚款的总额达到 25 万卢布及以上，在海关仓库占有人受到行政处罚期间（自法院做出罚款决定至法人缴纳罚款期间），应将其从海关仓库占有人名录注销。

第 364 条　列入海关仓库占有人名录申请书

1. 列入海关仓库占有人名录申请书应当包含：

1.1 申请人向海关提出列入海关仓库占有人名录的请求；

1.2 申请人名称、企业组织形式、所在地、所开立银行账户的信息；

1.3 海关仓库类型（在选择封闭型海关仓库时，应指明选择该类型仓库的必要、合理的理由）；

1.4 处于申请人占有下且被预先指定作为海关仓库使用的房舍或露天场地的信息，以及房舍和露天场地所在地、设施建设、设备配置的信息；

1.5 根据本联邦法第 366 条，提交履行作为海关仓库占有人实施活动法人义务担保的信息，如果担保应在提交列入海关仓库占有人名录申请书之前或应与申请书同时提交；

1.6《联盟法典》第 417 条第 3 款所规定，申请人民事责任风险保险合同的信息（申请开放型海关仓库时）。

2. 申请人在提交列入海关仓库占有人名录申请书时，应随附下列单证：

2.1 申请人税务登记证明书；

2.2 证明占有预先指定作为海关仓库使用的房舍或露天场地权利的单证；

2.3 预先指定用作海关仓库的房舍或露天场地的平面图和图纸；

2.4 证明已依据本联邦法第 366 条，提交履行作为海关仓库占有人实施活动法人义务担保的单证，如果担保要求在提交列入海关仓库占有人名录申请书之前或与申请书同时提交；

2.5 银行开户证明；

2.6 计算房舍实用容积或露天场地实用面积的资料；

2.7 申请人民事责任风险保险合同。

3. 申请人应当和本条第 2 款所指的单证一起提交国家统一法人名录备案证明书。

4. 如果申请人未主动提交国家统一法人名录备案证明书，海关可以使用跨部门电子合作统一系统，查询包含在实施法人和作为个体经营者的自然人国家登记的联邦权力执行机关管理的国家统一法人名录上的申请人信息。

第 365 条　海关仓库实用容积和实用面积的确定

1. 申请人为实施置于海关仓库海关制度下货物的存储，而计划使用房舍的总容积或露天场地的总面积，是海关仓库的实用容积或实用面积，同时需考虑俄罗斯联邦法律规定的卫生防疫监管、消防监督和其他种类的国家监管（监督）的要求。下列不计入海关仓库实用容积或实用面积：

1.1 预先指定用于开展海关查验（包括使用 X 光查验设备和其他查验设备）的地方和为称量货物所装备的地方；

1.2 仓库作业设备占用的作业通道（机动车通道）和房舍（场地）。

2. 海关仓库的实用容积或实用面积，由申请人自主确定，并形成相应的计算资料，在向海关提交列入海关仓库占有人名录申请书时向海关提交。

第 366 条　履行作为海关仓库占有人法人义务担保的额度

履行作为海关仓库占有人法人义务担保的额度：

1. 对于开放型海关仓库占有人，不能低于 250 万卢布。如果房舍作为海关仓库使用，按房舍实用容积每立方米 300 卢布补充；如果露天场地作为海关仓库使用，按露天场地实用面积每平方米 1 000 卢布补充；

2. 对于封闭型海关仓库占有人，不能低于 250 万卢布。

第 367 条　对海关仓库设施建设、设备和所在地的要求

1. 预先指定用作海关仓库的房舍或露天场地，应按以下方式建设设施、配备设备：即能够保障货物的完好性，杜绝无关人员（非仓库工作人员、对货物无权限人员和非对货物有权限人员的代表）接近货物，以及能够保障对货物开展海关监管。

2. 对海关仓库设施建设、设备配备和所在地应提出下列要求：

2.1 预先指定用作海关仓库的房舍，只应位于楼房或属于不动产的构筑物内（对于开放型海关仓库），海关仓库不能位于可移动的运输工具或运输设备上。

2.2 具备连接通道（取决于运输方式）；

2.3 具有毗邻海关仓库房舍的货物装卸场地；

2.4 海关仓库区域应设置围栏、通行检查站（多个通行检查站），且在露天场地作为海关仓库使用的情形下，应四周闭合；

2.5 海关仓库区域和房舍应设有俄英双语的“海关仓库”标识；

2.6 海关仓库区域和房舍不应包括与海关仓库运营和工作保障无关的建筑物；

2.7 在海关仓库内应划出、装备和专门设置，预先指定用于存储特殊货物的房舍（如果在海关仓库里打算存储这样的货物）；

2.8 海关仓库占有人在海关仓库内，应通过一定的方式（以相应标牌和文字标识的围带、隔板、作业通道）划分和标识存储不同货物的区域：

2.8.1 用于存储出库前已结束海关仓库海关制度货物的区域；

2.8.2 用于存储依据本联邦法第 361 条第 5 款置于出口海关制度下货物（如果计划在海关仓库内存储此类货物）的区域；

2.9 具备不同称量范围的磅秤，包括能够称量使用台板、托盘和其他设备转运的货物；

2.10 具有电话和传真通信设备、复印设备；

2.11 具有能和海关使用软件产品兼容的自动化货物登记系统；

2.12 具有能和海关使用软件产品兼容的，供海关实施监管的电子货物放置和登记系统（对于装备了货物存储自动化高层货架系统的海关仓库）：

2.12.1 按货架的位置放置和存放货物；

2.12.2 由仓库工作人员、对上述货物拥有权限的人或其代表，开展货物查看、测量、核对、称重，并确定开展上述作业的日期和时间；

2.13 为识别在海关仓库内存储的货物，应向海关仓库提供下列信息：

2.13.1 货物申报单的登记号码；

2.13.2 货物的重量；

2.13.3 货物在海关仓库存储期限届满的日期。

3. 海关仓库占有人可以变更所在地和本条第 2 款第 8 项所指的仓库内分区面积，但前提是在变更后 3 个工作日内以书面形式向海关报告。同时，变更后用于实施置于海关仓库海关制度下货物存储房舍（露天场地）的总容积（总面积）不得超过对其已提供履行作为海关仓库占有人实施活动法人义务担保的容积（面积）。

4. 对装备了货物存储自动化高层货架系统的海关仓库的设施建设、设备配置、所在地以及其毗邻区域的要求，由行使海关事务领域监管监督职能的联邦权力执行机关规定。

第六十四章　自由仓库占有人

第 368 条　自由仓库占有人

1. 列入自由仓库占有人名录的俄罗斯法人是自由仓库占有人。

2. 自由仓库占有人应履行《联盟法典》第 424 条规定的义务。

第 369 条　法人列入自由仓库占有人名录的条件

1. 法人列入自由仓库占有人名录，应符合《联盟法典》第 422 条规定的条件。

2. 根据《联盟法典》第 422 条第 2 自然段的规定，法人列入自由仓库占有人名录，应具有处于所有、经营、管理或租赁状态下的，预先指定用作自由仓库并符合本联邦法第 370 条规定要求的构筑物、房舍和露天场地，且该法人能够对构筑物、房舍和露天场地实施安保管理，管控出入人员。

3. 根据《联盟法典》第 422 条第 4 自然段，设立自由仓库申请人达到以下要求，视为具备能够比对海关作业信息和仓库经营信息的货物登记系统：

3.1 能够根据本联邦法第 163 条，开展会计核算、税务登记和货物登记；

3.2 申请人使用的货物和作业（与货物运输、存储和生产有关的）登记系统，能够对置于自由仓库海关制度下外国货物、联盟货物和对未置于自由仓库海关制度下的联盟货物分别进行登记，并能按照本联邦法第 163 条的规定，形成有关报告；

3.3 使用含有信息保护措施（保障防范未经批准访问信息、迅速恢复因未经批准访问信息被修改和被损毁的信息，以及保障对信息保护水平进行经常性监管）的货物登记自动化信息系统；

3.4 能够在遵守俄罗斯联邦法律关于信息保护方面要求的前提下，保障海关能够登录（包括远程登录）申请人自动化信息系统下设的货物和海关作业登记子系统。

4. 法人列入自由仓库占有人名录，还需遵守以下条件：

4.1 依据本联邦法第 371 条，提交履行作为自由仓库占有人实施活动法人义务的担保；

4.2 在向海关提出申请之日以前的一年内，没有被依据《俄罗斯联邦行政违法法》第 16.9 条第 1 款追究行政责任，或没有被依据俄罗斯联邦行政违法法典第 16.2、16.3 条，第 16.19 条第 2、3 款，第 16.23 条第 2、3 款两次及以上追究行政责任；

4.3 在行使海关事务领域监管监督职能的联邦权力执行机关的网上个人“专属办公账户”登记；

4.4 法人不得是：

4.4.1 国有企业；

4.4.2 本联邦法第 274 条第 1 款所指的组织或国有单一制企业；

4.4.3 本联邦法第 274 条第 1 款所指的组织或国有单一制企业直接或间接地是其参加者（成员）的组织。

第 370 条　对自由仓库位置、设施和设备的要求

1. 自由仓库区域是海关监管区，其边界由授权的海关在做出将法人列入自由仓库占有人名录决定书时确定。

2. 预先指定用作自由仓库的构筑物、房舍，应按以下方式选址、建设设施、配备设备：即能够保障货物的完好性，杜绝无关人员（非仓库工作人员、对货物无权限人员和非对货物有权限人员的代表）接近货物，以及能够保障对货物开展海关监管。

3. 预先指定用作自由仓库的构筑物、房舍，不能位于属于住房设施的楼房、房舍内。

4. 对自由仓库设施、设备应提出下列要求：

4.1 具有连接通道（取决于运输方式）；

4.2 具备货物和运输工具海关查验场地，确保能在任何季节、在不对被查验货物造成损害的前提下实施查验；

4.3 自由仓库区域应设置围栏（本条第 5 款规定的情形除外），围栏应能清晰显示仓库边界、四周闭合，但下列地方除外：

4.3.1 供自然人入出、货物运入运出、运输工具驶入驶出自由仓库区域的地方；

4.3.2 和水域（海域、河域）交界的地方；

4.4 在自然人入出、货物运入运出、运输工具驶入驶出自由仓库区域的地方应设置卡口；

4.5 自由仓库区域外围应具有指示自由仓库区域是海关监管区的标识；

4.6 在自由仓库区域应具有配备相应设施的、专门用于存储要求特殊存储条件货物的房舍（如果在自由仓库里拟存储该类货物）；

4.7 具备不同称量范围的、用以称量拟放置在自由仓库货物的磅秤，包括称量使用台板、托盘和其他设备转运的货物；

4.8 在自由仓库区域、实施海关作业的场地以及驶入驶出自由仓库区域的地方设有 24 小时运行的、能够查看 30 个自然日内视频信息的视频监控设备；

4.9 配有 X 光查验设备，设备的类型和数量，由行使海关事务领域监管监督职能的联邦权力执行机关规定；

4.10 具有电话和传真通信设备、办公自动化设备和计算机。

5. 本条第 4 款第 3 项规定的自由仓库区域围栏，下列情形下不予要求：

5.1 在楼房（楼房的一部分）、房舍是自由仓库区域的情形下；

5.2 如果自由仓库区域是被预先指定用来实施农业生产（包括水产养殖、鱼类养殖）的地块或水域，且自由仓库占有人正在实施这样的生产，则该区域某些地段可以不设置围栏。

6. 制定自由仓库区域的通行检查制度，包括确定人员访问自由仓库区域的办法，按照行使海关事务领域国家政策制定和法规调控职能的联邦权力执行机关规定的办法实施。

7. 在划定海关监管区的边界时，海关负责确定人员和运输工具穿越海关监管区的地点，以及用于标识海关监管区的设备。

第 371 条 履行作为自由仓库占有人法人义务的担保额度

履行作为自由仓库占有人法人义务担保的额度，不能低于 1 000 万卢布。

第 372 条 将法人列入自由仓库占有人名录

1. 将法人列入自由仓库占有人名录，按照《联盟法典》第 422 条和本联邦法第 369 条规定的条件实施。

2. 为将法人列入自由仓库占有人名录，申请人应向海关提交申请书，该申请书应通过互联网，以由加密电子签名签署的电子文件形式提交。

3. 自由仓库占有人名录申请书应包含下列信息：

3.1 申请人向海关提出关于列入自由仓库占有人名录的申请，并指明设立自由仓库的目的；

3.2 法人名称、企业组织形式、所在地的信息；

3.3 申请人占有下的、预先指定用作自由仓库的构筑物、房舍的信息；所在地的信息（同时指明拟被列入自由仓库区域地块的地籍号）；设施建设、设备配备的信息；

3.4 证明对预先指定用作自由仓库的构筑物、房舍具有占有权单证的信息，并指明单证的名称和要项；

3.5 已提交履行作为自由仓库占有人实施活动法人义务担保的信息；

3.6 银行开户信息；

3.7 拟在自由仓库实施经营活动的信息；

3.8 拟在自由仓库临时存储外国货物的信息。

4. 列入自由仓库占有人名录电子形式申请书的样式、格式和结构，由行使海关事务领域监管监督职能的联邦权力执行机关规定。

5. 对列入自由仓库占有人名录申请书应随附：

5.1 证明提交履行作为自由仓库占有人实施活动法人义务担保的单证；

5.2 预先指定用作自由仓库的构筑物、房舍的平面图和图纸；

5.3 含有申请人信息系统（在登记货物时所使用的）信息的单证（系统的说明，包括结构图、按信息安全性要求分类的文件）；

5.4 如果申请人计划存储特殊种类货物，而按照俄罗斯联邦法律规定需要办理许可证，申请人应提交此类许可证；

5.5 如果申请人计划在自由仓库从事的经营范围按照俄罗斯联邦法律需要办理许可证，则申请人应提交此类许可证；

5.6 为证明所申报的信息，申请人自己认为应当提交的单证；

5.7 列入自由仓库占有人名录申请书随附清单的单证。

6. 申请人可以和本条第 5 款所指的单证一起提交证明对预先指定用作自由仓库构筑物、房舍占有权的证明。

7. 申请人未主动提交证明其对预先指定用作自由仓库的构筑物、房舍的占有权的证明，海关可要求实施不动产权利及不动产交易国家登记职能的联邦权力执行机关，提供证明申请人对上述财产占有权的信息。该联邦权力执行机关有义务自收到相应查询函之日起，在 10 个工作日内提供。

8. 申请人为列入自由仓库占有人名录，应对每个区域独立的、预先指定用作自由仓库的构筑物、房舍提交单独的申请书。

9. 申请人应在提交列入自由仓库占有人名录申请书时，或自收到海关做出预先决定（关于将法人列入自由仓库占有人名录的）通知书后，按照本条第 14 款规定的办法，提交履行作为自由仓库占有人实施活动法人义务担保。

10. 海关应自收到列入自由仓库占有人名录申请书之日起，在 5 个工作日内，做出是否受理申请书的决定并告知申请人，不予受理时应说明原因。

11. 下列情形下，海关不予受理列入自由仓库占有人名录申请书：

11.1 未提交本条第 3 款和第 5 款规定的信息或单证；

11.2 提交申请书之日或提交申请书之后对申请人提起破产程序；

11.3 在实施法人国家登记的联邦权力执行机关，存在关于启动法人重组程序的通知书（法人更名形式的法人重组除外）或关于做出法人注销决定书的通知书；

11.4 电子文件形式申请书的结构和格式与规定的结构和格式不符。

12. 自受理申请书之日起，在 45 个工作日内，海关应审核列入自由仓库占有人名录的申请书，并做出是否将法人列入上述所指目录的决定书。

13. 如果海关经查看申请用作自由仓库的构筑物、房舍，以及按照本联邦法第 369 条规定检查申请人货物登记信息系统是否符合条件后，发现申请人存在一个或数个条件不符合将法人列入自由仓库占有人名录的要求，海关应在做出不予列入自由仓库占有人名录决定书前，告知申请人所发现的事实。申请人自收到通知书之日起，在 30 个自然日内，可以向海关提交完成整改的信息或单证。

14. 如果海关经审核自由仓库占有人名录申请书，确定其符合列入条件，并已做出同意该申请人列入的预先决定书，但自由仓库占有人此前在提交申请书时未提交已办理作为自由仓库占有人履行法人义务担保证明的，海关应向申请人发送通知书，告知已对其做出列入名录预先决定书的情况，并要求其提交已办理担保的证明。申请人自收到通知书之日起，在 15 个工作日内，应向海关提交该证明。

15. 本条第 12 款所指的列入自由仓库占有人名录申请书审核期限，在以下期间暂停：

15.1 自海关向申请人发送本条第 13 款规定的通知书之日起，至申请人向海关提交证明完成整改要求的单证和信息时止；

15.2 自海关向申请人发送本条第 14 款所指的通知书之日起，至申请人提交已办理担保的证明之日止。

16. 申请人根据本条第 14 款要求，提交已办理担保的证明后；或根据本条第 13 款要求，提交证明已完成整改要求的单证或信息后；海关应自申请人提交相应证明、单证或信息之日后 10 个工作日内，做出将法人列入自由仓库占有人名录的决定书。

17. 海关同意将申请人列入自由仓库占有人名录，应向申请人出具以加密电子签名签署的列入自由仓库占有人名录证明书。

18. 列入自由仓库占有人名录证明书应包含：

18.1 自由仓库占有人的名称及其企业组织形式；

18.2 自由仓库所在地；

18.3 在自由仓库实施临时存储的可能性（不可能性）；

18.4 出具证明书的编号和日期。

19. 海关不同意将申请人列入自由仓库占有人名录，应办理电子文件形式的不予将法人列入自由仓库占有人名录决定书，并以加密电子签名签署。

20. 本条第 10、13、14、17 款和第 19 款规定的单证，应由海关向申请人发送。单证的格式和结构，由行使海关事务领域监管监督职能的联邦权力执行机关规定。

21. 海关审核列入自由仓库占有人名录申请书和列入上述所指名录不收费。

第 373 条　列入自由仓库占有人名录申请书上信息的变更

1. 列入自由仓库占有人名录的法人（法人更名时其权利继承人）在申请书上或申请书随附单证上信息变更后，应通知海关。

2. 列入自由仓库占有人名录的法人，应在申请书上或申请书随附单证上信息变更后 5 个工作日内，通过互联网以加密电子签名签署电子文件的形式，向海关提交信息变更声明书和证明信息变更的单证。

3. 如果申请人未提交证明信息变更的单证（本联邦法第 372 条第 6 款所指的单证除外），海关应做出不同意变更名录决定书，并自收到变更名录信息申请书之日起，在 3 个工作日内，将此情况告知申请人。

4. 海关应按照本联邦法第 372 条第 11 ～ 17 款规定的办法，以及本条规定，核查变更后的信息是否符合将法人列入自由仓库占有人名录的条件。

5. 如果是列入自由仓库占有人名录证明书中应当指明的信息发生变更，且海关同意进行变更，则该海关应相应修改列入自由仓库占有人名录证明书和自由仓库占有人名录。

6. 本条第 2、3 款所指单证的格式和结构，由行使海关事务领域监管监督职能的联邦权力执行机关规定。

第 374 条　暂停和恢复自由仓库占有人的活动

1 . 如果海关发现自由仓库占有人未按照本联邦法第 369 条第 3 款第 3、4 项规定保障海关接入自由仓库占有人货物登记自动化信息系统，或者海关无法接入与二者之间的信息交换因某种原因中断有关，则应暂停法人作为自由仓库占有人的活动。

2. 在海关发现本条第 1 款所指情形时，海关应向自由仓库占有人发送暂停活动通知书，并将所发现的事实告知该自由仓库占有人。

3. 自海关发现自由仓库占有人未遵守本联邦法第 369 条第 3 款第 3、4 项规定之日的次日起，暂停法人作为自由仓库占有人的活动。

4. 自暂停法人作为自由仓库占有人的活动之日起，不允许再接纳货物置于自由仓库海关制度下，但也不结束该海关制度。

5. 在本条第 1 款所指的状况（暂停法人作为自由仓库占有人活动的理由）消除后，自海关做出恢复活动决定书之日起，恢复法人作为自由仓库占有人的活动。

6. 海关暂停法人作为自由仓库占有人活动的期限，自发出暂停通知书之日起不超过 3 个月。

7. 为恢复法人作为自由仓库占有人的活动，法人应在本条第 6 款规定的期限届满前 10 个工作日内，通过互联网以电子文件形式向海关提交关于恢复法人作为自由仓库占有人活动的申请书。

8. 在海关收到法人关于恢复自由仓库占有人活动的申请书后，应开展货物登记信息系统和本联邦法第 369 条第 3 款第 3、4 项规定要求的相符性检查。

9. 海关应将恢复法人作为自由仓库占有人活动的决定或不予恢复的决定告知法人，相应的告知书应由海关工作人员签署，并使用互联网以电子文件形式发送。

10. 本条第 2、5、9 款所指单证的格式和结构，由行使海关事务领域监管监督职能的联邦权力执行机关规定。

第 375 条　将法人从自由仓库占有人名录注销

1. 下列情形下，自由仓库占有人应被从自由仓库占有人名录注销：

1.1 按照《联盟法典》第 423 条规定的理由，以及本条第 2、3 款规定的理由进行注销。但列入自由仓库占有人名录的法人，以法人更名形式进行的重组不是注销的理由；

1.2 根据《俄罗斯联邦行政违法法》第 16.23 条第 2 款追究法人责任；

1.3 未遵守本联邦法第 369 条第 4 款第 1 项所规定的将法人列入自由仓库占有人名录的条件；

1.4 根据本联邦法第 374 条第 1 款暂停法人作为自由仓库占有人的活动，但在本联邦法第 374 条第 6 款规定期限内未消除暂停理由，或在本联邦法第 374 条第 7 款规定期限内，未提交恢复自由仓库占有人活动申请书。

2. 在自由仓库占有人未遵守《联盟法典》第 424 条第 4、6、7、10 自然段规定义务的情形下，如果自由仓库占有人被依据《俄罗斯联邦行政违法法》第 16.9 条第 1 款追究行政责任，或 2 次及以上被依据《俄罗斯联邦行政违法法》第 16.5 条，第 16.13 ~ 16.16 条，第 16.19 条第 2 款，第 16.23 条第 3 款追究行政责任，且按上述所指各条处以的行政罚款总额达到 50 万卢布及以上时，则在法人受到行政处罚期间（从法院做出罚款决定到法人缴纳罚款期间），应将法人从自由仓库占有人名录注销。

3. 如果至自由仓库占有人向海关提交从名录注销的申请书之日，自由仓库占有人有 1 个或数个未履行的海关事务领域行政违法案件决定，则不应依据《联盟法典》第 423 条第 1 项第 2 目将自由仓库占有人从自由仓库占有人名录注销。

4. 海关工作人员签署的将法人从自由仓库占有人名录注销的决定书和做出决定书的理由，应于做出决定书之日的次日内，以纸质文件形式经邮局以挂号信发送或以电子文件形式发送。

5. 将法人从自由仓库占有人名录注销的决定书，自其做出之日起，在 10 个自然日后生效。

6. 将法人从自由仓库占有人名录注销，不免除此法人（其权利继承人）按照

《联盟法典》和本联邦法规定的办法，履行其从自由仓库占有人名录注销之前已发生的义务。

7. 在将法人从自由仓库占有人名录注销后，依据本联邦法第十章、第十一章办理将法人列入自由仓库占有人名录时，由该法人提交的、履行作为自由仓库占有人实施活动法人义务的担保应予退还（终止效力）。

第 376 条　管理自由仓库占有人名录的办法

1. 行使海关事务领域监管监督职能的联邦权力执行机关，负责管理自由仓库占有人名录。

2. 自由仓库占有人名录按照行使海关事务领域监管监督职能的联邦权力执行机关规定的样式以电子形式管理。

3. 自由仓库占有人名录根据海关做出的将法人列入自由仓库占有人名录的决定书、将法人从名录注销的决定书、对名录信息进行修改的决定书、暂停和恢复作为自由仓库占有人实施法人活动决定书进行动态调整。应自海关做出相应的决定书之日起，在 3 个工作日内，对自由仓库占有人名录电子版进行调整。

4. 海关将法人列入自由仓库占有人名录、将法人从名录中注销、变更名录信息的办法，列入自由仓库占有人名录证明书的样式、种类、格式和结构，以及这些证明书的填写办法，由行使海关事务领域监管监督职能的联邦权力执行机关规定。

5. 行使海关事务领域监管监督职能的联邦权力执行机关，负责在其互联网官方网页上定期发布（每月至少一次）自由仓库占有人名录。

第六十五章　免税商店占有人

第 377 条　将法人列入免税商店占有人名录的条件

1. 将法人列入免税商店占有人名录的条件，由《联盟法典》第 427 条规定。

2. 根据《联盟法典》第 427 条第 2 自然段，具备处于所有、经营、管理或租赁状态下的、适合用作免税商店且符合本联邦法第 380 条规定要求的构筑物或房舍，是将法人列入免税商店占有人名录的条件。

3. 将法人列入免税商店占有人名录，还需具备以下条件：

3.1 按 250 万卢布的额度提交履行作为免税商店占有人实施活动法人义务的担保。该担保应为在一个海关辖区内运营的一个免税贸易商品占有人的所有免税商店区域（包括销售场所）担保。

3.2 免税商店占有人没有规定期限内未缴纳的行政罚款（按照法院依据《俄罗斯联邦行政违法法》第 16.2、16.3、16.14、16.15、16.19 条，第 16.23 条第 2、

3 款所做出的行政违法案件决定所处以的），但罚款缴纳期限未届满的情形除外。

3.3 法人不得是：

3.3.1 国有企业；

3.3.2 本联邦法第 274 条第 1 款所指的组织或国有单一制企业；

3.3.3 本联邦法第 274 条第 1 款所指的组织或国有单一制企业直接或间接地是其参加者（成员）的组织；

3.3.4 在网上个人“专属办公账户”注册。

4. 在将法人列入免税商店占有人名录之前，开办免税商店应经边境检查机构同意。

5. 免税商店的运营办法应经本联邦法第 380 条第 9 款所指的海关同意。

6. 列入免税商店占有人名录证明书应包含：

6.1 免税商店占有人的名称，其企业组织形式和所在地，纳税人识别号码；

6.2 免税商店销售场所所在地；

6.3 免税商店仓库所在地；

6.4 免税商店仓库面积的信息；

6.5 出具证明书海关的名称；

6.6 出具证明书的日期和编号。

第 378 条　从免税商店占有人名录注销

1. 把免税商店占有人从免税商店占有人名录注销的理由，由《联盟法典》第 428 条规定。

2. 在未履行《联盟法典》第 429 条规定义务时，也可以把免税商店占有人从免税商店占有人名录注销。

3. 在免税商店占有人未遵守《联盟法典》第 429 条规定义务的情形下，如果其被依据《俄罗斯联邦行政违法法》第 16.9 条第 1 款追究行政责任，或 2 次及以上被依据《俄罗斯联邦行政违法法》第 16.2、16.3、16.15 条，第 16.19 条第 2、3 款，第 16.23 条第 2、3 款追究行政责任，且按上述所指各条处以的行政罚款总额达到 50 万卢布及以上时，则在法人受到行政处罚期间（从法院做出罚款决定到法人缴纳罚款期间），应将法人从免税商店占有人名录注销。

第 379 条　列入免税商店占有人名录申请书

1. 列入免税商店占有人名录的申请书，应包括：

1.1 申请人向海关提出列入免税商店占有人名录的申请；

1.2 申请人名称、企业组织形式、所在地、所开立的银行账户；

1.3 处于申请人占有下且预先指定用作免税商店的构筑物或房舍（房舍的一部分）的信息，及其所在地、设施建设、设备配置的信息；

1.4 提交履行作为免税商店占有人实施活动法人义务担保的信息；

1.5 零售贸易登记证件或许可证件的信息；

1.6 本联邦法第 377 条第 4 款规定的同意开办免税商店的信息；

1.7 本联邦法第 377 条第 5 款规定的同意免税商店运营的信息。

2. 对列入免税商店占有人名录申请书，应随附下列证明所申报信息的单证：

2.1 申请人税务登记证；

2.2 证明申请人对预先指定用作免税商店的构筑物或房舍（房舍的一部分）占有权的单证；

2.3 预先指定用作免税商店的构筑物或房舍（房舍的一部分）的平面图和图纸；

2.4 证明提交履行作为免税商店占有人实施活动法人义务担保的单证；

2.5 银行对申请人所开立账户的证明；

2.6 零售贸易登记证或零售贸易许可证。

3. 申请人应当与本条第 2 款所指的单证一起，提交国家统一法人名录备案证明书。

4. 申请人未主动提交国家统一法人名录备案证明书时，海关可使用统一的跨部门电子合作系统，查询包含在实施法人、作为个体经营者的自然人国家登记职能的联邦权力执行机关管理的国家统一法人名录中的申请人信息。

第 380 条　免税商店的设立和运营

1. 根据《联盟法典》第 426 条，专门划定和装备的由销售场所、仓库和附属房舍（如果存在）构成的构筑物或房舍（房舍的一部分）（本章以下简称“免税商店区域”）是免税商店。

2. 免税商店区域应当按照以下要求建设，即：能保障货物只在免税商店销售场所销售，能保障货物的完好性和海关开展监管。

3. 免税商店货物的销售根据俄罗斯联邦法律实施。修改售货发票里含有的会计信息的理由，可以由俄罗斯联邦消费者权利保护法规定。

4. 修改售货发票里含有的会计信息的办法，由行使海关事务领域国家政策制定和法规调控职能的联邦权力执行机关规定。

5. 免税商店附属房舍和仓库应按照以下要求配置设施设备：能够杜绝无关人等（非免税商店工作人员、非对货物拥有权限人员、非对货物拥有权限人员的代表）接近位于房舍中的货物，确保海关可以施加海关封志。

6. 免税商店设施建设、设备配置和所在地，应满足下列要求：

6.1 免税商店区域不应包括与商店运营和保障商店工作无关的建筑物；

6.2 只有房舍可以是免税商店仓库，露天场地不能用作免税商店仓库。免税商店仓库内不能设置走廊（供人通行的）、门斗、前厅、生活管理和技术用房以及存放包装和捆扎材料的区域，不能放置器材、包装容器、清扫机械、废弃包装。免税商店仓库内应具备不同称量范围的称重设备，以保障称量拟于免税商店内销售的货物。

6.3 免税商店选址应保障货物不经海关监管不能进出免税商店区域；

6.4 预先指定用于销售货物的免税商店销售场所：

6.4.1 向离开联盟关境的自然人销售货物的，销售场所应位于货物通过联盟海关边界的位置，确保在免税商店所购买的货物，不能留在联盟关境内（包括以转交给留在联盟境内自然人的方法）；

6.4.2 向抵达联盟关境的自然人销售货物的，销售场所应位于俄罗斯联邦政府根据本联邦法第 178 条第 2 款规定的、货物以空运或水运方式通过联盟海关边界的地点，确保非抵达联盟关境人员无法进入，确保不能将在免税商店购买的货物避开海关监管留在联盟关境内（包括以向未实施抵达联盟关境的自然人转交货物的方法）；

6.4.3 向从俄罗斯联邦前往其他联盟成员国自然人销售货物的，销售场所应位于货物以空运方式通过联盟海关边界的地点，确保不能向从俄罗斯联邦离开联盟关境的自然人销售货物；

6.4.4 向从其他联盟成员国进入俄罗斯联邦的自然人销售货物的，销售场所应位于货物以空运方式通过联盟海关边界的地点，确保不能向不进入俄罗斯联邦的自然人销售货物；

6.4.5 为从俄罗斯联邦境内离开的自然人设立的免税商店销售场所，应位于自然人经联盟海关边界出境携带物品监管场所界限外；

6.4.6 为抵达俄罗斯联邦境内的自然人设立的免税商店销售场所，应位于自然人越线进入（驶入）“绿色通道”的地点之前，或穿越其即被视为无应报关货物声明的其他地点之前；

6.4.7 免税商店的仓库可以位于货物通过联盟海关边界的地点以外，但应在将法人列入免税商店占有人名录的海关辖区内；

6.4.8 免税商店区域应安装保障对免税商店开展实时监控的 24 小时视频监控系统，该系统保存数据应不低于 30 个自然日，并向实施免税商店监管的海关提供访问该系统的权限。

7. 免税商店不能在免税商店区域，存储和销售未申报为免税贸易海关制度的货物。

8. 如果对置于免税贸易海关制度下的货物，要求由专门海关按照本条第 9 款规定的办法开展其他种类的国家监管，则货物可以在免税商店和专门海关之间移动。

9. 免税商店的运营办法，由免税商店占有人经海关（免税商店将在其辖区内运营的）同意确定。

10. 免税商店的运营办法应包含：

10.1 免税商店营业时间；

10.2 免税商店货物入库办法；

10.3 在免税商店不同区域间移动货物的办法；

10.4 按免税贸易海关制度申报的货物，在免税商店和专门海关间移动的办法；

10.5《联盟法典》第 243 条第 2 项所指免税商品销售对象的类别。

11. 免税商店运营的办法还可以包含其他信息。

12. 海关应自收到免税商店运营办法之日起，在 10 个工作日内进行审核。

13. 免税商店在修改免税商店运营办法前，应经海关同意。

14. 海关不同意免税商店运营办法时，应说明不同意的理由，并提出消除理由的建议。

15. 设立、运营免税商店的办法，由俄罗斯联邦政府规定。

16. 免税商店（向《联盟法典》第 243 条第 2 项第 4 目所指的自然人实施货物销售的）的选址、设施建设和设备配置的要求，由俄罗斯联邦政府规定。

第 381 条　免税商店货物的销售规则

1. 免税商店货物的销售规则，由俄罗斯联邦政府规定。

2. 允许免税商店向免税商店运营办法里所指类别的人销售免税货物。

3. 免税商店销售货物时，可在销售凭证上指明购买人信息。需指明信息的情形和信息项目由行使海关事务领域国家政策制定和法规调控职能的联邦权力执行机关规定。

4. 对免税商店销售的货物，应按照俄罗斯联邦法律和俄罗斯联邦政府规定的情形和办法进行标识。

第六十六章　经认证的经营者

第 382 条　经认证的经营者名录

1. 行使海关事务领域监管监督职能的联邦权力执行机关负责管理经认证的经营者名录。

2. 将法人列入经认证的经营者名录的办法，将法人从名录注销的办法，出具列入经认证的经营者名录证书的办法，暂停和恢复列入经认证的经营者名录证书效力的办法，管理经认证的经营者名录的办法，以及管理名录过程中制发单证的样式，在海关调控领域国际条约、法律文件、本联邦法未做调节领域实施行为、做出决定的办法和期限，由行使海关事务领域国家政策制定和法规调控职能的联邦权力执行机关规定。

3. 管理经认证经营者名录过程中制发单证的格式和结构，由行使海关事务领域监管监督职能的联邦权力执行机关规定。

4. 法人可被列入第一类、第二类或第三类经认证经营者名录。

第 383 条　将法人列入经认证的经营者名录的条件

1. 将法人列入第一类经认证经营者名录，应符合《联盟法典》第 433 条第 1 项规定的条件。

2. 将法人列入第二类经认证经营者名录，应符合《联盟法典》第 433 条第 3 项规定的条件。

3. 将法人列入第三类经认证经营者名录，应符合《联盟法典》第 433 条第 5 项规定的条件。

4. 根据《联盟法典》第 433 条第 1 项第 1 目，将申请人列入经认证经营者名录的条件是，在海关登记列入经认证经营者名录申请书之日前，该法人作为报关代理人、临时存储仓库占有人或海关仓库占有人开展对外经济活动、海关领域活动的期限不少于 3 年，且在此期间：

4.1 实施对外经济活动（提供货物运输服务的活动除外）的人，每年提交不少于 20 份的货物申报单，或每年通过联盟关境进出口货物的总值，不少于等值 75 万欧元（按海关登记列入经认证经营者名录申请书之日执行的、由俄罗斯联邦中央银行规定的外国货币对俄罗斯联邦卢布官方汇率换算）；

4.2 作为报关代理人在海关事务领域实施活动的法人，每年提交不少于 300 份报关单，或其提交报关单上申报货物的总值每年不少于 100 万欧元（按海关登记列入经认证经营者名录申请书之日执行的、由俄罗斯联邦中央银行确定的外国货币对俄罗斯联邦卢布官方汇率换算）；

4.3 作为临时存储仓库、海关仓库占有人在海关事务领域实施活动的法人，每年存储货物的总值，不低于 800 万欧元（按海关登记列入经认证经营者名录申请书之日执行的、由俄罗斯联邦中央银行确定的外国货币对俄罗斯联邦卢布官方汇率换算）。

5. 根据《联盟法典》第 433 条第 1 项第 5 目，将法人列入经认证经营者名录的条件是，在海关登记列入经认证经营者名录申请书之日以前的一年内，法人：

5.1 在俄罗斯联邦境内，未因实施海关管理权限内的行政违法行为被追究法律责任，并考虑本条第 6 款规定的状况；

5.2 在其他联盟成员国境内，未因实施成员法律规定可作为不予列入经认证经营者名录理由的行政违法行为被追究法律责任，并参考联盟成员国法律的特别规定。

6. 如果法人在海关登记列入经认证经营者名录申请书之日前一年内，因实施列入海关管理权限的行政违法行为被追究法律责任，在遵守下列条件的情况下，海关应做出将此法人列入经认证的经营者名录的决定：

6.1 法人依法在规定期限内，履行了相应行政违法案件决定；

6.2 在法人受到行政处罚期间，法人未再 3 次及以上受到并处罚没违法工具和物品的行政处罚；

6.3 法人受到行政处罚期间，被处以行政罚款的总额不超过：

6.3.1 对于实施对外经济活动的法人，在此期间所缴纳进口关税、进口环节税总额的 1%；

6.3.2 对于在海关事务领域实施活动的法人（报关代理人除外），在此期间对其行使海关事务领域活动货物价值（海关价值）的 0.1%；

6.3.3 对于报关代理人，在此期间由其提交报关单货物海关价值的 0.5%。

7. 根据《联盟法典》第 433 条第 1 项第 6 目，法人申请列入经认证经营者名录应满足条件：在其创始人（合伙人）、经理人、总会计师和拥有该法人 10% 及以上股票的股东等自然人中没有人因下列情形被追究刑事责任：

7.1 在俄罗斯联邦境内，因实施俄罗斯联邦刑法典第 159、169、171、171.1、172、173.1 ~ 175、180、186、189 ~ 191.1、193 ~ 194、198 ~ 199.2、200.1、200.2、210、226.1 条和第 229.1 条规定的犯罪被追究刑事责任；

7.2 在其他联盟成员国境内，因实施被联盟成员国的法律规定作为不予列入经认证经营者名录理由的犯罪被追究刑事责任。

8. 根据《联盟法典》第 433 条第 1 项第 7 目，将法人列入经认证经营者名录应满足条件：该法人具备符合委员会规定要求的货物登记系统，能够对实施海关作业时向海关提交的信息与开展经营业务的信息进行比对，且符合下列要求：

8.1 对外国货物业务和联盟货物业务分别实施登记；

8.2 海关工作人员能访问（包括远程访问）货物登记系统；

8.3 能够对系统内信息进行保护，防止信息系统遭到非法访问；一旦系统遭到非法访问，能够迅速恢复遭到修改或销毁的信息；能够对信息安全情况进行常态化监管。

9. 海关访问法人货物登记系统的办法，按本联邦法第 386 条所指的、为适用法定对经认证经营者的专门便利而在经认证经营者和海关之间签署的合作协议确定。

10. 根据《联盟法典》第 433 条第 6 项，将法人列入经认证的经营者名录的补充条件是：

10.1 在提交列入经认证经营者名录的申请书之日和审核该申请书期间，法人不应处于重组（法人更名形式的重组除外）、注销或破产阶段；

10.2 法人不使用简化征税系统；

10.3 法人不是：

10.3.1 国有企业；

10.3.2 海关的组织或国有单一制企业；

10.3.3 本联邦法第 274 条第 1 款所指的组织或国有单一制企业直接或间接地是其参加者（成员）的组织；

10.3.4 按照本联邦法第 389 条第 1 款第 2 ~ 6 项规定的理由，被从经认证的经营者名录注销的法人，自将其从名录注销之日起不满一年的；

10.3.5 与按照《联盟法典》第 435 条第 8 项第 4 ~ 7 目、本联邦法第 389 条第 1 款第 2 ~ 6 项规定的理由被从经认证经营者名录注销的法人是关联法人的，自将其从名录注销之日起不满一年的；

10.4 该法人的负责人、总会计师没有未取消或未执行完毕的判罚（因实施俄罗斯联邦刑法典第 159、169、171、171.1、172、173.1 ~ 175、180、186、189 ~ 191.1、193 ~ 194、198 ~ 199.2、200.1、200.2、210、226.1 条和第 229.1 条规定的犯罪）。

11. 在委员会规定的情形下，列入经认证经营者名录法人财务稳定性的办法，由行使海关事务领域国家政策制定和法规调控职能的联邦权力执行机关规定。

12. 如果生产货物或出口货物法人的财务稳定性指标，不符合《联盟法典》第 433 条第 7 款规定的数值，列入出具第二类证书的经认证经营者名录的条件是，按不低于等值 15 万欧元的额度（按海关登记申请书之日执行的、由俄罗斯联邦中央银行确定的外国货币对俄罗斯联邦卢布官方汇率换算）提交履行经认证经营者义务的担保，并遵守下列条件之一：

12.1 法人的主要经营范围是生产汽车运输工具、挂车和半挂车，且数量不低于每年 1 万台；

12.2 法人的主要业务指标和标准符合俄罗斯联邦政府规定的数值。

13. 为适用本章规定，海关实施管理的行政违法行为，是指《俄罗斯联邦行政违法法》第 6.15、6.16、6.33 条，第 7.12 条第 1 款，第 8.28.1 条第 4 款，第 11.14、11.15 条，第 14.10 条第 1 款，第 14.50 条，第 15.25 条第 1、4、5 款，第 16.1、16.2、16.3、16.5 ~ 16.17、16.19 ~ 16.23 条，第 16.24 条第 1 款，第 19.4 条第 1 款，第 19.5 条第 1 款，第 19.6、19.7 条，第 20.23 条第 2 款，第 20.25 条第 1 款所规定的行政违法行为，且相应行政违法案件由海关办理的行政违法行为。

14. 为适用本章规定，符合下列条件之一的法人被认定为相互关联的法人：

14.1 有共同的负责人；

14.2 是法律承认的贸易伙伴，即以合同关系相互关联，为获得利润从业并共担与实施联合活动有关的费用和损失；

14.3 二者中的一人直接或间接持有、控制两人共有话语权股票的 5% 及以上份额，或是这 5% 及以上份额表决权股股票的持有人；

14.4 其中一人直接或间接控制另一人；

14.5 二人都直接或间接被第三人控制；

14.6 二人一起直接或间接控制第三人。

15. 在联合经营活动或其他活动中是伙伴的人，如果其中一个是另一个独有的（唯一的）代理人、独有的经销人或独有的受让人时，即使二者只符合本条第 12 款所指的条件之一，也被认为是关联法人。

16. 如果一人在法律上或实际上有限制或管理另一人行为的可能性，则该人被认为是另一人的控制人。

第 384 条　列入经认证的经营者名录申请书

1. 为列入经认证的经营者名录，法人应提交列入经认证经营者名录的申请书。该申请书的样式由委员会确定，使用互联网以加密电子签名签署的电子文件形式发送。

2. 为列入第一类和第二类经认证经营者名录，法人可以向海关只提交一份申请书。

3. 将法人列入经认证的经营者名录，由授权的海关对申请人是否符合授予经认证经营者地位的条件进行检查，根据检查结果决定是否可以列入名录。

4. 对列入经认证经营者名录的申请书，应随附证明申请书所申报信息的电子单证。

5. 海关应自登记列入经认证经营者名录申请书之日起，在 120 个自然日内对其进行审核，并做出是否将法人列入经认证经营者名录的决定书。海关审核申请书的期限不包括下列时间段：

5.1 自海关根据本条第 6 款向申请人发送提交补充单证的查询函之日起，至申请人提交补充单证之日，或至提交单证期限届满之日；

5.2 自海关发送本条第 8 款所指通知书之日起，至海关接受履行经认证经营者义务担保之日，或至提交担保期限届满之日。

6. 自海关登记列入经认证经营者名录申请书之日起 5 个工作日内，海关应做出是否对其进行审核的决定书，并在做出决定书后的下一个工作日内通过互联网以电子文件形式发送给申请人。

7. 在《联盟法典》第 434 条第 5 项所指的情形下，海关应拒绝对列入经认证经营者名录的申请书进行审核。

8. 如果经海关审核，没有拒绝审核申请书的理由，但申请书中信息未经申请人以相应单证证实（《联盟法典》第 434 条第 2 项第 2 自然段规定的情形除外）时，海关应自申请书登记之日起，在 5 个工作日内，通过互联网向申请人发送查询函，要求其在一个月内必须提交相应单证。

9. 如果申请人未按规定期限提交相应单证，海关应做出不予审核申请书的决定。

10. 在做出审核列入经认证经营者名录申请书的决定书后，海关应根据《联盟法典》第 333 条第 16 项第 3 目做出对法人开展海关稽查的决定书。

11. 海关按照对列入经认证经营者名录申请书（出具第一类证书的）的审核结果，如果同意列入，应以电子文件形式告知申请人遵守《联盟法典》第 433 条第 1 项第 1 目、第 3 ~ 7 目和本联邦法第 383 条第 8 款规定的条件；或根据本条第 14 款做出不予列入名录的决定书。

12. 海关按照对列入经认证经营者名录申请书（出具第二类或第三类证书的）的审核结果，根据本条第 14 款和第 15 款做出列入或不予列入经认证的经营者名录决定书。

13. 如果申请人不符合《联盟法典》第 433 条规定的条件，或者海关在审核列入名录申请书时能够查出应将法人从经认证经营者名录注销的理由，海关应拒绝将法人列入经认证的经营者名录。

14. 申请人应自收到海关通知书之日起 2 个月内，提交已办理履行经认证经营者义务担保的证明。

15. 申请人在规定期限届满后，提交履行经认证经营者义务担保的，海关应拒绝接受履行经认证经营者义务担保；或在《联盟法典》和本联邦法规定的其他情形下，海关也应拒绝接受担保。

16. 海关自接受申请人相应的履行经认证经营者义务担保之日起 10 个工作日内，应做出将法人列入经认证经营者名录的决定书。

17. 如果申请人未按照规定期限提交已办理履行经认证经营者义务担保的证明，或提交的单证不足以证明担保已提交，海关应自上述所指期限届满之日起 10 个自然日内，做出不予将申请人列入经认证经营者名录的决定书。

18. 海关应自做出不予列入经认证经营者名录的决定书之日起，在 5 个工作日内，通过互联网以电子文件形式发送给申请人。

19. 将法人列入经认证经营者名录决定书，以出具第一类、第二类或第三类列入经认证经营者名录证书的方式办理，并应自做出决定书之日起 5 个工作日内，通过互联网向法人发送。

20. 向已列入出具一种类型证书的经认证经营者名录的法人，出具另一种类型的证书，依该法人申请，按照本条规定，在符合《联盟法典》规定条件时办理。审核上述所指申请书，由海关按照本条规定的办法和期限办理。

21. 海关在向已有第一类或第二类证书的法人出具第三类证书后，此前有效的证书，自第三类证书生效之日起失效。

22. 海关在向已有第三类证书的法人出具第一类或第二类证书后，此前有效的证书，自第一类或第二类证书生效之日起失效。

23. 如果海关无法保障以电子形式接收申请人提交的将法人列入经认证经营者名录的申请书、修改名录信息申请书以及证明申请书上所申报信息的单证，则允许申请人以纸质文件形式向海关提交。在此情形下，海关应以纸质文件形式出具列入经认证经营者名录的证书。

第 385 条　修改经认证的经营者名录

1. 列入经认证经营者名录的法人（法人更名情形下的权利继承人），在列入名录申请书中的以下信息发生变更时，应通知海关：

1.1 经认证经营者的名称及其纳税人识别号码；

1.2 经认证经营者的构筑物、房舍（房舍的一部分）、露天场地（露天场地的一部分）的信息；

1.3 联盟成员国自然人的信息［拥有经认证经营者 10% 及以上份额股票的股东，经认证经营者的创始人（合伙人）、负责人和总会计师等］。

2. 经认证的经营者（法人更名时的权利继承人）应以提交变更经认证经营者名录信息申请书的方式，将上述所指信息的变更情况告知海关，申请书应通过互联网以电子文件形式发送，并随附证明变更的单证。

3. 经认证的经营者应自信息变更之日或获知变更之日起，在 14 个自然日内，向海关提交变更经认证经营者名录信息申请书。

4. 如果为核查申请变更的信息，需要开展海关稽查，海关应根据《联盟法典》第 333 条第 16 项第 4 目做出开展海关稽查决定书。

5. 如果根据开展海关稽查的结果，申请变更的信息未获证实，海关应拒绝变更经认证的经营者名录。

6. 海关应在做出拒绝变更名录决定书后的下一个工作日内，通过互联网以电子文件形式发送给申请人。

第 386 条　海关与经认证的经营者的合作

在适用《联盟法典》第 437 条第 2 项第 4 目和第 3 项第 1 ～ 4 目，第 7、9 目所规定的特殊便利时，实施海关作业的海关应与经认证的经营者进行合作。开展合作的办法，包括在经认证经营者和海关之间进行信息交换的操作规程，以及信息的构成和格式，根据海关和经认证的经营者之间所签订的协议确定。上述所指协议的标准样式，由行使海关事务领域国家政策制定和法规调控职能的联邦权力执行机关规定。

第 387 条　经认证的经营者的构筑物、房舍、露天场地

1. 在经认证经营者的构筑物、房舍（房舍的一部分）里或露天场地（露天场地的一部分）上设立海关监管区的办法，由行使海关事务领域监管监督职能的联邦权力执行机关制定。

2. 将处于海关监管下的货物运出本条第 1 款所指的海关监管区以外，应经海关许可。

3. 属于经认证的经营者所有的其他货物，可以存放在本条第 1 款所指的海关监管区内，前提条件是与海关监管下的临时存储货物分开放置，通过带有标牌和文字标识的围带、隔墙、作业通道进行肉眼可辨的区分。

4. 海关监管区内存储的处于海关监管下的散装、罐装货物，可以与相同种类、质量的货物一起存储。

第 388 条　经认证的经营者证书效力的暂停和恢复

1. 根据《联盟法典》第 435 条第 1 项第 11、12 目和第 2 项，以下是暂停列入经认证经营者名录证书效力的理由：

1.1 对经认证的经营者提起行政违法案件诉讼。

1.1.1 在俄罗斯联邦境内，是指列入海关管理权限的案件，并考虑本条第 4 款规定的状况；

1.1.2 在其他联盟成员国境内，是指由联盟成员国法律规定作为暂停证书效力理由的案件。

1.2 对拥有列入经认证经营者名录法人 10% 及以上股票的股东，以及该法人的创始人（合伙人）、负责人、总会计师等联盟成员国自然人提起刑事案件诉讼。

1.2.1 在俄罗斯联邦境内，因实施俄罗斯联邦刑法典第 159、169、171、171.1、172、173.1 ～ 175、180、186、189 ～ 191.1、193、194、198 ～ 199.2、200.1、200.2、210、226.1 条和第 229.1 条规定的犯罪行为；

1.2.2 在其他联盟成员国境内，根据由联盟成员国法律规定作为暂停证书效力理由的犯罪行为。

1.3 在本联邦法第 385 条第 2 款规定期限内，未根据第 385 条第 1 款要求向海关提交修改经认证经营者名录申请书。

1.4 启动法人注销程序。

1.5 在提交货物申报单前放行货物后，经认证的经营者未按照《联盟法典》

第 441 条第 3 项规定，在下月 15 日前提交货物申报单。

1.6 海关解除和经认证的经营者之间的合作协议（在经认证的经营者违反该协议规定的情形下）。

2. 在对本条第 1 款第 2 项所指的经认证经营者股东、创始人、经理人、总会计师等联盟成员国自然人提起刑事案件诉讼后，至法院或办案人员的决定生效之前，解除上述自然人作为经认证经营者股东、创始人、经理人、总会计师的身份，不能作为恢复经认证经营者证书效力的理由。

3. 如果法人被列入第一类和第二类证书的经认证经营者名录，则在《联盟法典》第 435 条第 1 项第 2 ~ 12 目和本条第 1 款所规定的情形下，两个证书的效力应同时暂停。

4. 在《联盟法典》第 435 条第 1 项第 1 目规定情形下，依法人申请既可以暂停一个证书的效力，也可以两个证书的效力都暂停。

5. 在本条第 1 款第 1 项规定的情形下，海关可以不暂停证书的效力，但需遵守下列条件：

5.1 如果海关对经认证的经营者提起行政违法案件诉讼时，在此之前一年内因经认证的经营者实施的列入海关权限的行政违法行为所做出的行政违法案件决定，已由经认证的经营者按行政违法法规定的期限履行；

5.2 在法人受到行政处罚期间，未再受到 3 次及以上没收违法工具或违法物品的海关事务领域行政处罚；

5.3 在法人受到行政处罚期间，又被处以的行政罚款的总额：

5.3.1 对于实施对外经济活动的人，不超过其在此期间所缴纳进口关税、进口环节税总额的 1%；

5.3.2 对于在海关事务领域实施活动的人（报关代理人除外），不超过法人在此期间行使海关事务领域活动货物总值（海关价值）的 0.1%；

5.3.3 对于报关代理人，不超过在此期间提交报关单货物海关总值的 0.5%。

6. 如果经认证的经营者在本联邦法第 385 条第 3 款规定的期限内，未向海关提交修改经认证经营者名录申请书，则该经认证经营者证书的效力，应自海关发现上述所指申请书在规定期限内未提交的事实之日起至经认证的经营者按规定办法向海关提交修改名录申请书之日及以后的 30 个自然日暂停。

7. 根据《联盟法典》第 435 条第 3 项，海关应自收到存在《联盟法典》第 435 条第 1 项或本条第 1 款规定理由的信息之日起 10 个工作日内，做出暂停证书效力的决定书。

8. 海关应自做出暂停列入经认证经营者名录证书效力决定书之日起，在 5 个工作日内，以电子文件形式或书面形式发送给法人。

9. 按照行使海关事务领域国家政策制定和法规调控职能的联邦权力执行机关规定的情形，海关暂停列入经认证经营者名录证书效力的决定书、恢复该证书效力的决定书，按照自动模式做出（无须海关工作人员参与）。按自动模式形成的海关决定书，应自做出之日起不晚于1个工作日，通过互联网以电子文件形式向法人发送。

10. 根据不同情况，海关应按如下期限做出恢复经认证经营者证书效力的决定书：

10.1 对于依照《联盟法典》第435条第1项第1目规定的理由暂停证书效力的，应自海关收到恢复证书效力申请书之日起5个工作日内做出恢复证书效力决定书；

10.2 对于根据《联盟法典》第435条第1项第2～10目规定的理由暂停证书效力的，应自暂停原因消除之日起5个工作日内做出恢复证书效力决定书；

10.3 对于根据本条第1款第4项规定的理由暂停证书效力的，应自本条第5款规定的期限届满之日起5个工作日内做出恢复证书效力决定书；

10.4 对于根据本条第1款第5、6项规定的理由暂停证书效力的，应自暂停证书效力的原因消除之日起5个工作日内做出恢复证书效力决定书；

10.5 对于根据《联盟法典》第435条第1项第11目和第12目规定的理由暂停证书效力的，应自下列日期起5个工作日内做出恢复证书效力决定书：

10.5.1 自法院或其他授权机关（工作人员）所做解除刑事或行政责任的决定书生效之日起；

10.5.2 自法院或其他授权机关（工作人员）所做终止刑事案件或行政违法案件决定书生效之日起；

10.5.3 自履行法院或其他授权机关（工作人员）所做追究法人行政责任的决定书之日起（在决定书生效之后，在遵守本联邦法第389条第2款所指条件的情况下）；

10.5.4 自能够作为证书效力恢复理由的，其他联盟成员国授权机关所做行政违法案件或刑事案件决定书生效之日起。

11. 海关应自做出恢复经认证经营者证书效力的决定书之日起，在2个工作日内，以纸质文件形式或电子文件形式发送给经认证的经营者。

第389条　从经认证的经营者名录注销

1. 根据《联盟法典》第435条第8项第3、5、6目和第9项，以下是将法人从经认证的经营者名录注销的理由：

1.1 已列入经认证经营者名录的法人重组，但以法人更名形式重组的除外；

1.2 被授权机关（工作人员）或法院追究法人行政责任的决定或判决生效：

1.2.1 在俄罗斯联邦境内，指因海关事务领域的行政违法行为被追究行政责任，并考虑本条第 2 款所指的状况；

1.2.2 在其他联盟成员国境内，指因联盟成员国法律规定作为将法人从经认证经营者名录注销理由的行政违法行为被追究责任，并考虑联盟成员国法律规定的例外情形；

1.3 法院对占有列入经认证经营者名录法人 10% 及以上份额股票的股东，该法人的创始人（合伙人）、负责人、总会计师等联盟成员国自然人的判决书产生法律效力：

1.3.1 在俄罗斯联邦境内，是指因实施俄罗斯联邦刑法典第 159、169、171、171.1、172、173.1 ～ 175、180、186、189 ～ 191.1、193、194、198 ～ 199.2、200.1、200.2、210、226.1、229.1 条所规定的犯罪行为被追究刑事责任；

1.3.2 在其他联盟成员国境内，是指因实施联盟成员国法律规定作为将法人从经认证经营者名录注销理由的犯罪行为被追究刑事责任；

1.4 对位于离岸法区（指行使海关事务领域国家政策制定和法规调控职能的联邦权力执行机关认定的、世界上实行优惠征税制度或银行、商务信息保密制度国家和地区，如英属维尔京群岛、开曼群岛等一些作为免税港的岛国）或在离岸法区注册的法人销售的货物，实施海关作业时给予特殊便利；

1.5 对经认证经营者运入俄罗斯联邦的、其支付以经离岸法区开展金融作业的方法实施的货物，在海关作业时适用特殊便利；

1.6 法人未遵守本联邦法第 383 条第 8 款规定的列入经认证的经营者名录的条件。

2. 在满足下列条件的情况下，海关可以在本条第 1 款第 2 项规定的情形下，不将法人从经认证的经营者名录注销，或在本联邦法第 388 条第 10 款第 5 项第 3 目规定情形下，可以恢复经认证经营者证书的效力：

2.1 法人在《俄罗斯联邦行政违法法》规定的期限内，履行了海关事务领域行政违法行为决定；

2.2 法人在受到行政处罚期间，在海关事务领域，未再受到 3 次及以上没收行政违法工具或物品的行政处罚；

2.3 法人在受到行政处罚期间，被处以的行政罚款总额：

2.3.1 对于实施对外经济活动的人，不超过在此期间所缴纳进口关税、进口环节税总额的 1%；

2.3.2 对于在海关事务领域实施活动的人（报关代理人除外），不超过法人在此期间行使海关事务领域活动货物总值（海关价值）的 0.1%；

2.3.3 对于报关代理人，不超过在此期间提交报关单货物海关总值的 0.5%。

3. 在法人列入第一类和第二类证书的经认证经营者名录时，如果海关做出将法人从其中一个名录注销的决定，自做出决定之日起，两个证书都被认定为无效。

4. 在《联盟法典》第 435 条第 8 项第 1 目规定情形下，法人可向海关提出从出具一种证书的（两种证书之一）经认证经营者名录注销的申请。在此情形下，海关应根据法人在申请书中所指名录做出注销决定书。

5. 海关应自做出将法人从经认证经营者名录注销的决定书之日起，在 5 个工作日内，通过互联网以电子文件形式发送给法人。

第六十七章　控制下交付

第 390 条　控制下交付的程序

1. 对运入俄罗斯联邦和从俄罗斯联邦运出的货物进行控制下交付，是侦察活动，属于侦察手段。开展该侦察活动时，经海关同意或在海关监控下，允许货物入境或出境，以及在俄罗斯境内运输进口货物。行使海关事务领域监管监督职能的联邦权力执行机关的负责人（其替代人）或该机关分管案件调查工作的副职负责人，有权做出开展运入或运出货物监控下供货的决定书。其他侦查机关，应经海关同意方可开展货物控制下交付。报经海关同意的办法，由行使海关事务领域监管监督职能的联邦权力执行机关和其他实施侦察活动的联邦权力执行机关通过签订协议制定。

2. 在依据俄罗斯联邦缔结的国际条约或根据与外国有权机关签订的协议，做出对从俄罗斯联邦运出货物开展控制下交付的决定时，刑事案件不应在俄罗斯联邦提起诉讼，且实施货物控制下交付的机关的负责人应根据俄罗斯联邦法律将决定开展控制下交付的情况立即通知检察院。

第 391 条　控制下交付时进出境货物的没收或替换

在实施运入俄罗斯联邦或从俄罗斯联邦运出货物的控制下交付时，禁止自由销售货物，或根据俄罗斯联邦法律凭特别许可证方可流通，可以按照俄罗斯联邦政府规定的办法全部或部分地没收或替换货物。对严重威胁人们的生命和健康、环境的货物，或用于制造大规模杀伤性武器的货物，应当按照俄罗斯联邦政府规定的办法进行替换。

第六十八章　附则

第 392 条　过渡条款

1. 俄罗斯联邦缔结的海关调控领域国际条约和法律文件未调整的海关法律关

系，且《联盟法典》第444条未做出其他规定时，该法律关系由本联邦法和俄罗斯联邦海关调控领域的其他法律文件调节。

2. 本联邦法生效前做出的俄罗斯联邦总统、俄罗斯联邦政府和联邦权力执行机关规范性法律文件，不与海关调控领域国际条约、法律文件以及本联邦法相矛盾的，在认定它们失效或通过相应的规范性法律文件之前有效。上述所指规范性法律文件应在2019年1月1日前与本联邦法规定相符（指不矛盾的有效，矛盾的失效）。

3. 在委员会确定本联邦法第16条第1款所指的货物清单之前，未组装或已拆散形式（包括不完整或未制成形式的）货物（其运入或运出拟在规定期限内以不同货物批次进行的）的归类决定书，应根据《对外经济活动商品目录》，按照品目7308、730900、8701、8702、870410、8705、8709、9301、9406（归入商品编码9406101000和9406901000的移动房屋除外）和第八十四章至第八十六章、第八十八章至第九十章做出商品归类。

4. 本联邦法在终止缴纳海关税费、保障措施关税、反倾销税、反补贴税、滞纳金、利息方面的规定，溯及本联邦法生效之日以前发生的法律关系。

5. 下列时限以前计入相应法人、自然人名下的海关税费、保障措施关税、反倾销税、反补贴税、滞纳金、利息款项，被认定为无法追征：

5.1 2002年1月1日以前，计入根据2001年8月8日第129号联邦法《关于法人和个体经营者国家登记》，作为无业务法人被从国家法人统一名录注销的组织名下的，或计入国家法人统一名录和国家纳税人统一名录中没有其信息的组织名下的；

5.2 2014年9月1日以前，计入符合2001年8月8日第129号联邦法《关于法人和个体经营者国家登记》规定无业务法人特征，且未进入破产程序组织名下的；

5.3 2015年1月1日以前，计入海关不掌握其在俄罗斯联邦境内可供追征资金和财产信息的外国法人名下的；

5.4 2016年1月1日以前，计入自然人名下的，以及2009年10月1日以前，计入个体经营者名下的海关税费，因海关发送缴纳海关税费等款项通知书的期限、向法院提交追征海关税费等款项申请书的期限，以及提供执行文件供执行的期限届满导致海关对上述所指海关税费等款项丧失追征可能性的，被认定为无法追征。

6. 负责征收上述所指海关税费、保障措施关税、反倾销税、反补贴税、滞纳金、利息等款项的海关，可以做出认定无法征收的决定书和核销决定书。办理核销时应向海关提供的单证、海关办理核销时应形成单证的样式以及办理核销的办法，由行使海关事务领域监管监督职能的联邦权力执行机关规定。

7. 为适用《俄罗斯联邦行政违法法》第 28.7 条第 4 款，本联邦法第 253 条第 2 款和第 5 款所指的“一个海关”是：

7.1 区域性的海关管理局和相应的专门海关；

7.2 海关和其所属的海关站。

8. 本联邦法生效之日以前提交的缴纳关税、进口环节税的担保（为遵守列入在海关事务领域实施活动的人名录的条件或列入经认证的经营者名录的条件而提交的缴纳关税、进口环节税担保除外），自本联邦法生效之日起，可以作为履行缴纳关税、进口环节税、海关规费、保障措施关税、反倾销税、反补贴税义务的担保。

9. 根据 2010 年 11 月 27 日俄联邦总统签署的第 311 号联邦法《关于在俄罗斯联邦的海关调控》，按照列入海关事务领域实施活动的人名录的条件，作为缴纳关税、进口环节税担保所提交的财产抵押，应自本联邦法生效之日起 6 个月内，以其他担保方式替换。

10. 本条第 9 款所指财产抵押协议，在其有效期届满前，但不超过自本联邦法生效之日起 6 个月内适用。自本联邦法生效之日起 6 个月届满后，抵押协议效力终止。

11. 在委员会对从俄罗斯联邦运出货物电子海关价格申报单的样式、格式和结构做出规定之前，行使海关事务领域监管监督职能的联邦权力执行机关，负责规定此类申报单的样式、格式和结构，以及其填写办法。

12. 行使海关事务领域国家政策制定和法规调控职能的联邦权力执行机关，负责规定海关使用本机构信息系统，对使用国际邮件向俄罗斯联邦寄入或从俄罗斯联邦寄出的货物实施海关作业的办法（在委员会规定这样的办法之前）。

13. 本联邦法第 380 条第 6 款第 8 项，对免税商店区域装备 24 小时实时视频监控系统（存储数据不少于 30 个自然日，并向对免税商店活动实施监管的海关提供访问权限）的规定，自本联邦法生效之日起 6 个月后适用。

14. 对于本联邦法生效日之前设立的免税商店销售场所，在选址方面视为符合本联邦法第 380 条第 6 款第 4 项第 1 目规定的要求。

15. 对于本联邦法生效之日以前设立的免税商店，对《联盟法典》第 243 条第 2 项第 1 目所指的人销售货物，允许不依从本联邦法第 381 条第 2 款规定。

16. 根据 2010 年 11 月 27 日俄联邦总统签署的第 311 号联邦法《关于在俄罗斯联邦的海关调控》，已被列入《拥有出具缴纳关税、进口环节税银行保函权利的银行、其他信贷组织名录》的银行，在本联邦法生效之日起，视为列入上述名录的银行。

17. 本联邦法第 64 条第 29 款规定的效力，推及俄罗斯联邦中央银行董事会根据联邦法《无支付能力（破产）》（2002 年 10 月 26 日俄罗斯联邦总统签署，第 127 号），在本联邦法生效日之前制定了《俄罗斯联邦中央银行参与实施预防银行破产措施计划》、并做出在实施上述计划期间保障其业务连续性决定的银行。

18. 如果依照联邦法《关于俄罗斯联邦的海关调控》（2010 年 11 月 27 日俄罗斯联邦总统签署，第 311 号）列入拥有出具银行保函权利名录的银行，在俄罗斯联邦中央银行对该行制定《俄罗斯联邦中央银行参与实施预防银行破产措施计划》，并做出在实施上述计划期间保障银行经营连续性决定之日，在本联邦法生效之前，已被从名录注销，则海关应自从俄罗斯联邦中央银行收到通知书之日起 5 个工作日内，将该行列入名录，无须该行提交列入名录申请书。在此情形下，该银行出具的单份银行保函的最高额度和所有同时在用银行保函的最高额度，应对比俄罗斯联邦中央银行董事会制定《俄罗斯联邦中央银行参与实施预防银行破产措施计划》之日前一日和将该银行从名录注销之日前一日实施的相应额度，按二者之中较高额度确定。

19. 本条第 18 款所指的通知书，应在本联邦法生效日以后的下一个月内，由俄罗斯联邦中央银行向行使海关事务领域监管监督职能的联邦权力执行机关发送。

20. 本条第 18 款所指的通知书，应含有关于俄罗斯联邦中央银行董事会根据 2002 年 10 月 26 日第 127 号联邦法《无支付能力（破产）》对银行制定《俄罗斯联邦中央银行参与实施预防银行破产措施计划》的事实和日期的信息，和俄罗斯联邦中央银行董事会做出关于保障银行在实施上述所指计划期间经营连续性决定的事实和日期的信息。

21. 为履行俄罗斯联邦国际义务，本联邦法第 36 条第 18 款第 8 项的规定（参照 1961 年 12 月 6 日《暂时进境货物 ATA 单证册海关公约》第 7 条规定和 1990 年 6 月 26 日《暂时进境公约》附件 1《关于暂时进境单证（ATA 单证册和 CPD 单证册）》第 9 条第 1 项规定），对于向根据上述所指俄罗斯联邦国际条约条件履行担保协会职能的俄罗斯联邦工商会退还预付款时适用。向担保协会退还预付款，应根据上述所指俄罗斯联邦国际条约规定，按照每个 ATA 单证册进行。

22. 对于 2018 年 1 月 1 日处于报关代理人名录中的法人，经查具有在 2018 年 1 月 1 日前未履行的缴纳关税、进口环节税、保障措施关税、反倾销税、反补贴税义务，但至本联邦法生效之日已履行的，不适用《联盟法典》第 403 条第 1 项第 2 目的规定。

23. 对于 2018 年 1 月 1 日处于报关代理人名录中的法人，经查具有 2018 年 1 月 1 日以前未履行的缴纳关税、进口环节税、保障措施关税、反倾销税、反补贴税义务的，除本条第 22 款所指的法人以外，应根据《联盟法典》第 403 条第 1 项第 2 目从报关代理人名录注销。

24. 1995 年 11 月 22 日俄罗斯联邦总统签署的第 171 号联邦法《关于酒精、酒类和含酒精产品生产流通的国家调节和关于酒类产品的限制消费（饮用）》（现行联邦法版）第 12 条第 2.4 项第 4 自然段的要求，推及发放带有二维条形码（含有国家统一酒精、酒类和含酒精产品生产流通容积登记自动化信息系统标识符的）的联邦专门标识和消费税标识的情形。

第 393 条　关于做出将适用出口海关制度货物延期置于复进口海关制度下决定办法的过渡性条款

1. 根据《联盟法典》第 236 条第 3 项颁布的委员会决定（将以其规定不同于《联盟法典》第 236 条第 2 项第 1 目规定期限的将货物置于复进口海关制度下的其他期限的）生效前，对以委员会决定确定的一些种类的货物，延期复进口的期限，按照本条规定的办法实施。

2. 为延期将本条第 1 款所指种类货物置于复进口海关制度下，申报人应以规定申报日为准提前 30 个自然日，向行使海关事务领域监管监督职能的联邦权力执行机关提交书面申请书，并对根据出口海关制度将货物运出联盟关境外的状况进行说明。

3. 申请书应随附下列单证：

3.1 货物运出联盟关境外时，向俄罗斯联邦海关提交的货物申报单；

3.2 证明货物通过联盟海关边界日期的单证；

3.3 如果货物在联盟关境外进行过维修作业，应随附含有货物维修作业信息的单证。

4. 行使海关事务领域监管监督职能的联邦权力执行机关应自收到延期复进口申请书之日起 30 个自然日内对其进行审核。如果申报人未完整提供本条第 3 款所指的单证，行使海关事务领域监管监督职能的联邦权力执行机关中负责海关制度适用问题的内设机构，应自收到申请书之日起，在 10 个工作日内，书面告知申报人必须补充提交单证。行使海关事务领域监管监督职能的联邦权力执行机关应在补证后 15 个工作日内，对延期复进口申请书进行审核。

5. 货物延期复进口决定书，由行使海关事务领域监管监督职能的联邦权力执行机关中负责海关制度适用问题的内设机构的负责人（副职负责人）做出。

6. 货物延期复进口决定书应告知申报人和在其辖区内将根据复进口海关制度办理货物申报的海关。

7. 在拒绝货物延期复进口时，应以书面形式向申报人发送拒绝书，并说明拒绝的原因。

第 394 条　关于适用关税、进口环节税集中缴纳办法协议方面的过渡性条款

1. 在 2021 年 1 月 1 日前，缴纳关税、进口环节税和其他由海关负责征收的税费，可以由付款人签订关于适用关税、进口环节税集中缴纳办法的协议实施。适用关税、进口环节税集中缴纳办法协议，可由付款人和行使海关事务领域监管监督职能的联邦权力执行机关在本条第 2 款所指情形下签订。上述所指协议不得规定解除法人遵守海关调控领域国际条约、法律文件、本联邦法对于足额、及时缴纳海关税费所规定条件和要求的内容，不得含有解除法人遵守海关制度的规定。适用集中缴纳关税、进口环节税办法协议的标准样式，可由行使海关事务领域监管监督职能的联邦权力执行机关规定。

2. 下列情形下，行使海关事务领域监管监督职能的联邦权力执行机关与关税、进口环节税付款人应签订适用关税、进口环节税集中缴纳办法协议：

2.1 签此协议前一年内所缴纳的关税、进口环节税总额超过 1 000 亿卢布；

2.2 不存在缴纳关税、进口环节税欠款；

2.3 实施对外经济活动 3 年以上；

2.4 将货物置于海关制度下的海关作业，在位于 2 个及以上区域性海关管理局辖区内的 2 个及以上海关实施，或在行使海关事务领域监管监督职能的联邦权力执行机关指定的海关实施；

2.5 签订协议之前的一年内，付款人未 2 次及以上实施《俄罗斯联邦行政违法法》第 16.7 条和第 16.22 条所规定的海关事务领域行政违法行为；

2.6 每月至少 1 次运入或运出货物。

3. 适用关税、进口环节税集中缴纳办法的协议，应一个自然年签署一次。经双方同意，上述协议可以按更短的期限签署。

4. 对适用关税、进口环节税集中缴纳办法协议的货物进行申报时，不要求每次在货物申报单中说明关税、进口环节税已缴的情况。

第 395 条　对联邦法《关于酒精、酒类和含酒精产品生产流通的国家调节和关于酒类产品的限制消费（饮用）》的修改

对 1995 年 11 月 22 日第 171 号联邦法《关于酒精、酒类和含酒精产品生产流通的国家调节和关于酒类产品的限制消费（饮用）》（1999 年 1 月 7 日第 18 号联邦法版）（俄罗斯联邦法律汇编，1995 年第 48 号第 4553 条；1999 年第 2 号第 245 条；2001 年第 53 号第 5022 条；2002 年第 30 号第 3033 条；2005 年第 30 号第 3113 条；2006 年第 1 号第 20 条；2007 年第 1 号第 11 条；2009 年第 52 号第 6450 条；2010 年第 15 号第 1737 条，第 31 号第 4196 条；2011 年第 27 号第 3880 条，第 30 号第 4566 条；2012 年第 26 号第 3446 条，第 31 号第 4322 条，第 53 号第 7584 条；2013 年第 30 号第 4065 条，第 44 号第 5635 条；2015 年第 1 号第 43 条，第 27 号第 3973 条；2016 年第 26 号第 3871 条，第 27 号第 4193 条、4194 条；2017 年第 31 号第 4827 条；2018 年第 1 号第 17 条）进行如下修改：

1. 对第 12 条第 2.4 项按下列内容增补一个自然段：

“申请人在提交缴纳国税（为发放联邦专门标识和消费税标识而缴纳的）的单证复印件后，可以申领联邦专门标识或消费税标识。在申请人未提交上述所指单证复印件的情形下，俄罗斯联邦政府授权的国家机关或海关应使用包含在‘国家和地方税费’国家信息系统中的国税缴纳信息，核查申请人缴纳此种国税的情况。”

2. 在第 19 条中：

2.1 第 7 项中用词句“来自申请人的为获得相应经营许可证而提交的单证”替换“申请书和所有必须的单证”；

2.2 对第 9 项第 6 目增补词句“或申请人未提交为发放从事与酒精、酒类和含酒精产品生产流通有关经营活动相应许可证所规定的全套单证”。

第 396 条　对联邦法《关于酒精、酒类和含酒精产品生产流通的国家调节和关于酒类产品的限制消费（饮用）》相关规定的适用办法

1. 自本联邦法正式公布之日起至 2018 年 9 月 30 日（含）暂停 1995 年 11 月 22 日第 171 号联邦法《关于酒精、酒类和含酒精产品的国家调节和关于酒类产品的限制消费（饮用）》第 8 条第 2 项第 11 自然段、第 14 ～ 16 自然段，第 12 条第 3.1 项和第 4 项的效力（俄罗斯联邦法律汇编，1995 年第 48 号第 4553 条；1999 年第 2 号第 245 条；2001 年第 53 号第 5022 条；2002 年第 30 号第 3026 条；2004 年第 45 号第 4377 条；2005 年第 30 号第 3113 条；2006 年第 1 号第 20 条；2007 年第 1 号第 11 条，第 31 号第 3994 条，第 49 号第 6063 条；2011 年第 30 号第 4566 条；2012 年第 53 号第 7584 条；2013 年第 30 号第 4065 条，第 44 号第 5635 条；2015 年第 1 号第 43 条、第 47 条，第 27 号第 3973 条；2016 年第 26 号第 3871 条，第 27 号第 4194 条；2017 年第 31 号第 4827 条；2018 年第 1 号第 17 条）。

2. 自本联邦法正式公布之日起到 2018 年 9 月 30 日（含），对 1995 年 11 月 22 日第 171 号联邦法《关于酒精、酒类和含酒精产品的国家调节和关于酒类产品的限制消费（饮用）》，按照以 2018 年 6 月 30 日为准执行的版本适用第 8 条第 2 项第 11 自然段、第 14 ～ 16 自然段，第 12 条第 3.1 项和第 4 项的规定。

3. 自本联邦法正式公布之日起到 2018 年 9 月 30 日（含），1995 年 11 月 22 日第 171 号联邦法《关于酒精、酒类和含酒精产品的国家调节和关于酒类产品的限制消费（饮用）》第 12 条第 3.1 项第 1 ～ 5 目规定的信息，应用俄语书写。

第 397 条　关于 2010 年 11 月 27 日第 311 号联邦法《关于在俄罗斯联邦的海关调控》部分条款的失效和适用

1. 自本联邦法生效之日起，认定 2010 年 11 月 27 日第 311 号联邦法《关于在俄罗斯联邦的海关调控》第 1 ~ 85 条，第 86 条第 1 ~ 7、9 ~ 13 款，第 87、96 ~ 115 条，第 116 条第 9 ~ 13 款，第 118、119 条，第 120 条第 1 ~ 3 款，第 123 ~ 127 条，第 128 条第 1 款，第 129 条第 2、3 款，第 130 ~ 146、150 ~ 322.1 条（俄罗斯联邦法律汇编，2010 年第 48 号第 6252 条；2014 年第 48 号第 6646 条；2017 年第 31 号第 4781 条；2018 年第 1 号第 20 条）失效。

2. 认定 2010 年 11 月 27 日第 311 号联邦法《关于在俄罗斯联邦的海关调控》第 86 条第 8 款、第 88 ~ 95 条（俄罗斯联邦法律汇编，2010 年第 48 号第 6252 条）自 2020 年 1 月 1 日起失效。

3. 自本联邦法生效之日起到 2019 年 12 月 31 日，2010 年 11 月 27 日第 311 号联邦法《关于在俄罗斯联邦的海关调控》第 86 条第 8 款、第 88 ~ 95 条规定，对根据《关税同盟海关法典》和俄罗斯联邦关于海关事务的法律授予其经认证经营者地位的法人适用。

4. 自本联邦法生效之日起，2010 年 11 月 27 日第 311 号联邦法《关于在俄罗斯联邦的海关调控》第 129 条第 1 款规定对于追征海关规费不适用。

5. 自本联邦法第 28、30 条，第 34 条第 5、6 款，第 35、36、42、44、45、67 ~ 70 条规定开始适用之日起，2010 年 11 月 27 日第 311 号联邦法《关于在俄罗斯联邦的海关调控》第 116 条第 1 ~ 8、14 ~ 16 款，第 117 条，第 120 条第 4、5 款，第 121、122 条，第 128 条第 2、3 款，第 129 条第 1 款对于海关规费退还方面的规定，以及第 147 ~ 149 条规定不适用。

第 398 条　本联邦法生效的规定

1. 本联邦法自其正式公布之日起 30 日后生效，但本条对其规定了其他生效日期的条款除外。

2. 本联邦法第 396 条，自本联邦法正式公布之日起生效。

3. 本联邦法第 392 条第 24 款和第 395 条，自 2018 年 10 月 1 日起生效。

4. 本联邦法第 380 条第 6 款第 4 项第 3、4 目，在本联邦法生效日后 180 日届满后生效。

5. 本联邦法第二十五章和第六十四章，自 2019 年 7 月 1 日起生效。

6. 本联邦法第 55 条第 3 款第 6 项，在本联邦法生效日后 120 日届满后生效。

7. 关于 2015 年、2016 年、2017 年履行缴纳联邦税和海关税费、保障措施关税、反倾销税、反补贴税义务的总额不低于 70 亿卢布申报人的信息，以及申报人资产总值的信息，应自本联邦法生效之日起 4 个月后，由行使海关事务领域监管监督职能的联邦权力执行机关告知所属海关。在本联邦法第 55 条第 3 款第 6 项生效日前，如果海关根据申报人资信情况，认为其能够履行缴纳关税、进口环节税的义务，则申报人可不提交履行缴纳关税、进口环节税义务的担保。

8. 本联邦法第 28、30 条，第 34 条第 5、6 款，第 35、36、42、44、45、67 ~ 70 条规定，自对联盟条约附件 5 和附件 8 进行修改的俄罗斯联邦国际条约生效之日起适用。

9. 本联邦法第二编关于海关和付款人电子合作的规定，自 2019 年 1 月 1 日起适用。

10. 本联邦法第 264 条第 2 款关于电子形式答疑的规定，自 2020 年 1 月 1 日起适用。

11. 本联邦法第 300 条第 1 ~ 4 款关于以电子形式对海关在海关事务领域的决定、作为（不作为）提交申诉书的规定，自 2022 年 1 月 1 日起适用。

俄罗斯联邦总统　普京